ELLES CINÉASTES ad lib 1895-1981

THÉRÈSE LAMARTINE

ELLES CINÉASTES ad lib 1895-1981

les éditions du remue-ménage

Coordination: Danielle Laplante

Révision et correction des textes: Odette DesOrmeaux
                                     Muriel Gaudel
                                     Suzanne Girouard
                                     Danielle Laplante
                                     Hélène Larochelle
                                     Mimi Latour

Index: Christine Dufresne
         Danielle Laplante

Montage et couverture: Odette DesOrmeaux

Photocomposition: Imprimerie Gagné Ltée

Nous remercions Alain Gauthier de La Cinémathèque québécoise et Lucie Charbonneau de l'Office national du film du Canada pour leur collaboration.

Distribution: Diffusion Prologue
               2975, rue Sartelon
               Ville Saint-Laurent, QC
               H4R 1E6
               Tél.: (514) 332-5860,
                     de l'extérieur, 1-800-361-5751
               Télex: 05-824531

© Les Éditions du remue-ménage
Dépôt légal: premier trimestre 1985
Bibliothèque nationale du Québec
Bibliothèque nationale du Canada
ISBN 2 89091 052 0

Les Éditions du remue-ménage
4800, rue Henri-Julien
Montréal, QC
H2T 2E1
Tél.: (514) 845-7850

Les Éditions du remue-ménage bénéficient de l'aide financière du ministère des Affaires culturelles (Québec), du Conseil des Arts du Canada et du Secrétariat d'État (programme Promotion de la femme).

REMERCIEMENTS

À Gilles Marsolais, directeur de recherche, pour ses remarques judicieuses et ses conseils toujours pertinents;

À André Laviolette, correcteur, lecteur critique et ami inconditionnel qui m'a «nourrie» tout au cours de ma recherche;

À Pierre Allard et aux travailleuses et travailleurs du Centre de documentation cinématographique pour leur toujours aimable collaboration;

À Claire Varin, à Francine Serdongs et à Gilles Lemay, elles-il savent pourquoi;

À ma mère, elle ne sait peut-être pas pourquoi.

Avant-Propos

Métier: Cinéastes. Sexe: Féminin. Femmes cinéastes donc! Selon les historiens du cinéma, elles occupent un quarantième des sièges de la réalisation, c'est-à-dire à peine 150. Ils portent sur elles et leurs oeuvres un jugement similaire: mineures, sauf exception. Qu'importe la qualité de leur contribution, elles sont toutes, plus ou moins, des contrebandières sur cette terre des hommes qui prohibe la création du/au féminin. Leurs oeuvres sont frappées d'interdit, enrobées de silence ou accablées de mépris. Leurs lettres de noblesse pour le septième art sont déclarées apocryphes. Véritable toile de Pénélope qu'elles tissent au grand jour, leurs films sont niés ou irrémédiablement endommagés par les critiques, les distributeurs, les producteurs. On trouve pourtant parmi ces femmes cinéastes l'auteure du premier film de fiction au monde, quelques pionnières chevronnées, et parfois une conceptrice d'un genre cinématographique nouveau, ou encore une expérimentaliste visionnaire.

Alain Resnais disait qu'il n'avait pas la mystique du cinéma. Ne voulait-il pas alors exprimer un intérêt mitigé pour la pellicule en soi et son corollaire, les attitudes formalistes de bon nombre de cinéastes? Sans nier l'importance de la manière de dire, de la graphie du cinéma, mon intérêt cinématographique premier rejoint ses propos et demeure celui du dit et du non-dit. Bien au-delà du contenant, il y a le contenu et je ne crois pas qu'au cinéma le médium soit le message.

Nombre de spécialistes estiment indissociables la forme et le fond, l'une déterminant l'autre. L'histoire du cinéma est parsemée de ces envoûtements pour le seul médium, au détriment du message qu'il véhicule. Tout en respectant une réalisation exclusivement formelle, j'éprouve beaucoup plus d'indulgence pour un film qui dit mal ce qu'il a à dire, que pour un film qui dit bien qu'il n'a rien à dire. Même lorsqu'il se fait au préjudice de la forme, le cinéma-pamphlet, le cinéma-plaidoirie demeure sans conteste le plus captivant à mes yeux.

D'entrée de jeu, j'avoue encore mon parti pris, l'objectivité sympathique dont parlait Han Suyin, à l'égard des femmes cinéastes. Le mythe de la neutralité axiologique serait risible s'il n'avait pas servi à cautionner tant de crimes. On ne le dénoncera jamais assez. Je veux aussi nommément assumer la relativité de toute connaissance, donc de toute affirmation. Il n'est sans doute pas art plus difficile à appréhender dans sa globalité que le cinéma. Revoir un film, c'est souvent revoir son jugement. Enfin, cette volonté de traduire ma vision des choses en utilisant un mode que je qualifierai de personnel — car si je dis «subjectif», j'admets son contraire, «l'objectivité» — correspond à la nécessité d'incarner mon propos dans cette forme tangible, qui me semble plus près de la vie.

Mon penchant, ce «faible» dirait-on, pour le cinéma des femmes s'explique en partie par la primauté du fond sur la forme dans leurs films. Pas toujours et pas chez toutes les cinéastes. Mais elles sont suffisamment nombreuses à accorder prééminence au contenu pour marquer d'un hiatus cette fascination, souvent béate, du cinéma. Elles élaguent et épurent le récit filmique dominant et regorgeant d'autosatisfaction. Si elles ne répondent pas à toutes les questions que sous-tend la pratique cinématographique moderne, elles lui posent néanmoins des interrogations fort embarassantes.

En abordant le territoire cinématographique des femmes, il est aussi légitime de se demander si l'espace qui sépare cinéma militant et cinéma des femmes en est un réellement puisque, d'une part, les définitions du militantisme à l'écran sont largement élaborées par les hommes et que, par ailleurs, le simple mot «Moteurs!» dans la bouche d'une femme a des retombées hautement politiques qui, pour être souhaitables, ne sont pas toujours positives. Car nous verrons que certaines cinéastes montrent des images de nous et, partant, d'elles-mêmes, aliénées, et font leur le discours des hommes.

Enclave de la cinématographie jusqu'à la fin des années 60, le cinéma des femmes porte de nos jours encore les traces de sa marginalité. Par ailleurs, combien de lacunes, de trous béants parfois, dans l'histoire, et, par ricochet, dans l'enseignement du cinéma, celui-ci étant en quelque sorte tributaire de celle-là! Il peut paraître ambitieux de vouloir ouvrir une brèche dans cette conspiration — consciente ou inconsciente — du silence. Certes, des ouvrages tels que *Femmes cinéastes* de Charles Ford; *Paroles... elles tournent!* des femmes de Musidora; *Women and the Cinema, a Critical Anthology* de Karen Kay et Gerald Peary; «Le cinéma au féminisme», dossier réuni par Monique Martineau pour la revue *CinémAction* et, tout récemment, *Ciné-modèles cinéma d'elles* de Françoise Audé ont levé le voile opaque qui masquait le visage de plusieurs cinéastes. De vastes zones grises persistent cependant. Une approche à la fois historique et mondiale fait défaut.

Ce livre, dont l'unique intention en est une de déblaiement, s'inscrit dans cette perspective. Il se propose d'explorer la face cachée de notre histoire cinématographique et de mettre en lumière les trois phases-clés de son développement, nommées par analogie avec l'histoire officielle, la préhistoire, le moyen âge et les temps modernes. Puis, il tentera de dégager la vigueur des cinémas au féminin et la spécificité de leurs écritures, tout en gardant bien en vue leurs thématiques. Le chemin de la création ne représente pour personne une sinécure et seule une infime minorité peut y accéder. S'il s'agit plus particulièrement de création cinématographique, le créneau se fait plus étroit et davantage encore, s'il s'agit de créatrices d'images. Il est toutefois possible d'amenuiser ces obstacles; suivront donc quelques éléments de réflexion et, enfin, un lexique qui redonne aux réalisatrices leur place d'importance dans l'histoire du septième art.

Ce livre constitue donc un nouvel élément pour une relecture du cinéma et s'imposait donc. Cette relecture rendra suspect tout traitement du cinéma russe des années 20 sans Olga Preobrajenskaïa, du cinéma expérimental sans Mary Ellen Bute, du cinéma d'auteur sans Yannick Bellon, du cinéma militant sans Heiny Srour, du cinéma hollywoodien sans Dorothy Arzner, du cinéma d'animation sans Lotte Reiniger, du cinéma documentaire sans Leni Riefenstahl. De l'histoire du cinéma sans Alice Guy.

D'ores et déjà, cette relecture permet d'affirmer ceci. Elles sont de tous les temps cinématographiques, de 1895 à nos jours. Elles sont de tous les pays du monde. Elles sont au moins 800. Depuis plus de 10 ans, leurs voix s'élèvent, multipliées ... *ad lib.*

CHAPITRE 1
LA FACE CACHÉE
DE L'HISTOIRE

La face cachée de l'histoire comme on dit la face cachée de la lune. Celle dont on ne vit jamais le clair. Celle qui n'existe pas parce qu'elle ne fut jamais révélée. Celle de l'obscurité éternelle, de l'intégrale noirceur. Celle qui recèle pourtant des millénaires d'existence. La sibylline histoire des femmes.

Mais voilà que toute cette cosmogonie est bouleversée. Il y a dix ans, il y a un siècle, il y a cinq siècles.

> je m'appelle *Christine de Pisan,* je suis du Moyen-Âge. On dit de moi que je suis la première féministe au sens moderne du terme. Que je suis assez insolite pour aimer mon époux et le pleurer après sa mort. je dois gagner mon pain, celui de mes enfants et de ma mère, je réussis à le faire avec l'écriture, je suis la première à avoir osé chanter en vers la beauté d'un homme et à la détailler sans grimaces. Puis, j'écris un manifeste-plaidoyer en faveur des femmes. Plaidoyer contre l'abjection où nous relègue, nous femmes, la pensée mâle.

> je m'appelle *Olympe de Gouge.* je publie en 1790 la DÉCLARATION DU DROIT DE LA FEMME. Quatre ans plus tard, la Révolution m'envoie à l'échafaud.

> je m'appelle *Mary Wollstonecraft.* en 1792, animée par la révolte des femmes françaises, je publie à Londres *Les Revendications des droits de la femme* dans lesquelles je prône la révolte féminine. mes diatribes sont violentes parce que je sais que: «tous les hommes sont des séducteurs, tous les pères des tyrans et toutes les femmes de misérables victimes du système social.» à quarante ans, j'épouse un penseur révolutionnaire et nous avons une fille. elle s'appellera Mary Shelley et écrira à son tour une oeuvre féministe, une histoire de monstre. elle écrira Frankenstein[1].

Ses lois, plus mythologiques que scientifiques, sont questionnées, ses assises ébranlées, ses certitudes conspuées. On a d'abord pleuré. Puis balbutié et enragé. Maintenant on parle. On articule un discours puissant, subversif et souverain, le plus représentatif du XXᵉ siècle.

Puis, le discours nous a logiquement menées à l'action. Les mots ne suffirent plus. Il nous fallut mettre des images et des sons sur notre histoire, notre oppression, notre vie. Bien que cette venue des femmes au cinéma coïncide, en Occident, avec le milieu et la fin des années 60, des solitaires, des entêtées, des «excentriques» n'ont pas cessé de subvertir l'ordre masculin qui pèse sur le cinéma depuis sa genèse. Néanmoins, l'histoire du septième art demeure, sauf exception, son «his-story[2]» et l'écran son propre reflet, son miroir.

Phallocratie en cinémascope

Du cinéma muet à la polyvision, de Méliès à Andy Warhol, du genre militant au western le plus classique, de *Birth of a Nation* à *Midnight Express,* de *West Side Story* à *Nicaragua: septembre 1978,* le cinéma fut pour l'essentiel une interminable apologie de la virilité et des valeurs qui y sont liées. Seul véritable changement: la phallocratie nous est présentée aujourd'hui en cinémascope. Les quelque 85 ans d'existence du cinématographe ont donc servi, en première instance, à l'accentuation de l'ego mâle déjà hypertrophié. Et dans toute cette «égolâtrie», presque nulle trace de la femme/sujet. Les rôles féminins de faire-valoir, de soutien dramatique ou érotique pullulent, mais où sont ceux dans lesquels la femme incarne un sujet tout à la fois pensant, agissant et aimant? À l'écran, on convoite la femme comme dans la vie; on la consomme, puis on la condamne avec la même facilité.

L'accusation est grave, exagérée peut-être. Mais la misogynie tranquille du cinéma, celle à laquelle on s'habitue presque à force d'y être soumises, atteint parfois d'inqualifiables accès de férocité. Au pire de la crise, le cinéma est même devenu assassin. En 1976, les journaux[3] nous révélaient l'existence de films pornographiques dans lesquels les acteurs — toujours des hommes — procédaient à la mise à mort réelle de l'actrice et à un dépeçage systématique de son corps. Certains de ces films furent, selon les mêmes sources, tournés en Argentine et nommés «snuff-films», de cette appellation «snuff» qu'utilisait Charles Manson pour qualifier un meurtre. Il y eut des procès. Certaines interdictions de projection furent levées, d'autres maintenues. Le dossier fut clos laissant croire, plus ou moins obscurément, que les jeunes femmes avaient été mises en pièces «grâce à d'habiles trucages photographiques» et l'affaire fut étouffée.

Le 9 décembre 1979, un hebdomadaire montréalais publia à la une: «Les films-vérités font d'autres victimes.» Malgré le caractère «sensationnaliste» de cette publication, l'article a le mérite de relancer le débat:

> Lorsque la co-vedette commença à la frapper (Janey Dale) il n'actait plus, il frappait pour vrai. Finalement, son corps nu tomba sur le plancher dans une mare de sang. Elle était morte. Ce n'est qu'à ce moment que le directeur lança le cri «coupez». Elle devenait une autre victime de ces films qui sont recherchés dans le monde pornographique où on combine les meurtres sauvages au sexe. On croit que certains de ces films ont été tournés à l'Université de San Jose, en Californie, où trois femmes sont disparues au cours des trois derniers mois. Selon les détectives, bien que très secret, le commerce de films-vérité est devenu très lucratif depuis cinq ans[4].

Cas limites que ces «féminicides[5]», certes! Et pourtant révélateurs — ô combien — des enjeux véritables de la guerre des sexes qui, dans ce contexte précis, fait des femmes non pas de la chair à canon, mais de la chair à caméra. On ne dira jamais assez que ces assassinats, réels ou truqués, ne représentent que des variations sur un même thème de l'horreur. Ils nous laissent en outre mesurer à quel point l'appel au changement est urgent et fondé.

Car en dépit ou en raison de cette monolithique
vision patriarcale — avec tout ce qu'elle véhicule d'exa-
cerbations pathologiques — vinrent des femmes et
certains hommes aussi qui comprirent l'importance d'in-
fluer historiquement sur la vocation du cinématographe
avant qu'il ne devienne centenaire, et sur les «quelque
3 000 longs métrages, bon an mal an, réalisés dans le
monde[6]». Depuis mai 68, les résultats de cette charge
critique surgissent de partout, quelquefois d'une façon
presque incongrue tant cela était imprévisible. Même
Hollywood commence à abandonner le long de ses
sentiers ultra-battus certains stéréotypes féminins et crée,
de temps à autre, des personnages intéressants comme
Norma Rae, attachants comme *Julia*, actifs comme la journaliste de *China Syndrome*, vindicatifs comme le mannequin de *Lipstick*.

Ceux qui ont parlé d'elles

Il s'est même trouvé certains hommes de bonne
volonté qui ont enfin reconnu une place d'importance
aux cinéastes de l'autre sexe. Ceux de l'exception, hélas!
À tout seigneur tout honneur: Charles Ford, historien
et prolifique auteur de cinéma que les cinéphiles, à tort
ou à raison, critiquent abondamment. Sur la jaquette de
son ouvrage sur les *Femmes cinéastes*[7], on nous assène
d'emblée cette petite phrase perfide: «La liste est brève
des réalisatrices de cinéma. On comprend pourquoi en
lisant ces pages: ce n'est pas parce que le métier serait
un métier masculin par essence, mais plutôt parce qu'il
exige des personnes qui l'exercent une énergie de
«surmâles».» Les guillemets du substantif «surmâles»
ajoutent à la confusion. En clair, on dit simplement que
si les hommes occupent la presque totalité des sièges de
la réalisation, c'est qu'en définitive ils possèdent cette
énergie de «surmâles». Quant aux femmes, eh bien...

enfin... quelques-unes — on n'arrive plus à les camoufler — ont eu cette énergie. Aussi, le cinéma ne serait pas «un métier masculin par essence», mais essentiellement masculin. En voilà une belle affaire! Cependant, Ford ne s'adonne pas à l'analyse; il se contente plutôt de faire une chronologie des femmes cinéastes, hasardant ici ou là quelques réflexions sur leurs oeuvres.

On doit reconnaître que Charles Ford entretient à l'égard de «ses» femmes cinéastes un préjugé, ma foi, aussi favorable que sympathique. Ce qui n'empêche pas certaines attitudes sexistes primaires de refaire surface. Ses écarts langagiers mêlés à une espèce de puritanisme bon enfant rendent la lecture de *Femmes cinéastes* quelquefois exaspérante. Son puritanisme émousse son libéralisme, alors que son «fair play» s'entache de vieux réflexes paternalistes:

> Mai Zetterling approche de la cinquantaine, elle peut, comme actrice, interpréter des rôles de composition, elle doit, comme cinéaste, rejeter son nihilisme foncier et mettre ses grandes qualités de créatrice d'images au service d'une production plus souriante, c'est du moins ce que l'on espère d'elle.

> (...) certaines séquences, entre autres celles de l'accouchement en public et en musique, donnent la nausée, et la gêne que l'on ressent est décuplée du fait que la réalisation est due à une femme[8].

Tantôt son jugement s'obscurcit et, par une pirouette, il évite de nommer l'évidente situation discriminatoire: «Dans ce domaine (script-girl), où la faculté d'observation et la mémoire jouent un rôle primordial, la supériorité de la femme s'est révélée inattaquable[9].» Tantôt il fournit des informations douteuses: «Un historien de cinéma arriverait à peine à énumérer une centaine de femmes réalisatrices de films[10].»

Mais en dépit de certains passages quelque peu indigestes, *Femmes cinéastes ou le triomphe de la volonté* représente une mine d'informations précieuses, pour ne pas dire uniques. Charles Ford réhabilite d'une manière troublante et touchante celle qui fut certainement la plus «malmenée» de toutes les femmes cinéastes: Leni Riefenstahl[11]. Il lève des anathèmes, il reconnaît les génies que l'histoire avait oubliés, il encense des oeuvres négligées, il redistribue certains droits d'auteurs, il rappelle que, derrière la caméra de certains grands cinéastes, des travailleuses anonymes n'ont jamais reçu l'ombre d'un crédit. Des noms surgissent du fond de leur «his-story»: Alice Guy, l'inconnue; Musidora, l'oubliée; Olga Preobrajenskaïa, l'ostracisée; Margot Benacerraf, la brisée et l'empêchée... Toutefois, des oublis: Márta Mészáros, Ruth Orkin, Joyce Wieland, Eva Zsures, Shu Shuen, Elaine May et de nombreuses autres[12].

Femmes cinéastes, un lexique à revoir et à corriger, mais surtout à réviser constamment puisque de plus en plus les femmes triomphent de cette volonté peu ou prou avouée qui toujours s'évertue à nier notre génie.

Tout en se rappelant bien l'esprit des années 70, passons d'un certain libéralisme au militantisme. Force est de constater que la gauche, à l'heure du féminisme, se trouve très à l'étroit dans ses grilles d'analyse. Il faut se souvenir des borborygmes que l'orthodoxie gauchiste connaît alors. Ses articulations grincent. Rien ne va plus. Même si toute une théorie (Millet, d'Eaubonne, Chesler, Irigaray, Cixous, Atkinson, etc.) et toute une pratique démontrent largement que le discours féministe se suffit à lui-même, les bien pensants d'une certaine gauche s'acharnent à n'y voir qu'un appendice de la bible marxiste. Ces mêmes gauchistes incitent à une prudence extrême quand ils prennent la parole pour dénoncer le sexisme.

Ainsi, le critique français de cinéma Guy Hennebelle[13] a déjà assujetti la lutte des femmes à la lutte des classes sociales en refusant de reconnaître sa spécificité. Son nom, sa pensée et sa conscience des femmes, sans doute, sont indissociables de ceux de Monique Henne-belle[14]. L'élargissement de sa critique aussi. Tous deux signaient en 1974, dans la revue *Écran*[15], un article inti-tulé «Le sexisme ordinaire ou La phallocratie dans le cinéma français», qui formule une analyse au terme de laquelle le féminisme ne serait, ni plus ni moins, qu'un tentacule de la lutte anticapitaliste. Il ne devient dès lors qu'un pendant, un ajout, un sous-chapitre au livre du parfait militant:

> Ces dernières années, sont apparus quelques films qui ne se contentaient pas d'être féministes mais qui allaient jusqu'à afficher ouvertement des sentiments anti-masculins. Les plus caractéristiques sont sans doute de ce point de vue *Les Stances à Sophie* de Moshe Mizrahi (d'après Christiane Rochefort) et *La Fiancée du pirate* de Nelly Kaplan. Là, la révolte féministe se mue en revanchisme pur et simple, au nom de ce qui n'est finalement qu'une idéologie anarchiste bourgeoise.

Leur jugement présuppose une définition arrêtée du féminisme au cinéma, ce qui était plutôt hâtif à cette époque. «Ces dernières années, sont apparus quelques films qui ne se contentent pas d'être féministes»; elle-il poursuivent leur affirmation qui devient un contresens: «(...) mais qui allaient jusqu'à afficher ouvertement des sentiments anti-masculins.» En voilà une horreur! Le féminisme? Va toujours s'il vient servir, voire donner du poids à nos convictions anti-impérialistes. Mais s'il se targue d'indépendance, il ne peut alors qu'être «revan-chisme pur et simple, une idéologie anarchiste bour-geoise». Les auteurs déclarent aussi:

> D'autre part, on notera — innovation originale — que le nouveau cinéma algérien s'attache en général à montrer que ce sont les classes réactionnaires qui ont intérêt à empêcher ou à freiner l'émancipation de la femme. Le chauvinisme mâle est un trait cultu-rel masculin, mais il doit être situé dans son véritable contexte socio-politique car il n'existe pas de «nature humaine» dans l'abstrait.

À la lumière des conditions de vie réservées aux Algériennes aujourd'hui encore et ce, malgré de nombreuses
luttes pour la reconnaissance de leurs droits, les propos
de Monique et Guy Hennebelle n'apparaissent guère
· probants. Ne conviendraient-elle-il pas maintenant que
ce pays a échoué à juguler «le chauvinisme mâle»?

Il ne faut donc pas s'étonner si, au chapitre qui passe
en revue «les films exprimant une révolte sociale et politique», aucun film fait par une femme ne trouve grâce
ou ne se qualifie aux yeux des auteurs. Ni Yannick Bellon,
ni Agnès Varda et encore moins Kaplan. Seuls sont dignes
de la très haute mention «militant» les films de Jean
Grémillon, Michel Drach, René Allio, Georges Franju,
René Gilson, Bernard Paul.

> Dans ces films, l'émancipation de la femme, dès lors
> posée en termes socio-politiques, est décrite comme
> s'insérant dans le combat des forces populaires contre
> la bourgeoisie et non plus comme une revendication
> parcellaire.

Cette vision «binoculaire» Hennebelle[16] s'est sensi-
blement modifiée au cours des cinq années suivantes et,
en 1979, *Monique Martineau* réunit un dossier essentiel
sur «Le cinéma au féminisme[17]». Son compagnon y
participe et entérine la position idéologique du collectif
CinémAction:

> Nous pensons que la réalité sera toujours plus
> complexe que les schémas élaborés pour la compren-
> dre. Dans la conjoncture présente, nous récusons à
> la fois les systèmes définitifs et clôturés (marxistes
> ou autres) et le nihilisme, genre «nouveaux philo-
> sophes»[18].

Étonnante volte-face qui confirme l'honnêteté intellectuelle de ses auteurs et qui annonce: «Nous sommes
las de l'univers clos de la similitude, des vieux fantasmes
dégonflés, de la dérisoire suprématie machiste[19].»

La conspiration du silence

Ce qui forme le *tissu* de la vie semble escamoté au profit de ce qui *paraît*. Et qu'est-ce qui paraît? Le travail et la vie des hommes. *Leurs* travaux, inventions, découvertes, créations, pays, empires, monopoles, bref, ce qu'on nomme le *monde* et *l'histoire!* Ça va tellement loin que je me demande parfois s'ils ne se sont pas mis au monde tout seuls sans être passés par le ventre d'une femme[20].

Les propos lapidaires de cette Québécoise font écho au consensus des Américaines, des Françaises, des Italiennes et des Allemandes[21] qui sont à bâtir une preuve accablante de la culpabilité de l'histoire et de ceux qui l'ont écrite. Les femmes ont bien compris la nécessité de retracer notre passé afin de comprendre et de s'aménager un présent respirable et de mieux vivre notre futur.

Elles s'adressent à

toutes celles et ceux qui voudraient meubler leur mémoire d'autre chose que Jésus-Christ, Confucius, Alexandre le Grand, Socrate, Jules César, Corneille, Napoléon, Jacques Cartier, Mozart, Benjamin Franklin, Charles de Gaulle, Lindberg, John Wayne, Guy Lafleur, Pierre Trudeau[22]...

Les historiens de cinéma n'ont pas échappé à la mutité dont tous semblent frappés quand, selon eux, la création exhale une odeur femelle. Il serait toutefois prématuré de porter un jugement de culpabilité ou de non-culpabilité sans avoir étudié d'une manière exhaustive les travaux de Mitry, Boussinot, Lacassin, Bardèche et Brasillac et de tous les autres. Qu'il me soit seulement permis de mettre en exergue quelques omissions, absences ou oublis qui pourraient s'ajouter au dossier de la preuve. Cela dit sans toutefois négliger les circonstances atténuantes liées au contexte sociopolitique de l'historien, à son époque et à la difficulté de retracer, malgré une éventuelle bonne foi, les oeuvres des réalisatrices, alors qu'être femme n'était pas encore à la mode[23].

L'homme de barre, Georges Sadoul, s'est montré en général laconique et, dans bien des cas, muet face aux femmes cinéastes. Pour étayer cette assertion, survolons son *Dictionnaire des cinéastes*[24]. De la première cinéaste du monde, Alice Guy, Sadoul dit ceci:

> La première réalisatrice du monde puisque, à la demande de Léon Gaumont dont elle était la secrétaire, elle dirigea dès 1900 ses premiers films, parmi lesquels une importante *Vie du Christ*. Poursuivit ensuite sa carrière aux US. (...) épouse Herbert Blaché et fonde avec lui aux US en 1912, les Studios Solax, où elle réalise de très nombreux films[25].

Aucune mention des quelque 500 films que lui reconnaît Francis Lacassin à qui l'on doit la plus complète filmographie de madame Guy. Lacassin réfute par ailleurs Georges Sadoul en reconnaissant à Alice Guy la maternité de *La Fée aux choux* en 1896: «Elle fut la première femme metteur en scène du monde: précédant Méliès de quelques mois elle tourna en 1896 *La Fée aux choux*[26].» Si tel est le cas, comme l'Association Musidora[27] aussi le soutient, Alice Guy aurait créé le premier film de fiction de toute l'histoire du cinéma. Elle meurt aux États-Unis en 1968. On attribue plusieurs de ses films à des personnes qui, à cette époque, ne purent qu'être ses assistants. Collaboratrice et bras droit de Léon Gaumont[28], elle réalise de 1897 à 1907 tous les films de fiction de la maison Gaumont. Ce que trouve à dire Sadoul sous la rubrique Gaumont est: «(...) et domina, par l'art de ses productions, le cinéma français en 1910-1920, surtout grâce à Feuillade». D'Alice Guy? Pas un mot. Inutile de préciser que Louis Feuillade occupe six fois plus de place qu'Alice Guy dont, ici encore, Georges Sadoul ne fait nulle mention. Et pourtant:

> Elle (Alice Guy) accueillit très favorablement les scénarios de Feuillade (dont le premier s'appelait *Le*

Chapeau ou le Coup de vent) et lui permit bientôt de les mettre en scène lui-même. Au printemps 1907, lorsqu'elle se prépare à rejoindre son mari à Berlin d'abord, puis en Amérique, Léon Gaumont chercha un homme compétent pour la remplacer dans ses fonctions de directeur artistique. Il songea à offrir ce poste à Cappellani alors employé chez Pathé, mais Mme Guy Blaché lui recommanda Feuillade avec tant de chaleur que Gaumont l'engagea, le 1er avril 1907, en qualité de «chef du service artistique des théâtres et de la prise de vue»[29].

Il faudrait chercher en vain le nom d'Olga Preobrajenskaïa. Alors que Sadoul louange les quatre grands du cinéma soviétique muet, Eisenstein, Vertov, Dovjenko et Poudovkine, il n'a pas jugé bon de parler de cette ancienne star du cinéma russe qui passa derrière la caméra en 1927. Qui sait? Il ne la connaissait peut-être pas? Hypothèse non plausible puisque dans son *Dictionnaire des films* il cite *Le Village du péché*[30]. On raconte même qu'il l'aurait délibérément mise au ban pour incompatibilité idéologique. Charles Ford est aussi de cet avis:

> Les critiques, les historiens, les encyclopédistes d'obédience communiste ont, avec une unanimité digne d'admiration, emboîté le pas à Georges Sadoul, thuriféraire du cinéma soviétique et ont minimisé l'oeuvre d'Olga Preobrajenskaïa [31].

Youlia Solntseva subit le même sort que sa compatriote Preobrajenskaïa. Vouée au silence elle aussi. Collaboratrice d'Alexandre Petrovitch Dovjenko, elle réalisa après la mort de celui-ci quatre films. En 1962, un de ces films sera promu à Cannes. Pour Esther Choub, un peu plus de chance. Sadoul lui reconnaît même une «forte intelligence». Il dit d'elle: «Après Vertov, elle crée le film de montage en partant exclusivement de documents d'archives, assemblés avec une grande personnalité[32].» Mais rien sur le fait non négligeable que, selon Jay Leyda, *The Fall of the Romanov Dynasty* est le: «Premier documentaire historique produit par le cinéma soviétique, ce film souligna le dixième anniversaire de la Révolution de février 1917[33].» Et d'ajouter Leyda:

> Plus sensible que Vertov et plus attentive qu'aucun monteur d'actualités dans le monde, Esther Choub analyse chaque photogramme, trouvant ainsi des significations et des liaisons, pour chacun des plans, que seul un monteur habile est habitué à faire[34].

Si les femmes cinéastes russes sont écartées de l'histoire par Georges Sadoul, on pourrait invoquer un certain conservatisme idéologique plutôt qu'une vigoureuse phallocratie. Pourtant, à Hollywood où une Dorothy Arzner apparaît peu menaçante, il ne lui accorde que quatre lignes; Georges Cukor, lui, a droit à 79 lignes et trois photos en prime. Tout ceci en affirmant néanmoins que Cukor est «un homme de goût, cultivé, soigneux, sans vrai génie[35]». Combien de lignes lui aurait-il consacrées si Cukor avait été un «homme de génie»?

Il y a aussi toutes ces femmes qu'il cache derrière un toujours glorieux nom masculin. Il renvoie dare-dare Joy Batchelor à John Halas. Il est vrai que les renvois et les références sont clairs. Est-ce le hasard qui fait qu'on adresse toujours la femme à l'homme? Ne s'étonnerait-on pas de voir exister invariablement le contraire? Qui peut encore honnêtement croire à la gratuité des conventions[36]? Quant au nom de Claire Parker, il a été et demeure obnubilé par «l'aura» d'Alexeieff. Aucun crédit ne lui est accordé outre celui de collaboratrice du «créateur de l'écran d'épingles». Thea von Harbou (compagne de Fritz Lang) et Vera Stroieva (compagne de Grigori Rochal), qui ont associé leur travail à celui d'un homme existent, dirait-on, par la force des choses. Pour Musidora, qui «ne fut pas seulement la célèbre vamp en collant noir mais la réalisatrice de neuf films[37]»: néant. De Liliana Cavani et Lina Wertmüller, le réviseur du travail de Sadoul, Émile Breton, ne souffle mot. Mais Sergio Leone occupe une place à la mesure de sa taille sinon à celle de son talent. Comme on peut le deviner,

Bergman rafle tous les honneurs suédois et pas un clin d'oeil pour Mai Zetterling. Lois Weber, première cinéaste de nationalité américaine, ne recueille pas la moindre mention, pas même une à titre d'intérêt historique. Maya Deren, celle qu'on a surnommée la mère du cinéma underground, repose avec toutes les autres au cimetière de l'oubli.

Plus de 20 ans après celui qu'on reconnaît comme étant le premier véritable historien de cinéma, Jean Mitry publie à son tour une *Histoire du cinéma* dans laquelle, sans faire florès, les femmes jouissent d'une certaine reconnaissance. À titre d'exemple, dans son volume consacré à la période 1895-1914, le nom d'Alice Guy émerge et s'installe vaillamment. Mais la manière singulière de traiter de son oeuvre, qui ressemble à ne donner que pour mieux reprendre, heurte de front les plus élémentaires sentiments d'égalité. Si Mitry, dans sa rétrospective de «L'oeuvre des pionniers (1900-1908)», accorde douze pages à Georges Méliès, huit à Ferdinand Zecca, il en consacre une seule à Alice Guy où ce dernier et Henri Gallet lui disputent son espace:

> Première femme metteur en scène, directrice de production de la Maison Gaumont, Alice Guy, qui réalisa d'innombrables comédies parmi lesquelles *La Fée aux choux, Les Fredaines de Pierrette, Hussards et Grisettes,* etc. (1900-1901), mérite assurément d'être mentionnée. Mais les historiens attribuent généralement à Henri Gallet les quelques films «réalistes» qu'elle produisit au cours de l'année 1904. À savoir: *Paris la nuit, Rapt d'enfant, L'Assassinat du courrier de Lyon, l'Assassinat de la rue du Temple, Les Petits Coupeurs de bois verts,* etc.[38]

Tous titres que Francis Lacassin identifie comme étant l'oeuvre d'Alice Guy. Jean Mitry poursuit ainsi sa contestation des droits d'auteure[39] de Mme Guy:

> Or, au cours de plusieurs entretiens à la Cinémathèque, Alice Guy a toujours affirmé que si Henri Gallet fut bien l'un de ces collaborateurs, ce fut

25

uniquement à titre d'administrateur de production et nullement à titre de metteur en scène. Elle n'a point prononcé le nom de Zecca, mais on peut constater que la période de tournage de ces films «réalistes» coïncide avec celle du passage de Zecca chez Gaumont et que, dans les mois qui suivirent, la production d'Alice Guy fut de nouveau consacrée aux films comiques, *Une noce au lac Saint-Fargeau* (1905) étant l'une des oeuvres les plus caractéristiques de celle-ci. Sans pouvoir affirmer que les films jusqu'alors attribués à Henri Gallet furent des films de Zecca, on peut croire que l'influence de celui-ci fut alors prépondérante et qu'il les fit tout en se soumettant aux directives de la maison[40].

Et de poursuivre cet interminable procès de droits d'auteure pour terminer:

Et l'on peut croire que, tenu de tourner dans des décors naturels, Zecca, tout d'abord dépaysé, ne retrouvant plus ses habitudes, en arriva à se fâcher avec Gaumont chez qui il ne pouvait plus exercer les routines d'un métier dont il croyait détenir les seules méthodes valables, pour se rendre compte, à la fin, de l'avantage que présentaient celles en usage à La Villette[41].

Alice Guy s'est effacée derrière Zecca et Gallet. Inutile de tenter de la retrouver dans l'espace occupé par ces derniers où leurs oeuvres sont analysées avec grand soin. Un unique jugement, impitoyable, fait office d'analyse de toute la production Guy: «Mais ces petites comédies dont la technique était fort rudimentaire ne sauraient être comparées aux films de Méliès, même les plus médiocres[42].» Quel verdict cruel pour celle qui confessait ainsi et sans fausse modestie sa contribution au septième art: «Le cinéma que j'ai aidé à mettre au monde.» Il est fort injuste de réduire l'oeuvre de Guy à «de petites comédies», elle qui fut non seulement pionnière mais femme orchestre en s'essayant un peu à tous les genres: féerie, mélodrame, comique à trucs, «western», spectacle filmé, «documentaire», comique paillard, fantastique, policier, film religieux dont deux superproductions pour l'époque: *Esmeralda* (1905, 290 mètres) et *Vie du Christ* (1906, 608 mètres, 300 figurants et 25 décors).

C'est en pleine effervescence de la pensée féministe, au début des années 70, que Francis Lacassin publie *Pour une contre-histoire du cinéma*. Il rend à «la prolifique et (injustement) méconnue Alice Guy[43]» l'insigne honneur d'ouvrir cette marche aux confins des temps héroïques du cinéma. Cet hommage n'est pas le fruit d'un engouement passager ou d'une tentation de céder à la mode, mais le résultat de recherches sérieuses menées à New York et Los Angeles, doublées d'une correspondance avec Mme Guy «dont la douceur dans le travail revêt une insoupçonnable énergie[44]». De la pionnière du cinéma français, puis du cinéma américain, Lacassin nous rappelle que:«Les Français ont attribué les films d'Alice Guy à Jasset ou Cohl. Quant aux Américains, ils avaient eux aussi oublié la «refined french woman, madame Blaché[45].»

Lacassin retire ensuite avec délicatesse la cagoule noire de Musidora pour nous dévoiler le vrai visage de la vamp rendue célèbre pour son interprétation d'Irma Vep dans *Les Vampires* de Louis Feuillade. Qui se cache derrière Irma Vep, anagramme de vampire?

> (Une) femme libre d'esprit, femme moderne, qui en d'autres temps et d'autres lieux eût été suffragette. Musidora admirait passionnément la figure de George Sand. Elle écrivit une pièce («dédiée à Colette avec toute ma ferveur») à sa louange et y tint bien évidemment le rôle de Lélia à la scène[46].

Cependant, Lacassin n'a pas saisi toute l'ampleur du phénomène, d'abord cinématographique, de la vamp dont Musidora est l'archétype par excellence. Pendant que le vampire mâle est resté bien attaché à son genre, son émule femelle s'est peu à peu transformée pour s'immiscer dans différents genres cinématographiques où, du coup, son appellation subissait une amputation significative. De vampire, elle était devenue vamp, c'est-à-dire femme fatale, aussi funeste qu'irrésistible. Au mythe Musidora s'est substitué celui de Theda Bara, Mita Nolde, puis celui de Marilyn Monroe, Brigitte Bardot, Ursula Andress, Raquel Welch et, sa version postmoderne, Bo Derek. Ces femmes sculpturales, remodelées de pied en cap grâce aux manipulations d'esthéticiens de tout acabit, pèsent encore de tous leurs canons sur la psyché humaine et invalident la beauté «naturelle» des femmes. La vamp perpétue en outre la légende, aussi mensongère qu'exécrable, de la femme castratrice, mangeuse d'hommes, qui se nourrit du sang du *premier sexe*.

> Avant même que les théories freudiennes sur le comportement humain ne soient à la mode, la vamp symbolisait cette sombre menace, le vagin denté. Comme un vampire, elle vidait ses amants de leur sang et leur ôtait tout amour propre. Pour elle, ils abdiquaient tout[47].

Musidora écrivit plusieurs scénarios et quelques livres, nous révèle Lacassin. «Parmi ces derniers, un petit volume, *Paroxysmes,* roman poétique assez étonnant dont les trop nombreuses réminiscences d'un Bourget ou d'un Loti ne doivent pas nous cacher, les audaces de ton et un certain baroquisme qui ne manque pas de saveur[48].» S'il nous entretient de *Paroxysmes,* pourquoi s'abstient-il de parler de la carrière de cinéaste de Musidora? Attitude inexplicable qui laisse croire que, en dépit des intentions les plus bienveillantes, les clairs-obscurs enveloppant la création cinématographique des femmes ne se dissiperont vraiment que par les femmes elles-mêmes.

Quand, d'aventure, elle s'associe à lui

Quand l'aventure, le hasard ou la nécessité mènent une femme à conjuguer son désir de création avec celui d'un homme, il est peu fréquent qu'elle en sorte indemne ou, plus justement, qu'elle parvienne, dans cette aventure où les dés sont pipés, à conserver son identité. Au cinéma comme ailleurs, on la viole de façon éhontée. On ne parle pas de Claire Parker et d'Alexandre Alexeieff. Non! On dit «les époux Alexeieff». Comme on dit «les époux Millet» en voulant désigner Monique Muntcho et J.K. Raymond-Millet, alors même que Muntcho est l'auteure d'au moins quatre réalisations en solo. Pareillement pour Osa Johnson et Annelie Thorndike dont l'effritement de l'identité semble proportionnel à la vigueur de celle de leur compagnon. Sans compter les cas plus criants. Et ils sont légion. Qui sont Henriette Kemm (compagne inséparable du cinéaste français Jean Kemm), Virginia Stone (compagne et «collaboratrice» de l'Américain Andrew L. Stone)? De ces fidèles collaborations, il ne reste même pas un effluve d'assistanat. Charles Ford ne s'y trompe pas en affirmant que: «Ces collaboratrices, quels que soient leurs mérites effectifs, ne figurent pas sur les génériques des films et surtout pas en qualité de coréalisateur.» Et de poursuivre: «Dans plusieurs cas précis, la collaboration a été tellement étroite qu'il est pratiquement impensable de dissocier le couple et de chercher à établir l'apport respectif des coréalisateurs[49].»

Or les critiques n'ont que faire de pareilles considérations et analysent, par exemple, les travaux en coréalisation de Danièle Huillet et Jean-Marie Straub en palabrant, sans vergogne, sur le système straubien[50]. Ils confirment ainsi une fois de plus que la notoriété revient à l'homme de plein droit. Conviction appuyée sur une autre, plus tenace encore, celle de la «supériorité naturelle de l'homme et de son pouvoir créateur». Qu'est-il besoin de nommer la femme? L'Homme n'inclut-il pas la femme??? Quand, à la manière classique, on accuse d'outrance l'entêtement de certaines femmes à entendre par le terme générique «homme» une référence aux seuls mâles de l'espèce, il faut bien reconnaître que sa version moderne «gars» nous donne tristement raison. À moins qu'on ne pousse le culot à soutenir que «gars» est un terme générique incluant, d'évidence, toutes les garces[51].

L'identité altérée, tronquée, de toutes ces cinéastes hypothèque lourdement leurs oeuvres. Un patient et laborieux travail d'archiviste parviendrait peut-être à en reconstituer la nature véritable. Les mécanismes telle- ment captieux de la sexégration[52] sont parfois difficiles à débusquer. Le vieil adage «Derrière chaque grand homme se cache une femme», malgré sa désuétude, traduit malheureusement une réalité qui n'a cessé d'avoir cours au cinéma. Dès lors, cela ne surprend personne que dans un film documentaire[53] produit par l'Office national du film du Canada, Claire Parker s'agite discrè- tement autour d'Alexandre Alexeieff, de manière à soulager le maître penseur de toute tâche servile. Dans toute sa superbe, il fait la présentation de «son» écran d'épingles; elle, avec son humble sourire, un peu amer qui sait, lui porte les objets nécessaires à sa démonstra- tion. On n'imagine pas autrement les rapports qu'en- tretenaient, au Moyen Âge, vassal et suzerain.

L'époux Alexeieff, le frère Epstein[54] (frère de Marie Epstein), voire le père Starevitch[55] (père d'Irène Stare- vitch), loin de marquer du sceau de la légitimité[56] le travail de leurs collaboratrices, les ont reléguées au rang de bonnes secondes. L'usurpation de l'identité n'est que le syndrome d'un mal social qui annule le féminin et le renvoie de façon systématique à son illégitimité. C'est pourquoi, même si l'homme du tandem de création n'a pas désiré ce clivage dans leurs réalisations communes, l'historien, le chroniqueur et le critique se sont chargés, dans combien de cas, de faire respecter l'ordre mâle et ses diktats d'irrecevabilité de la création des femmes.

NOTES

1. Extraits d'un texte de Denise Boucher dont l'orthographe a été rigoureusement respectée, texte paru dans *Les Têtes de Pioche, collection complète,* Montréal, Éd. du remue-ménage, 1980, p. 24-25. Rappelons que la première oeuvre de Christine de Pisan, *Ballades,* date de 1393.

2. Homonymie dont les féministes américaines se servent pour bien marquer le caractère masculin de l'histoire officielle, la première syllabe de *history* étant aussi le possessif masculin.

3. Voici quelques-unes de ces sources: *The New York Times,* 27 février et 7 mars 1976; *La Presse,* 10 mars 1976; *Village Voice,* 12 avril 1976; *Variety,* 25 et 26 février 1976; 3, 10 et 24 mars 1976; 14 et 17 mars 1976; Marie-Françoise Hans et Gilles Lapouge, *Les Femmes, la pornographie, l'érotisme,* Paris, Seuil, 1978, 400 p.; Anne-Marie Dardigna, *Les Châteaux d'Éros ou les Infortunes du sexe des femmes,* Paris, Maspero, 1981, 334 p.

4. *Dimanche/Dernière-heure,* 9 décembre 1979, p. 2.

5. On me permettra ce néologisme puisque le terme homicide définit un être humain qui tue son semblable et ne stigmatise en rien le caractère exclusivement féminin des meurtres dont il est ici question. Du reste, on ne peut attendre un terme plus approprié de la part de l'Académie française qui a mis plus de 300 ans à admettre une Immortelle en son sein, Marguerite Yourcenar, en 1980.

6. Georges Sadoul, *Dictionnaire des films,* Paris, Seuil, remis à jour par Émile Breton, 1976, p. 3.

7. Charles Ford, *Femmes cinéastes ou le triomphe de la volonté,* Paris, Denoël/Gonthier, 1972, 254 p.

8. *Ibid.*, p. 147.

9. *Ibid.*, p. 7. Supérieure à qui? À l'homme qui, de mémoire de femme, n'a jamais exercé ce métier?

10. *Ibid.*, p. 5.

11. Trente ans après la réalisation du film, lorsqu'elle consentira à aborder ce sujet profondément douloureux pour elle, Leni Riefenstahl dira en substance: «*Le Triomphe de la volonté* m'a valu après la guerre d'innombrables difficultés. Oui, c'était un film de commande, proposé par Hitler, mais il faut tout de même penser que cela se passait en 1934, au moment où il venait d'être porté au pouvoir non pas par un coup d'État mais par une majorité parlementaire librement élue. Hitler représentait alors l'espoir de beaucoup d'Allemands et il était respecté par beaucoup d'étrangers. Winston Churchill lui-même déclarait à cette époque que l'on pouvait envier l'Allemagne d'avoir ce Führer. Je n'ai jamais fait de politique et je n'ai jamais appartenu au parti. Pourquoi aurais-je été la seule à prévoir l'avenir et à savoir alors qu'Adolf Hitler mènerait l'Allemagne et le monde vers la catastrophe? De nombreux cinéastes ont alors tourné des films et ont accepté des commandes. Aucun n'a été accusé comme je l'ai été. Pourquoi? Parce que je suis une femme ou parce que le film était trop réussi?», dans *Femmes cinéastes ou le triomphe de la volonté, op. cit.*, p. 69-70.

12. *Femmes cinéastes* fut publié en 1972. Márta Mészaros réalise son premier long métrage, *Cati*, en 1968. Ruth Orkin coréalise *The Little Fugitive* en 1953; Joyce Wieland réalise *La Raison avant la passion*, entre 1967 et 1969; Eva Zsures, *Les Barbares*, en 1967; Shu Shuen, *The Arch*, en 1968; Elaine May, *A New Leaf*, en 1970.

13. Guy Hennebelle est également le fondateur et le directeur de la revue *CinémAction*, de même que l'auteur de plusieurs ouvrages de cinéma.

14. Au cours de l'évolution de leur pensée, Monique, de Hennebelle qu'elle était, est devenue, dans un premier temps, Monique H. Martineau, puis Monique Martineau.

15. Guy et Monique Hennebelle, *Écran*, n° 28 (août-septembre 1974), p. 72 à 78.

16. Un an après la parution de l'article «Le sexisme ordinaire ou La phallocratie dans le cinéma français», Guy Hennebelle publie aux éditions du Cerf un livre passionnant, *Quinze ans de cinéma mondial*. Seul, il jouira du crédit et de la renommée de cette véritable somme. Quand on connaît l'imbrication des carrières de Monique et Guy Hennebelle, l'annotation suivante, rédigée en première page, laisse perplexe: «Ce livre a été conçu et en majeure partie rédigé par Guy *HENNEBELLE*, avec la collaboration de Monique *HENNEBELLE*.»

17. *CinémAction*, Paris, Revue trimestrielle, n° 9 (automne 1979).

18. *Ibid.*, p. 10.

19. Pascal Bruckner et Alain Finfielkraut, *Le Nouveau Désordre amoureux*, Paris, Seuil, 1977, p. 165.

20. Éliette Rioux, dans *Les Têtes de Pioche, collection complète, op. cit.*, p. 80.

21. L'impérialisme culturel a ses droits et nous ne savons que très peu de choses des Latino-Américaines, des Africaines et des Asiatiques.

22. Extrait du feuillet publicitaire du Théâtre expérimental des femmes, Montréal, qui annonce la tenue d'une série de conférences «Les lundis de l'histoire des femmes», conférences se proposant «de sortir l'histoire des femmes de l'oubli...».

23. Mais être à la mode n'est pas gage de justice historique. À titre indicatif, soulignons que trois femmes cinéastes seulement furent immortalisées dans la mémoire du *Petit Robert*, édition 1974. Il s'agit de Marguerite Duras, Marie-Louise Fuller (dite Loïe) et Germaine Dulac. Seule cette dernière se voit reconnue à titre de cinéaste, tandis que les deux autres y figurent pour leur apport respectif au monde des arts sans allusion aucune au cinéma. On pourrait aisément répliquer que les artisans du septième art,

demeuré dans l'esprit de plusieurs un art mineur, sont, de manière générale, victimes de ce malentendu. Mais contemporains ou pionniers, géniaux ou tout au plus intéressants, ils sont fort nombreux à y occuper un espace respectable: Griffith, Chaplin, Resnais, Fellini, Visconti, Melville, Eisenstein, Bardem, Malle, Truffaut, Kurosawa, Rouch, Poudovkine, Hawks, Cukor, Walsh, Flaherty, Hitchcock, Linder, Godard, Bresson, Grémillon, Murnau, Lang, Porter, Feuillade, Brooks, De Mille, Bergman, Ford, Autant-Lara, Huston, Méliès et combien d'autres.

24. Georges Sadoul, *Dictionnaire des cinéastes*, Paris, Seuil, 1965, remis à jour par Émile Breton, 1977, 281 p.

25. *Ibid.*, p. 107.

26. Francis Lacassin, *Pour une contre-histoire du cinéma*, Paris, Union générale d'édition, 1972, p. 30.

27. Alice Guy, *Autobiographie d'une pionnière du cinéma (1873-1968)*, présenté par l'Association Musidora (Nicole-Lise Bernheim/Claire Clouzot), Paris, Denoël/Gonthier, 1976, p. 11-12.

28. Le Français Léon Gaumont, pionnier du cinéma dans son pays, est le fondateur de la maison de production Gaumont.

29. Francis Lacassin, *Pour une contre-histoire du cinéma, op. cit.,* p. 30.

30. Georges Sadoul, *Dictionnaire des films, op. cit.,* p. 269.

31. Charles Ford, *Femmes cinéastes ou le triomphe de la volonté, op. cit.,* p. 56.

32. Georges Sadoul, *Dictionnaire des cinéastes, op. cit.,* p. 48-49.

33. Jay Leyda, *Kino: a History of the Russian and Soviet Film,* cité dans l'opuscule *Women and Film: International Festival 1973,* p. 12. Notre traduction.

34. *Loc. cit.* Notre traduction.

35. Georges Sadoul, *Dictionnaire des cinéastes, op. cit.,* p. 58-59.

36. Ce n'est pas d'hier que les conventions rappellent aux femmes leur statut de citoyennes de deuxième zone. Que la carte d'assurance-maladie québécoise, par exemple, identifie le sexe féminin par le nombre deux n'est que l'application d'un principe vieux du VIe siècle avant Jésus-Christ. Marilyn French, lors d'une conférence prononcée à l'Université du Québec à Montréal le 11 novembre 1980, expliquait ce principe de la manière suivante: «Pour les pythagoriciens et leurs successeurs, les néo-platoniciens, le nombre un était celui de la divinité, soit celui de l'unité, de l'unicité et de l'intégrité. C'était aussi le nombre de la lumière, du soleil, de la raison et de l'ordre. Il représentait la main droite, la droiture et les droits. C'était aussi le nombre du mâle. Le nombre deux était celui de la division, du chaos, du désordre et de la noirceur. Il signifiait magie plutôt que divinité — la magie étant, bien sûr, les vestiges d'anciennes religions proclamées illégitimes. C'est le nombre du côté gauche, *sinister,* en latin. Réfléchissez au sens de ce mot aujourd'hui. Sachez aussi que les bâtards nobles du Moyen Âge arboraient une barre de bâtardise parce qu'ils n'avaient pas *officiellement* de père; pourtant comme tous les enfants, ils avaient un père. Les bâtards sont de la sinistre descendance femelle. Le nombre deux est le nombre de la femme.»

37. Simone de Beauvoir, dans *Le Nouvel Observateur,* n° 490 (avril 1974), p. 9.

38. Jean Mitry, *Histoire du cinéma, art et industrie 1895-1914,* Paris, Éd. Universitaires, 1967, vol. 1, p. 223-224.

39. La carrière d'Alice Guy s'est presque entièrement déroulée à cette époque où les films n'étaient pas signés. Avant la Première Guerre, cette pratique de la signature était minoritaire. Elle ne s'universalisera qu'après les années 20.

40. *Ibid.,* p. 224.

41. *Loc. cit.*

42. *Ibid.,* p. 122.

43. Francis Lacassin, *Pour une contre-histoire du cinéma*, *op. cit.*, p. 8.

44. *Ibid.*, p. 19.

45. *Ibid.*, p. 22.

46. *Ibid.*, p. 109.

47. Marjorie Rosen, *Vénus à la chaîne*, Paris, Éd. des femmes, 1976, p. 70.

48. Francis Lacassin, *Pour une contre-histoire du cinéma*, *op. cit.*, p. 110.

49. Charles Ford, *Femmes cinéastes ou le triomphe de la volonté*, *op. cit.*, p. 209.

50. Serge Daney, critique aux *Cahiers du cinéma*, parle du système straubien avec un mépris total de la participation de Danièle Huillet au film *Introduction à la «musique d'accompagnement pour une scène de film»* d'Arnold Schoenberg. Jean Narboni, des mêmes *Cahiers*, commente *Fortini/Cani* en parlant des «films de Straub».

51. Il n'est pas sans intérêt de rappeler que, jusqu'au XVIe siècle, garce était le pendant féminin de gars. Inutile d'épiloguer sur la signification des trop fréquents glissements sémantiques des termes désignant le féminin, ses fonctions ou ses attributs de la simple définition à l'insulte: con et ses dérivés connerie et connasse, fille, madame, etc. Marina Yaguello, dans son essai très documenté *Les Mots et les Femmes*, Paris, Payot, 1979, explique les tenants et les aboutissants de «la langue du mépris»: «Femme, dans son sens absolu, peut être équivalent de femme de mauvaise vie (aller chez les femmes)», p. 142.

52. Terme proposé par les Américaines pour désigner la ségrégation dictée par l'appartenance au sexe féminin.

53. *L'Écran d'épingles*, de Norman McLaren, 1973, 16 mm, coul., 38 min.

54. Jean Epstein, réalisateur français dont la carrière s'étend

de 1922 à 1947. Il a préféré mourir en victime plutôt que de vivre en prostituant son art, expliqua Abel Gance.

55. Ladislas Starevitch, animateur né à Moscou en 1892 et décédé à Paris en 1965, créa le film de marionnettes avant la Première Guerre. À partir de 1939, père et fille travaillèrent en étroite collaboration et signèrent plusieurs films.

56. Il est bien entendu que sous un régime patriarcal, la légitimité procède exclusivement du principe masculin. Toutes les personnes — presque toutes les femmes et certains hommes — qui n'ont pas investi le système des valeurs masculines sont, d'emblée, frappées d'illégitimité.

* * *

CHAPITRE 2
LUMIÈRE SUR MES SOEURS

Cinéastes, soeurs de Lumière, on ne vous a guère laissé de place. Il est légitime que la lumière soit enfin dirigée sur vous. Se pourrait-il que, momentanées, ces ombres sur les oeuvres de vos frères créent un éclairage qui jusqu'alors faisait défaut?

Un travelling d'accompagnement nous mènera dans cette «terra incognita» de la cinématographie gynile[1]. Tantôt s'arrêtant sur une figure particulièrement marquante, tantôt faisant un zoom avant sur une oeuvre d'importance, il nous permettra de reconstituer chronologiquement, et à grands traits il va sans dire, la configuration de la préhistoire des femmes au cinéma, période qui s'étend de 1895, année de l'invention du cinématographe, à 1939, début de la Deuxième Guerre mondiale. Puis celle du moyen âge, de 1939 à 1968, alors que les femmes cinéastes commençaient à s'affirmer dans plusieurs pays. Sans bruit, en catimini presque, elles doublent les rangs des pionnières et ensemble font avec hardiesse leur petite bonne femme de route qui ouvre la voie à «l'explosion démographique» du cinéma des femmes à la fin des années 60.

Parce qu'il s'agit bien d'une explosion que Mai 68, et les années d'effervescence culturelle et politique qui le précédèrent, ont favorisée. De France, d'Italie, des États-Unis, d'Allemagne de l'Ouest, de Belgique, du Québec, de Suède, de Suisse, du Danemark, du Canada, elles sont, fruit d'une génération spontanée, soudainement nombreuses à donner un premier tour de manivelle. Et, de-ci de-là, de Turquie, d'Algérie, d'Israël, de la Péninsule balkanique, du Japon, de Hong-Kong, d'Argentine, d'Australie, des voix isolées nous rappellent la solitude des femmes de ces pays qui ressentent encore avec acuité le poids de leur marginalité. En cette solitude, on retrace une filiation matrilinéaire directe avec la mère de toutes les cinéastes: Alice Guy.

La préhistoire

ALICE GUY (1873-1968)

La solitude ne doit pas avoir de secret pour Alice Guy, celle qui assuma pendant 15 ans la lourde tâche d'être l'unique réalisatrice au monde. On ne dira jamais assez l'audace de cette femme qu'une allure réservée et un très beau visage rendaient moins menaçante. À maints égards, elle innova. Parallèlement à Georges Méliès, elle explora et découvrit plusieurs procédés cinématographiques: arrêts, fondus, accélérés, tournage «à rebours», ralentis, surimpression, caches. Jean Mitry ne reconnaît-il pas lui-même que «la similitude d'idées n'est pas nécessairement «copie»[2]?» Il soutient en outre que «sur le plan de l'art, Méliès, nous le verrons, fut le premier à introduire la notion de «mise en scène» au cinéma[3]». Mais toutes-tous ne sont pas de l'avis de Mitry:

> Or, Alice Guy, en 1896, a tourné 17 mètres de pellicule historique qui sont le premier film de fiction, imaginé, du monde. Pas Lumière, pas Méliès, pas Zecca, non, c'est Alice. Elle y avait pensé. Alors qu'elle n'était qu'une secrétaire dévouée. En plus, elle pensait, elle rêvait. Elle tapait les comptes de Gaumont, et elle trouvait le temps de rêver. Voilà bien les femmes. Elle tourne *La Fée aux choux*. Dans l'histoire future de la pensée féminine à travers les âges (que nous allons bientôt écrire), nous mettrons en lettres de feu, chapitre XXe siècle: Alice Guy invente le film de fiction. Elle, une femme, avec une robe et un chapeau, des bottines et un corset, sans parler des gants en dentelle, dit pour la première fois à une actrice devant une caméra, voilà, vous allez vous baisser et cueillir ce chou qui contiendra, au montage, un bébé. Un scénario bien féminin, qu'attendre de mieux d'une petite secrétaire? Ce n'est pas comme Méliès qui invente la Lune[4]!

Charles Ford partage avec Nicole-Lise Bernheim un point de vue identique:

> Aujourd'hui, il est rigoureusement établi que, contrairement aux affirmations hasardeuses de certains spécialistes de la question, Alice Guy a réalisé sa *Fée aux choux* au début de l'année 1896, quelques semaines avant l'entrée en lice de Georges Méliès[5].

Il y a un tel embrouillamini autour de cette date historique qu'il serait tentant de conclure à une volonté farouche de ne pas accorder ce crédit par trop significatif à une femme. Même le plus ardent défenseur de Mme Guy, Francis Lacassin, s'est rétracté et s'est placé en contradiction avec les propos cités précédemment[6] qu'il tenait à l'hiver 1964-1965; en 1976, il soutiendra:

> Alice Guy revendique cette bande comme son premier film qu'elle aurait tourné en 1896. Mais il figure sous le n° 379 du catalogue Gaumont et peut être daté d'août ou septembre 1900. En effet, le n° 397 concerne une bande d'actualité qui enregistrait le banquet des maires de France présidé par M. Loubet, président de la République. Selon la presse de l'époque, cette cérémonie eut lieu le 22 septembre 1900. Alice Guy, trahie par sa mémoire, est en contradiction avec elle-même lorsqu'elle affirme avoir inauguré la production de fiction chez Gaumont. Ou elle ne l'a pas inauguré — ce qui est hautement improbable — ou elle l'a fait, et alors *La Fée aux choux* n'est pas son premier film[7].

Laissons Jean Mitry qui n'est pas, nous le savons, un fanatique de Guy répondre à Francis Lacassin:

> Comme Deslandes, Lacassin fait une confiance aveugle aux catalogues. Or, s'ils sont une référence utile, ils ne sont en aucune manière une preuve. En agissant pareillement avec les catalogues de Lumière et de Méliès, Sadoul s'est copieusement trompé. Il l'a reconnu par la suite en démontrant précisément que le numérotage des films ne correspondait pas

nécessairement et souvent pas du tout à leur réelle chronologie[8].

Et de conclure:

> Tourné à cette fin (servir à la démonstration et à la vente des appareils de la Société Léon Gaumont) en 1896, *La Fée aux choux* a fort bien pu faire partie du lot exploité entre 1897 et 1900 et être porté sous le numéro 397 lors du catalogue. Je me garderai bien d'affirmer quoi que ce soit, sauf que la preuve avancée par Lacassin n'en est pas une. Sur ce plan je ferais plutôt confiance à Alice Guy. Pour l'avoir affirmé d'une façon aussi péremptoire, ce doit être vrai[9].

On adopterait à moins un ton péremptoire. Au contraire, elle déploie une patience infinie devant le pillage incessant de ses droits d'auteure. Pourquoi donc ne pas croire ce qu'elle revendiqua toute sa vie? Parce que les conséquences en seraient beaucoup trop grandes? Car si elle précéda effectivement Méliès, on peut donc affirmer, en toute logique, qu'Alice Guy fut, après Louis Lumière, *le* premier cinéaste au monde. Cette hypothèse ressemble fort à une hérésie puisqu'il ne subsistait d'elle qu'un vague souvenir, voilà à peine dix ans.

Les récents efforts de réhabilitation de son oeuvre nous révélèrent un destin hors du commun des mortelles. Conçue à Valparaiso au Chili, elle vit le jour à Paris le premier juillet 1873, puisque sa mère entreprit, enceinte, ce long voyage, désirant à tout prix qu'au moins un de ses enfants soit «Français de France». De retour au pays, la jeune Alice est confiée à la grand-mère maternelle; la séparation familiale sera douloureuse mais vite oubliée au contact de cette vie de soleil, de rires et de gaieté qu'elle connaîtra au Chili. Deux ans plus tard, tenue de revenir en France, elle ne parle plus qu'espagnol.

Les austères années de couvent terminées à Paris, formée selon son expression comme «la petite oie blanche de l'époque», Alice Guy suit un cours d'une science nouvelle: la sténodactylo. Les revers de fortune et la mort prématurée de son père à l'âge de 51 ans l'obligent à prendre une orientation de travail pratique. Devenue secrétaire de Gaumont, elle gagne peu à peu sa confiance et c'est ainsi qu'elle assiste à la désormais célèbre projection organisée par la Société d'encouragement à l'industrie nationale en décembre 1895. «Nous venions tout simplement d'assister à la naissance du cinéma[10]», commente-t-elle dans son autobiographie. Jusqu'à sa mort, le 24 mars 1968, ce goût effréné du spectacle ne la quittera plus. À 90 ans, en dépit de ses rides, de sa fatigue et de son amertume, les choses de l'écran la passionnaient tout autant.

«Ma jeunesse, mon inexpérience, mon sexe, tout conspirait contre moi[11]», dit-elle. Mais ni cela ni aucun autre obstacle ne l'empêcheront de s'affirmer, de produire, de tourner, «au point d'être investie de pouvoirs qu'aucune autre femme ne détiendra plus jamais au cours de l'histoire du cinéma[12]». Elle est l'auteure, à quelques exceptions près, de tous les films produits par la Maison Gaumont jusqu'à la fin de 1905. À cette date, grâce à de nouveaux collègues (Louis Feuillade, Étienne Arnaud, Roméo Bosetti et J. Roullet-Plessis), il lui est loisible d'ajouter à sa production personnelle courante une centaine de films parlants enregistrés pour le chronophone: cet appareil mis au point par Gaumont permet l'enregistrement de l'image filmée et du son sur rouleau de cire.

Ce premier cycle de succès connaît, en 1907, une fin brusque. Elle s'éprend de son opérateur de prises de vues, l'Anglais Herbert Blaché. «La féminitude reprend ses droits — elle qui avait oublié Alice Guy pendant plusieurs années de création[13].» En prenant mari, elle prend donc pays. Elle renonce à son métier en s'exilant avec Herbert Blaché, nommé directeur d'une filiale Gaumont à New York. Mais elle n'est pas femme à se laisser avoir par la raison domestique. Après la naissance de ses deux enfants, elle reprend la direction du studio et renoue avec les films muets. Le succès revient et, le 7 septembre 1910, elle fonde une compagnie de production, la Solax, dont elle présidera les destinées jusqu'en 1915. En 1912, trop à l'étroit dans les studios de New York, elle commande le déménagement de la compagnie à Fort Lee, au New Jersey:

> Ce studio était formidable. Conçu par Alice Guy, il coûta la somme rondelette de 100 000$ et il mérita à la Solax la réputation de posséder «le meilleur équipement cinématographique du monde[14]».

Pendant de nombreuses années, Alice Guy continua d'oser et ne dédaigna point le sensationnel: pour elle, filmer des acrobaties, des fauves en liberté ou des explosions était pure routine. Cette femme frondeuse pouvait, par exemple, exiger de véritables rats d'égouts pour ajouter au réalisme d'une scène de son film *The Sewer* (1912), dans laquelle le héros se fait attaquer par les féroces bestioles.

Outre un formidable exemple de courage et de détermination, quel héritage Alice Guy a-t-elle laissé aux femmes qui ont emprunté, à sa suite, ce difficile chemin de la création? Beaucoup de ses films sont disparus ou sont aux mains de collectionneurs. On sait cependant que quelques-uns traitaient de la condition des femmes. Fort peu, somme toute, comparativement au degré de lucidité de Mme Guy. «Il n'y a pas de doute dans mon esprit que le succès des femmes dans bien des domaines est toujours rendu bien difficile par le fort préjugé contre celles de leur sexe qui oeuvrent là où seuls les hommes ont travaillé durant des siècles», estimait-elle avec raison. Sa grande discrétion au sujet des femmes, expliquent Karyn Kay et Gerald Peary, pourrait se résumer à une simple question de stratégie, histoire d'éviter d'attirer l'attention sur l'insolite de sa situation. Au cours de sa carrière américaine, admettent-ils, elle s'est montrée plus loquace à cet égard avec *In the Year 2 000, The Call of the Rose, Winsome But Wise, The Two Little Rangers.* Enfin, s'avouent-ils tenter de voir dans *Making an American Citizen* non pas le testament d'Alice Guy, mais un film charnière:

> Ce film axé sur le mauvais traitement que subissent les femmes au sein de la relation conjugale, constitue, de fait, un plaidoyer en faveur de toutes les pratiques «chauvines», du zèle patriotique à la galanterie virile — la clef de voûte expliquant les contradictions inhérentes à l'essai d'Alice Blaché sur la «place» de la femme au cinéma[15].

Quoi d'étonnant à ces contradictions quand toutes les autres femmes sont encore dans le hors champ de la réalisation cinématographique: «J'ai vécu 28 ans d'une vie intensément intéressante. Si mes souvenirs me donnent parfois un peu de mélancolie, je me souviens des paroles de Roosevelt: «Il est dur d'échouer, il est pire de n'avoir jamais essayé[16].»

ANNA HOFFMAN-UDDGREN (1868-1947) ET LUISE FLECK (-1950)

La deuxième réalisatrice au monde serait scandinave. C'est dès 1911-1912 que la Suédoise Anna Hoffman Uddgren signe deux adaptations cinématographiques des pièces d'August Strindberg, *Mademoiselle Julie* et *Le Père.* C'est à la même époque que Luise Fleck termine pour la Wieda, sa maison de production à Vienne, ses premières réalisations en collaboration avec son compagnon, Jakob Fleck. En Autriche jusqu'à la fin de la Première Guerre, puis en Allemagne jusqu'à la montée du national-socialisme, tous deux réaliseront un nombre important de films, dont des adaptations des oeuvres de Frank Wedeking, Arthur Schnitzler et Gabrielle Zapolska.

LOIS WEBER (1882-1939)

Dans la foulée de la précurseure, une quatrième femme vient à la mise en scène de cinéma en 1913. Elle est la première cinéaste de nationalité américaine. Son nom: Lois Weber. Son métier: pianiste, chanteuse et comédienne. Elle commence à travailler aux studios Gaumont en 1908. Avec son compagnon, Phillips Smalley, elle travaille ensuite pour la compagnie Reliance, puis pour la compagnie d'Edwin S. Porter, la Rex, qui deviendra partie de la Universal. «Les époux Smalley», tous deux scénaristes et assistants réalisateurs prennent charge de la Rex en 1912. Il ne tardera pas que Lois Weber devienne la figure dominante du duo. Après ses réalisations *The Hypocrites* (1914), *False Colors* (1914), *Where Are My Children?* (1916), *The People vs John Doe* (1916), *The Dumb Girl of Portici* (1916), elle connaît la célébrité: «En 1915, elle était devenue une célébrité dont le travail apparaissait aux yeux du public aussi personnel que celui de Griffith ou de De Mille[17].»

Ses films traitent de l'avortement, de la peine capitale, de l'hypocrisie religieuse, de la pauvreté, du travail des enfants, du contrôle des naissances. Selon Jean Mitry[18], elle compte parmi les principaux metteurs en scène de la Universal avec Stuart Paton, Allen J. Holubar, Joseph de Grasse, Otis Turner et George A. Lessey. D'autres auteurs, tels Anthony Slide et Richard Koszarski, estiment qu'elle était la plus importante. Ne pouvait-elle pas se permettre de réclamer un salaire hebdomadaire de 5 000$? La Universal devra débourser trois millions de dollars pour son film controversé *Where Are My Children?* et lui aménager un studio privé, rue Sunset. C'est à cette époque qu'elle rompt avec les thèmes sociaux qu'elle chérissait pour donner dans un genre qu'on désignera bientôt de l'expression péjorative «women's

pictures» avec son lot de mièvreries et sa morale de nivel-
lement à la Hollywood. Elle s'attache surtout à la direction des comédiennes-diens et expérimente les «plans-
séquences» afin de leur permettre d'atteindre un jeu plus
naturel. Ses films recueillent toujours un succès considérable.

En 1920, elle décroche un contrat avec la Famous
Players-Lasky en vertu duquel elle touche la somme
faramineuse de 50 000$ pour chacune de ses réalisa-
tions, plus la moitié des profits. Elle tourne cinq films
dont le ton moralisateur, en ces folles années d'après-
guerre, n'est plus au goût du public. Devenu sophistiqué, il n'apprécie plus la trivialité des personnages de
la classe moyenne mis en scène par Weber. Les femmes
tiquent devant une interprétation du monde qui n'a pas
suivi leur évolution car:

> Ce sont surtout les femmes qui firent souffler un
> vent de folie sur les années 20. Elles avaient arraché
> aux législateurs quelques améliorations de leur
> condition et plongeaient à présent, triomphalement,
> dans le tourbillon des fêtes d'une victoire qui leur
> appartenait socialement et économiquement[19].

Famous Players ne tarde pas à prendre congé de Lois
Weber après la désaffection de son auditoire. La perte
de son studio et son divorce l'affectent au point qu'elle
abandonne toute activité cinématographique. Elle y refait
une brève incursion à la fin des années 20: *The Angel of
Broadway* (1927) est, dit-on, son dernier film intéressant.
Âgée d'à peine 45 ans, elle ne trouve plus de travail
comme réalisatrice.

Ce n'est qu'en 1934, dans un état de grand dénuement, que Lois Weber dirige la mise en scène de *White
Heat*. Elle meurt cinq ans plus tard. Des amis doivent
assumer les frais de son inhumation. Aujourd'hui on
identifie environ une cinquantaine de bandes[20] dont Lois
Weber fut l'auteure, bien qu'elle-même en dénombra de
200 à 400.

MABEL NORMAND (1892-1930)

Autre destin marqué au coin de la tragédie et du scandale, l'histoire a perpétué le halo de mystère qui entoura la vie et la mort de Mabel Normand. En 1974, Stephen Normand, parent de Mabel, décide de départager le faux du vrai et publie ses mémoires. Il s'insurge contre la réputation de cocaïnomane faite à sa grandtante et efface les derniers soupçons entourant la visite de Mabel chez le réalisateur anglais William Desmond Taylor tout juste avant l'assassinat de celui-ci. Selon Marjorie Rosen, l'énigme ne fut jamais résolue, mais ruina la carrière de Mabel.

Reine incontestée de la comédie de 1913 à 1922, Mabel Normand fut adulée pour son humour et sa beauté par des millions de spectatrices-teurs. On reconnaît son talent et son intrépidité qui lui firent toujours refuser l'aide des cascadeuses. Elle meurt le 22 février 1930 avec plus de 150 films à son crédit. Mais qui se souvient de la femme douée et intelligente qui, dès 1914, dirigea Chaplin dans les premiers films qu'il interpréta pour la maison Keystone? On a aussi oublié qu'elle était seule responsable des films qu'elle interprétait pour la Mabel Normand Feature Film Company, filiale de la compagnie Sennett.

Au demeurant on sait très peu de choses de ses films puisqu'ils ont, semble-t-il, disparu. Or les grands de cette époque voyaient en elle «une fille vraiment remarquable» (Charlie Chaplin), «un génie» (Adela Rogers St-John), ou «la plus grande comédienne de toutes, capable de faire tout ce que Chaplin fait» (Mack Sennett).

CLEO MADISON (1882-1964)

Lois Weber est à l'apogée de sa réussite quand Carl Laemmle, détenteur de plus de 60 p. 100 des actions de la Universal[21], permet à une autre comédienne de passer derrière la caméra. Prudent, il met à l'essai Cleo Madison pour la réalisation, en 1915, de deux courtes bandes, *Liquid Dynamite* et *The King of Destiny*. Satisfait, Laemmle lui donne le coup d'envoi pour un premier film de long métrage, *Her Bitter Cup* (1916), qui connaît un honnête succès. Madison se met ensuite elle-même en scène d'après un scénario de son cru, *The Calice of Sorrow*, puis abandonne le cinéma et retourne au théâtre.

GERMAINE DULAC (1882-1942)

À la même époque en France, une pasionaria s'éprend de cinéma: musicienne et femme de lettres de formation, journaliste de métier, socialiste et féministe, Germaine Dulac, née Saisset-Schneider, 33 ans, fonde une maison de production avec l'aide de son compagnon, Albert Dulac, et de la poète et romancière Irène Hillet-Erlanger. Après cinq réalisations, *Les Soeurs ennemies* (1916), *Géo-le-mystérieux* (1916), *Vénus Victrix* (1916), *Dans l'ouragan de la vie* (1916), *Âmes de fous* (1917, film à épisodes) où se dessine déjà un style tout personnel, Dulac rencontre Louis Delluc. «C'est de la conjonction de ces deux individualités si riches en idées généreuses qu'est né (...) le mouvement d'avant-garde[22].» D'après un scénario de Delluc, elle tourne *La Fête espagnole*, puis *La Cigarette* (1919), *La Belle Dame sans merci* (1921) et *La Mort du soleil* (1922); ces films regorgent de recherches photographiques. Affinant sans cesse sa narration pour mieux dire l'émotion, elle réalise en 1922-1923, à l'âge de 40 ans, *La Souriante Madame Beudet* que plusieurs considèrent comme son chef-d'oeuvre. Elle tente d'y intégrer les techniques d'avant-garde tout en ne perdant pas de vue les impératifs commerciaux qui lui commandent de ne pas négliger l'intrigue. Dulac compose avec celle-ci sans toutefois en faire l'unique moteur de ses films. *La Souriante Madame Beudet* compte parmi les rares films de cette décennie dont le personnage central soit une femme:

> Pour une fois cela change des éternelles Emma Bovary masochistes qui se suicident par impuissance; là c'est le constat d'une oppression, d'une domination et sa transgression. Nous sommes en 1923. Germaine Dulac vient de réaliser le premier film féministe moderne. Pardonnez-moi, chère Alice Guy, vous avez bien été la première femme réalisatrice et certainement féministe comme M. Jourdain faisait de la prose, sans le savoir. Germaine Dulac, elle, savait son féminisme et sans propos didactique, le mettait en scène[23].

Premier film féministe et premier film psychologique sans doute, il foisonne de plans subjectifs, de distorsions de lentilles, d'angles peu usuels. L'écriture discursive anime l'inanimé, donne vie aux fantasmes et crée des effets symboliques extrêmement puissants.

«Plus tard, croit Georges Sadoul, ses longs métrages furent trop soumis aux contraintes du commerce pour qu'elle ne rejoignit pas la «seconde» avant-garde, avec *La Coquille et le Clergyman* (d'après Artaud)[24].» Opinion discutable qu'Alain Virmaux fut, parmi les critiques français, le seul à rejeter. Selon lui, *La Coquille et le Clergyman* n'était pas seulement le premier film surréaliste, mais encore, le plus important film de la décennie. William Van Wert corrobore cette opinion: «Mais le premier film véritablement surréaliste fut *La Coquille et le Clergyman* de Germaine Dulac (1928, d'après un scénario d'Antonin Artaud)[25].»

Unique femme, rappelons-le, qui prend place à titre de cinéaste dans le *Petit Robert,* Dulac n'a quand même pas échappé à la misogynie en général et à celle particulièrement vénéneuse d'un Antonin Artaud. L'histoire a fait couler beaucoup d'encre. Lors de la sortie de *La Coquille et le Clergyman,* Artaud déclara publiquement que Germaine Dulac avait trahi sa pensée. Accompagné de

Robert Desnos, il interrompit la projection. Desnos cria d'abord: «Qui est madame Dulac?» Et de répondre Artaud: «Elle est une vache.» Solidaires d'Artaud, les surréalistes accusèrent Dulac d'avoir féminisé son scénario. Ces charges critiques ont-elles de quoi surprendre quand on connaît la place occupée par les femmes chez les surréalistes? «Dans les films des surréalistes prédominent les mêmes fantaisies mâles et les mêmes stéréotypes à l'endroit des femmes.» Van Wert n'hésite pas à reconnaître aussi qu'

> Il y a exaltation de la libre sexualité et de la violence, cependant que persiste la loi des deux poids deux mesures. Ils mettent invariablement en scène des femmes fétichistes et travesties, phénomène que le sexologue John Money croit essentiellement masculin. (...) L'unique exception est *La Coquille et le Clergyman* de Germaine Dulac[26].

Théoricienne de cinéma souvent visionnaire, praticienne inspirée, fervente défenderesse de l'art du cinéma, Germaine Dulac abandonne la réalisation à l'arrivée du cinéma parlant. «Si je récuse le cinéma parlant, je suis pour le cinéma sonore[27]», avoue-t-elle. Après une trajectoire qui s'amorce avec quelques réalisations à tendance commerciale, elle s'engage tout à fait dans le genre qui ne s'appelait pas encore «underground» et termine son étonnante carrière par les actualités. Elle contribue aussi à l'essor des ciné-clubs et, en 1930, elle devient directrice de production aux studios Gaumont. L'infatigable Germaine Dulac participera encore à la mise sur pied de la Cinémathèque française et elle occupera jusqu'à sa mort, à Paris en 1942, la chaire de cinéma à l'École Technique de photographie et de cinématographie, fondée en 1926 par Paul Mondel.

MUSIDORA (NÉE JEANNE ROQUES, 1889-1957)

Musidora a bien connu Germaine Dulac sous la direction de qui, notamment, elle interpréta en 1922 *La Jeune Fille la plus méritante de France,* film en cinq épisodes joué uniquement par des femmes. Née, comme elle se plaisait à le dire, la même année que Charlot et la tour Eiffel, Musidora est déjà l'objet d'un culte très particulier quand elle débute, en 1916, dans la mise en scène de cinéma avec *Minne ou l'ingénue libertine.* On ne sait trop bien si ce film demeura inachevé — faute de moyens pécuniaires — ou s'il fut enfoui et oublié quelque part dans une armoire. «La silhouette la plus étrange et la plus envoûtante du cinéma muet français[28]» et l'inspiratrice des surréalistes et des dadaïstes fonde sa maison de production, La Société des Films Musidora. Elle écrit et réalise, en 1918, *Vicenta,* suivi de près par *La Flamme cachée,* d'après le scénario de son amie Colette, qui se soldèrent, aux dires de René Prédal[29], par deux échecs financiers. Qu'importe, Musidora poursuit avec un associé sa carrière de réalisatrice avec *Soleil et ombre* (1922) et *Pour Don Carlos* (1921), son film le plus substantiel tant par l'importance du budget que par la longueur du métrage. En 1924, à Madrid, elle tourne seule *La Terre des taureaux,* documentaire sur la tauromachie où, dans une mise en scène «des plus ardues et des plus périlleuses[30]» elle a même toréé. Son cran, si typique dit-on, se traduit aussi dans ses films par des audaces stylistiques souvent incomprises à l'époque. Elle manipulait l'ellipse qui n'était alors pas très goûtée des critiques et du public. On louangeait ses interprétations, mais les découpages de ses réalisations laissaient perplexes. Son dernier essai de cinéaste fut, en 1951, un film documentaire de montage, *La Magique Image.* Jusqu'à sa mort, en 1957, Musidora vouera pourtant une fidélité sans reproche à celui qui fit d'elle un mythe vivant, le cinéma, en se consacrant à la recherche à la Cinémathèque française.

NELL SHIPMAN (1893-1970)

À la fin du premier conflit mondial, Nell Shipman, première cinéaste canadienne originaire de Colombie Britannique, scénarise, produit, coréalise et interprète son film le plus connu, *The Girl from God's Country* (1920); tourné dans le Grand-Nord, il comporte plusieurs scènes extérieures avec des animaux. Son amour du cinéma est tel qu'il lui arrive d'assumer à la fois les tâches de productrice, d'actrice, de réalisatrice, de scénariste et de camerawoman pour le même film. En 1925, elle écrivait à de jeunes cinéphiles: «L'univers est votre studio, le monde votre écran.»

LILLIAN GISH (1896-   )

À Hollywood, la grande tragédienne de l'écran, Lillian Gish, fait en 1920 son unique incursion derrière la caméra. Aidée de Dorothy E. Parker pour la scénarisation, l'inoubliable interprète de *Broken Blossoms* et *The Birth of a Nation* désire produire un film entièrement conçu par des femmes. Dorothy Gish, sa soeur, sera la principale interprète de *Remodeling Her Husband.* Jugé quelconque, ce film récolta néanmoins, et de l'aveu même de Gish, 10 fois ce qu'il coûta, soit plus d'un demi-million de dollars. Quelques années plus tard, «la grande Lillian Gish quitta Hollywood pour toujours, à l'âge de 31 ans, sans qu'une seule tête ne se retourne sur son passage[31]».

LOTTE REINIGER (1899-1981)

C'est à Potsdam, en Allemagne, que Lotte Reiniger, s'inspirant de la technique séculaire des ombres chinoises, crée à la fois une savante transposition à l'écran de ses méthodes et le premier film d'animation de long métrage, *Les Aventures du Prince Achmed*. De 1923 à 1926, elle façonne, image par image, ce conte issu des Mille et une nuits, et habité de djinns, de sorciers et de nymphes. Malgré son charme désuet, sa technique laisse pantois d'admiration. Avant *Les Aventures du Prince Achmed*, véritable chef-d'oeuvre, Reiniger s'était aguerrie, dès l'âge de 20 ans, avec *Das Ornament des verliebten Herzes* (1919), *L'Étoile de Bethléem* et *Cendrillon* (1922). Originaux et talentueux, ces essais ne lui ouvrirent pas les portes de la célébrité, mais lui méritèrent un succès d'estime au sein de l'élite artistique. Plusieurs réalisations achevées se succéderont jusqu'en 1935.

Les décrets hitlériens sur l'art dégénéré rendent alors le processus de création de plus en plus difficile. Refusant tout compromis avec le régime nazi, Lotte Reiniger et son compagnon, Karl Koch, quittent l'Allemagne et vont s'établir à Londres. Elle fonde dès son arrivée la Fantasia Production et termine *The King's Breakfast* (1937) et *The Techer*, mais laisse en suspens *Dream Circus* pour suivre Karl Koch appelé à travailler en Italie. L'activité cinématographique de Reiniger diminue et son retour à Berlin, à la fin de la guerre, est bref. Il ne fait plus bon y vivre et Lotte Reiniger retourne à Londres où elle réalise *Mary's Birthday*. Elle quitte alors le cinéma pour la télévision et assume la réalisation d'une série de contes pour enfants à la British Broadcasting Corporation.

Après la mort de son compagnon, survenue en 1963, Lotte Reiniger garde un long silence qui ne sera rompu qu'en 1974. De passage à Montréal, la célèbre septuagénaire donne des conférences et enseigne ses techniques. À l'invitation de l'Office national du film, Reiniger renoue avec la réalisation et signe *Aucassin et Nicolette* (1976), puis *La Rose et l'Anneau* qui met un terme à plus d'un demi-siècle de création. «Pionnier de l'art des ombres chinoises au cinéma, Lotte Reiniger est un chef de file sans disciple, une créatrice sans émule. Son art personnel reste inégalé et sans doute impérissable[32]», commentait Charles Ford. Et Jean Renoir questionnait à son propos: «Que diriez-vous d'avoir en face de vous Mozart[33]?»

ZET MOLAS

Déjà comparée à Germaine Dulac, la Tchèque Zet Molas dirige à la même époque un mouvement d'avant-garde qui influencera l'esthétique du cinéma national. Considérée néanmoins comme une figure mineure par les historiens du cinéma, Molas a consacré beaucoup d'énergie à la défense du septième art: «Le cinéma tchèque sera (...). Nous sommes un pays neuf, un peuple jeune. Nous serons victorieux.» Après un premier film expérimental, *Zavet Podivinova* (1923), Molas réalise *Le Meunier et ses Fils* (1930), son grand film personnel. Actrice, productrice, réalisatrice, scénariste et théoricienne, Zet Molas «n'était décidément pas une personnalité mineure[34]», conclut Charles Ford.

ESTHER CHOUB (1894-1959)

Le climat postrévolutionnaire a permis l'éclosion d'au moins deux autres talents dans le bloc socialiste. L'Ukrainienne Esther Choub, cinéaste inhabituelle puisqu'elle n'a jamais quitté sa salle de montage, met au point une nouvelle approche filmique. Pénélope du septième art, elle analyse, photogramme par photogramme, des mètres et des mètres de films d'archives pour finalement créer, à partir de ces bribes d'histoire, des films personnels et passionnés. En juxtaposant ces moments de réalité,

commente Jay Leyda[35], Choub était capable de cons-
truire des effets ironiques, absurdes, dramatiques ou
grandioses que peu des films originaux possédaient
intrinsèquement. Avec une visée semblable à celle de
Dziga Vertov[36] et de son «cinéma-oeil», Choub traduit
la Russie d'avant la Révolution, à l'aide de segments de
films tournés à des moments divers par des personnes
et dans des styles différents. Le film de montage historique vient de naître et s'appelle *The Fall of the Romanov
Dynasty*. La Révolution a déjà 10 ans. Esther Choub
insufflera pendant 20 ans encore une seconde vie à des
milliers de plans et, jusqu'en 1947, montera de nombreux
autres longs métrages.

OLGA PREOBRAJENSKAÏA (1885-   )

La même année que sa compatriote Choub réalise
The Fall of the Romanov Dynasty, Preobrajenskaïa, actrice
bien connue et auteure de quelques courts métrages
destinés aux enfants, met en scène ce qui constitue
probablement le deuxième film féministe de notre
histoire. Un film magistral! Cadrage soigné, photographie parfois saisissante, mise en scène élaborée, utilisation savante des décors naturels, direction exceptionnelle de comédiennes-diens non professionnelles-els,
montage dynamique, *Le Village du péché* (1927) est tout
cela et beaucoup plus encore. La maîtrise technique
parachève le propos inspiré de Preobrajenskaïa.

L'auteure du *Village du péché* pose un regard acéré
sur la dépendance des femmes. L'originalité de son
propos tient principalement à ce qu'elle traite d'un
problème dit «de moeurs», à une époque où seul importe
le discours sur la lutte de classes. Olga Preobrajenskaïa
traduit déjà cette vision moderne que «la vie privée est
politique», en pressentant les causes sociales de certains
désordres familiaux, voire individuels. À travers ce qu'il

serait convenu d'appeler «drame psychologique» ou encore, comme le fait Jean Marquet[37], «tragédie rustique», elle décrit la vie paysanne à la veille de la Révolution et toute son intolérance, le pouvoir patriarcal et la brutalité de celui-ci à l'endroit des femmes. Preobrajenskaïa s'attarde sur une foule de descriptions révélatrices du climat répressif: la concupiscence agressive du père despotique, les excès que provoque un relâchement si ténu soit-il des contraintes sociales (ex: le jour des noces), le bien-être et la «permissivité» des femmes en l'absence du «maître».

En somme, les *grands problèmes* sociaux des *grands cinéastes* de la Russie des années 20 disparaissent derrière les problèmes tout à fait *individualistes* que sont le viol, la domination masculine, la douleur et la souffrance des femmes (le suicide de la jeune Anna). Pas étonnant que son auteure fut anathématisée et réduite à faire taire sa conscience. La *dissidente* Preobrajenskaïa ne signera plus que quelque cinq films jugés mineurs, entre 1929 et 1941.

«La triomphatrice du *Village du péché* était tombée en disgrâce, le mot n'est pas trop fort[38].» L'explication que tente de fournir Charles Ford à cet ostracisme n'est guère convaincante: son étroite relation avec W. R. Gardine, accusé de perpétuer les schèmes cinématographiques tsaristes serait à l'origine du soudain discrédit d'Olga Preobrajenskaïa. Par-delà ces circonstances certes non négligeables, il faudrait peut-être comprendre que tout communiste bien pensant ne pourrait tolérer la mise en accusation, consciente ou non, du régime patriarcal du *Village du péché*. La conclusion du film permet d'ailleurs de croire qu'Olga Preobrajenskaïa était suffisamment consciente pour faire porter l'ultime accusation au Père. Après le suicide d'Anna, l'impitoyable «Interroge ton père!» de la fille aînée et le geste d'agression du fils ne laissent planer aucun doute quant au jugement que porte la cinéaste sur ces événements.

Olga Preobrajenskaïa, auteure d'une oeuvre qui devrait fièrement prendre place aux côtés de celles de Dovjenko, Poudovkine et Eisenstein. Olga Preobrajenskaïa, nom à inscrire dans notre histoire. Olga Preobrajenskaïa, autre femme victime du patriarcat.

DOROTHY ARZNER (1900-1979)

Alors qu'Olga Preobrajenskaïa défend sa carrière et son talent, dans la capitale du cinéma l'étoile de Lois Weber va s'éteindre. Mais une très jeune Californienne, Dorothy Arzner, prend la relève et termine son premier long métrage, *Fashions for Women* (1927). Après des débuts modestes, comme secrétaire à la Paramount (qui s'appelait alors la Famous Players-Lasky), Arzner, devenue monteuse, se distingue par son talent et devient chef de service. Un brillant avenir l'attend. Elle sera l'unique femme à connaître la popularité à Hollywood dans les années 30.

Bien que Dorothy Arzner fut «l'une parmi les dix réalisateurs les plus éminents[39]», elle est rapidement passée hors champ après son départ d'Hollywood, en 1943. Il aura fallu attendre la lecture de critiques féministes qui révélèrent, dans les années 70, l'intérêt de son oeuvre eu égard à la condition des femmes. On a peut-être un peu trop monté en épingle les intentions subversives de celle qui signa, en 1929, le premier film parlant produit à la Paramount, *The Wild Party*. Pourtant, nul doute que *Christopher Strong* (1933) et *Dance, Girl, Dance* (1940) notamment, appartiennent à ces productions qui ont tenté, sinon de s'affranchir, à tout le moins de se différencier de l'ordre hollywoodien. L'oeuvre d'Arzner recèle de nombreux portraits de femmes volontaires, ambitieuses, courageuses et solidaires. Elle aime les femmes et ne craint pas de le montrer. Il y a dans *Dance, Girl, Dance* un dosage judicieux d'éléments inhabituels: camaraderie féminine, gestes de solidarité entre les femmes, ambitions personnelles autres que la maternité, etc. Quelque peu dilués dans le premier volet du film, ces éléments, qui font mentir les clichés éculés, sont de plus en plus nombreux et intéressants dans le second volet. Arzner y développe une critique très articulée de la femme-spectacle à l'usage des hommes. Peut-elle être taxée de révolutionnaire? Elle est à tout le moins un clin d'oeil complice aux femmes. Compte tenu du milieu, de l'époque et du sexe de son auteure, *Dance, Girl, Dance* est un témoignage significatif de la résistance — je me garderai bien de dire passive parce que la résistance n'est, par définition, jamais passive — des femmes à l'assimilation. En sa qualité de persona grata dans le «mankind» d'Hollywood, Dorothy Arzner a su défendre, avec une opiniâtreté digne d'admiration, le point de vue du «womankind».

LENI RIEFENSTAHL (1902-   )

Elle est née Hélène Berthe Amalie Riefenstahl, à Berlin, le 22 août 1902. Celle qui deviendra la «Führerin du cinéma nazi» s'était d'abord distinguée par une brillante carrière de danseuse. «Opportuniste et courageuse, cette jeune personne défiait les hommes, et cela dans une société exclusivement masculine», allègue Glenn B. Infield, auteur de l'ouvrage polémiste *Leni Riefenstahl et le 3e Reich*[40]. Elle fait ses premières armes au cinéma avec le Dr Arnold Fanck, déjà réputé pour ses films alpestres. Volontaire, Leni Riefenstahl apprend à skier, à escalader et, par-dessus tout, manifeste une insatiable curiosité pour la mise en scène. Elle observe, questionne et apprend. Infield écrit qu'en 1931, Leni Riefenstahl était désormais connue dans le monde entier:

> Belle, pleine d'assurance, cette excellente actrice connaissait tout du cinéma, devant et derrière la caméra. De cela, elle pouvait remercier Arnold Fanck.

Elle pensa qu'il était temps de rompre avec le maître et décida de réaliser un film elle-même[41].

Accompagnée d'une équipe de 7 personnes, toutes de sexe masculin, elle entreprend le tournage de *Das blaue Licht (La Lumière bleue)* avec des idées précises. Elle tient même tête à Hans Schneeberger, reconnu comme l'un des meilleurs cameramen, et lui impose, non sans difficultés, certaines innovations techniques qui s'avéreront des découvertes. «Les «nouveautés» qu'elle introduisit dans le cinéma étaient en effet nombreuses et les autres cinéastes ne s'interdirent nullement de les copier[42].» Écrit, réalisé, joué et produit par Leni Riefenstahl, assistée de Béla Balàzs, *Das blaue Licht* est acclamé tant du public allemand qu'étranger. La mise en scène éblouit autant que la beauté de son interprète. Médaillé d'or au Festival de Venise de 1932, il fait de son auteure de 30 ans une vedette qui retient l'attention d'Adolf Hitler.

Nommé chancelier le 28 janvier 1933, Hitler, l'homme le plus puissant d'Allemagne, admire à la fois son talent et sa beauté. Mais Joseph Goebbels, ministre chargé de la propagande, ne prise guère cette amitié naissante surtout quand Riefenstahl est nommée «expert cinématographique du Parti national-socialiste». On dit qu'à la veille du premier congrès du parti, à Nuremberg en 1933, «la belle actrice et le ministre infirme rivalisaient auprès de Hitler pour obtenir ses faveurs[43]». Même si Hitler ordonne à Leni Riefenstahl de filmer le congrès, Goebbels imagine un tas d'embûches afin d'entraver la réalisation du projet. *Sieg des Glaubens (Victoire de la foi)*[44], malgré son métrage un peu court, est jugé intéressant.

Un peu plus de six mois après la sortie du film, l'histoire allemande connaît une sanglante purge appelée la «Nuit des longs couteaux», alors que Leni Riefenstahl prépare en Espagne son prochain film, *Tiefland*. À la suite de cette purge, Hitler veut réaffirmer l'unité du parti et se donner l'image du «nouveau Sauveur du pays». Il fait encore appel à «sa cinéaste préférée» pour filmer le congrès de 1934, à Nuremberg. Riefenstahl formule plusieurs objections que Hitler lève l'une après l'autre. Il met à sa disposition des moyens illimités[45] et lui donne carte blanche pour le tournage de *Triumph des Willens (Le Triomphe de la volonté)* qui sera

> dans sa totalité l'oeuvre de Leni Riefenstahl. Qu'il s'agisse de la préparation, du tournage ou du montage dans sa totalité, Leni Riefenstahl se montra égale à la réputation qui était la sienne: elle était bien l'une des cinéastes les plus douées du monde[46].

En 1935, Goebbels offre à Leni Riefenstahl le prix national du film; l'année suivante, *Triumph des Willens* lui mérite le prix italien du film. Bien entendu, cette récompense de l'Italie mussolinienne n'aide pas à blanchir la réputation de la cinéaste. Mais si l'on songe que deux ans seulement avant l'éclatement de la Deuxième Guerre mondiale, soit en 1937, Leni Riefenstahl se voit remettre une médaille d'or à l'Exposition internationale de Paris, ses propres paroles se teintent soudain d'une coloration nouvelle: «Pourquoi aurais-je été la seule à prévoir l'avenir et à savoir alors qu'Adolf Hitler mènerait l'Allemagne et le monde vers la catastrophe[47]?»

À l'apogée de son pouvoir, l'Allemagne hitlérienne se prépare à donner aux XIe Olympiades de 1936 un caractère fastueux sans précédent. «Goebbels donna à Leni Riefenstahl l'autorisation de créer une société de production qui aurait les droits exclusifs de filmer les Jeux olympiques de Berlin en 1936[48].» Elle sera *le* premier cinéaste reconnu et accompli à filmer un événement sportif, tâche que seuls les cinéastes d'actualités acceptaient alors. Leni Riefenstahl utilise le talent, l'ardeur et la passion qu'on lui connaît à élaborer le plan de tournage dans ses moindres détails et à mettre au point «de nouvelles techniques qui stupéfièrent les professionnels[49]». Le 21 février 1938, Leni Riefenstahl achève le montage de ses 400 000 mètres de pellicule. *Olympia (Les Dieux du stade)* est un «triomphe du documentaire», commente à l'époque un journaliste nazi. Il vaut encore plusieurs récompenses à son auteure: le prix d'État décerné au meilleur film de l'année, le premier prix de cinéma de Venise, mais aussi le grand prix de Paris et le prix Polar de Suède. Et ceci, rappelons-le, à la veille de la guerre. Remarquons par ailleurs avec quelle indulgence Glenn B. Infield juge la «compromission» politique de tous les pays participants aux Olympiades:

> En 1936, alors qu'il avait été prouvé que Hitler usait de méthodes brutales pour parvenir à ses fins, les joyeuses activités qui entourèrent les Jeux olympiques avaient fait oublier aux visiteurs une grande partie de ce qu'ils avaient entendu ou perçu[50].

Le monde entier pouvait oublier mais pas Leni Riefenstahl. «Reprocher à Leni Riefenstahl d'avoir filmé cette grandiose manifestation internationale est à la fois hypocrite et illogique: il ne fallait pas accepter qu'elle eut lieu en Allemagne hitlérienne[51].»

Jugée «sympathisante» du régime nazi par la Commission d'État de Baden-Baden pour l'épuration politique dans les années d'après-guerre, Leni Riefenstahl voit sa carrière fortement ébranlée. Ce n'est qu'en 1952, sept ans après la mort d'Hitler, que l'actrice-metteure en scène-productrice Riefenstahl est reconnue «non accusable» par le Sénat de Berlin. Presque 20 ans après une première esquisse de son projet de film *Tiefland,* la cinéaste peut enfin le terminer et le présenter en Autriche et en Allemagne. Insatisfaite du résultat, dit-on, elle le retire. Suivront de nombreuses autres ébauches qui jamais ne verront le jour. Tous ses efforts de réhabilitation de son oeuvre et de sa réputation seront vains. Elle se consacrera désormais à la photographie et à une nouvelle passion: l'Afrique: «Là j'ai retrouvé mon ardeur et ma force vitale d'autrefois[52].»

Qui fut Leni Riefenstahl? Fut-elle ce monstre dépravé, dominé par ses seuls instincts d'ambition et de pouvoir? Fut-elle une des rares femmes qui échappa à la terrible règle des trois K — Küche, Kinder, Kirche[53] — de l'Allemagne des années d'avant-guerre? Fut-elle l'unique «femme libre» de l'Allemagne hitlérienne ou fut-elle «un suppôt du nazisme, un génie dévoyé dans la défense d'une cause perverse»? Ce ne sont certainement pas les allégations parfois imparfaitement étayées de Glenn B. Infield qui mettent un point final au débat. Sa thèse, à savoir la compromission politique de Leni Riefenstahl, est immensément valable, mais l'auteur laisse encore planer trop de doutes pour qu'elle soit convaincante. Si la réalisatrice s'est compromise moralement et politiquement, qu'en est-il de tous les autres réalisateurs et producteurs qui alimentèrent l'industrie cinématographique pendant le règne d'Hitler et dont Infield ne parle pas? L'auteur n'affirme-t-il pas lui-même que «l'une des rares industries qui n'aient jamais complètement cessé de travailler était le cinéma[54]»? Pourquoi fait-il si longuement état des artistes, et plus particulièrement des gens de cinéma, Juifs ou non, qui s'exilèrent, sans aucune mention de ceux qui sont restés, laissant porter tout le poids de la responsabilité artistique pronazie à Leni Riefenstahl?

Si ce n'est pas tant par leur contribution qualitative, les prolifiques Wolfang Liebeneiner, Karl Ritter et Arthur-Maria Rabenalt comptent beaucoup par leur contribution quantitative. Et que fait-il de la responsabilité de Georg Wilhelm Pabst, Carl Froelich, Veit Harlan? Celle surtout de Veit Harlan dont le fanatique *Juif Süss* est considéré comme le «film-clé» du cinéma hitlérien. Cet opprobre n'a toutefois pas mis un terme à la carrière de cinéaste de Veit Harlan qui tourna encore neuf longs métrages après son acquittement en avril 1949.

Dans la *Quinzaine littéraire*, Roger Dadoun estime que les informations nombreuses et éclairantes de l'ouvrage de Glenn B. Infield «restent hétéroclites, tournent court et finissent par relever plus de l'anecdote que de l'analyse[55]». Le louvoiement d'Infield et son échec à prouver, hors de tout doute, la culpabilité de Leni Riefenstahl s'expliquent par son refus d'incriminer avec elle quantité d'autres gens. Si Leni Riefenstahl est coupable, elle ne peut être coupable seule... C'est aussi l'avis de Pierre Cadars, historien et spécialiste du cinéma nazi, qui démolit l'argumentation de l'auteur:

> (...) on a tort d'affirmer qu'il y a eu cassure en 1933 — année de la prise du pouvoir d'Hitler — et que tous les grands metteurs en scène se sont enfuis, laissant sur place les médiocres, inféodés au régime.

«Très souvent, à l'exception des Juifs, les équipes restent en activité, y compris les acteurs, même les plus grands», ajoute-t-il[56].

Quoi qu'il en soit, Infield clôt sa plaidoirie sur une assertion fausse à deux égards:

> Cependant, le culte de Leni Riefenstahl continue à s'étendre. Le développement des mouvements féministes y est pour quelque chose. Leni Riefenstahl est la seule femme metteur en scène de cinéma — cette affirmation ne concerne que la période d'avant-guerre: elle est appréciée comme telle, en dehors de toute considération d'ordre éthique, par certaines responsables desdits mouvements[57].

Point n'est besoin d'ajouter à la preuve qu'il est faux de définir Leni Riefenstahl comme la seule cinéaste d'avant-guerre[58]. Ce survol dans notre préhistoire cinématographique devrait suffire. Quant à l'accusation qu'il porte à l'endroit des mouvements féministes, elle ne se fonde sur aucun exemple; on ne peut ajouter foi aux paroles d'Infield. Loin de moi même une velléité d'innocenter Leni Riefenstahl. On reconnaît aisément les contradictions de plusieurs de ses déclarations. On reconnaît certaines preuves accablantes pour son oeuvre. Mais il est aussi impossible de ne pas reconnaître le caractère essentiellement misogyne de la plupart des jugements rendus jusqu'ici. Il en est des femmes comme de toutes les minorités politiques: leur rapport au totalitarisme ne s'établit pas selon les mêmes mobiles ou nécessités que celui des possédants de tout ordre. Dans cette perspective, l'analyse définitive du cas Riefenstahl reste à faire.

C'est sur ce dossier controversé que prend fin le tour d'horizon des temps héroïques, ou plutôt préhistoriques, pendant lesquels les femmes ne furent pas que vamp ou Donna muta[59].

Pour compléter ce survol, il sera nécessaire de consulter le lexique du présent ouvrage. Afin d'en faciliter la compréhension, j'ai fait usage de la même nomenclature, à savoir la préhistoire (1895-1939), le moyen âge (1939-1968) et les temps modernes (1968-1981), et les réalisatrices de chacune des époques se retrouvent sous le nom de leur pays d'origine. Puisse-t-il aider à mettre un terme à cette croyance inexacte: «Jusqu'en 1939, les femmes réalisatrices sont dans le monde entier une douzaine[60].»

On notera, par ailleurs, combien la carrière de toutes ces femmes est soumise aux lois du patriarcat qui, au gré de ses besoins, reconnaît ou dénie leur talent. Il ne faut pas s'illusionner, par exemple, sur les mobiles de la Universal, surnommée exagérément la Mecque des femmes, qui permit au temps du cinéma muet, à Lois Weber, Cleo Madison, Elsie Jane Wilson, Ruth Stonehouse, Jeanie MacPherson, Ida May Park, Ruth Ann Baldwin, Lule Warrenton de tourner. Même Anthony Slide, loin d'être toujours perspicace à l'endroit de la discrimination subie par les femmes, ne se laisse pas abuser par ce qui n'est que stratagème:

> Je soupçonne la Universal d'avoir établi un échéancier de tournage et de distribution trop chargé. Les

réalisateurs en place ne pouvant répondre à la demande, il restait la possibilité de les trouver parmi les acteurs, scénaristes et monteurs déjà à son emploi[61].

Il est probable que des raisons similaires aient présidé à l'accession à la mise en scène d'au moins 26 femmes qui, entre 1913 et 1927, ont tourné dans les studios d'Hollywood. L'utilitarisme foncier de l'idéologie dominante est responsable du flux et du reflux de la production cinématographique des femmes. Ainsi à partir de 1927, année d'abondance (Choub, Preobrajenskaïa, Arzner) et de l'arrivée du parlant, peu de carrières remarquables verront le jour et ce, jusqu'au départ des hommes pour le front. On se souvient alors tout à coup du talent des femmes. À l'usine de fabrication de matériel de guerre ou sur le plateau de tournage, on n'a soudain plus peur qu'*elles perdent leur féminité*, qu'*elles deviennent hommasses*, ou pire, *virago*.

Le moyen âge (1939-1968)

À celles qui, contre vents et marées, arrivent à poursuivre leur carrière amorcée avant 1939, se joignent ces *filles de la guerre* que, n'eut été la conjoncture mondiale, leur sexe condamnait aux obscurs et secrets «travaux de dame». Si la guerre ne permet pas toujours l'accès direct à la réalisation, elle favorise l'apprentissage de plusieurs métiers du cinéma qui se traduira, après le conflit, par de nombreuses vocations de cinéastes. Comme l'explique Pierre Véronneau:

> (...) en ces temps de guerre, tout était possible, et les femmes remplaçaient les hommes dans tellement de métiers qu'elles pouvaient bien «accéder» à la réalisation. Jane Marsh, Gudrun Parker, Evelyn Cherry, Laure Boulton, Margaret Perry et plusieurs autres démontrèrent amplement, au Canada même, que les femmes pouvaient faire autre chose que des jobs

subalternes et sortir des ghettos où leurs rôles classiques les confinaient[62].

Durant cette période de guerre, il y aura en réalité peu de carrières fulgurantes, peu de réalisations prodigieuses. Tout au plus un dégel annonciateur de temps plus féconds.

MAYA DEREN (1917-1961)

La guerre n'est pas terminée. Celle qu'on a surnommée la mère du cinéma underground réalise un premier film de 18 minutes, *Meshes of the Afternoon* (1943), qui inaugure le mouvement du Nouveau cinéma américain. Maya Deren oppose à la «Fabrique en titre du rêve américain» et à son Gotha des vedettes, une forme cinématographique intimiste, artistique et nécessitant peu de moyens financiers. Son travail esthétique des années 40 et 50 a été oublié après sa mort, survenue en 1961. On commence à peine à redécouvrir la photographe réputée pour ses portraits d'artistes contemporains, la théoricienne d'avant-garde et la poète que révèlent sa correspondance et les textes de ses conférences. En vertu du principe que la dynamique du mouvement constitue l'élément capital d'un film — plus important que l'espace et la matière —, Deren met au point deux genres qui caractériseront le cinéma indépendant américain d'après-guerre: le psychodrame et le film de danse. Ses films lui ont mérité, à plusieurs reprises, la reconnaissance de Cannes.

JACQUELINE AUDRY (1908-1977)

Au lendemain de la Libération, un vent d'émancipation secoue la France: les femmes obtiennent le droit de vote. Jacqueline Audry se fera la prêtresse sage, délicate, parfois corrosive des libertés nouvellement acquises. En étroite collaboration avec son compagnon Pierre

Laroche, dialoguiste, elle peint successivement des femmes éprises d'indépendance, *Gigi* (1948, d'après le roman de Colette); des femmes flouées et brisées par une société qui les tient dans la continence et l'innocence puis les lâche dans «la fosse aux lions» le soir des noces, *Minne, l'ingénue libertine* (1950); des femmes qui refusent d'être considérées plus longtemps comme des objets, *La Garçonne* (1957); des femmes qui vivent l'autre amour, l'amour illicite, *Olivia* (1951).

Chevauchant cinéma commercial et cinéma d'auteure, il y a néanmoins dans l'oeuvre d'Audry une constante affirmation du féminin et un désir de son affranchissement de la société masculine. «Rien d'étonnant à ce que les hommes ne reconnaissent pas les femmes dans ces films. Dans ces films, les femmes témoignent contre eux[63].» Jugées avec mépris par Maurice Bardèche comme «d'aimables ouvrages de dame», les reconstitutions de l'époque 1900, comme *Gigi*, ont séduit un large public tout en montrant «clairement que la femme du début de ce siècle ne pouvait guère aspirer à l'autonomie que par la marginalité».

Jacqueline Audry, qui affirmait en 1957: «Les combats menés par la femme pour sa liberté, dans la société, dans la famille, en amour m'ont toujours fascinée et cela explique évidemment les raisons pour lesquelles je me suis tournée vers le passé et ai suivi cette lutte à toutes les époques[64]», a conservé une énergie indéfectible pour cette lutte. Quelques années avant son tragique décès, elle a accepté la présidence d'honneur de l'association Musidora pour la promotion et la reconnaissance du cinéma qu'elles font.

NICOLE VÉDRÈS (1911-1965)

Les années qui ont suivi la Libération ont été l'âge d'or du film de montage. Deux femmes ont marqué le genre de leurs oeuvres: Denise Tual et Nicole Védrès. Védrès, femme de lettres et critique, fait revivre en France le film de montage déjà mis au point en Russie soviétique par Esther Choub. Oeuvre polémiste mais poétique, *Paris 1900* (1947) raconte le Paris au temps des fiacres et de la Belle Époque souligné, en contre-point, par l'incubation des événements tragiques de 1914. Films d'actualités et documentaires sont mis à profit pour composer un film qui «commence en pochade, se poursuit en chronique, effleure le lyrisme, mélange les années, les hommes et les arts, et se termine en drame», de commenter Jean Nery. Après la rétrospective de *Paris 1900*, *La vie commence demain* (1950) se présente comme un reportage tourné vers l'avenir. Védrès interroge Jean-Paul Sartre, Jean Rostand, Le Corbusier, Picasso, Irène et Frédéric Joliot-Curie et quelques autres sur les perspectives d'avenir de notre monde. Biologie, urbanisme, peinture, destruction atomique font l'objet des supputations de cette brillante et influente intelligentsia. Bien qu'astucieux, ce deuxième long métrage reçoit un accueil mitigé. Après deux autres films de court métrage, *Amazone* (1951) et *Aux frontières de l'homme* (1953), Védrès ne réalisera, par la suite, que pour la télévision et la radio. Elle confessera plus tard: «J'ai un peu, par hasard d'ailleurs, commencé à faire un long métrage *Paris 1900* (documentaire), puis un autre plus court, un autre plus petit encore, et puis plus rien du tout. Pourquoi ça s'est arrêté? Je ne sais trop. C'est le cinéma qui ne m'allait pas, ou moi pas à lui... (...) Mais c'est la vie de cinéma, et peut-être les gens, qui pour un écrivain rendent les choses difficiles. Il faut beaucoup téléphoner, beaucoup déjeuner, beaucoup «se voir» et très souvent pour rien, beaucoup s'expliquer.»

YANNICK BELLON (1924-   )

La présence des Françaises à toutes les étapes du développement de la cinématographie des femmes serait-elle liée à l'héritage laissé par leur compatriote Alice Guy? Jacqueline Audry compte un long métrage à son crédit quand une jeune diplômée de l'IDHEC[65] prépare dans l'esprit du «direct», mais 10 ans avant son éclosion, un documentaire sur la vie d'un groupe d'insulaires bretons vivants de la collecte du goémon. Vingt-quatre mois de tournage et de vie en commun avec les sujets de son film font de *Goémons* (1948) une oeuvre-clé sur une certaine misère humaine qui dépasse toute fiction et qu'on a apparentée à *Las Hurdes* (1932-1937) de Luis Buñuel. Françoise Audé qualifie *Goémons* de «chef-d'oeuvre absolu[66]».

Malgré son indéniable talent de documentariste et de monteuse, Yannick Bellon ne franchira la frontière du long métrage qu'en 1971, soit plus de 20 ans après ses débuts. C'est d'abord *Quelque part quelqu'un* suivi de *La Femme de Jean* (1974), dans lequel le mariage-mangeur-de-femmes est admonesté sans éclats de voix, mais sur un ton qui n'admet pas la répartie. On a fait reproche à Yannick Bellon d'avoir choisi une femme abandonnée, somme toute mieux nantie que beaucoup de ses pareilles: jeune encore et très jolie, Nadine avait commencé de brillantes études d'astrophysique avant son mariage. Si ce n'est pas là la situation de la majorité des femmes laissées pour compte, l'authenticité de Nadine, qui n'a rien de surhumain, compense largement et en fait tout de même une «héroïne positive». Dans *Jamais plus toujours* (1976), son troisième long métrage, le langage balbutié de *Quelque part quelqu'un* s'affirme et s'affine. La poésie éclate et le dépouillement de la narrativité invite à la méditation. Quand Bellon troque la poésie au profit de la thèse comme dans *L'Amour violé* (1978), elle y perd en originalité. Loin d'être son film le plus personnel parce qu'il n'échappe pas à un certain manichéisme du cinéma-spectacle à la Cayatte ou à la Gavras, *L'Amour violé* interpelle et dérange quand même. Yannick Bellon, une auteure à suivre. Comment s'épouseront désormais sa formation de documentariste, son esprit poétique et sa conscience féministe?

WANDA JAKUBOWSKA (1907-   )

Déportée à Auschwitz et à Ravensbrück pendant plusieurs années, la cinéaste polonaise Wanda Jakubowska réalise après la fin de la guerre un des films marquants sur les horreurs de l'univers concentrationnaire. Loué pour ses qualités de sobriété et de sincérité, *La Dernière Étape* (1948) se présente comme une reconstitution de la vie dans les camps nazis et de son «invraisemblable vérité». Il est un vibrant témoignage pour que le monde se souvienne toujours: «Plus jamais Auschwitz!», comme le balbutie l'héroïne du film juste avant d'expirer. *La Dernière Étape* vaut à son auteure une notoriété mondiale. Même si d'innombrables films évoquaient, de sinistre mémoire, les camps, ce ne fut «jamais pourtant avec autant de cruelle vérité, de dignité et de puissance que dans le film de Wanda Jakubowska[67]». De l'avis général, aucune des nombreuses réalisations d'après-guerre de Jakubowska n'atteignit, ni en authenticité ni en vigueur, *La Dernière Étape*.

IDA LUPINO (1918-   )

Ce n'est que vingt ans après les remue-ménage du cinéma parlant qu'une autre femme fera sa marque à Hollywood. Dorothy Arzner a quitté les studios de la Paramount depuis six ans quand l'actrice Ida Lupino, de la souche anglaise du théâtre Lupino, remplace à pied levé Elmer Clifton sur le plateau de tournage, ce dernier étant terrassé par une crise cardiaque. Les réalisations postérieures à *Not Wanted* (1949) permettent d'affirmer que ce film porte incontestablement la «griffe» de Lupino même si c'est le nom de Clifton qui figure au générique.

Cofondatrice avec Collier Young d'une maison de production, la Emerald (du nom de sa mère, l'actrice Connie Emerald), Lupino mène de front son métier de réalisatrice et ceux de productrice, scénariste et interprète; elle y ajoute même à l'occasion ceux de dramaturge et compositrice. D'une bonne longueur d'avance sur l'école de New York et à contre-courant de la production hollywoodienne traditionnelle, Lupino tourne en des temps records, avec des budgets insignifiants et des acteurs inconnus, des films de fiction qui ouvrent sur une dimension documentaire (la mère célibataire de *Not Wanted,* l'handicapée physique de *Never Fear* (1950), le viol de *Outrage* (1950), etc.). De 1949 à 1953, sept films qu'on a trop souvent étiquetés «films de femme»: jugement aussi sommaire que méprisant et impitoyable condamnation. Le «film de femme» évoque une idée de trivialité puisqu'il s'intéresse aux banals problèmes féminins. «Film de femme» est synonyme de médiocrité, tandis que «drame psychologique» ne fait qu'ennoblir davantage les difficultés existentielles masculines. Plusieurs estiment pourtant que *The Hitchhiker* (1953) à distribution entièrement masculine est le film le plus accompli de Lupino. Opinion que renforce la vision dichotomique du travail de Lupino et qui fait de cette réalisatrice de «mélos» au cinéma, une réalisatrice de «thrillers» du petit écran. Car son nom apparaît au générique de séries télévisées aussi peu «féminines» que *Les Incorruptibles, Bonanza, The Fugitive, The Alfred Hitchcock Hour* et de plus d'une vingtaine d'autres. Dans une analyse fouillée de toute l'oeuvre cinématographique de Lupino, Ronnie Scheib explique comment on dénie à l'auteure son habileté technique:

> L'éclatante maîtrise technique que Lupino déploie dans tous ses films semble plus apparente aux yeux de tous quand elle n'est plus au service de sa propre vision des choses, vision aussi originale que déroutante peut-être[68].

Ce qu'on refuse de reconnaître pour ses «films de femme» devient évidence pour un film de suspense à la trame classique comme *The Hitchhiker.*

Ida Lupino laisse bon nombre de critiques féministes perplexes. Certaines pensent qu'elle a traité des problèmes étiquetés féministes avec un point de vue antiféministe. D'autres conviennent que le thème principal de son oeuvre, la passivité des femmes, est en quelque sorte une passivité qui ne se présente pas comme inéluctable, mais comme une calamité dont il faut s'affranchir. Inédite en France jusqu'en 1970, la récente découverte de l'oeuvre de Lupino a encore suscité une réaction double et antinomique: ou ses films sont des mélos-rétros sans intérêt aucun ou des oeuvres riches et d'un étonnant modernisme. Guy Braucourt dans *Cinéma 70* est de ce dernier avis:

> Grossière et traditionnelle erreur que celle qui consiste à ne pas aller au-delà de ces apparences où se trouvent une liberté, une souplesse et un dépouillement à la fois, une efficacité au niveau de la photo comme de la direction d'acteurs et du découpage qui font d'Ida Lupino l'égale des plus grands, de Walsh à Lang et surtout Losey[69].

AGNÈS VARDA (1928-   )

Selon Georges Sadoul, Agnès Varda est l'une des meilleures révélations de la Nouvelle Vague et son premier long métrage, *La Pointe courte* (1954-55), le film qui inaugure le mouvement. Claire Clouzot, dans son ouvrage *Le Cinéma français depuis la Nouvelle Vague*[70], apporte un démenti formel à cette étiquette. Si elle reconnaît Varda comme une précurseure et une annonciatrice de la Nouvelle Vague, elle la juge inclass~ parmi les Rivette, Kast, Rohmer, Chabrol, etc. Clouzot offre à Varda une place d'importanc~ «groupe Rive gauche» ou «le cinéma des aut~

d'Alain Resnais, Marguerite Duras, Chris Marker, Alain
Robbe-Grillet, Henri Colpi et Jean Cayrol:

> La Nouvelle Vague se définissait comme un mouve-
> ment de réaction contre une esthétique passée; elle
> s'inscrivait donc dans une période bien précise. Le
> cinéma des auteurs étant, lui, l'aboutissement d'un
> courant qui remonte au surréalisme et à Jean
> Cocteau, et qui consacre l'attirance des romanciers
> modernes pour le cinéma, on peut en fixer l'origine
> vers les années 30[71].

Agnès Varda se présente comme une force de la
nature et, quelles que soient les intempéries, elle ne baisse
jamais pavillon. Elle mêle les genres, les formats; elle
alterne entre les longs et les courts métrages mais jamais
elle ne se départit de son optimisme têtu. «Pour rien au
monde je ne voudrais oublier que l'idée de bonheur,
sinon le bonheur, doit survivre dans un monde en marche
vers les catastrophes[72].» *Cléo de 5 à 7* (1962) et surtout
Le Bonheur (1965) l'ont fait connaître à un large public.
Mais c'est avec *L'une chante, l'autre pas* (1976), film-fleuve
sur l'amitié entre femmes qui retrace en filigrane la lutte
pour la libéralisation de l'avortement et de la contraception en France, qu'Agnès Varda s'est méritée à la fois
les foudres et les éloges des militantes féministes. On a
parlé de coup de tendresse pour les femmes, de réalisme
féministe, de débilité politique, de mélo féministe.
Monique Martineau développe pour *L'une chante, l'autre
pas* sa théorie du «réalisme féministe», alors que Françoise Oukrate apostrophe de manière incisive Agnès
Varda en ces termes: «Vive Agnès Varda, la pilule candi,
les bébés confits et les pommes de terre frites.» Elle
ajoute: «La solidarité est chose sacrée pour moi, c'est un
objectif digne, jusqu'à ce que l'on confonde solidarité-
bonté et connerie ou complaisance.»

Une chose semble claire: en voulant son propos
ellement populaire, Agnès Varda l'a édulcoré, parfois
squ'à la mièvrerie. Position qui s'absout ou se réprouve,

mais qui ne laisse jamais indifférent. Tout en se demandant si elle est une féministe «bon teint et bien vue», Varda se réclame du pays des femmes où «il se trouve que dans ce pays il y a comme ailleurs des hommes, de l'amitié, du travail, des enfants, des surprises, etc., etc.[73]».

MARGOT BENACERRAF (1926-   )

Au Venezuela en 1958, une femme dirige le plus remarquable film national jamais tourné, *Araya,* dont la beauté plastique et la richesse du propos ont été unanimement louangées. Malgré de nombreuses récompenses et un succès international, *Araya* n'avait pas encore été montré dans son pays d'origine en 1974. Les commentaires de Benacerraf, recueillis cette même année, rendent intelligible cette attitude insensée:

> Il s'agissait du premier essai sérieux de réalisation d'un long métrage national fidèle à notre vrai visage. Les tentatives antérieures se résumaient en une volonté de faire des comédies argentines à saveur vénézuelienne, avec des techniciens argentins et un paysage national. Avec des crépuscules alanguis, des palmiers sauvages, des Noirs souriants au rythme d'une musique exotique, ces films étaient hors de toute réalité[74].

Accompagnée d'un cameraman italien, Benacerraf et ce dernier firent la photo, le son, la mise en scène. *Araya* se mérita, en 1959 à Cannes, le premier prix pour sa qualité photographique, un prix pour son invention technique et, enfin, le prix de la critique internationale, ex aequo avec *Hiroshima, mon amour* d'Alain Resnais.

Après deux succès internationaux, *Reverón* (1952) et *Araya,* la carrière de cinéaste de Margot Benacerraf prend brusquement fin. Charles Ford explique:

> Ce que Margot Benacerraf a exprimé d'une façon pathétique dans *Araya,* elle voudrait encore le chanter chaleureusement, mais elle est victime de la situation instable du cinéma de son pays où une cinéaste

comme elle peut à la rigueur occuper une place dans la bureaucratie mais non pas créer vraiment. (...) Margot Benacerraf ou la vocation brisée, un des exemples les plus tristes de la difficulté démesurée que rencontre un talent féminin qui veut s'imposer[75].

Ainsi, trois projets de la cinéaste, dont l'un basé sur le célèbre *Cent ans de solitude* de Gabriel Garcia Márquez, n'ont jamais pu voir le jour.

SHIRLEY CLARKE (1925-   )

Figure marquante de l'école de New York — qui regroupe des cinéastes dont le dénominateur commun est le mépris d'Hollywood et de ses méthodes —, Shirley Clarke se fait connaître avec son premier long métrage, *The Connection* (1960). Elle dirige un groupe de drogués attendant leur fournisseur et sa mise en scène sera l'illustration fictive d'une démarche qui serait propre au cinéma direct. À sa façon, ce film préfigure l'une des nombreuses utilisations du direct au cinéma dit de fiction. Tout est calculé pour ajouter au réalisme, du jeu des comédiens qui s'adressent à la caméra jusqu'aux défauts techniques recherchés.

Identifiant la condition des Noirs américains comme étant l'un des problèmes politiques cruciaux des États-Unis, Clarke entreprend, cette fois encore avec des acteurs professionnels et non professionnels, le tournage de *The Cool World* (*Harlem Story*, 1963). Malgré ses accents hallucinants de vérité, ce film a offusqué la gauche et les libéraux blancs. Les Noirs, eux, l'ont aimé. Malcolm X a dit que c'était le premier film qui montre Harlem tel qu'il est: triste, sale et déprimant.

Shirley Clarke participe pleinement, avec son troisième long métrage *Portrait of Jason* (1967), à «l'aventure du cinéma direct». Elle réalise maintenant ce qu'elle avait à peine osé imaginer pour *The Connection*. Jason se confesse, au cours d'une interminable nuit de 12 heures, devant une caméra immobile, mais derrière laquelle se cachent une femme cinéaste blanche et une équipe technique blanche. L'interaction est constante et entre les jeux et les aveux, entre les rires et les pleurs, une vérité profonde se fait jour, celle de Jason, prostitué homosexuel noir.

Gilles Marsolais compare l'oeuvre de Shirley Clarke à celle de John Cassavetes en ce que tous deux

> se distingueront en utilisant la méthode de l'improvisation et les moyens d'approche du direct (non encore définis à l'époque) pour fausser en quelque sorte le jeu même du «cinéma-vérité», pour le remettre en question, et pour revenir à la fiction — mais à une fiction pourtant radicalement différente de toutes les formes de fiction antérieurement exploitées au cinéma[76].

YOULIA SOLNTSEVA (1901-   )

On admet depuis longtemps déjà que le véritable créateur d'un film est son réalisateur. Jugement nuancé théoriquement par l'apport du scénario, des comédiens et, dans une moindre mesure, par celui de la musique et des décors. C'est le réalisateur en fait qui récolte toujours les lauriers ou ... les orties. À quelle logique obéit donc la critique quand elle s'exclame: «Pour la première fois dans l'histoire du cinéma, un véritable film posthume[77]?» Le film *Le Poème de la mer* (1958) est ainsi porté au crédit du Soviétique Alexandre Dovjenko, décédé quelques jours avant le début du tournage. Quant au rôle joué par Youlia Solntseva, on exprime à son égard un mépris à peine voilé: «La réalisation de Solntseva est parfois inégale, mais l'important est que certaines images (une idylle dans une prairie, au clair de lune, par exemple) pourraient être de Dovjenko[78].»

Outre sa collaboration à titre d'assistante de Dovjenko, puis de coréalisatrice, Solntseva a tourné en solo six films, dont quatre après la mort de celui-ci, survenue en 1956. Ce qui n'a jamais empêché les critiques d'ergoter sur l'oeuvre de Dovjenko en parlant de *Poème de la mer*, *Les Années de feu* (1961), *La Desna magique* (1964), invoquant les récits, les scénarios et les découpages laissés par le poète, en ignorant souvent le travail de sa compagne. L'immortalité de l'âme du poète ukrainien, à les entendre, aurait habité celle de Solntseva pour lui dicter la mise en scène, la direction des comédiens et les décisions techniques. Quantité négligeable que tout cela et sans commune mesure avec le génie d'outre-tombe de Dovjenko.

Mais soyons juste: certains ont reconnu en Youlia Solntseva une réalisatrice à part entière. Luc Moullet, cinéaste et critique aux *Cahiers du cinéma*, dans un texte exemplaire de sexisme, louange la «metteuse en scène» Solntseva:

> Comme en 1962, l'un des deux meilleurs films du festival fut donc l'oeuvre d'une femme, ce qui tendrait à montrer que, qualitativement, hommes et femmes sont devenus égaux au cinéma. Ajoutons que (...) la médiocrité antérieure du cinéma féminin s'explique par la présence presque exclusive de maîtresses femmes, au tempérament mâle et dominateur, qui n'offraient au cinéma que les défauts inhérents à leur caractère hybride. Aujourd'hui, le cinéma féminin est le fait de vraies femmes, épouses de metteurs en scène, qui apportent au cinéma l'originalité d'un point de vue reflétant leur condition et leur sensibilité naturelles[79].

Serait-il abusif de comprendre que Moullet associe «vraies femmes» et femmes issues de la côte et du génie d'Adam? Et serait-il outrancier de penser que Youlia Solntseva n'était peut-être pas «la femme sous influence» que les critiques, et Luc Moullet au premier chef, ont dépeinte mais une réalisatrice accomplie doublée d'une remarquable comédienne? J'ai glané cet éloge dans *Film Comment:* «J'ai trouvé *La Desna magique* plus excitant et beau que tout autre film de Dovjenko depuis *La Terre.* Si le talent de Solntseva est trahison, alors profitons-en au maximum[80].»

NELLY KAPLAN (1931-   )

Quand hédonisme et féminisme se rencontrent, on imagine humour incisif, réflexion sous apparence de légèreté. On pense à Nelly Kaplan. Quittant son Buenos Aires natal avant la fin de ses études, elle se rend à Paris. Dans la capitale artistique mondiale, elle devient correspondante de divers journaux argentins et rencontre, en 1954, Abel Gance. C'est le début de plusieurs années d'apprentissage avec le concepteur de la polyvision. Georges Sadoul accorde d'ailleurs un crédit de co-réalisation à Nelly Kaplan, pour *Magirama* (1956, triple écran). Après plusieurs courts métrages sur l'art dont un en hommage à son mentor (*Abel Gance: hier et demain,* 1963), Nelly Kaplan s'attaque à la phallocratie avec une truculence caricaturale et un humour piquant. *La Fiancée du pirate* (1969) est un double succès de critique et de public. Il fut encensé à la Mostra de Venise et distribué par la Universal-International Pictures. Son interprète principale, Bernadette Lafont, salue en Nelly Kaplan la «poète et démiurge» et lui adresse un gentil clin d'oeil en coiffant le récit de sa carrière du titre de *La Fiancée du cinéma*[81]. Au passage, elle apprécie à son tour *La Fiancée du pirate* comme «un acte libertaire. Musidora devenait sorcière pour le meilleur et le pire, dévorant à belles dents l'hypocrisie ambiante[82]». Charge contre la bigoterie d'une petite société française, c'est aussi l'histoire d'une femme qui foule au pied cette morale bourgeoise et prend une revanche drôle et absurde.

Quand Françoise Aubé dit s'être rebellée «contre l'outrance de la satire naturaliste» et avoir questionné «la teneur féministe d'une fable où l'héroïsation d'une femme a pour contrepoint l'avilissement de toutes les autres[83]», j'acquiesce à son jugement. Mais elle ajoute:

> *La Fiancée du pirate* est un film balourd que sauve l'insolence de Bernadette Lafont. La modernité de son côté sorcière fait un peu oublier la stupidité du propos sur la revanche par la prostitution considérée comme une arme subversive[84].

La véhémence de sa remarque fait abstraction d'un certain contexte d'isolement dans lequel se débattaient les cinéastes de ces années. Elles ne bénéficiaient aucunement du support idéologique qui s'est développé au cours des années 70. Ce verdict de Françoise Audé est peut-être compréhensible mais regrettable. Car il ne tient pas compte de la joie de vivre débonnaire et de l'humour dans l'excès, traits caractéristiques de Kaplan, mais somme toute assez peu fréquents dans le cinéma des femmes.

Comme tant de femmes, Nelly Kaplan doit gagner centimètre par centimètre son droit de tourner. *Papa, les petits bateaux* (1971) conserve la même fraîcheur et le même anticonformisme que son premier long métrage. La même absence de prétention aussi. Il se moque du réalisme, se joue des codes cinématographiques et tangue sous le trait caricatural appuyé. Mais il se maintient à flots pour apporter aux femmes «ce goût de la liberté». Là se trouve le message premier de l'épicurienne cinéaste qui, entre deux tournages, écrit des livres sur l'art ou des nouvelles érotiques.

Il sera aussi question d'érotisme dans son troisième long métrage, *Néa* (1976), qui met en scène une jeune prodige de 16 ans intéressée aux choses de l'amour physique. Si la passion prend dans ce film le pas sur la subversion, il possède pourtant la rare qualité d'être sensuel — à tout le moins pour les femmes qui ne réagissent absolument pas aux mêmes stimuli sexuels que les hommes. Encore ici Françoise Audé prononce une dure sentence:

> Elle (Néa) gît passivement, inerte et parfumée dans l'attente que l'homme «se mette au travail». Néa est dépendante des conventions masculines de la volupté. Ce n'est en rien une amazone, mais une petite fille relative-à[85].

Néa n'est pas une amazone, non plus qu'un être passif. Elle est une adolescente «relative» avec des soubresauts, des à-coups d'émancipation. L'inféodation des femmes au code masculin de la volupté n'est pas servitude dont on se défait si aisément. Françoise Audé n'admet-elle pas que: «Les femmes n'en n'ont pas fini «de subir leurs déterminismes[86].» Ceux de Kaplan cherchent à se déconstruire non pas dans la douleur, mais dans le plaisir. Cette voie est peut-être aussi importante qu'intéressante, même si Kaplan véhicule certaines contradictions.

Dans son plus récent film, *Charles et Lucie* (1979), Kaplan nous montre des personnages qui ne sont plus ni jeunes ni beaux mais qui, après une longue quête, retrouvent leur bonheur d'antan en refusant la médiocrité du conformisme. L'antagonisme si cher dans lequel Nelly Kaplan place habituellement la femme et l'homme est remplacé par une alliance indéfectible du couple qui, pour être positive, y perd un peu de son mordant. Mais Nelly Kaplan n'a pas dit son dernier mot... «Poétesses, à vos luttes! Sorcières, à vos balais! Pour une création androgyne, douce ou amère mais violente! Dans les veines des femmes le génie existe (je l'ai rencontré), et il coule à pleins flots, souterrainement encore[87].»

ANNE CLAIRE POIRIER (1932-   )

Au début des années 60 elle est aux Canadiennes d'expression française, Québécoises en devenir, ce qu'Alice Guy a été pour les Françaises: la pionnière. Dans notre pays, elle a symbolisé, des années durant, le fait qu'avoir des ovaires n'était pas incompatible avec une caméra.

Anne Claire Poirier signe ses premiers courts métrages à l'Office national du film du Canada, à cette époque qui excluait encore les femmes des hautes sphères de la culture.

> À l'extérieur (critiques et revues de cinéma) comme à l'intérieur de l'ONF, confie-t-elle maintenant, on ne parlait ni de moi, ni de mes films et je partageais ce silence avec mes rares consoeurs de l'industrie privée. J'appartenais à une génération de femmes où la solitude fut notre lot quotidien, où l'entrée des «chapelles de génie» nous était interdite. Nous n'existions pas[88].

À la recherche d'un mieux-être pour toutes, la primauté de sa parole de femme règne dans toute l'oeuvre d'Anne Claire Poirier. *De mère en fille* (1968) au *Temps de l'avant* (1975), en passant par *Les Filles du Roy* (1973, premier moyen métrage québécois résolument féministe), cette parole exprime, sans fanatisme et sans dogmatisme, les difficultés et les bonheurs d'être femme. Sa volonté de dire notre corps, ses grandeurs et ses faiblesses, en le dépouillant des mythes masculins[89] qui l'enveloppent, trouve un écho dans tous ses longs métrages. Refusant catégoriquement la démarche du cinéma direct, faussée parce que, dit-elle, recréée au montage, Poirier se sert malgré tout de ses méthodes pour étayer ses «fictions». Elle réussit avec un rare bonheur à intégrer ces deux regards dans son film *Mourir à tue-tête* (1979). Ce fulminant réquisitoire contre le crime de viol constitue à la fois un grand film féministe et l'un des meilleurs films québécois, notamment pour le découpage et l'utilisation de la caméra-je (ou caméra subjective) dans la séquence du viol[90]. Tourné en 16 mm, le film est gonflé en 35 mm: c'est le succès commercial. Présenté aux festivals de Cannes, Berlin, Thessalonique, New York, Chicago, Londres, Arnheim, Bruxelles, Florence, Los Angeles, Göteborg, Bangalore, Sydney, Melbourne et Toronto, il tient l'affiche du 14 septembre 1979 au 24 avril 1980 à Montréal et totalise environ 115 000 entrées au Québec seulement. *Mourir à tue-tête*[91], film d'une double victoire. Deux voix minoritaires s'y expriment: la femme et la Québécoise.

MÁRTA MÉSZÁROS (1931-   )

Ici, on l'a d'abord connue comme «la femme de Miklos Jancso, réalisatrice». Son divorce et son talent irrécusable lui ont restitué sa véritable identité: femme, Hongroise et cinéaste. Auteure de films scientifiques et de documentaires, elle sera, en 1968, la première femme de son pays à réaliser un long métrage de fiction, *Cati*, et confesse que Jancso l'a soutenue dans tous ses efforts. «Je crois à l'amitié entre femme et homme. J'ai toujours dit: «Dans ma vie, il y a deux hommes. Jancso et Nowicki».» Jan Nowicki est son interprète dans *Neuf mois* (1976), *Elles deux* (1977), *Comme à la maison* (1978) et *Les Héritières* (1980). Dans tous ses longs métrages, à l'exception de ce dernier, Mészáros développe une approche de type réaliste qui se caractérise par une application des méthodes du direct à la fiction et une lecture aisée pour un large auditoire[92]. Cette approche a toujours comme point d'ancrage la vie quotidienne, ces petites et grandes choses de tous les jours. Amitié entre femmes, relations de couple et maternité tissent la toile de fond de l'oeuvre de Mészáros. Elle part d'une situation ordinaire ou d'un portrait et construit une chronique sociologique, dans un environnement spatio-temporel réaliste.

La lucidité de son regard ne saurait se dérober devant un socialisme qui n'a hélas pas toujours visage humain, surtout pour les femmes. La volonté de vivre de ses personnages s'allie à une sorte de grisaille ambiante, coloration qui émane du régime politique et de ces êtres en «mal d'accomplissement». Mészáros avoue que les critiques hongrois ne l'aiment guère. Ils trouvent «érotiques» ses films *Neuf mois* et *Comme à la maison*. L'accouchement véritable de Lili Monori dans *Neuf mois* a fait scandale. Andrzej Wajda a dit: «C'est le film le plus cruel de ma vie. Seulement les femmes peuvent regarder ça[93].» Cruel en effet comme une bombe qui fait voler en éclats toutes les projections fantasmatiques des hommes. D'un pas assuré mais tranquille, Mészáros mine le champ des codes amoureux. D'objets qu'elles étaient, les femmes se font sujets. Elles existent et affirment ce droit dans les gestes du quotidien. La perspicacité de Mészáros n'entache cependant en rien sa foi inflexible en des relations authentiques entre femmes, entre femmes et hommes.

LINA WERTMÜLLER (1928-   )

On l'adule. On la critique. On l'adore ou on la déteste. Des hommes. Des femmes. Des gauchistes ou des conservateurs. Et que l'on rie jaune ou rouge, de bon coeur et en couleurs ou les lèvres pincées et le coeur déchiré, jamais on ne reste indifférent devant un film de Wertmüller. Que cache donc, derrière son personnage au goût douteux, cette femme énigmatique?

Elle est au féminisme ce que Leni Riefenstahl est au nazisme. Les discussions à son sujet sont aussi enflammées et les avis aussi divergents. Quiconque cependant s'acharnait à voir dans les «films de femmes» des portraits intimistes, tout en joliesse et en demi-teintes, est tenu, avec l'arrivée flamboyante de Wertmüller, de remballer préjugés, tics sexistes et assimilés. Rien de la «compréhension» traditionnelle de la féminité n'y résiste. Wertmüller est mégalomane, elle ne recèle pas deux sous de pudeur, possède un culot sans borne et, comble d'ironie, a du talent à revendre. Membres de ses équipes techniques et comédiennes-diens ont souvent dit qu'elle était un tyran. Wertmüller, c'est un cas.

Son franc-parler est à l'image de son «franc-filmer». «Pour moi, le rire c'est la vaseline qui facilite la pénétration des idées. Pas dans le cul, mais dans la tête. Dans le coeur[94]», déclare-t-elle avec une innocence toute étudiée. Mais quelles idées cherche-t-elle à communiquer en cautionnant et en alimentant, avec perversité, croirait-on, les fabulations masculines les plus paranoïaques à l'endroit des femmes: la «consommatrice-parasite-économique» de *All Screwed Up* (1974), la «poule de luxe» de *Vers un destin insolite sur les flots bleus de l'été* (1974), la mythique matrone de *Seven Beauties* (1975)? Ellen Willis, une détractrice avouée de Wertmüller, analyse ses «idées» dans *Seven Beauties*:

> Même si au premier degré *Seven Beauties* est un film à sensations, il n'est pas dépourvu d'idées. J'en dénombre au moins quatre. (1) La vie est merdique. (2) Certains hommes s'y noient; d'autres pincent leur nez. (3) Ceux qui pincent leur nez sentent mauvais, mais qu'importe ils sont seulement humains. (4) Les femmes sont inhumaines. Le film glorifie une ironie fondamentale: le héros commet un crime d'honneur parce que sa soeur est une prostituée, mais au camp (de concentration) il devient lui-même un prostitué, et une fois de retour à la maison ses autres soeurs et sa fiancée sont devenues prostituées. Alors ajoutez (5) le monde est un bordel[95].

Ce jugement sarcastique mis à part, comment comprendre une partie du succès de Wertmüller, si ce n'est qu'elle cristallise la ferveur du gauchiste sexiste et qu'elle flatte sa «conscience sociale» tout en donnant un second souffle à sa misogynie? De cette manière, la corruption de la politique sexuelle de Wertmüller, en dépit de son éclatante trituration, devient une aubaine pour tout phallocrate qui n'ose s'avouer tel. Mais comment s'accommoder et «digérer» des déclarations telle que:

> Mais en réalité, dans le déroulement de la relation, toute cette haine se confond, et à la fin de l'histoire, la personne qui a été violée, la personne blessée, c'est lui et pas elle. Et il représente toujours les femmes. Et elle représente les hommes[96].

Ainsi parlait Wertmüller à propos de *Vers un destin insolite sur les flots bleus de l'été.* Comprendra qui pourra autre chose que les justifications d'un esprit arriviste qui camoufle avec peine une bonne dose de misogynie.

Avec un aplomb inusité et un goût féroce pour l'humour grossier, Wertmüller mêle, dans une étourdissante faconde, politique et sexe. Sa volubilité maquille son ambiguïté. Si elle ne rend pas service à la cause des femmes, bien au contraire, et ce malgré ses véhémentes protestations, il faut toutefois rendre à Wertmüller ce qui revient à Wertmüller: grâce à elle, les clichés surannés qu'on accolait volontiers aux «films de femmes», en ont pris un rude coup. Avec elle, force est d'admettre que les femmes ne font pas toujours des petits films timorés. Ces films peuvent aussi être «affreux, sales et méchants».

VĚRA CHYTILOVÁ (1929-   )

Quand on donne dans l'«affreux, sales et méchants» avec une conscience féministe certaine, qu'on est Tchèque, à la veille du «Printemps de Prague» et de ses tragiques conséquences, cela se paie très cher. En 1966, Věra Chytilová signe *Les Petites Marguerites,* qui lui vaut des éloges dithyrambiques et fait d'elle une des âmes dirigeantes avec Milos Forman et Istvan Passer[97] notamment, du printemps cinématographique tchèque. *Les*

Petites Marguerites, film expérimental, ne cherche en aucune façon à être transparent; il cultive le sibyllin et la provocation. Avec une loquacité réjouissante et remarquablement cinématographique, Chytilová nous convie dans le monde des fantasmes féminins. Que font deux femmes, Marie I et Marie II, lorsqu'elles découvrent la pourriture de notre société? Elles deviennent méchantes. Elles tirent un profit maximal de respectables vieux messieurs encore verdoyants, dans leur coeur tout au moins, se paient grassement leur tête, puis les sèment «à la diablesse vauvert». Elles développent des rapports orgiaques avec la nourriture, l'alcool et le jeu. Il est vrai que 15 ans plus tard, dans un contexte nord-américain, les femmes de Chytilová nous apparaissent bien gentiment méchantes.

C'est à une autre captivité, celle du silence, que Chytilová a été contrainte. Après un seul autre long métrage, *Le Fruit du paradis* (1969), elle n'a plus tourné jusqu'en 1977. Dans une semi-clandestinité, avec la complicité de ses camarades de travail croit-on savoir, elle réalise *Le Jeu de la pomme,* film hyperbolique que les autorités du pays, devant le «film accompli», ont jugé assez inoffensif dans un premier temps pour l'expédier dans de nombreux festivals internationaux. Sans explication, il est cependant retiré du Festival de Berlin à la dernière minute. Trop tard du reste, puisque Paris l'avait déjà vu et qu'il avait remporté l'Hugo d'argent à Chicago et le grand prix du Festival de l'humour à Chambrousse. Que devient Věra Chytilová? La conscience de celle qui montre, sur des registres aussi différents que *Quelque chose d'autre* (1963), *Les Petites Marguerites* ou *Le Fruit du paradis,* le mal de vivre au féminin gêne.

MAI ZETTERLING (1925-   )

Solitude et obsession sont les thèmes récurrents des films de Zetterling qui cherche elle aussi, à sa manière très personnelle, à traduire le mal de vivre des femmes modernes et leur existence allogène et, par là, menacée, dans ce monde des hommes.

En marge d'une société dont ils ne connaissent pas le langage, les trios féminins de Zetterling dans *Les Amoureux* (1964) et surtout dans *Les Filles* (1968) veulent désespérément changer ce qui ne va pas, ce qui n'a jamais été. Ses filles n'en peuvent plus de la dive trilogie de la belle et hygiénique société suédoise: boulot-baise-bouffe. De cette société en général où «la moitié du monde gouverne l'autre, mais c'est cette autre moitié qui met bas de la totalité...belle équation[98]». Et elles le disent haut et fort. Violemment. A-t-on su entendre leur cri d'alarme? Françoise Oukrate pense que oui, du moins «les filles» l'ont entendu. «En 68 c'était peut-être une avant-garde, aujourd'hui je pense que nous sommes synchrones, ces filles et nous, les filles et vous[99].»

* * *

Ce bref coup d'oeil dans le moyen âge du cinéma des femmes, qui prend fin sur la vision pessimiste de Zetterling, ne se caractérise pas tant par le nombre de réalisatrices qui va s'accroissant petit à petit, mais bien par l'éveil de leur conscience. Vers la fin des années 60, et de concert avec les écrivaines, elles franchissent le mur de l'inédit de notre condition. Elles sortent de l'obscurantisme. Agnès Varda. Anne Claire Poirier. Věra Chytilová. Márta Mészáros. Mai Zetterling. Toutes les autres. Ce n'est pas une naissance sans violence. Pour une fois, les femmes s'accordent le droit à la grimace de l'effort et de la douleur. Mais les vagissements annoncent une *jeune née* forte et d'une remarquable vitalité. Ils inaugurent les temps modernes.

Les temps modernes

Mai 68. Les révoltes étudiantes. L'imagination qui veut prendre le pouvoir frappe celle du monde entier. Une jeunesse éprise de paix refuse les armes. Dans un même souffle de liberté s'élève la voix du *Flower Power,* du *Black is beautiful* et de *La moitié du monde est une femme.*

Le deuxième sexe met à nu toute *la politique du mâle* et *une parole de femme,* inouïe, puissante comme une lame de fond, nous est donnée. Les Kate Millett, Françoise d'Eaubonne, Benoîte Groulx, Annie Leclerc, Valérie Solanas, Élena Gianini Belotti, Hélène Cixous entament collectivement ce que les Virginia Woolf, Simone de Beauvoir, Margaret Mead avaient ébauché dans l'isolement. Pour elles, pour nous toutes, *le féminisme ou la mort.*

Soulevées par l'énergie d'un espoir fulgurant, elles sondent toutes les sphères de l'activité humaine. Le politique, la biologie, la sociologie, l'anthropologie, l'ethnographie, la linguistique, la psychanalyse, la pédagogie et l'art. Les femmes se mettent au monde. Elles s'emparent aussi de la caméra pour briser les mythes des *Vénus à la chaîne* et moduler une *femme à l'écran* à l'image de ce que nous devenons.

MARGUERITE DURAS (1914-   )

À chaque projection d'un film de Duras, un même «recueillement» s'observe chez ses inconditionnels. Il faut d'abord libérer son esprit pour que Marguerite Duras nous donne en retour. La relation s'inscrit dans la réciprocité ou n'est pas. Pourtant, elle ne se consomme jamais vraiment. L'impossible rencontre. L'impossible transparence des rapports. Le nécessaire ou inéluctable écran. Entre ses personnages. Entre ses personnages et nous. Entre nous et elle. Entre elle et elle.

Marguerite Duras arrive comme nulle-nul autre à dépasser le médium cinéma. Alors que la plupart des films s'adressent aux deux sens de la vue et de l'ouïe, la puissance évocatrice de Duras sollicite aussi notre goût, notre odorat, notre toucher. La chaleur de l'ambassade sise sur le Gange brûle encore. Le parfum d'Anne-Marie Stretter ne s'est point évanoui. Le chant d'*India Song* est à jamais inscrit dans la mémoire des sens...Des climats de sensualité «moderato cantabile» émaillent toute l'oeuvre de Marguerite Duras.

Elle est là, devant l'auditoire de la Cinémathèque québécoise[100], entre deux projections du *Camion,* minuscule et démesurément grande. Elle est son livre. Elle est son film. L'inévitable écart entre l'auteure et son oeuvre se dissipe. Le vertige s'installe. Dans les interstices de la magie de son verbe, le refus de céder à ce vertige. «Que le monde aille à sa perte! La seule Internationale», dit-elle. «Toute proposition militante est pourrie. C'est une proposition de député dictée de l'extérieur. Rien n'est plus affreux, quelle que soit la justification du militantisme. J'y vois une dégradation du sens de la liberté», dit-elle encore. «Et le Salvador?», hasarde une voix. «Vous pouvez tout me citer. Me citer l'Amérique latine en entier. Je ne changerai pas d'avis», redit-elle. Mais, Marguerite Duras, les Salvadoriennes-riens ne militent pas. Elles-ils sauvent leur peau.

«Marguerite Duras fait problème», pose comme point de départ Françoise Audé dans son ouvrage *Cinémodèles cinéma d'elles*[101]. Problème de politique. Problème de féminisme. La première création féminine cinématographique de Duras, dans son scénario de *Hiroshima mon amour* (1959),

> est un des plus beaux personnages du cinéma français. Une femme sortie d'elle-même, désenclavée de son égo, de son Nevers et de son silence. Elle parle, elle se réunifie. Aujourd'hui où, pour les femmes, la

recherche de l'identité est le souci majeur, la passagère d'Hiroshima est une soeur,

écrit Françoise Audé[102].. Elle poursuit ainsi en parlant des personnages ultérieurs de Duras:

> Si les personnages de Marguerite Duras sont (...) trop acharnés à s'engloutir dans le «subissement» pour que le féminisme les puisse annexer sans nuances, leur situation au monde les en approche. Ils endossent d'une manière déchirante la dépossession qui est à l'origine de la protestation féministe. Ils sont à la fois la souffrance et l'intelligence de l'exclusion du monde[103].

Bien plus, au-delà du politique, Marguerite Duras fait problème de désespoir. La résonance dans notre conscience collective de son effroyable «Ça n'a pas marché!», en évoquant le monde, renvoie à toutes ces horreurs qu'on ne peut assumer pas plus qu'on ne parvient à les oublier. Duras ne cherche pas à les assumer. Elle refuse de chercher à les oublier. Comme un fondu au noir sur la vie, «Ça n'a pas marché!» laisse présager une oeuvre cinématographique des plus sombres.

Dans l'espoir fulgurant né des femmes, la fulgurance du désespoir de Duras fait problème.

LILIANA CAVANI (1937-   )

Il arrive souvent qu'on fasse un même reproche à Cavani et à sa compatriote Wertmüller. Celui de cultiver avec opiniâtreté ou complaisance le goût de l'équivoque. Faut-il y voir un trait tout italien ou une caractéristique du cinéma des femmes?

Ce rapprochement est fait à tort et le regard politique et polémiste mais pénétrant de Cavani n'a rien en commun avec la superfluité de celui de Wertmüller. Chez la première, il répond à une nécessité alors qu'il apparaît très souvent, chez la seconde, comme une simple utilisation opportuniste.

Après une brillante carrière de réalisatrice à la radiotélévision italienne, Cavani a signé quatre longs métrages primés ou fort remarqués avant d'atteindre à la réputation internationale avec *Portier de nuit* (1974). Réputation qui lui vint d'abord d'un succès de curiosité consécutif à l'interdiction du film dans son pays par la Commission de censure italienne. On a prêté à *Portier de nuit* les intentions les plus contradictoires et on a posé les jugements les plus outrés à son endroit. Jugements qu'il n'a pas volés du reste puisqu'il jongle avec nombre de concepts tabous. Dépassant tout raisonnement manichéen, il scrute la dialectique du bourreau et de la victime — *le* bourreau, *la* victime, notons-le au passage — et spécule sur la vraie teneur des liens sadomasochistes pour mener plus loin notre compréhension du fascisme. Dans un huis-clos sordide, Cavani ne fait-elle qu'exalter, sous des apparences dénonciatrices, la «fascination du fascisme» et, par-là même, titiller ce sentiment qui sommeillerait en chacune-un de nous? *Portier de nuit* soutient-il l'idée que dans les camps de la mort, déportées-és et membres de la police nazie ont partagé une responsabilité égale, comme l'affirment certains critiques? Répondre affirmativement à ces deux questions, c'est en rester à une lecture primaire du film de Cavani. Celle-ci pose, au contraire, des questions d'autant plus essentielles que l'actuelle montée du néo-fascisme se fait dans une indifférence relative. Cavani dit attention! Notre bonne conscience n'est pas suffisante pour juguler ce mal et, s'il le faut, regardons de plus près la fascination qu'il exerce pour mieux le comprendre et l'empêcher de proliférer.

Cavani rappelle que le fascisme marque au fer rouge et qu'il engendre, dans l'acmé des passions, des comportements extrêmes. Quant à sa supposée «théorie de la

victimisation», elle n'est que le constat du cachet indé-
lébile que laisse la démesure des liens bourreau-victime.
Elle croit non pas que l'un et l'autre aient une responsabilité partagée, mais simplement que, pour sauver sa
vie, la victime peut «choisir» — si on peut encore appeler
choix semblable iniquité — des situations dégradantes
qui vont bien entendu lui laisser aussi des empreintes
profondes. Ne peut-on pas voir dans la relation sadomasochiste entre les personnages interprétés par Charlotte Rampling et Dirk Bogarde une métaphore dialectique non seulement sur le fascisme, mais tout aussi bien
sur les relations souvent réputées telles, existant entre
hommes et femmes?

> (...) Françoise Collin, réfléchissant à «l'esclavage
> volontaire» des femmes, réaffirme elle aussi, sous
> une forme différente, que la complaisance de l'op-
> primé-e à son oppression ne peut être mise avec
> autant de facilité sur le compte de la jouissance et
> de la pulsion de mort. Elle y voit également le témoi-
> gnage de la toute-puissance de l'instinct de vie:
> «L'opprimé se résigne parce qu'il veut vivre, et parce
> que, à travers tout, il vit, et qu'il jouit, dans les inters-
> tices de l'oppression[104].»

Marie Binet-Bouteloup établit une corrélation entre
les films *Portier de nuit, Emmanuelle,* et *Le Dernier Tango
à Paris,* tout en reconnaissant qu'ils diffèrent tant par
leur ambition que par leur valeur esthétique. Elle leur
reproche une même vision passéiste de la sexualité
camouflée sous les masques d'une pseudo-libération des
moeurs et affirme:

> (Ces films) mettent en scène des bourgeois anticon-
> formistes s'adonnant à des jeux sexuels sadomaso-
> chistes. (...) La nouvelle image de la femme «libérée»
> oblige les personnages féminins de ces films à satis-
> faire la sexualité de ceux qui naguère imposaient
> l'enfermement. Une sexualité à-faire-jouir, à-
> embrocher, à-engrosser, à mal-baiser[105].

Si cela est vrai pour *Emmanuelle* et *Le Dernier Tango à Paris,* Marie Binet-Bouteloup oublie le jugement final, clair et brutal, de Cavani sur ces relations — et par extension sur le fascisme. Elles doivent être condamnées comme la cinéaste le suggère dans la dernière scène, toute allégorique, de *Portier de nuit:* Bogarde et Rampling marchent, sur le pont éclairé d'une aube naissante, vers leur mort.

Au-delà du bien et du mal (1977) est le second volet d'une trilogie que son auteure appelle «sa trilogie teutonne», le premier étant *Portier de nuit* et le troisième, *Lulu,* d'après l'oeuvre de Wedeking. Tourné à Rome, Venise, Luneburg, Munich, Lübeck et Nuremberg, *Au-delà du bien et du mal* analyse les problèmes de notre temps en s'inspirant de la rencontre de ces trois esprits exceptionnels que furent Lou Andréas-Salomé, Friedrich Nietzsche et Paul Rée, à la fin du siècle dernier. Le croisement de ces destins ouvre sur une dimension symbolique du cas privé qui devient public parce que l'expérience intime de ce «ménage à trois» s'est inscrite comme partie de leur influente pensée respective.

Si Nietzsche écrivait «Les femmes sont encore des chats et des oiseaux ou, en mettant les choses au mieux, des vaches.», il écrivait aussi à Lou Salomé, après leur rupture, «Je vous dois le plus beau rêve de ma vie.» Rêve inspiré par une vache? Rêve inspiré par une superfemme? Rêve d'amour? Rêve d'amour comme moment unique, comme instant à nul autre comparable, où le malentendu entre les sexes se dissipe sous la violence des sentiments?

Là se situe l'essence du propos de Cavani, propos qui n'a rien perdu de son actualité, et qui admet la possibilité d'une libre circulation du féminin et du masculin entre des êtres qui s'aiment. Cavani compose cette fois encore une oeuvre lyrique et passionnée, arrogante quelquefois, qui porte à son extrême limite la complexité des relations hommes/femmes et soutient l'impossibilité de l'amour sans liberté, au-delà du bien et du mal.

SUSAN SONTAG (1933-   )

L'Américaine Susan Sontag s'intéresse elle aussi au fascisme. D'origine russo-polonaise la romancière, essayiste (plus d'une cinquantaine d'essais), scénariste et cinéaste est davantage connue pour ses positions radicales lors du conflit vietnamien et, plus récemment, pour celles exprimées à la défense des «prisonniers d'opinion ou de conscience». En 1975, elle a procédé à une véritable autopsie de l'esthétique de toute l'oeuvre de Leni Riefensthal, depuis son premier film, *Das Blaue Licht* (1932), jusqu'à sa plus récente réalisation, un étonnant album de photos sur les Noubas du Soudan, *The Last of the Nuba*. Elle commente ainsi ce dernier ouvrage: «Voici un album contenant 126 splendides photographies en couleurs de Leni Riefensthal, certainement le plus merveilleux album publié ces dernières années[106].» Sontag met en évidence la présence constante d'éléments propres à une esthétique fasciste. Préoccupée par le problème du réalisme dans la représentation, elle met en relation l'art issu des régimes totalitaires, de gauche et de droite:

> Le goût du monumental et d'une forme de vénération des masses pour le héros sont communs tant à l'art fasciste qu'à l'art communiste, reflétant la vision de tout régime totalitaire, à savoir que l'art a pour fonction d'«immortaliser» ses dirigeants et ses doctrines.

> (...) En traitant de l'art propagandiste de gauche et de droite, une double règle s'impose. Peu de gens admettraient que la manipulation des émotions dans les derniers films de Vertov et les films de Riefenstahl provoque un enthousiasme similaire[107].

97

Ces commentaires, assez éloignés du travail de cinéaste de Sontag, importent parce qu'ils réfutent la thèse de plusieurs cinéastes d'avant-garde parmi les plus influents. Selon ces derniers, il est impossible de rejeter l'art, quels que soient ses mobiles et ses fondements, s'il possède une valeur esthétique intrinsèque. Sontag n'admet pas qu'on fasse désormais de Riefenstahl une «beauty freak». L'intérêt capital de l'analyse de l'esthétique de Riefenstahl par Sontag se situe dans la volonté d'élargir le débat et de poser de nouvelles questions. Ces questions demeureront cependant sans réponse définitive tant que la problématique Riefenstahl ne sera pas disséquée dans ses trois aspects fondamentaux et interdépendants: «FÉMINITÉ», FASCISME et CINÉMA. Susan Sontag néglige le premier aspect.

La militante new-yorkaise devient cinéaste en 1969. C'est en Suède qu'elle signe ses deux premiers films, *Duet for Cannibals* (1969) et *Brother Carl* (1971). Charles Ford la situe dans un courant qu'il nomme la «nouvelle vague féminine», aux côtés de Rachel Weinberg, Lina Wertmüller, Liliana Cavani, Anja Breien, Annelise Meinecke, Nadine Trintignant, Barbara Loden, Helma Sanders et quelques figures mineures. Même si elle introduit des éléments politiques dans ces deux films, Sontag reconnaît à l'époque: «Je ne sais pas comment concilier mon engagement politique avec mon intérêt pour le récit[108].» *La Déchirure* (197?), qui analyse le conflit israélo-arabe, et *Terre promise* (1974), qui pose un regard sur Israël, ses deux films ultérieurs, indiqueraient-ils un choix de la cinéaste?

STEPHANIE ROTHMAN

Au début des années 70, deux femmes font carrière dans l'industrie du cinéma à Hollywood, Elaine May et Stephanie Rothman. Trait singulier, les films de Rothman sont cotés R, c'est-à-dire distribués à un auditoire averti. Ses réalisations, toutes hautement commerciales, sont émaillées de scènes sexuelles et de nudité. Il arrive aussi qu'elles soient relevées de violence et «d'effets à l'hémoglobine».

Stephanie Rothman exploite au maximum le code de production à l'usage des films de la même généalogie: ses personnages sont tous jeunes et beaux, l'action prend souvent le pas sur la réflexion, les dialogues sont bien marqués au goût du jour. Ce sont des films de plage, *It's a Bikini World* (1966)[109]; des mélos d'hôpitaux, *The Student Nurses* (1970); des films de vampires, *The Velvet Vampire* (1971); des films à intrigue aguicheuse, *Group Marriage* (1972); des films d'action, *Terminal Island* (1973).

Le cheminement de Rothman est aussi étonnant que l'idéologie commune à tous ses films. Après une formation en sociologie à Berkeley, elle étudie, de 1960 à 1963, le cinéma à la University of Southern California. Elle est la première femme à y obtenir le Director's Guild Fellowship. Elle promet.

Stephanie Rothman tiendra ses promesses mais dans un genre exécré des féministes. Elle se lance dans le film commercial et l'air de rien, avec le sourire aux lèvres, elle donne une leçon qu'on pourrait croire déplacée. Une leçon féministe, aux accents volontiers légers et comiques. L'inconsistance habituelle des rôles féminins dans ce type de cinéma est le premier élément que Rothman subvertit. Ses femmes sont autonomes, actives, énergiques, ambitieuses; elles s'entraident, se comprennent, s'aiment. Souvent, elles sont le moteur de l'action. La rivalité, élevée au rang de cliché dans les films de ce genre, est ici remplacée par la complicité. Les femmes de Rothman assument leur sexualité. Aussi sont-elles en excellente santé. L'optimisme fondamental de Stephanie Rothman lui fait tourner le dos à la complainte. En lieu et place d'une société dominée par les hommes, elle crée un monde où l'égalité est déjà un état de fait. Hommes et femmes entretiennent des relations d'aide réciproque. Rothman tente de révéler la tendresse des hommes et leur goût inavoué et inconscient d'un rapport aux femmes plus authentique. Chemin faisant, Rothman renverse ici, une loi du genre, là, un tic. Elle réalise des scènes que la majorité des cinéastes osent à peine imaginer, par exemple des scènes dans lesquelles les hommes évoluent nus devant des femmes complètement vêtues. Elle s'en explique:

> Il y a plus de nudité masculine dans mes films que vous en trouverez dans ceux de la majorité des hommes. L'érotisme des films sert les goûts érotiques mâles, alors que les goûts des femmes sont généralement ignorés. Les femmes entretiennent autant de curiosité pour le corps des hommes que ceux-ci à leur égard. En tant que femme, je tiens compte des goûts érotiques des femmes. J'utilise donc la nudité masculine quand je la juge à propos[110].

Dans ses films les hommes savent pleurer. Parfois, ils reconnaissent leurs attitudes machistes et font amende honorable. Avec les femmes, et non plus contre elles, ils explorent des situations de vie nouvelles comme dans *Group Marriage* ou *Terminal Island*. S'ils manifestent des comportements phallocrates, ils finissent par s'en repentir. Un macho n'a jamais le fin mot dans les films de Rothman. Si elles sont attaquées, les femmes se défendent toujours activement, mais leurs luttes sont mâtinées d'humour. Il vient à l'esprit cette scène de *Terminal Island* dans laquelle la protagoniste, aux prises avec un admirateur entreprenant et sourd à son refus, l'invite à baisser son pantalon en lui vantant les vertus du miel voluptueusement appliqué sur les parties intimes. Le séducteur séduit ignore que tous deux voisinent un essaim d'abeilles. L'effet drôle de cette scène n'enlève rien à sa signification. Quand une femme dit non, rappelle Rothman, elle ne pense pas oui. Elle dit non parce qu'elle pense non.

Dans les films de Stephanie Rothman, les exploiteurs de femmes sont punis. Les violeurs ne violent pas. Les agresseurs meurent ou se transforment. Dannis Peary termine par ce qui suit son analyse du travail de la cinéaste:

> Stephanie Rothman est importante parce qu'elle est cette rare cinéaste commerciale qui a démontré un intérêt constant pour les femmes de ses films et qui *apprécie* ouvertement les femmes. Ce n'est pas un hasard si les héroïnes de Rothman ne sont pas violées, si tous les viols avortent; si tous les gestes d'amour sont tendres, même quand l'homme impliqué est une canaille; si l'unique femme frappée par son amant — Jill dans *The Working Girls* — le quitte *après* l'avoir frappé en retour. Non seulement Rothman respecte ses femmes mais place haut ses critères à l'endroit des hommes qu'elles choisiront: un macho est converti ou abandonné[111].

CHANTAL AKERMAN (1950-   )

La distance qui sépare Stephanie Rothman de Chantal Akerman atteste de la multiplicité du cinéma fait par les femmes. Chantal Akerman est belge, d'origine juive polonaise. Elle travaille en Belgique, en France et aux États-Unis.

À peine sortie de l'adolescence, elle empoigne une caméra 35 mm pour tourner *Saute ma ville* (1968), court métrage qui préfigure, avec l'assurance tranquille de la détermination, le chef-d'oeuvre qu'elle signera sept ans plus tard. À 24 ans, elle a déjà accumulé une somme de travail impressionnante: huit films dont trois longs métrages[112]. Entre *Saute ma ville* et *Jeanne Dielman, 23 quai du Commerce, 1080 Bruxelles* (1975) — quel titre! — il y a toute l'élaboration progressive d'un langage filmique traduit avec maîtrise dans ce dernier film. Vu à hauteur de femme — à la hauteur d'Akerman et de Babette

101

Mangolte, la directrice-photo — Jeanne Dielman, ménagère, mère, prostituée, prend une dimension symbolique insoutenable. L'univers en camaïeu de Jeanne Dielman est l'aboutissement de sept années consacrées à la recherche d'un regard dé-masculinisé. La caméra de Babette Mangolte se pose en plans moyens ou de demi-ensembles, de face et fixe, et filme en temps réel l'organisation spatio-temporelle d'une ménagère. L'écriture d'Akerman récuse le pseudo-naturalisme qui a toujours fonctionné, par procédés elliptiques ou autrement, en oblitérant les vrais gestes des femmes. Donner à voir, pendant plus de trois heures, le dos penché d'une femme qui lave la vaisselle ou fait le lit, ses gestes appliqués qui épluchent une pomme de terre ou qui préparent des escalopes de veau, les mille déplacements à huis clos de la ménagère, ses gestes sans cesse recommencés, c'est «recourir à une stylisation qui est une stratégie du désespoir[113]» et non pas à un parti pris hyper-réaliste, comme certains critiques l'ont laissé croire. Plusieurs ont aussi magnifié son esthétique tentant ainsi d'exorciser sa charge politique. On a voulu ignorer le fait que *Jeanne Dielman...* est peut-être le premier film nommément misandre de toute l'histoire du cinéma.

Chantal Akerman montre une femme sous le joug de l'homme et de sa loi, mais qui ne se compromet jamais avec lui. La cinéaste rend sa véritable signification à ce qu'on appelle encore frigidité. Frigidité est pour Jeanne Dielman synonyme d'intégrité. Elle représente son dernier lieu de résistance. Un refus viscéral d'abdiquer. Si la jouissance lui vient de l'objet de sa haine, Jeanne Dielman, alors compromise, n'a qu'un seul choix. Tuer. Elle ou lui. Elle le tue. Son ordre intérieur féminin triomphe de l'ordre extérieur masculin. Laissons Claire Clouzot rendre hommage à Chantal Akerman:

> Ce film d'un culot insoutenable est un choc pour moi. Accepté à la dernière heure par Pierre-Henri

Deleau, montré le dernier soir — au Festival de Cannes (1975) — avant le Palmarès, il trouve peu de gens disponibles après 13 jours de matraquage cinématographique.

Je m'en remets en marchant tard le soir dans les rues de Cannes. Chantal Akerman, 24 ans, la belle, la jeune cinéaste, la culottée qui a tourné déjà quatre courts métrages, et deux longs métrages, qui aime sa mère, et qui l'a regardée, elle et sa tante, faire les gestes de Delphine Seyrig, elle me met sur le cul. Akerman qui a volé aux États-Unis pour pouvoir tourner un film. Akerman qui a des idées tout le temps, les écrit «comme ça», et les tourne, elle me sidère. Akerman qui a fait travailler mot par mot, inflexion par inflexion Delphine Seyrig pour casser le fameux «ton Seyrig», la «démarche Seyrig» et a fait du rôle de Jeanne le plus bel exemple de jeu rentré-sorti, elle me souffle.

(...) SAMEDI. En l'honneur de Chantal Akerman, ce soir je fais des escalopes panées[114].

CAROLINE LEAF (1946-   )

Le couple cinématographique «femmes et animation» est sans conteste le plus serein de tous. Il a maintes fois été souligné que les vertus féminines traditionnelles, telle la patience, le recueillement, la méticulosité, encourageaient sa bonne entente. Il se peut que certaines qualités, culturellement acquises, facilitent l'accès des femmes au septième art (bis) ou au huitième art, comme on désigne parfois le cinéma d'animation. Par ailleurs, il semble que la résistance du milieu à la venue des femmes soit plus aisément vaincue. En animation surtout, la modicité des moyens n'est pas toujours une «empêcheuse de tourner en rond». Dans bien des cas, une table, une caméra et un matériau sans valeur comme deux poignées de sable suffisent. Quoi qu'il en soit, le rapport privilégié des femmes à l'animation est une source de moments visuels inoubliables.

Caroline Leaf est l'une de ces créatrices d'image par image dont la notoriété est devenue internationale. Née à Seattle en 1946, elle entreprend ses études à l'Université Harvard tout en étant initiée aux techniques de l'animation par Derek Lamb. Elle éprouve un véritable coup de foudre que rien ne laissait présager. Dès son premier film *Sand or Peter and the Wolf* (1969), réalisé dans le cadre universitaire, elle apprend à travailler sous la caméra avec des particules malléables. Son matériau: le sable.

Deux fois boursière et ayant réalisé *Orfeo* (1972, technique: dessins à l'encre sur verre) et *How Beaver Stole Fire* (1972, technique: sable), elle accepte l'invitation de se joindre à l'équipe anglaise d'animation de l'Office national du film du Canada. Le travail sur «celluloïd» si courant chez les animateurs ne l'intéresse pas. Elle mène de l'avant ses recherches d'intervention directe sur le film et la caméra, travail qui exige une maîtrise rare et une mémoire remarquable.

Le Mariage du hibou (1974, d'après un récit esquimau, technique: sable) consacre son talent. Elle devient l'une des figures déterminantes d'une nouvelle génération d'animateurs canadiens et québécois. Au Festival international du film d'animation tenu à Ottawa en 1976, Caroline Leaf est récipiendaire du premier prix de la catégorie «Films pour enfants» pour son très lyrique *Le Mariage du hibou* et du Grand Prix du Jury pour son bouleversant *The Street* (1976, d'après une nouvelle de Mordecai Richler). Avec ses plus récents films, *The Metamorphosis of Mr. Samsa* (1977, d'après Kafka) et *Interview* (1979, coréalisatrice: Veronika Soul), l'art de Caroline Leaf atteint une quintessence de formes, de mouvements, de couleurs. Un délice intégral.

JACQUELINE VEUVE

Au début des années 70, cette cinéaste suisse s'exprime ainsi:

> Avec l'un des deux films réalisés avec Pat Stern à la caméra, je suis en train de faire une expérience très intéressante et révélatrice du comportement des spectateurs. Ce film «Susan» est un portrait d'une enseignante de français à l'Université de Harvard qui a écrit une thèse sur M. Duras et qui enseigne également le karaté. Présenté en janvier à Soleure à la Semaine du cinéma suisse devant environ 500 hommes et 200 femmes, il a reçu un accueil assez froid et il y a eu même quelques sifflements. Présenté fin avril au Festival international films-femmes, devant cette fois 500 femmes et 100 hommes il a reçu un accueil extraordinaire, le public applaudissait à tout rompre toutes les dix secondes[115].

Susan (1973), court métrage de 15 minutes, soulève donc l'ire des uns, le délire des autres. S'il est un trait du féminisme que même les esprits libéraux n'apprécient pas, c'est bien cette lutte des femmes pour vaincre leur faiblesse musculaire. *Susan* en témoigne et réaffirme que le soi-disant pacifisme des femmes ne trouvera sa pleine signification que dans la reconquête de leur puissance physique. Jusqu'à maintenant, le pacifisme n'est pas un choix, mais plutôt une nécessité ... ou une condamnation.

Jacqueline Veuve ne produit pas beaucoup, mais ses films portent la marque d'un haut niveau de qualité. Auteure de courts et moyens métrages didactiques — *Lettres de Stalingrad, La Grève de 1918, Genève le 9 novembre 1918* —, pas toujours conformes à l'histoire officielle, Veuve réalise son premier long métrage en 1978. Successivement élève de Jean Rouch et de Richard Leacock, elle demeure fidèle à sa formation de documentariste avec *La Mort du grand-père,* tout en se distanciant des méthodes de Leacock, qui prône «la suprématie du premier jet». La position de Leacock est de ne jamais faire répéter l'action avant le tournage parce que, croit-il, la répétition n'est plus la réalité. Ce à quoi Jacqueline Veuve s'oppose en reconnaissant les limites de cette approche, laquelle implique tout autant une intervention sur la réalité. Intervention pour intervention, Jacqueline Veuve opte pour celle d'une sélection précise des plans lors du montage. Pour saisir un des aspects de la réalité de *La Mort du grand-père*, elle filme tout ce qu'en disent les filles de ce dernier (tantes de la cinéaste), puis elle choisit ce qu'elle voulait entendre, s'éloignant ainsi d'un certain «cinéma vérité». Elle propose une caméra à la première personne, une caméra-je, qui reconstruit la personnalité du Père par les souvenirs qu'en ont conservés ses quatre filles. Adoré, comme on adore un patriarche tout-puissant, celui qui est «mort du sommeil du juste» était-il un grand-père doux et goguenard ou un tyran? Type parfait du mythe de la neutralité et de la justice helvétique, lequel s'articule autour des notions de famille, de travail et d'économie, l'avare grand-père, bourreau de travail et petit ouvrier horloger devenu patron d'usine, s'est aussi imposé comme patron de ses cinq filles[116]. *La Mort du grand-père* est à la fois chronique et critique sociale. Patricia Moraz, cinéaste et compatriote de Jacqueline Veuve, croit qu'il illustre «l'essence carnivore du conformisme (...). Ainsi se retrouve posée la question du mythe fondamental de l'Helvétie, celui de Guillaume Tell: par quelle acrobatie balistique faut-il passer pour qu'un père ne tue pas ses enfants[117]?». Deux voix dissidentes dans ce régime patriarcal: celle de sa fille qui «ne fait rien», qui est artiste-peintre, et l'autre de sa petite-fille devenue cinéaste.

MARGARETHE VON TROTTA (1942-   )

Tout cinéphile connaît Volker Schlöndorff d'Allemagne de l'Ouest, auteur de *Feu de paille* (1972), *L'Honneur perdu de Katharina Blum* (1975), *Le Tambour* (1979), pour ne citer que ses films les plus récents. Mais avant que Venise ne la rende célèbre, que savaient ces mêmes cinéphiles de Margarethe von Trotta? Actrice, elle tient de nombreux rôles dans les films du jeune cinéma allemand. Elle travaille avec Rainer Werner Fassbinder et Schlöndorff et scénarise seule ou avec ceux-ci *La Soudaine Richesse des pauvres gens de Kombach* (1970), *Feu de paille, Le Coup de grâce* (1974, d'après le roman de Marguerite Yourcenar) et *L'Honneur perdu de Katharina Blum*. Depuis 1970, elle collabore à tous les films de son compagnon Schlöndorff. D'aucuns lui créditent même la coréalisation des films susmentionnés. Qu'en est-il vraiment de cette «collaboration»?

La question se pose, car Margarethe von Trotta vole maintenant de ses propres ailes avec talent et succès. En 1977, elle réalise, seule, un premier long métrage, *Le Second Éveil*. S'inspirant d'une histoire authentique — celle d'une femme qui, pour sauver de la faillite une crèche sauvage, cambriole une banque — von Trotta met en scène trois femmes à la recherche de leur espace social dans une société étouffée de conformisme, de haine et de violence. Elle décrit «le courage de vivre l'utopie»; pour donner plus de poids à sa conviction, elle confie le rôle d'animatrice de la crèche à l'auteure véritable de cet acte «terroriste» qui venait de purger cinq années de détention.

Margarethe von Trotta rassemble, aux dires de Claire Clouzot, «les talents conjugués d'une Ida Lupino et d'une Jeanne Moreau» et elle mène dans *Le Second Éveil* une réflexion féministe très poussée. Elle explore l'épineuse question de l'idéologie féministe qui parvient rarement à toucher les classes défavorisées. Pour von Trotta, le personnage de la caissière prise en otage au moment du vol et son refus de reconnaître l'assaillante «représente l'espoir que le féminisme peut pénétrer la classe ouvrière».

En 1972, l'héroïne créée par Margarethe von Trotta se séparait temporairement de son compagnon pour le retrouver à la toute fin. Aujourd'hui, son héroïne divorce et se révolte. Hier, Margarethe von Trotta *collaborait* avec Schlöndroff. Aujourd'hui, elle est lauréate à la Mostra de Venise[118] et l'une des rares femmes reconnue dans un grand festival international. Son troisième et plus récent long métrage, *Les Années de plomb* (1981), a reçu le Lion d'or du Festival de Venise, de 1981.

ARIANE MNOUCHKINE (1939-   )

Après deux films seulement, son nom, déjà célèbre au théâtre, est associé à l'idée de chef-d'oeuvre au cinéma. Ariane Mnouchkine avait assuré la mise en scène de l'oeuvre collective du théâtre du Soleil, *1789*, véritable thèse sur la Révolution française. *1789* fait date dans l'histoire du théâtre et, in extremis, c'est-à-dire trois semaines avant la fin des représentations, la troupe se voit offrir la possibilité de dépasser l'éphémère de l'instant théâtral et de le fixer sur pellicule. Le film *1789* (1974), éclate de trois qualités majeures: la virtuosité technique, l'érudition du propos et la complète participation de toute l'équipe qui fait de *1789* une oeuvre authentiquement collective. La reconstitution de la prise de la Bastille et la revue finale des comédiennes-diens pendant le générique de la fin sont deux moments à ravir même le cinéphile le plus exigeant. Des premières images qui nous donnent à voir «le théâtre en train de se faire» nous glissons, imperceptiblement, dans la magie du cinéma la plus totale. Théâtre et cinéma se font complices pour aller «plus haut et plus loin».

La femme de théâtre accomplie qu'est Ariane Mnouchkine se double d'une cinéaste inspirée que *Molière* (1978), son second long métrage, en dépit d'une controverse alimentée par la critique, ne saura que confirmer.

L'entreprise *Molière* «aurait été impossible sans l'enthousiasme, le talent et l'acharnement d'Ariane Mnouchkine et de son équipe» de l'aveu de son coproducteur, Claude Lelouch. On a fait reproche à Ariane Mnouchkine de son interprétation de Molière. Des tatillons ont questionné sa fidélité à l'histoire. Françoise Audé répond à cela: «L'histoire ne se «raconte pas». Elle ne se «reconstitue» pas non plus. Elle s'analyse et s'interprète. La version-Mnouchkine de Louis XIV est aussi fine que brillante[119].» Et elle sait de quoi elle parle, l'historienne Françoise Audé. Elle a, par ailleurs, vu en *Molière,* ce film sur lequel on a tout dit:

> Molière est un film de tendresse. Tendresse au premier degré entre l'enfant Molière et sa mère, entre la servante et le fils de la famille qu'elle sert, entre Molière vieilli et Madeleine Béjart fatiguée, quand ils ont dépassé leur passion et leur drame. Tendresse au second degré pour le beau geste du père de Molière, ce bourgeois effaré par la folie de son fils et par sa propre affection pour ce fils en rupture de bourgeoisie, tendresse pour Molière, le presque père, l'amant, le redoutable directeur d'acteurs qui oblige Armande à une pénible reconnaissance du pouvoir sur elle qu'il se garde d'exercer. Tendresse pour ces dames savantes qui savent avec tant de grâce ne pas être précieuses ou ridicules quand Molière, au sujet du mariage, prend le parti des filles contre les pères.

> (...) Ceux qui se plaignent de n'avoir pas rencontré Molière dans *Molière* sont probablement ceux qui n'ont pas su prêter attention à la douceur inattendue d'Ariane Mnouchkine[120].

Après l'accueil qu'on a réservé aux deux films d'Ariane Mnouchkine, les femmes cinéastes semblent occuper une place un peu moins en porte à faux. Son brio et sa fougue font oublier quelques stigmates de la féminitude et nous donnent un air d'assurance et d'aplomb inopiné.

HELMA SANDERS-BRAHMS (1940-   )

Parmi les cinéastes berlinoises très actives en Allemagne de l'Ouest, Helma Sanders-Brahms est celle qui compte la plus longue expérience de travail. Ses quatre premiers longs métrages, comme beaucoup de films du jeune cinéma allemand, n'ont guère dépassé la distribution limitée d'un certain réseau culturel national. En 1975, elle fait une percée à Cannes avec son cinquième long métrage, *Sous les pavés, la plage,* qui laisse la critique partagée: ou «La naïveté du propos frise la stupidité et n'a d'égale que la maladresse de la mise en scène» ou «Ce sujet austère, construit finalement de manière très classique, a été mis en film avec un extrême virtuosité.» Claire Clouzot, quant à elle, estime qu'il «est un film adulte de femme ou un film de femme adulte sur un couple essayant de l'être». Il témoigne d'une attention aux femmes et à leur lieu ultime d'oppression: le lit. S'il n'est pas exempt de maladresses, il annonce la plénitude du plus récent film d'Helma Sanders-Brahms, son appassionato *Allemagne, mère blafarde* (1981), oeuvre achevée où la maturité du féminisme s'avoue être le contraire du triomphalisme. Ce féminisme y est inquiet, il reconnaît n'avoir pas trouvé toutes les solutions.

Allemagne, mère blafarde, tourné avec des moyens techniques et financiers séduisants pour un large public, est un film ambitieux. Il mêle réalisme, fantastique et histoire; métaphore et pamphlet; passion et indignation. Une femme est au centre de cette épopée, puisqu'il s'agit bien d'une épopée qui s'amorce en 1939 sur toile de fond des préparatifs de la guerre. Pour la première fois peut-être au cinéma, l'histoire se raconte au féminin, et évoque des moments d'une grandeur douloureuse. Quand l'extraordinaire Eva Mattes accouche, la violence de la naissance trouve une brutale résonance dans celle de la mort. La puissance de cette séquence dans laquelle le montage par attraction donne à participer aux douleurs de l'enfantement et aux bombardements de la ville, rend à l'histoire sa part féminine tant négligée. Pendant que les hommes tuent, les femmes mettent au monde. Pendant qu'ils font la guerre, elles font la vie.

Le film d'Helma Sanders-Brahms dénonce l'hypocrisie de la morale masculine, dans une oeuvre de «fiction» lyrique et sans aucune trace didactique. Il montre au passage le sexe d'une fillette, s'insurge contre la violence des hommes et soutient que les femmes échappant à la tutelle des hommes — comme ce fut le cas pendant la guerre — ne peuvent plus reprendre le masque, littéralement, sans s'autodétruire. Il témoigne d'une lucidité courageuse qui interpelle et nous rappelle que, 30 ans plus tard et malgré les luttes des femmes, ces propos sont encore d'actualité à bien des égards.

HEINY SROUR

Un cinéaste marocain a dit à propos de *L'heure de la libération a sonné* (1974), de la Libanaise Heiny Srour: «C'est politiquement le film le plus «dur» du cinéma arabe. Comment a-t-il pu venir d'une femme et non d'un homme[121]?»

Heiny Srour, en dépit de son isolement politique, de la réticence de son milieu et des traditions parmi les plus rétrogrades du monde à l'endroit des femmes, connaît le succès dès son premier long métrage, *L'heure de la libération a sonné*. Tourné dans les zones libérées du Dhofar, le film rend compte de la lutte contre l'occupation étrangère menée par le Front populaire pour la libération d'Oman et du golfe Persique. Il rend compte parallèlement de la longue marche des femmes, de la noirceur séculaire à leur émergence en pleine lumière. Leurs conditions de vie sub-humaines se transforment peu à peu au cours de la lutte collective du peuple. Elles apprennent à lire et à écrire, s'initient au maniement des armes et vilipendent enfin l'attitude de leurs trois sultans — le père, le mari et le chef tribal.

On a «chipoté» sur la longueur de certaines séquences portant sur la libération des femmes ou sur l'opportunité de telle autre traitant de la libération des enfants. Un grand nombre de militants gauchistes se trouvent parmi ces critiques à lorgnettes. Mais impossible de ne pas reconnaître dans *L'heure de la libération a sonné* une oeuvre courageuse et une analyse politique impeccable. Des centaines de kilomètres de marche sous les bombardements ennemis et deux années de recherches, dont la lecture de traités militaires et théoriques sur la guérilla et trois mois de séjour dans les zones libérées, sous-tendent la démarche du film. Heiny Srour n'hésite pas à prévenir tout malentendu sur la teneur réelle de ce «sérieux révolutionnaire». Elle l'attribue à sa «peur féminine» de commettre un film minable ou incohérent.

La proche parenté liant l'analyse politique de la cinéaste à celle des militants du cinéma arabe n'a pas fait taire l'animosité de certains de ceux-ci. Un ami d'Heiny Srour l'explique ainsi: «Tu as tout fait pour les mettre contre toi: tu as fait un film politique alors que c'est leur chasse gardée, en plus tu es jeune, et tu n'es ni borgne ni bossue. Tu ne leur laisses rien pour se consoler[143]!» Si Heiny Srour comprend sa chance d'être cinéaste comme un miracle, elle nourrit une peur bien justifiée à l'endroit du précaire équilibre de son statut de femme, arabe, féministe et cinéaste[123].

JOAN MICKLIN SILVER

Professeure de musique, romancière, dramaturge, scénariste pour la télévision, Joan Micklin Silver a environ 35 ans lorsque son premier film sort à Cannes. Louée pour la qualité de sa direction des comédiennes-diens, pour sa sensibilité aux décors, aux détails, à la description et pour la maîtrise de sa photographie en noir et blanc, on acclame avec *Hester Street* la venue d'une nouvelle auteure.

Hester Street (1975) est cette rue typique du Lower East End de New York où ont afflué, à la fin du siècle dernier, quantité d'émigrés juifs qui fuyaient les persécutions. Rue fourmillante de brocanteurs et de vendeurs ambulants, venus de toute l'Europe orientale, tous caressent en secret le beau rêve américain. Gilt (Carol Cane), épouse juive orthodoxe, arrive de sa Russie natale et débarque dans cette vie grouillante qui l'effraie à juste titre. Elle vient rejoindre un mari déjà en voie d'assimilation à la vie nord-américaine.

Ne parlant que yiddish, coiffée de la perruque-symbole de soumission qui dissimule son crâne nu, Gilt représente un sagace mélange de vulnérabilité et de détermination. Son regard de biche effarouchée traduit néanmoins une dignité inaltérable. Elle sait que sa véritable libération ne viendra pas par mimétisme de ces femmes «libres de moeurs» fréquentées par son mari. Doublement aliénée, Gilt possède cette intelligence du coeur qui lui fait préférer, à l'abnégation de sa culture et de ses racines, des changements sans éclats peut-être, mais bien sentis et désirés. Ce personnage de Joan Micklin Silver, dans son charme désuet même, contient en virtualité la femme d'aujourd'hui. Comme on ouvre un vieil album de photos, Joan Micklin Silver regarde avec tendresse cette femme d'une autre époque — son ancêtre qui sait — et lui prête une vie sensible, intelligente et remplie d'émotion.

Le troisième long métrage de Joan Micklin Silver, *Head Over Heels* (1979) campe cette fois un jeune homme au coeur d'une histoire d'amour définie «bien de notre temps» par son producteur, la United Artists. Il incarne

113

un petit bureaucrate aussi éloigné des personnages aux carrières exotiques ou à la mode de l'imagerie hollywoodienne que de l'imagerie militante, où n'ont droit au statut de travailleurs que les «gars d'usines» ou les «gars des mines». Le petit rond-de-cuir à la mine patibulaire n'intéresse aucun cinéma, bien que sa maladie «industrielle», l'ennui chronique, ait des répercussions sociales aussi graves que la silicose. Bref, Joan Micklin Silver met en scène le personnage anti-cinématographique par excellence. Un personnage masculin quelconque qui fait de l'amour le moteur de son existence et qui est entouré de gens non moins quelconques, ni beaux ni laids, ni riches ni pauvres, ni brillants ni stupides. Joan Micklin Silver possède la rare qualité de rendre passionnants des personnages sans grand relief cinématographique. Elle a un ton. À contre-courant des modes, «off-beat» comme disent les Américains. On aime ou on n'aime pas.

Coline Serreau

Elle a d'abord écrit le scénario de ce film cruel, tant la lumière sous laquelle il montre l'amour est crue et elle a également interprété *On s'est trompé d'histoire d'amour* (1974) de Jean-Louis Bertucelli, film amer, dur à force d'être vrai, triste à force d'être réaliste. Pour se distancier de cette démarche où son engagement fut global et au cours de laquelle, à l'instar de Lili Monori dans *Neuf mois* de Márta Mészáros, elle accoucha, Coline Serreau décide, l'année suivante, de prendre la route. Histoire donc de s'oxygéner, elle part dans l'intention première d'écouter les femmes de son pays, la France. Croyant avoir rendez-vous avec l'utopie, le projet en porte le nom qui deviendra, en cours de réalisation, *Mais qu'est-ce qu'elles veulent?* (1975, sorti en 1977 au terme de poursuites judiciaires). Si dans la parole entendue, l'imaginaire se fait discret ou absent, la convergence des volontés et la foi en l'avenir s'échauffent l'une l'autre et se renvoient l'une à l'autre. Attentive et aimante, Coline Serreau les a écoutées, toutes, l'agricultrice, la pasteure protestante, l'anorexique intellectuelle, l'ouvrière syndicaliste, la veuve bretonne, de cette écoute active qui interfère le moins possible dans le déroulement des choses. La force de leur parole se suffit largement à elle-même.

Réquisitoire sans le vouloir expressément, *Mais qu'est-ce qu'elles veulent?* porte quelques écueils propres au cinéma direct: à un moment, par exemple, on sent nettement que l'intervention de l'une des ouvrières de l'usine de textile est davantage dictée par volonté de plaire à la femme cinéaste qui la filme que par souci de vérité. Mais il nous donne aussi à voir cette femme-d'industriel-complément-de-l'homme-parfaitement-heureuse, écrasée sous les bonnes manières qui, dans un filet de voix pathétique, murmure: «Si on m'en avait laissé l'occasion, je crois que j'aurais été passionnée.»

On a parfois compris les plans de la mer, percutant sur les rochers et scandant les témoignages des femmes, comme une référence à l'éternel féminin «d'inertie féconde mais passive». Mais pourquoi ne pas y voir une mer furieuse, en révolte qui, de sa puissance abyssale, va provoquer l'érosion de la forteresse rocheuse, dût-elle y mettre des siècles? En tout état de cause, cette interprétation n'altère en rien la valeur réelle du film. Les témoignages sont accablants, les femmes belles, les espoirs vigoureux. *Mais qu'est-ce qu'elles veulent?* est un film-événement, un film mobilisant, un film regénérateur. Tout comme le film de l'utopie que Coline Serreau a créé de toutes pièces, faute de l'avoir rencontrée, *Pourquoi pas!* (1977).

DIANE LÉTOURNEAU (1942-   )

La Québécoise Diane Létourneau appartient à ce même courant que les Françaises Coline Serreau et Diane Kurys ou l'Américaine Claudia Weill dans son film *Girlfriends*. Jeunes, elles partagent une même assurance tranquille, et riches de l'expérience de leurs aînées, elles apparaissent plus décontractées et moins angoissées.

Ainsi leur lucidité n'étouffe pas leur optimisme; elles sont d'une «nouvelle vague», conscientes mais confiantes. Plus vibrantes et espérantes que militantes au sens restreint et rigide du terme, elles sont néanmoins en mouvement.

Par deux fois, l'Office national du film du Canada refuse le projet de Diane Létourneau sur la vie austère et obscure des petites soeurs de Sainte-Famille. Infirmière spécialisée en nursing psychiatrique et comptant neuf ans d'expérience clinique, auteure du manuel *Soins psychiatriques*, recherchiste, assistante de Georges Dufaux pour trois longs métrages, réalisatrice d'un moyen métrage, *Les Oiseaux blancs de l'Île d'Orléans* (1977), Diane Létourneau n'est pas femme à prendre non pour une réponse. Si le prestigieux organisme étatique la boude, il reste toujours l'industrie privée. La société Prisma lui alloue un budget de 95 000$ et, au terme de 15 jours de tournage, voilà qu'il nous est permis de pénétrer dans l'univers cloîtré de ces «servantes du clergé». Elles ne partagent pour toute vocation, que celle de «bonnes à tout faire». Ni éducatrices, ni enseignantes, ni infirmières. Elles sont *Les Servantes du Bon Dieu* (1979). Simplement. Elles sont les tâcheronnes de l'ordre divin, donc masculin d'essence. Leur credo: *Je crois en l'homme, seul représentant de Dieu sur terre, et je veux pour lui un lieu hygiénique, à odeur d'encaustique et de nourriture mitonnée avec l'amour divin.* Déambulant dans les couloirs sans fin de leur monastère, elles sont sourdes à tous les bouleversements sociopolitiques extérieurs et imperméables aux remous de leurs soeurs dans le monde.

Respectueusement, presque religieusement, Diane Létourneau les a suivies, écoutées et a compris, peut-être, l'étrange destinée de ces femmes. Et cela donne un des documents les plus énigmatiques qui soit et qui, doucement, fait le tour du monde. La Belgique, la France, la Grèce, l'Italie et la Hongrie, entre autres pays, se sont portés acquéreurs de ces *Servantes du Bon Dieu*.

Consacrées corps et âme au bien-être de cette bourgeoisie divine exclusivement virile, ces humbles servantes, vivant dans un système autarcique parfait, se suffisent à elles-mêmes comme peu de femmes parviennent à le faire. Où sont les femmes bijoutières, cordonnières ou pressières dans notre monde émancipé? Ces humbles servantes exercent ces métiers et bien d'autres encore. Au monastère, la sororité n'est pas un nouveau mot, elle est une vieille réalité quotidienne. Elles se supportent, s'entraident, se soignent et, une fois l'heure de quitter ce monde venue, s'accompagnent dans leur dernier refuge. Tel est le paradoxe de ces femmes mystérieuses. Elles partent comme elles sont arrivées, sur la pointe des pieds, emportant avec elles leur secret. Le générique de la fin se déroule et on se demande si ce secret n'était pas, dans quelque recoin inconscient, leur seul refus possible de l'ordre des hommes. Qui sait? Autant en emporte leur silence.

Pour sa part, Diane Létourneau poursuit sa carrière avec verve et, dans une même veine documentaire, signe un deuxième long métrage également produit par la société Prisma. Réflexion aigre-douce sur le mariage, institution civile et religieuse devenue lucrative industrie, *Le plus beau jour de ma vie* (1981, 82 min) présente trois saisons dans la vie du couple: «ciel clair en fin de journée», quand il dépasse son drame et fête son cinquantième anniversaire de vie commune; «nébulosité variable», quand il n'arrive pas à dépasser ce drame et divorce et «ensoleillé avec risques d'averses», quand, dans les préparatifs du mariage, il ignore encore tout du drame. *Le plus beau jour de ma vie*, bien que moins percutant et d'une facture plus conventionnelle que *Les Servantes du Bon Dieu*, confirme tout de même le talent de Diane Létourneau. Après ce double succès, l'Office national du film du Canada, reconnaissant sans doute son erreur, a permis à Diane Létourneau de se joindre aux rares réalisatrices permanentes de l'institution.

CRISTINA PERINCIOLI

L'Allemande Cristina Perincioli, diplômée de l'école de cinéma et de télévision de Berlin-Ouest, a consacré ses trois premiers films aux luttes des femmes: celle des vendeuses en grève pour l'obtention d'un salaire égal à travail égal, *Pour les femmes 1. Capital* (1971); celle des travailleuses de l'assurance qui font une grève inusitée, en ne fournissant que la somme de travail pour laquelle elles sont effectivement payées, *Édith et Anna;* et, enfin, celle des pensionnaires d'un refuge pour femmes battues, *La patience des femmes fait la force des hommes* (1978).

La violence faite aux femmes et le viol sont les deux pôles de la même incarnation tangible, physique, de l'appropriation des femmes par les hommes. Battre, demander pardon, réduire l'enfant à un objet de chantage, battre jusqu'au sang, pleurer son désespoir, réintégrer le domicile conjugal ivre-mort, battre à nouveau, voilà le comportement de l'homme qui fait agoniser sa compagne à tue-tête, dans *La patience des femmes fait la force des hommes*. Elle, tous conditionnements féminins de soumission et de passivité *parfaitement* intériorisés, se laisse frapper sans jamais riposter; en dépit d'une haine qui sourd de tous ses pores de peau et qu'elle a toujours plus de mal à dissimuler. Sa patience, en apparence inexplicable, prend appui sur deux solides piliers: les affres de la socialisation féminine et l'aphasie des amies-is et du voisinage qui, pourtant, connaissent bien le drame. On fait comme si... On ne dit mot et on consent à cette mort à petit feu qui est, en fait, une double mort, puisque le petit garçon, innocent témoin de cet enfer, manifeste déjà de graves traumatismes.

À la sortie de la projection de *La patience des femmes fait la force des hommes,* une militante faisait remarquer combien les femmes craignent d'exprimer leur violence, même dans un film dénonciateur. Il s'agit en ce cas d'un choix éclairé de la part de la réalisatrice et des coscénaristes. Elles ont voulu s'adresser à la majorité en adoptant une approche volontairement documentaire. *La patience des femmes fait la force des hommes* pourrait prendre place dans la catégorie «fiction documentée» et, fait intéressant, certaines des pensionnaires d'une maison d'accueil pour femmes battues ont écrit le scénario avec Cristina Perincioli et ont interprété les principaux rôles. Ensemble, elles ont opté pour le tragique constat de la situation, suivi d'une prise en charge inscrite dans une démarche d'aide réciproque, évitant délibérément les propos rageurs et les attitudes vindicatives. Choix contestable? Il se peut. Face à certaines situations politiques particulièrement figées, des prises de position extrémistes s'avèrent parfois inévitables, voire salutaires. Mais les femmes ont toutes les raisons du monde de redouter une recrudescence de la pathologie sociale et de l'agression à leur endroit si elles expriment leur révolte avec trop de virulence. Pendant le tournage, certaines femmes de l'équipe subirent des actes de violence; l'actrice principale, Addi, a été menacée d'un pistolet et battue en pleine rue par son ex-mari et, le soir de la diffusion du film à la télévision allemande, les femmes battues, qui ont joué leur propre histoire, ont dû quitter

Berlin de peur d'éventuelles représailles. Ce n'est jamais impunément que les esclaves brisent leurs chaînes. Eu égard à ces réactions de violence que provoque leur libération, les femmes devront faire preuve d'une attention extrême afin que le remède n'ait pas de conséquences décuplant la gravité de la maladie.

Quoi qu'il en soit, ces films d'intervention sociale, comme les conçoit Cristina Perincioli, ne seront jamais assez nombreux dans leurs intentions et variés dans leurs formes tant et aussi longtemps qu'existera cette violence faite aux femmes. Le prochain projet de Cristina Perincioli s'inscrit comme une suite logique de sa démarche: un film sur le viol.

Que le spectacle continue...autrement

Bien que «le début du cinématographe coïncide avec la naissance de la femme moderne (et qu') il en précipite même la genèse[124]», son développement se fit néanmoins souvent au détriment de celui des femmes. La femme «infantilisée» des années 10 (Mary Pickford), la vamp des années 20 (Theda Bara), la garce polissonne des années 30 (Bette Davis), la pin-up «objet» des années d'après-guerre (Rita Hatworth), la blonde opulente et insignifiante des années 50 (Marilyn Monroe), la célibataire dynamique mais chaste des années 60 (Doris Day), toutes elles retardèrent et marquèrent parfois d'un recul la marche des femmes à la conquête de leur autonomie. Dans sa composition pernicieuse de portraits féminins offerts en imitation aux femmes et en pâture fantasmatique aux hommes, le cinéma causa les plus lourds dommages au niveau de l'uniformisation de la féminité. Chantre de l'Éternel féminin, il cautionna et consola une vision déjà homogène et rigide des femmes.

Faussement naïf ou délibérément sophistiqué, Hollywood refusa net, en autoritaire chef de file, la pluralité existentielle des femmes. À cet égard, les années 70 se distinguèrent et, malgré l'âpreté de plusieurs réponses à la protestation féministe, certains cinéastes masculins réagirent avec intelligence et sensibilité. Mais surtout l'accroissement du nombre de réalisatrices éclaira sous un angle radicalement différent le féminin et non plus la féminité. Les discours aussi se firent radicalement autres, non pas toujours d'avant-garde, mais autres parce qu'ils ne perpétuèrent généralement pas le psittacisme masculin à l'endroit des femmes. Les cinéastes, de la plus réactionnaire à la plus subversive, ne comprennent plus la féminité comme un fait de nature; la notion de «toute femme bien née» est écorchée, refusée, révoquée ou rejetée. À l'écran, les femmes s'essaient à de nouveaux rôles. Comme dans la vie. Maintenant que les femmes ont révélé l'essentiel de leur condition — désormais, il ne pourra qu'y avoir variations sur ces découvertes fondamentales —, la réponse masculine à cette «parole de femmes» s'annonce comme le fait marquant des 10 prochaines années.

Quant à elles, les femmes auront à faire preuve de plus de vigilance, car si nous avons gagné quelques luttes, l'issue est loin d'être assurée. Par exemple, car il nous faudra dénoncer ces cinéastes victimes du marché de dupes — ces cinéastes anti-femmes qui renient leur propre position de classe: elles ajoutent ainsi à la confusion, donnent des armes aux détracteurs de nos luttes et, surtout, endossent le caractère illégitime de toute manifestation «féminine» d'agression et de rébellion. L'indulgence d'un certain féminisme à l'égard de la production des femmes est probablement révolue. Cette étape de restructuration de notre ego était, bien sûr, nécessaire. Une saine critique s'impose tout autant qu'un infini discernement.

Car l'ambition, qualité essentielle à toute personne qui aspire à devenir cinéaste, n'est pas un fait de culture féminine. Aujourd'hui encore, les femmes qui contreviennent à leur «fatalité» culturelle et transgressent leur féminité par ambition, continuent de payer très chèrement leur témérité.

> C'est un paradoxe terrible que l'ambition chez une femme aille contre ses instincts sociaux normaux ou conditionnés, et soit nourrie par une névrose du manque d'amour, alors que l'ambition, voie normale et juste d'un homme, est nourrie et augmentée par l'amour[125].

Qu'importe dorénavant ces obstacles. S'ils rebutent quelquefois, ils n'empêchent plus les femmes de tourner. En ces temps modernes, elles sont au moins 570 nouvelles venues à le faire. De la porter toutes ensemble, le poids de la caméra s'en trouve proportionnellement allégé. La présence des femmes au monde en général, et au monde du cinéma en particulier, est devenue un fait de société.

NOTES

1. Terme que Louky Bersianik, auteure du prodigieux triptyque *L'Euguélionne*, Montréal, La Presse, 1979, 399 p., offrit à toutes les femmes en hommage à nos luttes et qui veut cerner la spécificité féminine sans référence à la masculinité. Il veut dire toute «la puissance sexuelle des femmes, leur énergie, leur force, leur courage, leur vigueur, leur hardiesse, leur audace, leur noblesse, etc., comme le fait si abondamment le mot «virilité» pour les hommes».

2. Jean Mitry, *Histoire du cinéma, art et industrie 1895-1914*, Paris, Éd. Universitaires, 1967, vol. 1, p. 236.

3. *Ibid.*, p. 94.

4. Nicole-Lise Bernheim, dans *Autobiographie d'une pionnière du cinéma (1873-1968)*, Paris, Denoël/Gonthier, 1976, p. 11-12.

5. Charles Ford, *Femmes cinéastes ou le triomphe de la volonté*, Paris, Denoël/Gonthier, 1972, p. 13.

6. Propos cités à la page 22 du présent ouvrage.

7. Francis Lacassin, dans *Autobiographie d'une pionnière du cinéma (1873-1968)*, op. cit., p. 175.

8. Jean Mitry, dans *Écran*, n° 49 (juillet 1976), p. 6.

9. *Loc. cit.*

10. Alice Guy, *Autobiographie d'une pionnière du cinéma (1873-1968)*, *op. cit.* p. 60.

11. *Ibid.*, p. 61.

12. Charles Ford, *Femmes cinéastes ou le triomphe de la volonté*, *op. cit.*, p. 16.

13. Nicole-Lise Bernheim, dans *Autobiographie d'une pionnière du cinéma (1873-1968)*, *op. cit.*, p. 11.

14. Karyn Kay et Gerald Peary, *Women and the Cinema, a Critical Anthology*, New York, E.P. Dutton, 1977, p. 141. Notre traduction.

15. *Ibid.*, p. 145. Notre traduction.

16. Alice Guy, *Autobiographie d'une pionnière du cinéma (1873-1968), op. cit.*, p. 159.

17. Richard Koszarski, dans *Village Voice*, 10 novembre 1975. Notre traduction.

18. Jean Mitry, *Histoire du cinéma, op. cit.*, p. 345.

19. Marjorie Rosen, *Vénus à la chaîne*, Paris, Éd. des femmes, 1976, p. 87.

20. Le terme bande est utilisé ici dans sa seconde acception désignant un film très court appartenant au début du cinéma et lui rendant ainsi sa signification historique.

21. Jean Mitry, *Histoire du cinéma, op. cit.*, p. 345.

22. Charles Ford, *Femmes cinéastes ou le triomphe de la volonté, op. cit.*, p. 29.

23. Des femmes de Musidora, *Paroles... elles tournent!*, Paris, Éd. des femmes, 1976, p. 183.

24. Georges Sadoul, *Dictionnaire des cinéastes*, Paris, Seuil, 1965, remis à jour par Émile Breton, 1977, p. 75.

25. William Van Wert, dans *Women and the Cinema, a Critical Anthology, op. cit.*, p. 218. Notre traduction.

26. *Loc. cit.* Notre traduction.

27. Charles Ford, *Femmes cinéastes ou le triomphe de la volonté, op. cit.*, p. 45.

28. René Prédal, dans *CinémAction*, Paris, Revue trimestrielle, n° 9 (automne 1979), p. 45.

29. *Loc. cit.*

30. Charles Ford, *Femmes cinéastes ou le triomphe de la volonté*, *op. cit.*, p. 132.

31. Louise Brooks, dans *Vénus à la chaîne*, *op. cit.*, p. 57.

32. Charles Ford, *Femmes cinéastes ou le triomphe de la volonté*, *op. cit.*, p. 84.

33. Dans *Le Monde*, 23 juin 1981, p. 31.

34. Charles Ford, *Femmes cinéastes ou le triomphe de la volonté*, *op. cit.*, p. 141.

35. Observateur privilégié de l'histoire du cinéma en Union soviétique pendant quatre ans (1934 à 1937), Jay Leyda a écrit un remarquable ouvrage-témoin, intitulé en français *Kino, histoire du cinéma russe et soviétique*.

36. Dziga Vertov, inventeur, documentariste, monteur et réalisateur soviétique, posa dès 1920, selon Georges Sadoul, «des principes qui pourront, après 1964, révolutionner le cinéma, les progrès techniques ayant rendu possible leur facile mise en pratique».

37. Jean Marquet, dans *Femmes cinéastes ou le triomphe de la volonté*, *op. cit.*, p. 56.

38. Charles Ford, *Femmes cinéastes ou le triomphe de la volonté*, *op. cit.*, p. 56.

39. Notre traduction.

40. Glenn B. Infield, *Leni Riefenstahl et le 3ᵉ Reich. Cinéma et idéologie 1930-1946*, Paris, Seuil, 1978, traduit de l'américain, p. 38.

41. *Ibid.*, p. 45-46.

42. *Ibid.*, p. 48.

43. *Ibid.*, p. 79.

44. Il n'existe plus une seule copie de *Sieg des Glaubens*. On croit que Hitler ordonna la destruction du film après la

purge de 1934 parce que certains personnages qui furent exécutés apparaissaient dans l'oeuvre de Riefenstahl.

45. L'équipe comprenait, selon Glenn B. Infield (p. 110), 9 cameramen de prises de vues aériennes, 36 cameramen et assistants, 18 cameramen d'actualités, 12 cameramen d'actualités de la société Tobis Films, 26 chauffeurs, 17 ingénieurs-éclairagistes et 2 metteurs en scène. Les contradictions concernant *Triumph des Willens* ne manquent pas. Charles Ford prétend que «Leni Riefenstahl avait pris pour principe de filmer tout ce qu'il serait possible de fixer sur la pellicule et de composer l'oeuvre ensuite. Son budget étant très limité (environ 280 000 marks de l'époque), elle ne disposait que de deux caméras». *Femmes cinéastes ou le triomphe de la volonté, op. cit.,* p. 67.

46. Glenn B. Infield, *Leni Riefenstahl et le 3ᵉ Reich. Cinéma et idéologie 1930-1946, op. cit.,* p. 105.

47. Leni Riefenstahl, dans *Femmes cinéastes ou le triomphe de la volonté, op. cit.,* p. 70.

48. Glenn B. Infield, *Leni Riefenstahl et le 3ᵉ Reich. Cinéma et idéologie 1930-1946, op. cit.,* p. 147.

49. *Ibid.,* p. 157.

50. *Ibid.,* p. 185.

51. Charles Ford, *Femmes cinéastes ou le triomphe de la volonté, op. cit.,* p. 70.

52. Leni Riefenstahl, dans *Les Cahiers du cinéma,* n° 170 (sept. 1965), p. 62.

53. Cuisine, enfants, église.

54. Glenn B. Infield, *Leni Riefenstahl et le 3ᵉ Reich. Cinéma et idéologie, 1930-1946, op. cit.,* p. 257.

55. Roger Dadoun, dans *La Quinzaine littéraire,* Paris, n° 293 (1ᵉʳ janvier 1979), p. 28.

56. Pierre Cadars, dans *La Presse,* Montréal, 20 mars 1982, p. 18.

57. Glenn B. Infield, *Leni Riefenstahl et le 3ᵉ Reich. Cinéma et idéologie 1930-1946, op. cit.,* p. 296.

58. En contrepartie, Leni Riefenstahl est la seule femme à prendre place sur la liste des auteurs des 20 plus grands films de toute l'histoire du cinéma.

59. Donna muta, ou diva du cinéma italien, qui signifie littéralement femme muette.

60. Francis Lacassin, *Pour une contre-histoire du cinéma,* Paris, Union générale d'édition, 1972, p. 11.

61. Anthony Slide, dans *Films in Review,* 3 mars 1974, p. 165. Notre traduction.

62. Pierre Véronneau, dans *Copie zéro,* Montréal, La Cinémathèque québécoise, n° 6, p. 3.

63. Jacques Siclier, *La Femme dans le cinéma français,* Paris, Éd. du Cerf, 1957, p. 137.

64. *Ibid.,* p. 138.

65. Institut des hautes études cinématographiques de Paris.

66. Françoise Audé, *Ciné-modèles cinéma d'elles,* Lausanne, L'Âge d'Homme, 1981, p. 94.

67. Charles Ford, *Femmes cinéastes ou le triomphe de la volonté, op. cit.,* p. 175.

68. Ronnie Scheib, dans *Film Comment,* vol. 16, n° 1 (janvier-février 1980), p. 63. Notre traduction.

69. Guy Braucourt, dans *Cinéma 70,* n° 151 (décembre 1970), p. 140.

70. Claire Clouzot, *Le Cinéma français depuis la Nouvelle Vague,* Paris, Fernand Nathan-Alliance française, 1972, 205 p.

71. *Ibid.*, p. 46.

72. Agnès Varda, dans *VisuElles,* n° 2 (septembre 1980), p. 24.

73. *Ibid.*, p. 26.

74. Margot Benacerraf, dans *Cine cubano,* Cuba, n°s 89-90, 1974, p. 88. Notre traduction.

75. Charles Ford, *Femmes cinéastes ou le triomphe de la volonté, op. cit.,* p. 199.

76. Gilles Marsolais, *L'Aventure du cinéma direct,* Paris, Seghers, 1974, p. 82.

77. Fereydoun Hoveyda, dans *Dictionnaire des films,* Paris, Seuil, remis à jour par Émile Breton, 1972, p. 195.

78. Georges Sadoul, *Dictionnaire des films, op. cit.,* p. 196.

79. Luc Moullet, dans *Les Cahiers du cinéma,* n° 139 (janvier 1963), p. 58.

80. Dans *Film Comment,* vol. 8, n° 3 (septembre-octobre 1972). Notre traduction.

81. Bernadette Lafont, *La Fiancée du cinéma,* Paris, Olivier Orban, 1978, 195 p.

82. *Ibid.*, p. 123.

83. Françoise Audé, *Ciné-modèles cinéma d'elles, op. cit.,* p. 98.

84. *Ibid.*, p. 99.

85. *Ibid.*, p. 100.

86. *Ibid.*, p. 13.

87. Nelly Kaplan, dans *Paroles... elles tournent!, op. cit.,* p. 14.

88. Anne Claire Poirier, dans *Copie zéro,* n° 6, *op. cit.,* p. 18.

89. Ce qu'elle fait au sens littéral dans *Les Filles du Roy*, où elle-même retire les bandelettes qui couvrent le corps de Valérie/Danielle Ouimet (représentation fantasmatique du rêve masculin québécois et «objet» central du syndrome «enfin-on-déshabille-la-petite-Québécoise»).

90. Il faut souligner le travail toujours extraordinaire de Michel Brault à la caméra.

91. C'est à propos de *Mourir à tue-tête* que l'inénarrable Léo Bonneville écrit dans son ouvrage *Le Cinéma québécois:* «On dirait que, troublée par le viol, l'auteur n'en finit pas d'insister sur l'odieux de l'acte. Mais à tant chercher à prouver, n'en finit-on pas par lasser, sinon par écoeurer? Mais cet écoeurement tient plus à l'oeuvre qu'à ce qu'il veut dénoncer.» Ces paroles fielleuses, qui ne sont pas les premières de Bonneville à l'endroit des femmes, se passent de commentaires. Mais tant d'acrimonie surprendra toujours. Quand, au surplus, cela s'adresse à une femme dont le sérieux et le métier ne sont plus à prouver, on reste bouche bée. Dans *Le Cinéma québécois,* Montréal, Éd. Paulines, 1979, p. 761.

92. Cet auditoire n'est pas large en Hongrie parce que les films de Mészáros y connaissent des difficultés de distribution. Sa démarche peu orthodoxe inquiète les critiques. Est-ce qu'on peut comprendre son dernier film, *Les Héritières,* en rupture avec son style habituel et en apparence moins menaçant, comme une stratégie visant à modifier l'appréciation de ces mêmes critiques?

93. Andrzej Wajda, dans *VisuElles,* n° 1 (février 1980), p. 23.

94. Lina Wertmüller, dans *Women and the Cinema, a Critical Anthology, op. cit.,* p. 332. Notre traduction.

95. Ellen Willis, dans *Women and the Cinema, a Critical Anthology, op. cit.,* p. 381-382. Notre traduction.

96. Lina Wertmüller, dans *Women and the Cinema, a Critical Anthology, op. cit.,* p. 326. Notre traduction.

97. Tous deux se sont exilés après l'intervention soviétique.

98. Françoise Oukrate, dans *Image et son,* n° 298 (septembre 1975), p. 107.

99. *Ibid.,* p. 108.

100. Le vendredi 10 avril 1981, lors d'une rétrospective de son oeuvre organisée par la Cinémathèque québécoise.

101. Françoise Audé, *Ciné-modèles cinéma d'elles, op. cit.,* p. 160-161.

102. *Ibid.,* p. 38-39.

103. *Ibid.,* p. 163.

104. Anne-Marie Dardigna, *Les Châteaux d'Éros ou les Infortunes du sexe des femmes,* Paris, Maspero, 1981, p. 24.

105. Marie Binet-Bouteloup, dans *CinémAction,* n° 9, *op. cit.,* p. 34.

106. Susan Sontag, dans *Women and the Cinema, a Critical Anthology, op. cit.,* p. 352. Notre traduction.

107. *Loc. cit.* Notre traduction.

108. Susan Sontag, dans *Femmes cinéastes ou le triomphe de la volonté, op. cit.,* p. 233.

109. Stephanie Rothman prend place parmi les «modernes» parce que *It's a Bikini World,* son premier long métrage, est le seul film qu'elle réalisa avant les années 70.

110. Stephanie Rothman, dans *Women and the Cinema, a Critical Anthology, op. cit.,* p. 180-181. Notre traduction.

111. *Ibid.,* p. 192. Notre traduction.

112. Il semble que parmi ses longs métrages, *Yonkers* (1973, 90 min) n'a jamais été monté.

113. B. Ruby Rich, dans *CinémAction,* n° 9, *op. cit.,* p. 168.

114. Claire Clouzot, dans *Paroles... elles tournent!*, *op. cit.*, p. 151-152.

115. Jacqueline Veuve, dans *Paroles.. elles tournent!*, *op. cit.*, p. 209.

116. La cinquième, mère de la cinéaste, était décédée au moment du tournage.

117. Patricia Moraz, dans *Le Monde*, 30-31 juillet 1978.

118. Quand les journaux titrent «La première lauréate à Venise», il y a erreur. Barbara Loden s'est mérité pareil honneur pour son film de fiction, *Wanda*, en 1970, alors qu'au moins trois autres femmes ont reçu le Lion d'or pour leur documentaire respectif: Leni Riefenstahl pour *Olympia* en 1938, Liliana Cavani pour *Philippe Pétain — Procès à Vichy* en 1965 et Nelly Kaplan pour *Le Regard Picasso* en 1967.

119. Françoise Audé, *Ciné-modèles cinéma d'elles*, *op. cit.*, p. 180.

120. *Ibid.*, p. 181.

121. Dans *Paroles... elles tournent!*, *op. cit.*, p. 226.

122. *Loc. cit.*

123. *Ibid.*, p. 240.

124. Marjorie Rosen, dans *Vénus à la chaîne*, *op. cit.*, p. 15.

125. Molly Haskell, *La Femme à l'écran*, Paris, Seghers, p. 194-195.

* * *

CHAPITRE 3
AINSI FILMENT-ELLES

CHAPITRE 3

AINSI

TU MENTIRAS

Comment voient-elles? Comment cadrent-elles? Comment découpent-elles? Comment filment-elles? Y a-t-il, à la manière d'une «parole de femme», une image de femme, un son de femme? Il serait rassurant que les femmes, minorité politique, puissent être contenues, toutes, sous un paramètre esthético-thématique défini! Hélas! trois fois hélas! pour les férus d'étiquetage. Nous sommes nombreuses à penser qu'il y a mystification à vouloir enfermer le caractère polysémique des productions de femmes dans une vision unique et unifiée du monde. Aussi, les expressions «cinéma de femmes» et «cinémAnima» ne spécifieraient seulement que le sexe de l'auteur d'un film. Ni plus, ni moins. Parler, comme nous le verrons plus loin, de cinémAnima pro-femmes ne relève pas de la tautologie. Il s'agit, au contraire, d'une précision devenue indispensable afin de rendre visible la coexistence hétérogène de Marguerite Duras et Nina Companeez, de Diane Kurys et Anne Severson, de Mai Zetterling et Nadine Marquand Trintignant, de Chantal Akerman et Claudia Weill.

Il est certain qu'on peut dégager des traits communs, voire des lieux communs, chez les réalisatrices. Il y a des thèmes chéris et des thèmes bannis d'emblée de leurs oeuvres et leur esthétique est souvent à la merci d'une production famélique. Mais, en vérité, tous ces constats peuvent être infirmés par des exceptions significatives. Avec beaucoup de prudence, je tenterai de dégager ces traits communs qui appartiennent aux femmes mais aussi leur pluralité.

Cinéma féminin, cinéma féministe: une adéquation?

Est-ce pour mieux masquer l'antagonisme qui parfois se dresse entre cinéma féminin et cinéma féministe qu'on coiffe l'un et l'autre du vocable générique cinémAnima? Ou est-ce simplement que le besoin de faire une distinction n'a pu émerger qu'avec l'augmentation de la production cinématographique des femmes? Quoi qu'il en soit, pour être juste, quelques précisions devraient venir s'ajouter à la définition de cinémAnima.

L'emploi du terme psychanalytique *anima*, terme qui désigne le principe féminin de la nature par opposition à *animus* qui, lui, en désigne le principe masculin, perpétue une confusion grandissante. Un glissement d'ordre sémantique nous a menées-és à utiliser *anima*, et les vices et vertus qui y sont liés[1], à l'usage presque exclusif des femmes, confondant ainsi caractéristiques acquises culturellement et caractéristiques innées. S'il est vrai, comme le dit Simone de Beauvoir, qu'on ne naisse pas femme — ou homme il va sans dire — mais qu'on le devienne, *anima* et *animus* devraient donc définir certains traits de l'un ou l'autre sexe indifféremment. Car «quelles que soient les différences «réelles» qu'il puisse y avoir entre les sexes, nous n'aurons aucune chance de les connaître tant que ces deux groupes ne seront pas traités autrement qu'ils ne le sont, c'est-à-dire d'une façon identique[2]».

Puisque certaines militantes nomment le cinéma des femmes par cinémAnima, il importe que son usage s'accompagne de certaines restrictions. L'actuelle méthode de socialisation des femmes se sert de tous les moyens possibles, y compris la coercition, pour nous mouler à un rôle où l'*anima* est hypertrophié, alors que l'*animus* souffre d'hypotrophie. Est-il besoin de préciser que cette socialisation agit de manière diamétralement opposée chez les hommes pour créer un univers de dominants/ dominées. Ceci dit, dans une optique culturelle, la dénomination *anima* n'est pas fausse. Sauf que dans une perspective de métamorphose, voire de révolution[3], il faudrait, un jour, pouvoir l'appliquer à toute écriture cinématographique, mâle ou femelle, qui tendrait à dire ce principe féminin de la nature. Partant, il faudrait employer cette appellation de cinémAnima comme un terme charnière et non comme une définition figée. De plus, il conviendrait d'y ajouter un désormais nécessaire distinguo afin de rendre visibles tous les cinémas de femmes. La neutralité qualitative de cinémAnima ne parvient plus à envelopper les réalités et la pluralité de la cinématographie gynile dont il faut discerner au moins trois courants idéologiques: le cinéma pro-femmes, le cinéma «militant» et le cinéma anti-femmes ou cinéma de l'inconscience.

Il est un cinéma de femmes qui, sans égard au genre ou au sujet, est a priori pro-femmes. Pensons à *Terminal Island* de Stephanie Rothman, *Harlan County USA* de Barbara Kopple, *Néa* de Nelly Kaplan, *India Song* de Marguerite Duras, *Interview* de Caroline Leaf et Véronica Soul, *Les Voleurs de jobs* de Tahani Rached, *Molière* de Ariane Mnouchkine, *L'Absence* de Brigitte Sauriol et *Beyond Love* d'Ingemo Engström. Pro-femmes signifie ici une intégration de la femme comme sujet et ce, quelle que soit la problématique exposée: immigration, grève, histoire d'amour ou drame social. Même si les réalisatrices de ces films ne traitent pas à proprement parler des *luttes* de femmes, elles peuvent très bien parler de certaines de nos réalités, sans les poser en termes de luttes, ni les placer dans une perspective polémiste. Elles n'en présentent pas moins les femmes comme des êtres responsables, intelligents et actifs. Si elles ne font pas ressortir précisément leur condition de femmes, le simple fait de les intégrer comme personnes à part entière contredit néanmoins les stéréotypes cinématographiques actuels.

Ainsi, au nom de l'amour de son prochain, la Suisse allemande Marlies Graf signe un document qui fait fi des modes et nous conduit dans le monde des handicapées-és physiques majeures-eurs. Un monde devenu insolite tant il nous fut bien caché. Le défi essentiel à relever, c'est d'empêcher le voyeurisme ou, à tout le moins, réussir à le transformer. Et c'est bien ce qui va se passer. L'espèce de curiosité — saine ou malsaine, qui sait? — qu'ont provoquée les premières images est indéniable. Un groupe d'handicapées-es et de non-handicapées-és dansent; et, parmi eux, un couple surprenant s'il en est: une femme enlace le cou d'un homme jeune de ces deux ébauches de bras et un travelling nous révèle qu'elle est aussi dépourvue de jambes. On passe d'étonnement en étonnement. Thérèse fréquente l'université malgré sa terrible infirmité; elle est mariée, a une vie sexuelle satisfaisante et, chose qui renverse tous les stéréotypes, normes et croyances, son mari est tout à fait «normal» et, de surcroît, assez bel homme. On croit rêver. Plus aucun modèle ne tient. Le jeune homme dit même sa joie de s'occuper de cet être que le sort a voulu intégralement dépendant. Il lui faut la baigner, la nourrir, la déplacer, la faire danser, et quoi encore!

Une fois l'effet de surprise passé, on entre en communication avec ces êtres qui cherchent à se dire/à nous dire leurs désirs, leurs difficultés, leur tristesse, leur mal de vivre parfois, leur sexualité refoulée et leur infinie solitude. Ils sont fiers. Ils ne veulent pas émouvoir, mais informer. C'est sans doute pourquoi trois des quatre handicapées-és ont désiré se montrer nues-us à l'écran, nues-us dans leurs difformités, nues-us au regard impitoyable formé à un certain esthétisme. Deux mobiles semblent avoir motivé ce geste: le désir d'un certain affranchissement et la volonté de voir éclater les tabous de cet idéal de beauté.

La caméra de *L'Amour handicapé*[4] est discrète, mais jamais prise de fausse honte. Elle ne cache rien, non plus qu'elle ne s'attarde inutilement. Le récit est intelligent et la construction même du film dévoile une sensibilité et une attention aux femmes très soutenue. L'auteure fait le choix de montrer des femmes et des hommes en égalité numérique, ouvre et clôt son document par un témoignage féminin et cherche à traduire des réalités qui ne véhiculent pas de stéréotypes. En clair, même s'il doit être deux fois plus ardu pour une femme de surmonter ou de sublimer son handicap, en raison notamment des impératifs de beauté qui pèsent sur le corps féminin[5], Marlies Graf nous donne des images qui réaffirment le courage et la force de ces femmes.

Un peu plus à «gauche», il y a ces films-diatribes, ces films-réquisitoires, qu'on conviendra de nommer militants: *Mourir à tue-tête* d'Anne Claire Poirier, *Allemagne, mère blafarde* de Helma Sanders-Brahms, *La patience des femmes fait la force des hommes* de Cristina Perincioli, *Take It Like a Man, Madam* de Li Vilstrup, Mette Knudsen et Elisabeth Rygard, *L'Amour violé* de Yannick Bellon, *Neuf mois* de Márta Mészáros, *The Silence Surrounding Christine M.* de Marleen Gorris, *Some American Feminists* de Luce Guilbeault, Nicole Brossard et Margaret Wescott, *Girlfriends* de Claudia Weill ou *Pourquoi pas!* de Coline Serreau. Sans être au-delà de tout reproche, tous ces films n'en sont pas moins «une bombe dans le jardin tranquille des privilèges mâles». Vindicatifs et provocants, ou sympathiques et prudents, mais toujours dérangeants parce qu'ils font surgir le monde occulté des femmes. Comme à chaque fois qu'*Une histoire de femmes*[6] nous est contée.

Une histoire de femmes film de Sophie Bissonnette, Martin Duckworth et Joyce Rock, c'est un *Harlan County* québécois qui, sans en avoir peut-être la virtuosité technique, pose un regard plus engagé sur le monde ouvrier au féminin. Dès les premiers plans, par son montage images/sons fort ingénieux, *Une histoire de femmes* nous emporte. De longs travellings successifs, glissant sur une voie ferrée et accompagnés d'une bande son sur laquelle sont mixés musique et sifflements de train, nous mènent dans un univers profondément bouleversé par une grève de métallos. Presque toutes les familles de Sudbury, en Ontario, entretiennent des liens «nourriciers» avec l'Inco. L'Inco est à la fois père nourricier et infanticide: il ne donne que pour mieux reprendre. Mais cette fois la rébellion des enfants semble indomptable et trouve un appui inconditionnel auprès des femmes. Il faut bien dire que l'Inco, père perfide, ne nourrit, à quelque 30 exceptions près, que des bouches masculines!

Donc, les femmes sont solidaires. Mais comme elles ont à surmonter les préjugés «des briseuses de grève de 1958», elles se regroupent, au grand dam du président du syndicat, en comité autonome d'initiative et d'action. En filigrane du récit des événements, on assiste, émues-us, à la restructuration d'une personnalité. Une femme se lève et ré-apprend, au contact et à l'encouragement de ses soeurs, à parler et à agir. Une femme, deux femmes, dix femmes... C'est simple, beau et empreint d'accents de vérité extrêmement touchants.

Pour des néophytes, la maîtrise du récit est étonnante. L'ensemble est bien filmé avec, ici et là, des images d'une très grande beauté qui n'est pas sans rappeler encore une fois l'inoubliable document de Barbara Kopple. À noter que la prise de son est effectuée par une femme. Ce qui devrait aller de soi dans une réalisation majoritairement féminine demeure, en 1981, une chose quasi inédite et aussi rare que les films québécois qui proposent aux femmes des images positives d'identification et des symboles de luttes. Et je me prends à rêver à un second et à un dixième volet à cette histoire de femmes. Toutes les histoires de l'imaginaire féminin ne partagent pas toujours la conscience d'*Une histoire de femmes*. Il faut bien s'avouer l'inavouable et reconnaître enfin que certaines femmes cautionnent ce/leur monde occulté soit en continuant à l'ignorer ainsi que le font les hommes, soit en adoptant l'attitude de l'opprimée parvenue ou de l'esclave affranchie, attitude que Frantz Fanon décrit de la façon suivante:

> L'intellectuel colonisé a investi son agressivité dans sa volonté à peine voilée de s'assimiler au monde colonial. Il a mis son agressivité au service de ses intérêts d'individu. Ainsi prend facilement naissance une sorte de classe d'esclaves libérés individuellement, d'esclaves affranchis[7].

À cet égard, l'Italienne Lina Wertmüller est remarquable et manipule une dialectique du paradoxe jusqu'à son ultime limite. Elle constitue une sorte de prototype en raison de son succès commercial. Ne faut-il pas y voir un lien de cause à effet, puisque le succès d'un film semble souvent lié à son degré de misogynie?

Du Wertmüller, c'est comme une quinte de rires. À la frontière du désagrément et de l'épanchement. Exaspérant ou tonifiant? L'un et l'autre à la fois. *Un film d'amour et d'anarchie*[8], le bien nommé, est probablement le plus sensible et le plus emporté des films de Wertmüller. Le plus excessif aussi avec son évident lignage à la commedia dell'arte. L'auteure triture et se joue des codes pour créer des hybrides cinématographiques: une prostituée anarchiste, penseuse et activiste, et un paysan benêt, antihéros et anarchiste malgré lui. Dans un lupanar au trafic affolant et parmi la cavalcade ininterrompue des hétaïres modernes, les deux protagonistes fomentent l'assassinat de Mussolini. Un dialogue pétillant, cinglant, parfois brillant, bien souvent irrévérencieux et chargé de connotations politiques révèle un très bon millésime. Du Wertmüller bien frappé, qui met dans la bouche de son actrice-fétiche, Mariangela Melato, des propos corrosifs à l'endroit de la bagatelle: «Tu as les yeux d'un affamé devant une rôtisserie», «Je dispose de quinze minutes. Avis aux gourmets», «Un bon zizi-panpan te soulagera la cervelle», «Salomé a bouché ses trompes de Fallope pour la journée».

Son analyse satirique et sans merci du fascisme laisse tout de même sceptique. Car que les chemises soient rouges, brunes ou noires, les femmes ne s'en sont guère revêtues et, le cas échéant, n'ont pas entretenu avec cette idéologie les mêmes rapports de nécessité que les hommes. Et cela, Lina Wertmüller l'ignore avec superbe. Même si l'une des prostituées, amoureuse de l'anarcho-paysan, balbutie à la toute fin une parole qui pourrait être assimilée à une vision d'anarchie «femelle», l'auteure fait vite table rase de cette voix négligeable. D'une part et avec un certain mépris, il faut le dire, elle donne les couleurs de la faiblesse et de la sentimentalité à cette position; Salomé-Mariangela Melato, celle qui fait sien le viril combat de l'anarchie terroriste, se trouve d'autre part investie d'un pouvoir de réflexion et d'un pouvoir tout court, sans que jamais sa condition de femme ou sa situation de prostituée ne vienne gêner son noble idéal. Foutre et poudre font un mélange explosif aux dires de Wertmüller. Mais les choses ne sont pas si simples et, malgré son savoir-faire filmique, elle ne convainc pas. Ce qui n'empêche pas d'adhérer sans réserve à la dernière séquence, quand le film bascule dans une violence qui porte en elle-même une non moins violente dénonciation du fascisme et de ses méthodes. *Un film d'amour et d'anarchie, ou ce matin à 10 heures rue des Fleurs dans la notoire maison close:* un film paradoxal.

Mais quand le paradoxe se fait trahison, il porte un nom: *Vers un destin insolite sur les flots bleus de l'été*[9]. C'est ici que la femme passionnée de film et d'anarchie devient fielleuse et franchement misogyne. Eh oui! cela existe aussi la misogynie chez certaines femmes. Comme il existe des Noirs racistes. Ce sont là des traits culturels bien spécifiques de la négritude et de la féminitude, et résultant d'une introjection aiguë de l'oppression. Au moyen d'images bien léchées, d'une technique sûre et d'un budget certainement très confortable, Wertmüller refait pour la énième fois le coup de la femme et de l'homme qui, conduits par les flots d'une destinée imprévisible, se retrouvent en pleine Méditerranée sur une île déserte. Elle imagine ces deux êtres, seuls au monde, livrés à une titanesque lutte de classes. Lui, frustre prolétaire communiste; elle, détestable bourgeoise paranoïaque qui voit du rouge partout. Premier choix suspect s'il en est, car nullement représentatif de la généralité. Est-il encore besoin de rappeler qu'une femme — sauf exception — est toujours bourgeoise par procuration d'un mari, d'un père, d'un amant ou... d'un proxénète. Si cela paraît un truisme, Wertmüller ne s'en soucie aucunement et laisse planer une ambivalence totale sur la double guerre que se font les deux protagonistes: celle des sexes et celle des classes. Il n'est pas innocent qu'elle ait choisi l'allégorie, manière particulièrement efficace d'illustrer une réalité tordue sans avoir l'air d'y toucher et d'endormir l'acuité critique de la spectatrice-teur. Cela est tellement vrai que lorsque le macho communiste frappe à bras raccourcis sur la «sale putain *de* bourgeoise» (sic), lorsqu'il l'oblige à nettoyer sa saleté ou à lui baiser les mains en signe de soumission, j'essayais d'y voir une virulente dénonciation du gauchisme sexiste. Wertmüller voulait-elle expliquer qu'à la première occasion qui lui est offerte, même le communiste convaincu fait bon marché de ses idéaux d'égalité, de justice et de fraternité. Le dernier substantif l'indique d'ailleurs clairement: cette égalité et cette justice sont au service exclusif de la confrérie. Quant aux consoeurs? ...eh bien, c'est autre ...*chose*.

À entendre les gorges chaudes des spectateurs quand le prolo tape, ordonne, insulte, frappe, bafoue la «putain *de* capitaliste» (re-sic), je sentais bien qu'il s'y recelait, bien au-delà de l'identification à la revanche du démuni, une satisfaction toute machiste. On se gaussait de voir qu'une femme (Wertmüller) décide sciemment qu'un homme humilie et agresse une autre femme à la limite du supportable, au sein d'une dialectique fétide, et fasse dire au prolétaire: «La femme est un objet de plaisir. Elle n'est que le repos du travailleur» ou «Les riches ne font jamais le lavage!» Mais il est aussi vrai que *le* dernier des pauvres ne l'a jamais fait non plus.

Alors?... alors pour effacer jusqu'au dernier soup-çon, Wertmüller prend la position la plus violemment antifemmes qu'une femme puisse défendre: les femmes aiment être violées. La scène du viol d'une brutalité indi-cible, sur fond de vibratos expressifs de la femme en pâmoison pour son batteur-agresseur-violeur, mérite une place au côté des viols de *Clockwork Orange, Face à face, Histoire d'O,* et *Looking for Mister Goodbar;* il n'y fait pas pâle figure. Une chose est sûre: avec l'Italienne Wert-müller, on se trouve à des années-lumière du rappel à l'ordre des Françaises «Lâche ton cul, camarade!», «Ras le viol!» et du slogan des militantes ouest-allemandes «Libérez les notables socialistes de leurs queues bour-geoises!».

Ellen Willis fait une analyse très serrée de quatre films de Wertmüller, *Mimi métallo blessé dans son honneur, Vers un destin insolite sur les flots bleus de l'été, Seven Beauties* et *All Screwed Up,* et tente une explication à son extrême duplicité.

> Je pense qu'elle essaie de camoufler, même à ses yeux, un bien vilain petit secret — à savoir que l'oppor-tunisme qu'elle projette sur le sexe féminin est le sien propre. Lina Wertmüller veut à tout prix jouer dans l'équipe des gars: en dernière analyse, ce pourrait être aussi simple que cela[10].

Oui, il y a des femmes qui veulent jouer dans l'équipe gagnante, l'équipe des gars, et qui poussent l'opportunisme jusqu'à s'affubler des pires oripeaux venus de la culture masculine. Il faudrait pourtant se garder de confondre leur travail minoritaire et celui de ces cinéastes qui sont en rupture de *ban*, même s'il leur arrive parfois d'exprimer certaines contradictions. Ne sommes-nous pas toutes encore en sevrage de ce conditionnement séculaire, avec les antinomies inhérentes à cette phase transitoire que cela suppose? Il sera difficile dans certains cas de reconnaître «l'ivraie du bon grain». Mais on ne peut différer plus longtemps la critique, même sous prétexte de sororité. La vigilance s'impose et il serait dangereux de continuer à donner dans l'aberration que c'est illico beau, bon et juste parce que c'est femme.

Thématique des urgences, esthétique de l'Urgence

Heureusement pour nous, Wertmüller, la pro du sophisme, n'a guère d'émules. Les cinéastes qui ont sombré aussi ouvertement dans la misogynie sont rarissimes. De fait, la plupart d'entre elles tentent d'appréhender le féminin. Avec un bonheur inégal, il va sans dire, et une condamnation quasi systématique sous l'étiquette «films de femmes[11]». Non seulement parce que ces films sont réalisés par des femmes, mais parce qu'ils parlent des femmes. C'est sans doute la première constatation qui s'impose: quel que soit leur degré de conscience, les cinéastes mettent presque toujours en scène des personnages centraux féminins. Il ne manque pas de mauvaises langues pour affirmer que les femmes pèchent par excès de timidité, que l'imagination leur fait défaut, qu'elles ne peuvent, comme les hommes l'ont fait si abondamment pour les femmes, se substituer à la psyché masculine et qu'elles doivent partir du connu pour donner un genre cinématographique, tout compte fait, inférieur. Qu'au mieux, elles font oeuvre de représentation, jamais de création.

La réalité est beaucoup plus complexe. Que les réalisatrices éprouvent une certaine gêne à fouiller la psychologie des hommes cela se peut, bien qu'elles soient plus aptes que ces derniers à s'immiscer dans l'autre culture. Car tout nous parle du masculin: les arts, les religions, l'histoire, la politique. Un homme qui met en scène des femmes ne peut le faire qu'à partir de leur silence et de son ignorance. À ce propos, Benoîte Groulx affirme que la seule manière d'être féministe aujourd'hui pour un homme[12] est de se taire sur la féminité. Et de regarder leurs images, serait-on tentée d'ajouter, puisque, de mieux en mieux, elles découvrent des images pour le dire.

Et ce qu'elles ont à dire exhale un profond sentiment d'urgence. Comme si ce retard qu'on accuse au cinéma n'était plus tolérable, car synthèse de tous les arts comme disait Eisenstein, il devient une tribune politique privilégiée, principalement en ce qu'il touche là où les livres, la peinture, la musique même sont demeurés lettre morte. Faire la lumière sur le féminin pourrait résumer ces urgences. Faire la lumière sur nos tendresses (*L'une chante, l'autre pas*, d'Agnès Varda), sur nos avortements (*Le Temps de l'avant*, d'Anne Claire Poirier), sur nos utopies (*Pourquoi pas!*, de Coline Serreau), sur nos viols (*L'Amour violé*, de Yannick Bellon), sur nos accouchements (*Neuf mois*, de Márta Mészáros), sur nos sexes, littéralement (*Near the Big Chakra*, d'Anne Severson), sur nos violences (*Jeanne Dielman, 23 quai du Commerce, Bruxelles 1080*, de Chantal Akerman), sur nos sensualités (*India Song*, de Marguerite Duras), sur nos luttes politiques (*With Babies and Banners*, de Lorraine Gray), sur nos humours (*Take It Like a Man, Madam*, des Trois Soeurs rouges), sur nos ambitions (*My Brilliant Career*, de Gill

Armstrong) et sur nos fantasmes (*Les Petites Marguerites,*
de Věra Chytilová). Faire la lumière non sur une, mais
sur des réalités. C'est pourquoi, à ce moment précis de
notre histoire, les cinéastes ne ressentent qu'accessoi-
rement le besoin d'explorer le masculin. Néanmoins,
celles qui s'y sont aventurées, comme Liliana Cavani,
Elaine May ou Ariane Mnouchkine, n'ont pas manqué
de panache ni d'assurance. Elles font somptueusement
mentir les bourgeois de la phallocratie. Qu'ils l'admet-
tent ou non, les femmes créent, et des chefs-d'oeuvre
parfois. Comme chez les hommes, ces chefs-d'oeuvre se
distinguent d'un ensemble qui va du médiocre au très
honnête. Mais, à la différence des chefs-d'oeuvre masculins, ils sont issus d'une culture diamétralement opposée
et leur création est jalonnée de mesures discriminatoires
au niveau des moyens humains, techniques et pécuniaires, qui limitent la majorité des réalisatrices. Il
faudrait ajouter que, personnage principal ou secon-
daire, l'homme imaginé par la cinéaste est souvent revu
et corrigé par l'auteure. C'est-à-dire qu'elle tente bien
souvent de briser l'identification classique de l'homme
aux rôles de censeurs, tuteurs, pourvoyeurs et tueurs.
Elle désire des hommes nouveaux pour les femmes
nouvelles que nous sommes en voie de devenir. Pensons
à la tendresse et à la douceur de Charles dans *Charles et
Lucie* de Nelly Kaplan, à la complicité avec «ses femmes»
du *Molière* d'Ariane Mnouchkine, à l'androgynie de
l'amant d'Anne-Marie Stretter de *India Song* ou à la
passion dévorante de l'homme en instance de divorce
dans *La Musica,* tous deux de Marguerite Duras, ou
encore à la nouvelle masculinité proposée par Márta
Mészáros dans *Les Héritières.*

Cette expression des urgences au cinéma rejoint celle
des femmes artistes en général et des écrivaines plus
particulièrement. Ces créatrices convergent d'une
manière qui semble spontanée vers une intégration de

la vie privée. «La vie privée est politique», disent-elles, en faisant aussi écho au mouvement des femmes. Cette affirmation remet en cause la notion fondamentale d'autobiographie, opposée à celle de fiction, et questionne les trop souvent oiseuses divisions des genres cinématographiques:

> Les termes «confession» et «autobiographie», tels qu'employés présentement en critique littéraire, sont fort trompeurs. Ils suggèrent qu'une forme d'écriture procède de la vie, tandis qu'une autre, pas. Ils suggèrent une dichotomie entre la «fiction» et l'«autobiographie», ce qu'en réalité tout écrivain sait être illusoire; et ils laissent supposer également une dichotomie entre les «faits» et la «fiction», ce que le philosophe aussi bien que l'artiste savent n'être rien de plus qu'une distinction sémantique. En vérité, toute autobiographie est imprégnée de fiction et toute fiction, d'autobiographie[13].

Les cinéastes font aussi appel à leurs désirs, leurs souvenirs, leurs convoitises, leurs fantasmes et leurs rêves. N'est-ce pas messieurs Buñuel, Fellini, Visconti, Jodorowsky? Lorsqu'une cinéaste fait la même chose, il arrive qu'on laisse échapper un dédaigneux «Elle refait encore le coup des premières menstruations.» Mais est-ce là sujet plus autobiographique que les fantasmes scatologiques d'Arrabal, les obsessions mystico-égotistes de Jodorowsky ou la mégalomanie démentielle de Francis Ford Coppola? Ne refont-ils pas toujours le même western, qu'il s'appelle *Delivrance, Apocalypse Now, Midnight Express, The Deer Hunter, The Stunt Man, Star War*? Lors d'une rencontre-discussion[14], réunissant à l'Université Concordia Mireille Dansereau, auteure québécoise de plusieurs longs métrages dont le premier film tourné par une femme dans l'industrie privée, Claudia Lenssen, critique féministe de cinéma pour la revue ouest-allemande *Fraun und Film* et Louise Carré, auteure du très beau film *Ça peut pas être l'hiver, on n'a pas eu d'été*, cette dernière affirmait que les femmes continueront à faire les mêmes films et à nommer leurs manques tant et aussi longtemps que les hommes tairont ce qu'ils sont. «What the hell are they[15]???», s'est-elle exclamée.

Au-delà de ce concept d'autobiographie dont les critiques continuent à faire un usage aussi abusif que stérile — qu'importe qu'un récit soit autobiographique ou non, s'il est significatif pour un certain nombre de personnes? —, ce sont les genres eux-mêmes que les réalisatrices sont en train de court-circuiter. Quel est donc cet art qui soit si éloigné de la réalité qu'il faille parfois le qualifier de fiction pour nommer un de ces genres? Nous viendrait-il à l'esprit de parler d'une fiction picturale ou d'une fiction théâtrale? Chacune-cun sait que le théâtre est le résultat d'un nombre infini de conventions, lesquelles, après un décodage plus ou moins aisé, engendrent le rire, les larmes, la réflexion, la quiétude, l'angoisse ou toute autre émotion.

En dépit de la substitution des mots «cinéma vérité» par cinéma direct, une confusion d'ordre sémantique demeure tant la frontière est ténue parfois entre fiction, fiction documentée, direct et documentaire. Qu'en est-il d'abord du terme fiction? De la souche sémantique de feindre, fiction s'apparente à une terminologie gravitant autour des notions de conventions, d'imagination et d'invention, et entretient même des liens avec le mensonge. Ses antonymes, réalité et vérité, rendent ce lacis de sens plus complexe encore. Fiction n'est-il pas aussi impropre à ce cinéma de la «mise en scène» que vérité l'était pour désigner celui de la «mise en situation»? C'est trop dire et, surtout, c'est médire de la cinématographie de fiction que de dire d'un genre cinématographique qu'il est direct — c'est-à-dire d'un point de vue sémantique sans détour, sans intermédiaire et quasi instantané — et qu'il n'est donc pas, par opposition à fiction, indirect, sinueux et détourné. *Family Life* serait sinueux? *La Corne de chèvre* serait détourné? *Les Ordres* serait indirect? *Neuf mois, La Souriante Madame Beudet* et *Opname* seraient mensongers? Les réalisatrices participent activement à l'évolution des genres. L'opposition direct/fiction va s'amenuisant. Ses contours se font flous, ses images évanescentes. Judit Elek, cinéaste hongroise, exprime bien ces emprunts d'un genre à l'autre: «Mais en fait, le direct est aussi une sorte d'état d'esprit que l'on peut conserver dans les autres genres cinématographiques et j'espère bien pouvoir tourner «en direct» des films de fiction[16].» Les genres, dorénavant, s'imbriquent les uns dans les autres, se chevauchent et s'interpénètrent. A-t-on assez reproché à Anne Claire Poirier d'avoir mélangé les genres pour son réquisitoire contre le crime de viol *Mourir à tue-tête*. Une question d'éthique, paraît-il... Quelle loi de la morale cinématographique l'auteure a-t-elle donc enfreinte?

L'attitude des femmes cinéastes et leur «manque de respect» vis-à-vis des genres ne proviendraient-ils pas de cette absence du besoin de tout classer, sérier et cataloguer que paraissent éprouver les hommes? Le principe féminin «est anarchique, là où le principe masculin est hiérarchique», soutient Marilyn French[17]. À la limite, il intéresse peu les femmes de savoir par quelle voix/voie une chose capitale est dite, pourvu qu'elle le soit. Les urgences écologistes, féministes, socialistes, humanistes de ce monde sont tellement nombreuses à l'orée du XXIᵉ siècle, que les genres cinématographiques devraient (peut-être?) se diviser désormais ainsi: le cinéma de l'essentiel et le cinéma de l'accessoire. Et celles/ceux qui tenteront de nommer l'essentiel «n'auront jamais assez raison», comme le faisait remarquer Michel Brault. En résumé, ce que les femmes rappellent avec beaucoup d'à-propos, c'est que l'art — et le septième au même titre que les autres et quelle que soit sa forme — est toujours une représentation de la réalité. Si loin de la réalité dans sa conception, mais si près d'elle dans ses évocations. Ou comme l'affirmait Picasso: «L'art est un mensonge qui révèle la réalité.»

Si les femmes avaient attendu des budgets équivalents à ceux de leurs collègues masculins pour filmer leurs urgences, nous en serions encore aux premiers balbutiements de notre histoire cinématographique. À titre d'exemple, parmi les 22 longs métrages réalisés au Québec par des femmes entre 1967 et 1980 et répertoriés par la Cinémathèque québécoise[18], deux seulement portent la marque 35 mm du «véritable cinéma». Qu'importe leurs budgets et les ressources humaines et techniques qui en découlent, elles tournent en apprenant à composer avec ce handicap. Ce qui n'est pas sans influencer l'esthétique même de leurs films. Comme pour la théorie évolutionniste du genre humain, on pourrait pareillement soutenir pour leur cinéma «que le besoin crée l'organe». Pour exprimer leurs urgences, souvent il leur a fallu recourir à une esthétique de l'Urgence.

En d'autres termes, tenues de s'accommoder de budgets réduits, quelquefois dérisoires, ces cinéastes ont dû créer un art dont la primauté est accordée au fond et non à la forme. Un art qui, volontairement ou non, combat l'inflation qui menace le langage cinématographique. Dans un certain cinéma, on fait un tel usage de l'hyperbole, du plus pour dire le moins, qu'il viendra peut-être un moment où on devra dire le moins pour suggérer le plus. Un peu à la manière des femmes. Dans un texte merveilleux et acéré, *Journal d'une ménagère-critique ou «Planète Vénus»*[19], Claire Clouzot parle du langage de *Hester Street* de Joan Micklin Silver, de celui de *Sous les pavés, la plage* de Helma Sanders et de *Jeanne Dielman, 23 quai du Commerce, Bruxelles 1080* de Chantal Akerman en ces termes:

> (...) elles filment droit. J'entends par là, comme le droit fil d'un tissu, par opposition au biais. Elles cousent droit, en plans moyens sans gros plans, ou

plans presque fixes, sans mouvements d'appareil, sans tournicotage. Peu de moyens financiers, noir et blanc pour les deux premières, couleur pour la troisième. Cadrages rigoureux. Le cadre prime tout. Chez Joan Silver, c'est presque de la photo fixe animée avec les personnages bougeant à l'intérieur d'un cadre inamovible. Chez Chantal Akerman, ces plans-séquences immenses où la femme entre et sort du champ qui reste vide. Comme dans *India Song*. Le «langage du cinéma des femmes»[20]?

Pas étonnant que ce «droit film» suscite ennui, incompréhension quand ce n'est pas exaspération. Formées-és — ou ne serait-ce pas plutôt déformées-és à la logorrhée du cinéma dominant, nous sommes dépourvues-us de codes de références devant l'apparent statisme de *Nathalie Granger* de Marguerite Duras ou devant la traversée de l'espace/temps de *Hôtel Montery* de Chantal Akerman. Quand Anne Severson pose sa caméra sur 14 sexes de femmes sans changement d'angle ou de cadrage, sans mouvement, sans musique, sans commentaire, nous voilà réduites-uits à quia. Et beaucoup pensent provocation. *Near the Big Chakra*[21], film-témoin du changement des temps, s'il en est:

(...) les femmes, tes anciennes sujettes, film, se mettent à tourner leurs propres rêves. Elles mettent en scène. Elles deviennent arrogantes, agressives, revendicatives. Elles ne se reconnaissent plus. Elles osent te dire ce qu'elles pensent de toi, film, et toi, bouche bée, tu en perds la voix. Tu redeviens muet!

Et du te dis: on me les a changées. Qui m'a fait cela? Elles si douces, si gentilles, à ma dévotion (...) J'en parlais si bien. Elles ne peuvent pas parler d'elles-mêmes aussi bien. Il faut un regard autre, le mien. Elles, qu'est-ce qu'elles nous montreront: des choses laides, leurs quotidiennetés, leurs menstrues, leurs misères...je ne veux pas les voir!

Tu as raison film, nous montrerons tout cela. Bien d'autres choses encore, dont tu n'a pas idées. *Near the Big Chakra* est le titre d'un film de 10 minutes, film que tu n'aurais jamais pensé faire: on y voit, tu dirais pudiquement l'entrecuisses de 14 femmes, blanches, noires, vieilles et jeunes. Pas de musique, pas de son. La réalité crue. Fascinante, ni belle, ni laide, jamais vue. Indicible, puisque tu n'as jamais pu la dire, film vieux, film bête.

Limace.

Tu n'as pas pu baver sur ce chakra. Tant mieux, on le voit malgré tes censures. On s'arrange, on fait des projections illégales. C'est toi qui as fait cette loi, film, nous ne la connaissons pas. Ce n'est pas, ce n'est plus la nôtre, nous transgressons ta loi. Et avec plaisir[22].

Quelques femmes, quelques films

Tenter d'illustrer certaines de leurs démarches esthético-thématiques rendra-t-il justice à la diversité du cinéma qu'elles font? Films à petits budgets comme *Hunger Years* ou films très à l'aise comme *Portier de nuit,* films de divertissement comme *Terminal Island* ou films à thèse comme *The Far Road,* films venus de pays à la réputation cinématographique bien assise comme l'Allemagne de l'Ouest ou films issus d'une cinématographie nationale qui se cherche encore, comme au Québec, je les ai retenus parce qu'ils m'ont tous atteinte, tantôt par leur intensité et leur courage, tantôt par leur volonté politique et même par leur gaieté ou leur splendeur esthétique. C'est une réflexion plutôt qu'une analyse que je me propose de faire au film de mes pensées.

DU CÔTÉ DES ALLEMANDES DE L'OUEST

Petit budget et grand film ne sont pas inconciliables. *Hunger Years*[23] en est une preuve irréfutable. Avec ces quelque 350 000$, Jutta Brückner a réussi une oeuvre très personnelle[24] à teneur politique percutante. Jamais encore un regard a posteriori sur l'adolescence, avec panoramique sur la découverte du sang menstruel, sur l'éveil des sens et sur les conflits mère-fille, n'avait atteint un tel degré d'intensité. Dépassant l'habituelle chronique, Brückner nous livre une horrible mais combien ordinaire et courante histoire d'anorexie psychique. Elle pose en images d'une violence à peine contenue la même question que Phyllis Chesler[25]. Mais qui donc nourrit les femmes?

L'histoire s'étend sur trois ans et s'amorce parallèlement avec l'événement politique du 17 juin 1953, journée de fête à Berlin-Est, alors qu'une manifestation de travailleurs est brutalement réprimée par des chars d'assaut soviétiques. C'est un choix qui met en relief l'idée féministe que la vie privée est aussi politique. De 1953 à 1956, on assiste à la détérioration psychique d'un être intelligent, désireux de bien vivre sa vie et de s'affranchir de la tutelle familiale asphyxiante. Le père est gentil, absent et bigame; la mère est mal-aimante, omniprésente et bigote. Elle suit sa fille à la trace et lui prépare la même vie sacrifiée que la sienne. Il faut comprendre cette attitude comme un réflexe de survie de l'aliénée qui préfère croire à l'immuabilité de sa condition. Dans ces conditions et faute de moyens, la résistance de la fille ne peut qu'être infructueuse. Elle commence d'abord par refuser de manger aux heures des repas pour aller s'empiffrer à la nuit tombée. Puis, au fil d'un quotidien intenable et de plus en plus à l'étroit dans une peau qui devient celle d'une femme, elle transpose son refus de manger. Privée par tant d'années de faim — Hunger Years —, elle montre des signes d'anorexie affective et intellectuelle graves. Si elle tangue dangereusement, elle n'a pas encore sombré. On devine que le simple hasard d'une rencontre pourrait encore être déterminant et changer le cours de sa vie. Tout ce qu'elle aura à se mettre sous la dent, ou plutôt sous le coeur, sera un homme à qui elle ne cache pas son désarroi et qui, pour «l'apaiser», place son pénis sur sa culotte bien en place en lui demandant de serrer fort ses jambes. «Plus fort, dit-il, plus fort.»

Dernière agression, funeste cette fois, que l'adolescente subira. Comme pour contredire l'automatisme de défense qu'elle avait développé au cours de ces années faméliques, elle commettra un acte de boulimie suicidaire. Elle avalera quantité de friandises... et des dizaines et des dizaines de pilules. Son jeune corps que la vie abandonne est alors remplacé par sa photo en gros plan. Du bas de l'écran, à droite, les flammes commencent à la dévorer. S'est-elle immolée ou ce système absurde, inhumain et monstrueusement sexiste l'a-t-il immolée? En écho, la voix de sa mère qui répète: «Qu'est-ce qu'il t'a manqué? J'ai essayé de tout te donner...»

Les Allemandes de l'Ouest confèrent au cinéma des femmes une vivacité à nulle autre pareille. *Beyond Love*[26], autre pièce significative de cette mosaïque cinématographique. Quatorze tableaux, séparés les uns des autres par un rituel fondu au noir, donnent vie à ce concerto pour une femme à deux temps: le travail et l'amour, chacun prenant la coloration de l'autre, formant ainsi une entité indivisible. D'abord bref, puis de plus en plus long et descriptif chaque segment respire par lui-même, tout en faisant progresser le récit vers une fin qu'on subodore dès les premiers instants. La réalisatrice de *Beyond Love* s'intéresse, avec une grande sobriété d'expressions et de moyens, aux seuls moments intenses. Le dialogue aussi va à l'essentiel. La vacuité créée par le silence s'ajoute à la froideur bleutée et glacée de l'image pour nous dire le poids de la solitude d'une jeune femme médecin et de ses vains essais pour la transcender. Son «enfermement» est comparable à celui des femmes qu'elle traite pour diverses affections mentales. Même la passion amoureuse ne la libérera pas de cet effroyable sentiment de déréliction qu'elle partage d'ailleurs avec le sujet de ses désirs. Tous deux s'engagent dans une voie qu'ils savent sans issue. Ne lui dit-elle pas, après une rencontre particulièrement ardente: «S'agit-il de désespoir ou de bonheur[27]...?»

L'idée obsédante d'un sens supérieur que tous deux cherchent à donner à leur existence et qui, inexorablement, se dérobe, jumelée à des extraits de l'oeuvre de Kafka, nous rappelle le thème si cher à l'auteur tchèque: un univers piégé au sein duquel l'humain est d'avance mis en échec. Ingemo Engström tente d'appréhender le suicide comme un ultime appel à la vie. Il ne s'agit pas ici d'un acte de destruction, mais bien du geste de deux êtres trop épris de la vie pour pouvoir ainsi la supporter dans toutes ses solitudes et tous ses empêchements.

Poème métaphysique sur la mort source de vie, l'oeuvre est construite avec une symétrie qui étonne. Dans son austérité même, tout est calculé. Sa structure et son langage, dépouillés, n'en sont pas moins très composés comme les notes de piano qui languissent sur ses images transies. La fixité des plans — à peu d'exceptions près moyens ou de demi-ensembles — n'est rompue que par quelques longs travellings en auto, lesquels donnent un sens matériel à leur quête effrénée d'un «ailleurs meilleur».

Puisque dans cet hymne pour une vie autre, Ingemo Engström s'appuie sur une prémisse d'égalité entre hommes et femmes, la récurrence de certains lieux communs a de quoi surprendre. Lors de la réminiscence de souvenirs pénibles, la jeune femme est frappée d'aphonie temporaire; l'homme, au supplice, la gifle. Signe cinématographique lourd et tellement galvaudé par tous les genres — western, film noir, drame, horreur, etc.—, la gifle porte en soi le symbole de la femme hystérique que l'homme omni-contrôlant et omni-contrôlé doit, à tout prix, calmer ou modérer dans ces «accès d'érotisme morbide féminin[28]». Car hystérique, rappelons-le, est étymologiquement issu du mot grec *hustera* c'est-à-dire utérus. De là à croire que chaque individu «affligé» d'un utérus est plus ou moins hystérique, il n'y a que quelques pas à franchir ...ou quelques films à regarder. Même «au-delà de l'amour»[29] stagnent des vestiges d'un passé encore si récent.

Je m'en voudrais cependant de ne pas terminer en disant toute la sombre beauté du film et sa capacité, non pas à nous mener à une classique identification avec les personnages, mais à une réflexion troublante et déroutante sur le suicide, l'amour-passion et les relations femmes/hommes.

DU CÔTÉ DES JAPONAISES

Les Japonaises accusent 10 ans de retard dans cette venue universelle des femmes au cinéma puisque *The Far Road*[30] est le premier long métrage de fiction conçu, produit, réalisé et interprété par une femme dans ce pays qui produit, bon an mal an, un minimum de 400 films. Dans ce pays aussi où, jusqu'en 1919, les rôles de femmes au cinéma sont tenus par des hommes, fidèle en cela au modèle du théâtre kabuki[31].

Chronique de la vie quotidienne et drame qui rappelle le néo-réalisme, le film de Sachiko Hidari est une «fiction documentée» qui se détache du thème chéri du cinéma japonais, «la condition humaine», pour parler d'une des conditions humaines. On est loin du Samouraï, du Seppuku, de la Geisha, toutes notions empreintes d'une vision mythique propre à masquer le Japon moderne et qui nourrit trop souvent les Occidentaux.

The Far Road, c'est tout simplement la longue marche qui mène un travailleur des chemins de fer japonais et sa famille d'une condition de vie quasi féodale à la découverte de la dignité humaine. Financé par le Syndicat national des Travailleurs des Chemins de Fer, *The Far Road* s'intéresse, dans un premier temps, aux conditions de travail des employés de ce secteur, aux difficultés qu'engendre la modernisation des méthodes de travail, à la hiérarchisation des rapports et à la lutte syndicale du protagoniste. Avec une grande sobriété dans sa description, Hidari relie sans cesse vie publique et vie privée, sachant combien la première influence largement la seconde. La réalisatrice échelonne son récit d'incursions dans la vie intime du travailleur et démonte, avec une parfaite logique, le système qui veut que chaque opprimé trouve toujours un plus faible sur qui jeter sa hargne et sa frustration. Elle campe ainsi très bien la notion japonaise d'action/réaction, le hikité, notion familière aux karatékas. Le syndicaliste engagé se transforme en véritable despote à la maison. Intransigeant avec sa fille et cruel avec sa compagne de vie, il devra bien malgré lui affronter l'inéluctable: la modernisation des rapports femme/homme qui s'apparente à celle non moins inéluctable des méthodes de travail. Il cédera à la volonté de sa fille d'épouser l'homme de son choix, qu'elle aime et qui, discrètement, évoque une idée d'égalité.

Les deux couples, qui incarnent la rencontre du Japon d'hier et d'aujourd'hui, se retrouvent à la fin du film, réunis dans ce lieu hautement symbolique qu'est Nagasaki et où sera célébrée l'union du jeune couple. Celui-ci fait un bref retour dans le passé, en visitant les ruines du tristement célèbre bombardement, pour se tourner sans hésitation vers un avenir plus prometteur. Les parents, quant à eux, posent un geste doucement iconoclaste à l'endroit de l'employeur/père nourricier[32] en jetant à l'eau la montre-témoin de 25 années de fidèles et loyaux services, geste scellé par un rire complice et libérateur.

Film résolument moderne, *The Far Road* tranche avec les grandes caractéristiques formalistes du cinéma japonais. Les virtualités de la caméra n'inquiètent guère l'auteure et son art n'a pas pour sujet un autre art, mais une thèse. Dans les cinémas nationaux d'aujourd'hui, *The Far Road* est à la fiction ce que *Harlan County, USA* et *Une histoire de femmes* sont au documentaire. Son langage, simple, souple et efficace, suggère des ressemblances avec certains films québécois, notamment *Le mépris n'aura qu'un temps* d'Arthur Lamothe. Autre signe distinctif du film de Hidari: la présence bien intégrée des enfants que le cinéma japonais semble généralement considérer comme sujet plutôt trivial pour ne pas dire encombrant.

Contrairement à certains jeunes cinéastes — le plus connu ici est sans doute Nagisa Oshima[33]—, qui tournent le dos au concept japonais fondamental de devoir et de loyauté, défini par le terme «giri», au profit de celui du plaisir et du sentiment, défini par le terme «ninjo», et en opposition également avec les cinéastes classiques comme Kobayashi et Ozu, qui placent ces concepts dans une dualité irréductible, Sachiko Hidari, en bonne réaliste qu'elle est, propose un juste équilibre entre les deux: comme on ne peut se soustraire au devoir, pourquoi ne pas l'adoucir avec un peu de sentiment...?

DU CÔTÉ DES FRANÇAISES

Elle a la gaieté de Stephanie Rothman, la volubilité d'Abel Gance[34], la causticité de Věra Chytilová. Pour le cinéma, elle est Nelly Kaplan. Pour la littérature, elle est tout simplement Belen[35]. À travers son goût marqué pour l'imbroglio rigolo et les situations picaresques, on peut certainement déceler l'influence de sa culture latino-américaine[36].

Dans son deuxième long métrage en solo, *Papa, les petits bateaux*[37], elle ne s'encombre pas de nuances et de vaines subtilités, sûre qu'elle est de déclencher le rire par un simple brouillage des rôles sexuels féminins et masculins traditionnellement admis dans le film policier. Son tir est juste: Sheila White feint un état permanent de rut — l'expression est voulue pour tenter de rendre la charge ironique de Kaplan à l'endroit des cinéastes qui font de véritables travestis de leurs comédiennes — pour mieux renverser la vapeur au moment le plus «libidinal», asséner le coup fatal et éliminer un autre héroïque mâle. Elle est irrésistible, ainsi ses mimiques tout à fait grotesques qui contreviennent aux lois les plus rudimentaires auxquelles doit obéir un joli minois. Le trait caricatural de Kaplan est appuyé et ses gags semblent répondre à une nécessité ludique très intense.

Récit foisonnant de rebondissements, *Papa, les petits bateaux* ne se départit jamais de son ton persifleur à l'égard du genre cinématographique même que l'auteure exploite: l'aventure policière. Kaplan multiplie les attaques contre les truands dont la virilité est tributaire du pétard qu'ils ont bien collé au flanc, au flic de troisième catégorie qui joue au fin limier et au chasseur d'images incurablement voyeur. Quant au clin d'oeil qu'elle adresse à Hitchcock, en figurant à l'instar du «maître» dans une scène de son film accompagnée d'un énorme saint-bernard, on ne sait guère si ce clin d'oeil est railleur ou tout simplement amical. On peut y voir à tout le moins une allusion légèrement moqueuse. D'ailleurs, il n'est que peu de représentants du «premier sexe» qui soient épargnés par le couperet de Nelly Kaplan. S'ils ont tous le muscle bien vigoureux, ils n'ont pas, en revanche, le cerveau bien musclé. D'un courage plutôt fragile, ces benêts sympathiques sont, l'un après l'autre, victimes du marché de dupes fomenté par un petit bout de femme que tout, à première vue, condamnait à la bêtise. Et c'en est fait du stéréotype «belle mais sotte» qui présente toujours ces deux qualificatifs en termes d'équation.

L'optimisme lucide de Nelly Kaplan se devait de nous ménager une exception masculine. Elle n'y manque pas.

L'image positive du père rachète en quelque sorte celle des autres «petits mâles de rien du tout» qui évoluent dans le film. Cette exception est d'importance en ce qu'elle représente l'alternative. Elle est l'antithèse du père-castrateur qui veut mouler sa fille au modèle de féminité qu'il a si bien intériorisé. C'est un père-joueur, un père permissif mais surtout un père complice que Nelly Kaplan nous propose.

* * *

Les Françaises Nelly Kaplan et Coline Serreau partagent un même optimisme. Si vous voulez dire que deux hommes peuvent aimer une même femme, que cette femme peut aimer ces deux hommes qui s'aiment aussi, que tout ce beau petit monde partage avec passion et parfois humour la même couche, qu'un des hommes peut assumer par choix les travaux domestiques de la maisonnée et que la femme peut être soutien de sa famille d'adoption, sans pour autant perdre l'écoute des plus réfractaires et les mener par surcroît jusqu'aux rires, demandez à Coline Serreau sa recette.

Cela peut paraître de la haute voltige, mais si l'on sait que l'alchimiste qui réussit ce «grand oeuvre» est aussi trapéziste, alors il n'y a plus de quoi surprendre. Dans son creuset, Serreau concocte d'abord une photographie ultra-soignée, une caméra vagabonde, un récit linéaire mais fort bien structuré, une histoire simple parsemée de rebonds cocasses et des personnages bien définis, un tantinet caricaturaux. Puis elle ne se gêne pas pour relever ce mélange conventionnel d'éléments pour le moins peu orthodoxes: liberté sexuelle élargie au sein de ce trio, et relations de support mutuel et non de compétition entre hommes et femmes, entre femmes, et entre hommes.

Avec brio, la réalisatrice parodie la crise domestique du ménage au cours de laquelle l'homme au foyer s'élève contre le peu d'aide qu'il reçoit de ses deux conjoints. Dans sa démonstration, par ailleurs impeccable, seule sa proposition au sujet du travail domestique laisse perplexe. Même si elle la présente sur un mode plutôt léger et humoristique, ce renversement occasionnel du service domestique — comme on dit le service militaire — n'enlève rien à l'acuité du problème. Bien qu'invraisemblable, il ne serait pas plus acceptable que les hommes s'occupent entièrement de l'entretien domestique des femmes. Si on cherche du côté de l'utopie et qu'on décide de compter avec elle ainsi que le fait Serreau, eh bien! on peut envisager un monde où chaque individu, dès l'âge de raison, est responsable du coin de planète qu'il souille et prôner, comme certaines-ains prônent une société démilitarisée, une société dédomestiquée. Pourquoi pas!

Pourquoi pas![38], un véritable coup de tendresse pour les hommes qui se lient non par virilité mais par affinités, pour les femmes qui n'entretiennent pas des rapports de rivalité mais d'amitié, et pour les hommes et les femmes qui s'aiment, non dans la servilité mais dans la complicité!

Pourquoi pas! un cinéma populaire qui veut dire des choses qui ne le sont généralement pas!

Et pourquoi pas le prix Georges Sadoul 1977!

Un film qui se crée n'est-il pas une volonté de communiquer qui s'incarne? Le cinéma est essentiellement un médiateur entre son vécu et celui des autres. Une manière de dire, de sentir, de toucher, de goûter, de voir. Mais il est rare qu'il nous convie à cette fête des sens, à ce nec plus ultra des agapes cinématographiques. Où est-il ce cinéma hétéro-sensuel, polymorphe et polyphonique pour lequel on substituerait la caméra inquisitrice du «pris sur le vif» à une caméra à fleur de peau, et la caméra observatrice et de pur constat à une caméra presque épidermique?

L'expérience sensorielle la plus luxuriante qu'il nous a été donnée de voir/entendre/sentir est, sans doute, celle de Marguerite Duras dans *India Song*[39]. La moiteur et la pesanteur climatiques de l'Inde, les parfums d'Anne-Marie Stretter, les effluves d'encens, la blancheur des smokings, la profondeur turquoise du Gange et les énigmatiques voix intemporelles remplacent, pour peu que l'on soit disponible, notre propre environnement sensoriel. Les couleurs éblouissent, la chaleur accable, les senteurs provoquent.

Au rythme de très légères variations de perspectives et de glissements progressifs de caméra, Duras diapre son récit de volupté, d'intensité, d'anxiété aussi. Elle atteint la perfection, en nommant le détail pour dire l'ensemble, de ce procédé narratif en synecdoques. Jamais une bande sonore, par la qualité de ses silences surtout, n'a été si éloquente; elle nous suggère la foule dans une pièce presque déserte, le désir à travers le statisme des personnages, la douleur sur un faciès immobile. L'ubiquité à l'intérieur d'un univers clos. Sans aller au-delà des jardins de l'ambassade de France à Calcutta, nous parcourons les rives du Mékong pour s'arrêter plusieurs fois à Savannakhet et reprendre la route ensuite vers Lahore. Et de retour à Calcutta, puis au Bengale et de nouveau à Lahore. Partout cette même chaleur, suffocante...

C'est aussi par le génie du son qu'elle possède (ou qui la possède?) que Duras nous montre la misère des Indiens, la famine et la lèpre en ne déplaçant sa caméra que sur des décors fastueux. Elle nous dit l'Inde des autochtones en nous racontant l'Inde blanche. Toutes deux partagent au moins une chose: la lèpre. Celle du corps, pour l'une; «celle du coeur», pour l'autre. L'amour, partagé ou non, est toujours impossible pour l'Inde de l'opulence, nous dit-elle:

> Le vice-consul de France à Lahore:
> «J'écoute India Song. Cet air me donne envie d'aimer. Je n'ai jamais aimé. Je n'avais encore jamais aimé.
> Puis, en s'approchant d'Anne-Marie Stretter, ambassadrice de France à Calcutta:
> — Je ne savais pas que vous existiez. Calcutta est devenu une forme d'espoir.
> Elle:
> — J'aime Michael Richardson. Je ne suis pas libre de cet amour.»

Michael Richardson a mis sur pied une affaire d'assurances au Bengale. Il a tout abandonné pour elle. Il l'aime plus que tout. Ils avaient essayé de mourir ensemble sans y parvenir. Dans une chambre de bordel. Il fut convenu entre les amants du Gange qu'ils se laissaient libres de mourir, si l'un ou l'autre en décidait ainsi... Au matin, on retrouva son peignoir sur la plage. La voix désespérée du vice-consul de Lahore qui criait *Son nom de Venise dans Calcutta désert* s'est tue.

Une année ou deux après *India Song,* ce cri d'amour du vice-consul n'étant plus qu'un douloureux souvenir, Marguerite Duras revient explorer avec sa caméra la vacuité de l'ambassade de France à Calcutta. Désormais, les seules formes humaines qui y habitent sont les statues vert-de-gris des jardins. Les tapisseries se détachent sous le poids de la solitude, les carreaux se brisent, les arbres se dénudent. *Son nom de Venise dans Calcutta désert*[40], c'est la bande sonore intégrale d'*India Song* qui promène ses voix dans un décor qui n'a d'humain que le souvenir du malheur qui le hante encore. Les mots basculent et changent de sens au rythme d'interminables travellings dans des pièces de désolation.

> Une voix qui parle d'Anne-Marie Stretter:
> «Irréprochable. Rien ne se voit. C'est ce que nous entendons ici par ce mot.

Anne-Marie Stretter:
— Aux Indes, c'est le découragement général. Ce n'est ni pénible d'y vivre, ni agréable. Ni facile, ni difficile.
Aussi:
— Vous savez l'ennui, c'est une question très personnelle. On ne sait pas très bien quoi conseiller.
Le vice-consul:
— Quel est ce mal, le mien?
Elle:
— L'intelligence.
Lui:
— De vous?»

Marguerite Duras pense que *Son nom de Venise dans Calcutta désert* est son film le plus important. Quant à eux, Joel Farges et François Barat pensent qu'«il se pourrait bien que le plus «beau» film contemporain soit *India Song*». Ils sont l'un et l'autre puisqu'ils respirent et prennent une vie nouvelle l'un par l'autre.

DU CÔTÉ DES AMÉRICAINES

S'il est un indice de la puissance du féminisme, c'est de voir, au moment le plus inattendu ou à l'endroit le plus incongru, surgir un appui à ses luttes.

Depuis 1970, même le cinéma américain a produit quelques films fort intéressants au personnage central féminin, dont le plus sensible fut, à mon avis, *Alice Doesn't Live Here Anymore* de Martin Scorsese. Il arrive même que la comédie dramatique la plus classique et la plus sexiste s'inspire du discours féministe. À Hollywood, on dénombre déjà plusieurs délits de contrefaçon, dont *Ten* de Blake Edwards, qui met dans la bouche de Julie Andrews une acerbe diatribe à l'endroit des hommes. Jusqu'aux vampires qui se sont recyclés: avec les cowboys des westerns, ils remportaient aisément la palme du genre le plus statique dont les règles paraissaient immuables, jusqu'à la venue de Stephanie Rothman et

Roman Polanski. Mais seule Rothman présente un intérêt. Quant à celui-là, exécrable misogyne[41], il conviendrait peut-être que toutes les femmes conscientes boycottent ses films ou, à tout le moins, les dénoncent avec virulence. L'esthétique de son cinéma ne doit plus masquer ses intentions de destruction criminelles à l'endroit des femmes.

Terminal Island de Stephanie Rothman provoque une étrange fascination, car celle-ci manifeste un esprit remarquablement optimiste doublé d'un tempérament de fine stratège. Elle a compris que dans «le feu, le sang et le sexe» de l'action, les détournements des rôles sexuels agissent d'une manière d'autant plus efficace qu'elle est presque d'ordre subliminal. Ceci est tellement vrai que tout ce beau «remue-ménage» est passé sous le nez de nombre de critiques, sans même qu'ils ne sourcillent. L'aspect le plus réjouissant de *Terminal Island*[42], c'est cette façon de faire «comme si». Si on était égales, on inventerait des poudres explosives, on serait solidaires des autres femmes, on aurait un ego normalement constitué qui appellerait l'autodéfense la plus légitime. Il s'en trouvera bien sûr pour conclure à une représentation dangereuse puisqu'elle agit avec des données non réalistes. Opinion recevable, mais qui néglige le fait que Stephanie Rothman divertit sans l'arrière-goût amer que laisse toujours un film sexiste, permet des identifications positives (enfin!) et rigolottes (ce qui ne nuit pas) et sert tout cela dans une atmosphère qui change de l'austérité de plusieurs films réalisés par des femmes. Avec à peine un soupçon d'ironie et histoire de varier le menu, on pourrait dire que ce film a décidément des nymphes[43].

Terminal Island n'est pas sans défauts, mais ils sont beaucoup moins gênants que ceux de *Velvet Vampire*[44]. En dépit d'un préjugé très favorable à l'endroit de Rothman, dès les premières images de *Velvet Vampire*, le choix des personnages déçoit: un blond-aux-yeux-bleus un peu fadasse, une beauté singulière et singulièrement figée et une faible créature pourvue d'un bon 50 de quotient intellectuel. Il est vrai que son compagnon n'est pas Einstein non plus... Seule la vampire semble un peu futée ou, à tout le moins, astucieuse. Dans la première partie du film, cet étrange trio évolue sur une corde raide. La grande faiblesse du jeu des actrices-teurs nous invite à faire le cinéma buissonnier. Par indulgence, on se demande si l'auteure pousse la satire du genre jusqu'à les faire jouer de cette manière grossière? Et puis, non. Rothman devrait, semble-t-il, travailler davantage sa direction de comédiennes-diens. Réalisé deux ans plus tard, *Terminal Island* sera également déficient à cet égard.

Velvet Vampire prête facilement le flanc aux attaques de toutes sortes. Insipide et sans intérêt, diront les intellectuelles-tuels. Y'a d'la cuisse et du sein comestibles dans ce film, avis aux voyeurs/masturbateurs! diront les critiques. De la sexploitation, on n'en veut plus, diront les femmes. Toutes ces réactions se justifient parce que même si Rothman met par exemple dans la bouche sanguinaire de sa vampire «que la jouissance des femmes est tellement plus puissante que celle des hommes, d'où leur terrible envie», cela ne suffit pas. Elle concède encore trop de clichés au genre pour rendre efficaces les anti-stéréotypes glissés çà et là. Ceux-ci n'arrivent pas à respirer, noyés dans un fatras de lieux communs: «the dummy blond», la galanterie ineffable de l'insipide grand mâle, la chair féminine bien offerte au regard.

Mais heureusement, *Velvet Vampire* précède *Terminal Island*. On peut donc croire que Stephanie Rothman affirme de plus en plus sa démarche de réalisatrice pro-femmes et que dans ses prochains films le mélange lieux communs et contre-stéréotypes sera plus joyeusement subversif. Car l'intérêt premier de cette démarche est qu'elle risque d'atteindre des hommes et des femmes que le féminisme n'a pas encore touchées-és.

DU CÔTÉ DES QUÉBÉCOISES[45]

Elles sont des millions à *Mourir à tue-tête*[46]. Victimes de clitoridectomies. Victimes de viols de guerre. Victimes d'inceste. Victimes aussi d'un mari, d'un psychanalyste, d'un gourou, d'un patron, d'un «supérieur». En procédant à l'autopsie méticuleuse d'un viol, Anne Claire Poirier fait non seulement une oeuvre-synthèse sur ce «crime politique de domination qui passe par le crime sexuel», mais aussi le procès de tout un régime phallocratique qui a excisé[47] 74 millions[48] de ses enfants femelles et continue de le faire en toute impunité dans quarante pays d'Afrique et du Proche-Orient.

Régime universel aussi qui, dans une ville comme Montréal, viole plus de 3000 femmes par année[49], sans égard à leur couleur, à leur apparence, à leur classe sociale et même à leur âge[50]. Un régime au sein duquel des hommes s'entre-tuent au Vietnam, au Bengla-Desh[51] ou ailleurs et dont les femmes survivantes servent de butin au vainqueur. Un régime enfin qui élimine de toutes ses instances juridiques et sociales les femmes victimes d'agression pour ne pas déranger l'ordre des hommes.

C'est ainsi qu'on interdit la rue aux femmes parce que les hommes sont agresseurs-violeurs-tueurs. Comme si, en toute logique, ce ne devrait pas être exactement l'inverse. Mais allez donc comprendre la logique du patriarcat. Elle ne se contente pas de faire des femmes des victimes; elle les punit, en outre, d'être victimes. La seule logique à laquelle puisse répondre le patriarcat, c'est à celle de ses intérêts.

Le génie d'Anne Claire Poirier, dans *Mourir à tue-tête*, est d'avoir montré le viol du début à la fin en brisant toute possibilité d'excitation sexuelle chez les hommes — et si elle survient chez les plus... disons téméraires, elle est, par une habile intégration du principe brechtien du Verfremdungseffekt[52], vigoureusement questionnée. C'est peut-être la première fois au cinéma québécois qu'une caméra subjective sert une fin politique d'une manière aussi parfaite. Pendant tout le segment du viol, la caméra se substitue à la violée pour recevoir les coups, les crachats et même l'urine du violeur. Jamais on ne voit le violeur et la violée ensemble comme dans le rapprochement amoureux. La contre-plongée, prise d'un point de vue unique et qu'on pourrait appeler l'angle de la peur, traduit éloquemment l'abjection du crime de viol, le mépris infini du violeur pour le féminin — «Criss' de femmes! J'peux tu assez vous haïr!» — et le mobile de son geste qui en est un de pure vengeance et de domination, aussi éloigné de la sexualité que l'est un assassinat[53] — «C'est pas croyable, mais y'a eu une érection par mépris, pas par désir.»

Après s'être «fait faire la haine», on suivra Julie de cette mort symbolique à sa mort réelle. Comme beaucoup de femmes violées, on la verra abdiquer sa sexualité et s'enliser dans une peur effrénée — «J'ai pas attrapé une maladie. J'ai attrapé la peur.» Même l'amour de son conjoint ne suffira pas à guérir «cette attaque contre l'âme». Julie est déjà morte et l'amour n'a jamais ressuscité personne.

Dans une langue simple, Anne Claire Poirier décompose pour nous la vraie nature du viol — le viol proprement dit, le viol du médecin mâle, le viol du photographe mâle, le viol du policier mâle et même l'approche amoureuse désormais ressentie comme un viol — et ses fondements socio-politiques. De ce crime, «les femmes en sont les victimes dans leur corps tous les jours plus que n'importe quelle victime de guerre».

Mourir à tue-tête est un film essentiel dans notre cinématographie nationale. Pourtant, à chaque visionnement j'ai éprouvé deux malaises. Celui d'un manque et celui d'une erreur dans la conclusion. Que les femmes aient peur d'être violées ou d'avoir été violées, aucune de nous ne l'ignore. Qu'elles aient honte, je veux bien l'admettre sans toutefois comprendre ce sentiment. Les émotions de la violée semblent toujours osciller, aux dires d'Anne Claire Poirier, entre la peur et la honte. Du désir de vengeance? Pas une trace, pas un souffle, pas un mot. Et cela manque pour que la démonstration de l'auteure soit complète. Parce qu'il y a des femmes que la honte ne touche plus et qui ne peuvent plus respirer sur la même terre que leur agresseur. Rappelons-nous cette vétérinaire d'Europe de l'Est qui, après leur avoir administré des soporifiques, castra les deux camionneurs qui l'avaient violée. Et cette adolescente portugaise qui, un jour, tua son père qui la violait depuis des années. Et cette jeune mère de 30 ans qui tua en plein tribunal et à bout portant le violeur de sa fillette. Elles existent ces femmes qui n'ont pas été complètement détruites par le viol et retournent leur trop juste révolte vers leurs agresseurs. C'est dommage qu'Anne Claire Poirier n'y fasse aucune allusion.

C'est à la conclusion de la cinéaste que s'adresse ma seconde réserve.

> Tout ce qu'on a pu découvrir de mieux, récemment, pour contrer le viol d'une manière pratique, c'est un avertissement aussi dérisoire que celui-ci: «Chaque être humain qui a un vagin devrait porter un sifflet à son cou». Cela veut dire que le premier geste que les mères devront alors apprendre à leurs filles, c'est de savoir comment siffler leur détresse[54].

Cette conclusion, qui veut dénoncer l'institutionnalisation du viol, fait néanmoins table rase des éléments de solution proposés par certaines féministes, tels le Wendo, les escouades antiviol, les groupes d'aide et d'action, etc. Sa charge ironique s'adapte mal à l'âpreté du récit. Elle est, de plus, un effroyable constat d'impuissance et de soumission à l'ordre des hommes. Cela aussi est dommage.

Même un peu terni par son épilogue, *Mourir à tue-tête* demeure un film-clé pour la lutte des femmes contre le viol, qui est l'incarnation matérielle, dans toute son horreur, de «l'appropriation des femmes». Il en faudra cependant beaucoup d'autres de cette puissance parce que, en dépit de sa valeur didactique certaine, il n'a pas mis fin à l'imbécillité. À preuve, ce critique du *Newsweek,* par ailleurs très favorable au film, qui amorce sa réflexion en ces termes: «À l'instar de la géographie, l'anatomie c'est la destinée dans au moins un sens: la géographie du corps de la femelle expose les femmes au viol comme l'absence de frontières naturelles expose certains pays à la guerre[55].» Mais, en vérité, la loi canadienne cautionne encore en 1981 de telles inepties. Ainsi, le corps d'un enfant mâle de 5 ans qui se fait ravager l'anus par une bouteille et un pénis d'adulte n'est pas violé puisque, au sens de la loi, seul un être pourvu de vagin peut l'être. Cet homme de 40 ans qui subit les assauts sexuels d'un groupe d'adolescents déchaînés par une folie collective n'est pas violé non plus, parce que sa «géographie» physiologique ne le permet pas.

«Dans le viol, il y a deux vérités: celle de l'homme et celle de la femme. Et elles sont contradictoires. Lequel de nous deux ment[56]???»

DU CÔTÉ DES ITALIENNES

Je n'oublierai pas le choc que j'ai eu en voyant *Les Filles* de Mai Zetterling. Sa maîtrise du langage ciné-matographique et son talent sont infiniment plus remarquables que ceux de Liliana Cavani. Mais le propos de la première est clairement féministe alors que la seconde ne l'est guère. C'est la raison pour laquelle sans doute Mai Zetterling n'est pas appré-ciée à sa juste valeur alors que *Night Porter* avait tout pour conquérir les misogynes, les conservateurs et les sado-sexistes[57].

Il est vrai que l'ambiguïté du propos de Cavani frôle la misogynie — mais jamais n'y verse — et flirte avec une conception bien mâle de la femme et des classiques relations sadomasochistes qu'engendre l'éducation mutilatrice des filles et des garçons. Mais ne faudrait-il pas aussi voir une critique du sexisme dans cette critique métaphorique du fascisme? Car malgré son ambivalence extrême, Cavani ne cède pas un iota à la mode ou à la facilité et orchestre ces jeux d'équivoque avec une maîtrise parfaite. Se remémorant une rencontre avec une résistante italienne jadis enfermée à Auschwitz, Cavani affirme que «ce qu'elle ne pouvait pardonner à ses bourreaux c'était de lui avoir révélé l'ambiguïté de la nature humaine». «Ne croyez pas que toutes les victimes sont innocentes», me dit-elle[58].

Que la réalisatrice, admirablement articulée, de *L'heure de la libération a sonné* désespère que Cavani ne mette pas son talent au service de la cause des femmes, plusieurs empathiseraient volontiers avec elle. Mais il faut par ailleurs reconnaître la difficile rencontre entre le militantisme radical et la libre pensée. La militante saurait-elle militer si elle doutait? Cavani, elle, doute. Elle SAIT le point de rupture, le basculement dans une dimension où la logique politique, si brillante fut-elle, cesse d'exister, où tout n'est que diffractions, demi-teintes et reflets. Funambule de la libre pensée, Cavani n'est pas sans rappeler la Mészáros de *Les Héritières*. Toutes deux disent l'incertain et la fragilité de la pensée humaine.

Portier de nuit[59] est, avec l'ombre d'un petit doute qui se refuse à disparaître, un film pro-femmes[60]. Depuis certains détails, tel la lutte entre Bogard et Rampling où celle-ci se défend réellement — et non pas comme ces actrices manipulées-dirigées par des hommes qui opposent une résistance factice juste propre à stimuler les hormones agressives du mâle — jusqu'à la démonstration dialectique du rapport sadomasochiste qui peut, de par sa nature même, facilement s'inverser[61].

Portier de nuit a souvent été la cible de critiques pamphlétaires. Mais l'interprétation par Cavani du monde en général et celle du fascisme en particulier mérite d'être défendue par tous ceux et celles qui croient à la coexistence possible de visions pluralistes, ayant bien à l'esprit la myriade de calamités issues de systèmes de pensée totalitaire, qu'ils soient de droite ou de gauche.

Provocatrice éblouissante, Liliana Cavani fait une autre fois la preuve indiscutable, avec son film *Au-delà du bien et du mal*[62], qu'elle est une grande cinéaste. Nombreux sont celles-ceux qui ne partagent pas cet avis. Ceux-ci, peut-être parce que Cavani a l'audace de s'ingérer dans la psyché masculine, puis de façonner maints fantasmes. Celles-là, peut-être parce que l'auteure rappelle les univers par trop masculins de ses célèbres compatriotes Visconti et Fellini.

Dans un climat dont les tons troubles et envoûtants apparaissent dès les premières images, Cavani unit son monde obsessionnel à celui de l'illustre philosophe allemand Nietzsche et porte un regard doué d'une grande liberté d'interprétation sur une époque et sur les vies de Nietzsche, de Paul Rée et de Lou Andréas-Salomé. Ces trois êtres d'exception que lie le hasard, que la vie en commun déchire et que les pulsions divergentes séparent finalement, l'auteure tente de les comprendre tant par leur esprit que par la société qui les entoure.

Une caméra sophistiquée suit l'étrange ballet de ces destinées dans un registre chromatique crépusculaire: couleurs entre chien et loup, où la réalité et le fantasme deviennent pure symbiose. Cavani fait partie intégrante de l'énigmatique ménage à trois puisqu'elle partage avec Nietzsche ce sens tragi-comique de la vie, avec Paul Rée cette sensibilité à vif et, surtout, avec Lou Salomé ce profond anticonformisme. Elle redonne d'ailleurs une existence nouvelle à cette femme dont la mémoire fut immortalisée, non pour son génie, mais pour ses liens avec des hommes aussi renommés que Freud, Rilke, Wagner, Wedeking et Nietzsche bien sûr. Cavani la dépeint comme un être en marge, hédoniste et irrévérencieux. Une fusion parfaite de la tête et du corps. Lou Salomé, femme d'esprit qui avouait être «fidèle aux souvenirs mais non aux hommes», est la seule du triumvirat à assumer pleinement sa liberté. Les deux hommes veulent être libres. Elle est libre.

Alors que Cavani façonne d'extravagantes lubies pour ses personnages masculins avec un formidable aplomb — qui n'est certes pas un sceau d'authenticité —, il est intéressant de constater une discrétion totale à cet égard pour son personnage féminin. La structure ouverte de son récit permet toute liberté d'explication et pourrait nous laisser supposer, par exemple, que sa fabulation à l'endroit de Lou Salomé s'est portée sur l'insertion de cette dernière dans son contexte socioculturel. Que Lou Salomé fut un être contestataire, n'en doutons point. Mais qu'elle parvint à vivre selon ses valeurs marginales avec un tel bonheur, à une époque où être femme signifiait être sacrifiée, pourrait laisser croire à un débordement imaginaire de Cavani. Elle modèle une femme à sa mesure: forte, intelligente, passionnée, à la libido joyeusement scandaleuse. Salomé-Cavani: une seule et même personne ...libertaire.

Des images pour le dire

Ces réflexions, au fil de quelques moments cinématographiques d'importance, n'avaient d'autres visées que de réunir des éléments aux fins de l'élaboration d'une ou de méthodes critiques du cinéma qu'elles font. Si cette élaboration d'une approche critique du cinéma des femmes s'impose désormais, il fallait d'abord mesurer la pluralité et l'universalité de leur cinéma, de leurs images.

Le cinéma étant aussi une écriture, une graphie, on se heurte aux mêmes difficultés méthodologiques quand on veut analyser l'écriture cinématographique des femmes que leur écriture tout court. Devrait-on s'en tenir à une méthode sémiologique comme le propose Julia Kristeva? Certaines auteures pensent qu'une approche sémiologique ne peut révéler que des «phénomènes superficiels». Constituer des données sur la fixité des plans, leur longueur, l'utilisation chez les réalisatrices de la voix-off si fréquente, du hors-champ, de l'image gelée, de plusieurs langues[63], ainsi donc, constituer, ou plutôt retracer les récurrences métaphoriques, les redondances filmiques[64], ou encore mettre en parallèle les réseaux thématiques dans le cinéma des femmes n'éclairent en rien les «origines du discours» lui-même.

Plus radicale car plus intégrale que celle de Kristeva, l'approche psychanalytique de Luce Irigaray a pour noyau le sujet lui-même et non plus le «texte». D'où parle le sujet? Qu'était-il/elle avant d'écrire? Irigaray propose l'interdépendance du *sujet* et de son *texte*.

Ainsi après avoir trouvé «les mots pour le dire», des Allemandes, des Brésiliennes, des Québécoises, des Italiennes, des Suédoises et tant d'autres femmes composent maintenant des images pour traduire notre illégitimité, notre clandestinité, notre invisibilité. À chaque film, à chaque image, nous nous faisons plus licites, plus visibles. Films aux textures allant de soie à bure, aux caméras rigoureuses, dépouillées, modestes ou subtiles, parfois déficientes, évitant toujours le gongorisme. Films aux montages disjonctifs ou linéaires, cursifs, minimals ou étudiés. Films aux propos rageurs, inspirés, équivoques, pénétrants, mièvres ou prolixes, ils sont le contrechamp, la contre-image du cinéma à papa. La cartésienne affirmation «Je pense donc je suis» s'entend répondre je suis ce que je pense.

En clair, cela veut dire que tous les discours sont autobiographiques ou alors aucun ne l'est. Même non actualisés, les fantasmes, les rêves, les utopies, les assertions, les croyances, les thèses imaginés par un esprit appartiennent à cet esprit. La ou le cinéaste qui fabule, expose, construit, affirme, appréhende, dénonce, décrit, vogue ou divague parle à partir d'elle ou de lui-même. Sa fiction même est autobiographique. Et les femmes, excédées, lèvent le voile un peu plus à chaque film qu'elles créent sur cette fiction: la création est oeuvre d'imagination pure sans égard au coeur et au corps qui la révèlent.

Et le coeur et le corps qui créent ne sont pas en relation avec un univers désincarné ou évanescent comme certains créateurs de pouvoir le laissent croire, mais avec un environnement socio-politique normatif et coercitif. Tant et si bien du reste que le problème du rapport des femmes à la création demeure entier. La cinéaste italienne Giovanna Gagliardo l'énonce en ces termes:

> Quand la femme veut s'émanciper, sa seule liberté c'est de devenir homme sur le plan culturel. Alors la question se pose: existe-t-il une possibilité de s'affirmer comme femme dans cette culture? Je crois que c'est seulement possible par défaut, en s'affirmant comme une exception à la règle, comme une anomalie. Il faudra beaucoup d'années pour changer tout cela. Le travail qui m'intéresse c'est de montrer ce que la culture actuelle appelle le pire: l'ombre, le nocturne, la maladie[65].

***

NOTES

1. À vrai dire, il s'agit beaucoup plus de traits à connotation négative comme la passivité, la soumission, l'oubli de soi, l'esprit de sacrifice, etc.

2. Kate Millet, *La Politique du mâle*, Paris, Stock, traduit de l'américain, 1971, p. 43.

3. Qu'il soit entendu par le mot révolution toutes démarches, collectives ou individuelles, qui cherchent de nouveaux possibles et désirent un ordre meilleur pour toutes les personnes qui habitent cette planète: enfants, femmes, hommes.

4. *L'Amour handicapé* de Marlies Graf, Suisse, 1979, 120 min. Marlies Graf s'est donc intéressée aux handicapées-és deux ans avant l'année internationale qui leur a été consacrée.

5. Par ailleurs et au point de vue de la fonction strictement sexuelle, il faut admettre que l'homme peut rencontrer plus de difficultés dans l'acceptation de son handicap. Victime de ses propres mythes réducteurs de la sexualité à la seule génitalité, l'homme handicapé n'est pas toujours capable de redéfinir sa fonction sexuelle, comme le peut la femme en pareil cas.

6. *Une histoire de femmes*, de Sophie Bissonnette, Martin Duckworth, Joyce Rock, Québec, 1980, 75 min. Prix de la critique québécoise 1980.

7. Frantz Fanon, *Les Damnés de la terre*, Paris, Maspero, 1976, p. 25.

8. *Un film d'amour et d'anarchie, ou ce matin à 10 heures rue des Fleurs dans la notoire maison close*, de Lina Wertmüller, Italie, 1973, 125 min.

9. *Vers un destin insolite sur les flots bleus de l'été*, de Lina Wertmüller, Italie, 1975, 116 min.

10. Ellen Willis, dans *Women and the Cinema, a Critical Anthology*, New York, E.P. Dutton, 1977, p. 383. Notre traduction.

11. Au chapitre précédent, sous le nom d'Ida Lupino, j'explique les connotations négatives de la locution. Est-il nécessaire de le rappeler?

12. «Féministe» et «homme» représentent, à mon avis, une dichotomie. Car une personne ne peut être féministe qu'en vertu de son appartenance au sexe féminin. Que les hommes intéressés par le sort de plus de la moitié de l'humanité — et par ricochet par leur propre sort — se désignent par un terme distinct. La confusion est déjà assez grande.

13. Extrait d'une communication prononcée par Erica Jong à l'Université du Québec à Montréal, communication intitulée «L'écrivain derrière le masque: du roman à l'autobiographie».

14. Rencontre-discussion tenue au Conservatoire d'art cinématographique de l'Université Concordia de Montréal, le 25 mars 1981.

15. «Enfin! qui sont-ils???»

16. Judit Elek, dans *Image et son,* n° 255 (décembre 1971), p. 73.

17. Marilyn French, auteure des best-sellers *Toilettes pour femmes* et *Les Bons Sentiments.* Voir p. 35 du présent ouvrage.

18. *Copie zéro*, Montréal, La Cinémathèque québécoise, n° 6, p. 64 à 71.

19. Claire Clouzot, dans *Paroles... elles tournent!*, Paris, Éd. des femmes, 1976, p. 143 à 152.

20. *Ibid.*, p. 148.

21. *Near the Big Chakra*, d'Anne Severson, USA, coul., 1972, 10 min. La pensée hindoue nommait plexus ou chakras

les sept centres vitaux de l'être humain. Aujourd'hui encore, la science moderne reconnaît en ces zones des régions particulièrement innervées et en conserve les mêmes appellations.

22. Nicole-Lise Bernheim, *Marguerite Duras tourne un film*, Paris, Albatros, p. 146-147.

23. *Hunger Years*, de Jutta Brückner, 16 mm, N/B, 1980, coproduit avec la télévision allemande.

24. La voix off qui souvent remémore, raconte ou commente est la voix de Jutta Brückner.

25. Phyllis Chesler est l'auteure de *Les Femmes et la Folie*, traduit de l'américain, Paris, Payot, 1973, 237 p.

26. *Beyond Love*, de Ingemo Engström, 35 mm, coul., 1979, 125 min.

27. Notre traduction.

28. Définition tirée du *Petit Robert*, éd. 1974, p. 862 et qui nous dit: Hystérique, 1568; lat. *hystericus*, gr. *husterikos*, de *hustera* «uterus», l'attitude des malades étant autrefois considérée comme un accès d'érotisme morbide féminin.

29. Traduction libre du titre anglais du film *Beyond Love*.

30. *The Far Road*, de Sachiko Hidari, coul., 1977, 115 min.

31. Théâtre né à Kyōto vers la fin du XVIe siècle. Composé de chants, de danses, il est joué par des acteurs (d'où son nom). Sur la scène de ce théâtre, seuls pouvaient monter des acteurs masculins.

32. Il est important, afin de saisir la portée de ce geste, de se rappeler les liens presque filiaux qui unissent le Japonais à son employeur.

33. Bien qu'âgé de 48 ans, Oshima est un réalisateur jeune puisqu'au Japon la plupart d'entre eux apprennent leur métier par de nombreuses années d'assistanat.

34. Elle rencontra Abel Gance en 1954 et travailla à ses côtés jusqu'en 1961.

35. Sous ce pseudonyme, elle publia notamment *Le Réservoir des sens* et *Mémoires d'une liseuse de drap*. Belen joue aussi le rôle de Nostradama dans son plus récent film, *Charles et Lucie* (1979).

36. Nelly Kaplan est née à Buenos Aires, Argentine, d'une famille fixée en Amérique du Sud depuis trois générations.

37. *Papa, les petits bateaux*, de Nelly Kaplan, 35 mm, coul., 1971, 100 min.

38. *Pourquoi pas!*, de Coline Serreau, 35 mm, coul., 1977, 93 min.

39. *India Song*, de Marguerite Duras, 35 mm, coul., 1975, 120 min.

40. *Son nom de Venise dans Calcutta désert*, de Marguerite Duras, 35 mm, coul., 1976, 118 min.

41. Au cours d'une entrevue, il avouait dominer ses comédiennes parce que «la plupart des femmes qu'on rencontre n'ont pas l'intelligence d'Einstein».

42. *Terminal Island*, de Stephanie Rothman, 35 mm , coul., 1973, 95 min.

43. Cela change de l'habituel «Ce film a des couilles».

44. *Velvet Vampire*, de Stephanie Rothman, 35 mm, coul., 1971, 82 min.

45. Sous la rubrique «Du côté des Québécoises», le seul nom d'Anne Claire Poirier fut retenu parce que, d'une part, elle produisit le premier film nommément féministe et que, d'autre part, le Québec compte six millions d'habitants, soit presque dix fois moins que la France.

46. *Mourir à tue-tête*, d'Anne Claire Poirier, 16 mm gonflé en 35, coul., 1979, 96 min.

47. Dans beaucoup de cas, à l'horreur de l'excision s'ajoute celle de l'infibulation, c'est-à-dire qu'après l'ablation du clitoris et des nymphes (les petites lèvres), on lacère le bord interne des grandes lèvres qui seront maintenues l'une contre l'autre avec des épines d'acacia afin qu'elles se soudent de manière définitive, formant ainsi une protection «naturelle contre la libido exacerbée des femmes».

48. Pierre Leuliette, dans son ouvrage *Le Viol des viols* paru en 1980, estime à 40 millions le nombre de femmes mutilées, alors que Simone de Beauvoir, dans la préface du livre de Renée Saurel, *L'Enterrée vivante* (1981), cite le *Fran Hosken Report*, lequel évalue à 74 millions les victimes de ce massacre tout autant gynécologique que psychologique.

49. Plus de 10 viols sont commis quotidiennement à Montréal. Un seul est rapporté à la police. Donc, 3 650 viols par année et un total de 300 plaintes. Près de 38% des plaintes sont rejetées dès l'enquête préliminaire. Peu d'accusés de viol sont arrêtés, encore moins sont déclarés coupables. Seulement 186 des 300 causes, soit 62%, sont amenées devant les tribunaux. De ce nombre, 5% des accusés sont déclarés coupables. En somme, il y a 9 condamnations pour chaque 3 650 viols perpétrés dans la seule ville de Montréal.

50. Au Canada, la plus jeune violée connue avait 2 semaines (est-il besoin d'ajouter qu'elle est morte?) et la plus âgée, 93 ans.

51. Au cours des neuf mois d'occupation par l'armée pakistanaise en 1971, Susan Brownmiller estime que de 200 000 à 400 000 femmes furent violées. Dans *Le Viol*, Paris-Montréal, Stock/L'Étincelle, 1976, p. 100.

52. Principe qui refuse au spectateur toute identification avec les personnages.

53. Le fait que plus de la moitié des violeurs n'éjaculent pas en est un signe révélateur.

54. Le concept a été développé par Colette Guillaumin dans

la revue *Questions féministes,* Paris, Tierce, 1978, n°s 2 et 3.

55. Jean Strouse, dans *Newsweek,* New York, 15 octobre 1979, p. 130. Notre traduction.

56. Question posée par l'une des protagonistes de *Mourir à tue-tête.*

57. Heiny Srour, dans *Paroles... elles tournent!, op. cit.,* p. 231-232.

58. Liliana Cavani, dans *Écrits, voix d'Italie,* Paris, Éd. des femmes, textes réunis par Michèle Causse et Maryvonne Lapouge, 1977, p. 274.

59. *Portier de nuit,* de Liliana Cavani, 35 mm, coul., 1974, 110 min.

60. Son plus récent film, *La Peau,* saura-t-il confirmer ou infirmer ce doute?

61. Nagisa Oshima soutient la même thèse dans son film obsédant *L'Empire des sens.*

62. *Au-delà du bien et du mal,* de Liliana Cavani, 35 mm, coul., 1977, 127 min.

63. Jusqu'à cinq parfois comme dans le film de la Brésilienne d'origine japonaise, Tizuka Yamasaki, *Gaijin ou les chemins de la liberté* (1980) où l'on parle anglais, français, japonais, espagnol et italien, et celui d'Edna Politi, *Comme la mer et ses vagues* (1980) où se mêlent habilement le français, l'hébreu, l'arabe, l'anglais et l'espagnol.

64. L'utilisation de l'image gelée, particulièrement s'il s'agit de la dernière image d'un film, illustre bien ces redondances ou périssologies au cinéma. Elles font d'un procédé à l'origine très puissant, un banal pléonasme.

65. Giovanna Gagliardo, dans *CinémAction,* Paris, Revue trimestrielle, n° 9 (automne 1979), p. 125.

* * *

CHAPITRE 4
ELLES TOURNENT QUAND MÊME

Giovanna Gagliardo n'est pas seule intéressée par l'ombre, le nocturne, la maladie. Depuis que l'indicible malaise des femmes s'est muté en une conscience inéluctable et que la frustration prend chez plusieurs des allures de révolte, depuis que tous les jours des silences se rompent, il est sans doute difficile de s'y soustraire. Mais ce qui est déjà malaisé à nommer devient impossible à filmer. La société et ses gardiens, on le comprendra aisément, ne paieront pas le prix de leur enterrement. Alors ils auront recours à toutes sortes de subterfuges et de demi-vérités pour empêcher les femmes de tourner. Mais surtout ils s'appuieront, et les consolideront si besoin est, sur les rouages de ce système universel qui interdit l'accès des femmes à la création — si ce n'est celle des enfants.

Comme presque toutes les créatrices, les femmes de cinéma n'évitent pas le servage domestique. Si envers et contre tous, elles parviennent à s'en dégager, l'économie masculine de la création cinématographique prend la relève de la garde. Quand elle ne refuse pas d'emblée l'entrée de ses chapelles aux réalisatrices en créant le vide financier autour de celles-ci, cette même économie entache à posteriori leurs films par une critique qui n'a d'objectif que sa propre prétention de l'être.

Sans égérie et sans appui

Égérie n'a pas de masculin. Non plus que muse, alors qu'inspirateur ne rend nullement cet écho nourricier qui se dégage d'inspiratrice. Le rôle premier de la muse en est un de mère nourricière dont l'affection inconditionnelle et la prévention contre tout souci matériel sont les deux mamelles. A-t-on jamais vu un créateur freiner ou mettre en veilleuse un élan pour langer son dernier-né, laver la vaisselle de sa conjointe ou changer les draps-témoins de ses ivresses de la nuit précédente?

«D'abord ménagères», accusent, et non sans raison, certaines militantes. Mais il se trouve quelques femmes qui échappent cependant à cet esclavage. Le service domestique constitue pour l'essentiel cet accomplissement, non rémunéré, de tâches ménagères au profit d'une ou de plusieurs autres personnes. On ne peut être sa propre servante. Toutefois, même une femme qui déserte le service domestique, par le refus du mariage ou du concubinage traditionnel, se doit d'assumer l'entretien de sa vie. Dans le meilleur des cas, et à l'instar de toutes les autres femmes, la créatrice consacre une partie de son temps à la domesticité, alors que le plus petit créateur un tant soit peu astucieux est capable de s'adjoindre une muse à tout faire. Y a-t-il un seul homme au monde qui au nom de l'amour de l'art ou de l'art de l'amour accepterait de veiller à ce que sa créatrice ne manque jamais de sous-vêtements propres, que son régime alimentaire contienne ce qu'il faut de protéines ou que son pot à café ne tarisse jamais de liquide chaud et odorant? Jovette Marchessault, auteure, peintre, sculptrice québécoise de réputation internationale a bien compris que dans le mariage point de salut:

> Ç'a été le cas des compagnes d'hommes célèbres. La compagne de Bataille, de Dostoïevsky, les deux compagnes de Malraux. Elles ont été bloquées par la culpabilité et l'interdit qui pesaient sur elles. Elles se cachaient pour écrire. Moi je dis que si une femme mariée arrive à créer, c'est qu'elle a du génie. Celles qui ont pu le faire, Colette, George Sand, Virginia Woolf ont eu des bonnes, des gouvernantes, ou n'ont pas eu d'enfants. Ici, Anne Hébert, Marie-Claire Blais, et Laure Conan, notre première romancière, sont restées célibataires. Gabrielle Roy s'est mariée, mais on ne peut pas dire qu'elle est mère d'une famille nombreuse. On peut en dire autant de Kate Millett ou de Ti-Grace Atkinson. À cause de toutes ces entraves, beaucoup de femmes en sont restées à leur premier livre ou ont sombré dans la névrose. L'Américaine Sylvia Plath en est l'exemple typique[1].

Sylvia Plath a partagé avec Elisabeth Packard, Ellen Wast et Zelda Fitzgerald talent, conscience et folie. Quatre femmes. Quatre destinées tragiques. Quatre refus de la féminité. Quatre cas de folie. Chacune a désavoué son rôle de mère et de femme. Croyant trouver refuge dans la folie, elles n'ont rencontré que solitude, désespoir et psychiatres-mâles. Il semble qu'avec la prise de conscience universelle de la condition des femmes le sens tragique de la féminité se soit exacerbé.

Les cinéastes aussi expriment souvent ce sentiment à la croisée de l'impuissance et du désespoir et qu'on nommera l'impossible féminité. Ce n'est qu'après un choix définitif des films pour les fins d'analyse du chapitre précédent, «Quelques femmes, quelques films» que j'ai brusquement réalisé que 6 des 12 héroïnes ont recours au suicide pour tenter de dénouer l'impasse de leur vie. Ces suicides annoncent à la fois une mutation profonde de la psyché des femmes et des lendemains orageux. Dans le champ de la médecine psychiatrique, l'idée que le suicide est animus alors que la tentative de suicide serait anima est largement répandue. Le conditionnement des femmes est tel qu'il nous est, bien sûr, plus facile de se détruire psychologiquement ou émotionnellement, ou les deux. Jusqu'à récemment, plus nombreux seraient les hommes qui réussissent leur suicide; mais plus nombreuses seraient les femmes qui tentent de se suicider[2] — encore qu'il est légitime de soupçonner l'ordre régnant de manipulations visant à camoufler ou nier les suicides chez les femmes. Ces tentatives s'inscrivent dans le processus «naturel» d'abnégation féminine et ne constituent pas toujours un appel à l'aide. Le suicide d'une femme, quand il survient, serait dans combien de cas le refus tragique de la féminité et d'une plus longue soumission? Comme «le masochisme dit féminin», le suicide d'une femme serait aussi «le symbole du désespoir affligeant, celui qui ne parvient plus à affirmer son existence que dans un geste ultime de liberté, le geste qui consiste à s'auto-détruire[3]».

La féminité est inacceptable parce qu'elle fait des femmes des castrats. L'éducation assassine les petites filles avec une bonne conscience plus proche de la barbarie que de la civilisation. De nos jours, cela paraît une évidence d'évoquer la polarisation des modèles de socialisation à l'usage des filles et des garçons. Une vérité depuis trop longtemps rebattue aux dires de certains, pressés d'enfin clore ce procès tellement gênant. Vérité que les phallocrates ordinaires se hâtent néanmoins d'oublier pour asséner l'argument-massue qui milite en faveur de la création aux hommes: «Si les femmes ont écrit quelques romans intéressants quoique bien féminins, si elles ont réalisé quelques films qui ne sont pas des chefs-d'oeuvre mais qui ont du nerf, admettons-le, en revanche elles n'ont jamais donné de Mozart ou de Beethoven! Où sont donc les grandes compositrices???» Question-vitriol qui fait répondre à Marguerite Duras:

L'endroit de la musique est celui de la mégalomanie. C'est un seuil de nature mystérieuse. L'homme qui fait comme s'il était dieu, ce n'est pas celui de la légende, c'est le musicien. Car cette espèce de périmètre où il pénètre est sans garde-fou et l'aventure qu'il va y vivre il ne pourra la vivre que dans la libération la plus profonde qui puisse se penser. Rien ne doit freiner ce passage de musicien vers la musique — et dire que la femme ne l'a pas opéré équivaut à dire que le prolétariat ne l'a pas opéré non plus. C'est vrai[4].

Malgré les apparences de libéralisation, les rapports des femmes à la création sont toujours aussi sinueux, faussés à la source, pour bien dire impossibles. Dans tous les cas où ils arrivent à survivre, ce sont des rapports a-normaux. «Le pouvoir... créateur aux hommes!», rallie la gauche, la droite, le centre, l'intérieur, l'extérieur, la masse et la marge. Aux femmes? Le pouvoir... procréateur![5] C'est bien assez.

Au risque d'être taxée de redite, il convient de rappeler cette autre grande vérité:

> Dites à n'importe quel être humain dès la prime enfance qu'il est un être relatif, qu'il est effacé, gommé avant d'avoir même pu faire le premier pas, qu'il ne compte pas vraiment dans la société, et vous aurez — à des exceptions près comme toujours — un être gommé, effacé, relatif[6].

Dans sa démonstration magistrale de l'institutionnalisation de la folie chez les femmes, Phyllis Chesler soutient qu'un fou mâle est traité, dans les hôpitaux psychiatriques d'état aux États-Unis, comme une femme, c'est-à-dire comme un être dépendant, soumis, asexué et totalement dépourvu de libre arbitre. «Quel niveau d'impuissance atteignent les femmes qui sont, depuis la tendre enfance, traitées (maltraitées??) comme des femmes, par conséquent comme des «fous» mâles?», s'interroge-t-elle simplement.

Quand une femme a franchi avec succès les stations de la servitude domestique, de l'éducation réductrice, de l'absence de modèles positifs d'identification et du désert affectif, son calvaire n'est pas pour autant terminé. Sa personnalité qu'on a, par tous les moyens, voulu diminuer de toutes parts mais qui, on ne sait trop par quel miracle, a réussi à créer, doit maintenant payer son tribut à l'ultime station. Si elle n'a pas eu d'égérie pendant la période de gestation de son oeuvre, les appuis à son oeuvre, qu'elle en soit assurée, se feront aussi peu fréquents. Une quadrature du cercle parfaite.

> (...) les trois quarts des êtres humains créatifs sont privés de la possibilité de créer (de plus en plus avec la disparition de l'artisanat). Dans le quart qui reste, les femmes sont éliminées à quatre-vingt-dix pour cent pour cause d'enfants en gestation ou à élever, par manque d'images de références, par l'idée reçue du rôle qu'elles ont à jouer, mère, collaboratrice, jamais plus. Sur ces quatre-vingt-dix pour cent du quart, une sur cent est reconnue[7].

La création des femmes est encore maintes fois reçue dans la condescendance mièvre, le paternalisme infatué ou l'incompréhension hébétée quand ce n'est pas dans le mépris avoué. Plus de 10 ans de théories et de pratiques féministes n'ont pas suffi à faire taire les sottisiers de la majorité écrasante.

«Faut-il blâmer l'État quand il refuse de financer *La Cuisine rouge*[8] qui pue les ordures à la ronde. L'argent du peuple doit-il servir à des oeuvres minables?» C'est à la suite de ces termes inqualifiables que Léo Bonneville[9], critique québécois de cinéma, signe l'éditorial coiffé du titre «Sortons du maquis» du numéro d'octobre 1980 de la revue *Séquences*. Monsieur Bonneville peste, s'emporte, s'étouffe presque. Sa croisade: un cinéma québécois viable qui recevra enfin l'assentiment d'un large public. À bas les inutiles distinctions entre cinéma culturel et cinéma commercial! L'unique paramètre désormais: la popularité, donc la rentabilité. Monsieur Bonneville feint la colère. Mais ce n'est que pour mieux lancer sa fléchette empoisonnée. N'est-il pas curieux que dans son emportement l'auteur ne prononce qu'une seule véritable condamnation et que celle-ci s'adresse à une femme dans un langage proprement ordurier??? Face à une oeuvre comparable d'un collègue masculin, Léo Bonneville aurait-il réagi de la même manière? Il aurait peut-être cherché à disculper en questionnant, par exemple, les conditions de production et le budget. On établit des «toutes proportions gardées».

Il est vrai que le film de Paule Baillargeon et Frédérique Collin sent parfois le «rafistolage». Mais il n'est pas facile de travailler avec un instrument de riches quand on est pauvres, très exactement quand on a 182 000$ en caisse et quelques «dons» ramassés au prix de quel effort. Pourtant, ses détracteurs n'ont que faire de pareilles considérations. On permet, de temps en temps, à quelques femmes de faire, ici ou là, un film au code clair, au récit linéaire et au propos limpide. Mais si elles se mettent maintenant à vouloir développer leur imaginaire et à vouloir expérimenter: haro sur ces hérétiques!

Il est vrai que *La Cuisine rouge* est un travail parfois mal affirmé et quelque peu brouillon. Il est aussi évident que l'écart entre l'intention des auteures et l'aboutissement de leur recherche est grand. Que l'on critique, même avec virulence, le film de Baillargeon et Collin, tout cela est affaire de goût et de degré de conscience. Mais qu'on le traîne dans la fange ou plus justement qu'on le réduise à un paquet d'immondices, comment ne pas déceler dans cette attitude une bonne dose de misogynie?

Seule *La Cuisine rouge* provoque l'ire du défenseur spontané des deniers publics qui conclut son éditorial par ceci: «N'est-il pas temps de sortir des maquis et d'offrir avec fierté nos films sur nos écrans? Quel accueil réservera-t-on à *Fantastica*, à *L'Affaire Coffin?*» Oui! Parlons-en de *L'Affaire Coffin*[10] et de *Fantastica*[11]. Symboliseraient-ils les deux pôles de cette nouvelle tendance à un apolitisme affligeant dans notre cinéma? Un million de dollars pour une «comédie musicale», cela fait un de ces trous dans notre budget national sans compter que c'est un peu plus de cinq fois le budget de *La Cuisine rouge*. Tandis que notre cinéma documentaire s'enlise depuis quelque temps, au mieux, dans le constat prudent, quand ce n'est pas dans une foulée folkloro-rétro qui n'a plus rien à voir avec notre réalité, notre cinéma de fiction empruntera-t-il la voie aseptisée de la comédie musicale? Ou cherchera-t-il à contester avec des bâtons d'ouate comme le fait *L'Affaire Coffin?* Ou saura-t-il trouver formes, sons et images qui nous ressemblent?

À cet égard, *La Cuisine rouge* a le mérite indéniable de regarder bien en face la remise en question fondamentale des rapports hommes/femmes qui marque cette

fin du XXe siècle. Et dans sa colère rouge, Léo Bonneville néglige d'apporter un seul argument à son rejet aux
ordures, trop occupé à mettre un masque de courroux
sur sa misogynie. Cet exemple, et ils sont légion, ne
représente qu'un registre, le plus virulent, de la critique.
Son éventail s'étend de la pure sottise aux procédés
rhétoriques les plus raffinés.

De la difficulté de travailler avec un instrument de riches quand on est pauvres

Sans égérie, sans appui... sans mécène. Parler de
cette impossible création pour les femmes en général,
puis de femmes et de cinéma, donc d'argent, c'est tomber
de Charybde en Scylla. C'est sortir de l'art pour entrer
dans l'industrie. C'est quitter le confort douillet de la
«chambre à soi» pour l'hostile, ou à tout le moins, l'in-
sécurisant plateau de tournage. C'est penser comptabi-
lité, efficacité, rentabilité. C'est parler d'art à coup d'or.

Rapportant les plus récentes statistiques touchant la
répartition des revenus entre les hommes et les femmes
au Canada, un journaliste de *La Presse,* devant des chiffres
aussi choquants, n'a pu réprimer quelques réflexions qui
tenaient plus du commentaire que du compte rendu:

L'écart des revenus entre l'homme et la femme s'est
fortement accentué au Canada, passant de 88% en
1977, à 122,5% en 1979, dernière année pour laquelle
des données fiscales sont disponibles.

(..) jusqu'à l'âge de 35-39 ans les gains de l'homme
montent avec une très grande rapidité, la pente de
la courbe étant très accentuée: ces revenus passent
en effet de $4 894 en début de carrière à $21 024,
étant multiplié par 4,3 fois.

Chez sa compagne, par contre la courbe féminine
connaît un premier coup de frein dès qu'elle atteint

l'âge de 20 ans, pour ne plus monter du tout dès l'âge de 30 ans et ce, pour une période de 10 années: c'est à croire que pour son employeur, à 30 ans la femme prend de l'âge et l'homme, de l'expérience.

Il n'est donc pas surprenant que c'est à l'âge de 35-39 ans que la différence des revenus entre l'homme et la femme est la plus grande: $21 024 à comparer à $7 393. Sur le plan financier, la femme n'est donc même pas la «moitié» de l'homme mais à peine plus de son tiers[12]...

Drôle de structure qui oblige une femme à être, dans un emploi donné, deux fois meilleure qu'un homme pour toucher le tiers — et quelques poussières — du salaire de celui-ci. Cela dit, sans compter son travail domestique non rémunéré qui s'additionne à sa charge de travail. Serait-ce cela qu'on appelle la logique masculine?

Combien de femmes vivent dans l'instabilité, quand ce n'est pas dans un total dénuement économique? Évoquer ces amies qui, à l'âge de 30, 40, voire 50 ans, retournent aux études, s'offrant le cadeau que tous leurs frères ont reçu à l'adolescence, et qui vivent de la frugalité d'une bourse ou d'un prêt; ou cette anthropologue qui cherche un travail depuis deux ans et qui, en attendant son heure de chance, survit des prestations de l'assistance sociale, en invalidant chaque jour un peu plus sa compétence professionnelle; ou bien cette voisine de palier, qui devenue veuve, doit déménager dans un sous-sol de deux pièces de la rue Champlain à l'âge de 68 ans; évoquer, dis-je, la précarité financière de ces femmes ne convaincrait personne. Je me permets de croire que le rappel d'injustices aussi flagrantes que celle des familles monoparentales par exemple — 98% de ces familles sont prises à charge par des femmes; 78% d'entre elles vivent sous le seuil de pauvreté et 75% des pensions alimentaires ne sont pas versées[13] — puisse donner suffisamment de poids, sans procéder à une étude exhaustive, à la reconnaissance de cette pierre d'achoppement à la création cinématographique que représente la pauvreté des femmes.

Voilà pourquoi les réalisatrices qui ont emprunté la porte arrière du cinéma, le 16 mm, le court métrage, le documentaire, le film d'animation, le film expérimental ou la vidéo, sont si nombreuses, pour ne pas dire majoritaires. En somme, les «sous-genres» qui, d'emblée, les excluent du réseau commercial de distribution. On ne les voit pas, par conséquent, elles n'existent pas. Sauf Nelly Kaplan, Lina Wertmüller, Liliana Cavani, Márta Mészáros, et quelques autres peut-être, aucune cinéaste n'a vu au moins trois de ses films distribués commercialement au cours des années 70.

À Hollywood, en 1980, il y avait presque 40 ans, soit depuis le départ de Dorothy Arzner, que des femmes s'étaient vues confier un projet d'importance. Ce projet nommé tout simplement *Love,* anthologie composée de neuf volets écrits par Antonia Fraser, Liv Ullman, Gael Greene, Germaine Greer, Mai Zetterling, Penelope Gilliatt, Nancy Dowd, Edna O'Brien et Joni Mitchel, est produit par une femme, la Canadienne Renée Perlmutter, et réalisé par Annette Cohen, Liv Ullman, Mai Zetterling et Nancy Dowd. Financées en coproduction et bénéficiant d'un budget moyen, les quatre réalisatrices étaient les seules femmes à tourner aux États-Unis au début de 1981[14].

Au cours de l'année 1978-1979, les «majors» Universal, Columbia et Paramount n'avaient aucune femme inscrite sur la liste de leurs réalisateurs[15]. Côté télévision, qui est de plus en plus le tremplin essentiel de l'aspirant-cinéaste, le tableau n'est guère plus reluisant. Pendant cette même année et dans les mêmes studios, 730 hommes et 4 femmes seulement sont appointés pour la réalisation de programmes destinés à la télévision. Cercle vicieux s'il en est: on refuse aux femmes le droit de réaliser parce qu'elles n'ont pas suffisamment d'heures de travail à leur actif, mais comment gagner ces heures si on ne leur en donne jamais la chance? Et plus que partout ailleurs, la loi du deux poids deux mesures règne en maître. Sur un plateau de tournage, les caprices d'un homme révèlent son tempérament artistique, ceux d'une femme accusent son tempérament «bien féminin». Même scénario pour le «bide» ou l'échec financier: l'échec masculin est souvent affaire d'originalité, l'échec féminin est toujours affaire d'incompétence. La morale de cette bien banale histoire de faits et de chiffres, c'est que *parmi les quelque 7 339*[16] *films de fiction produits par les «majors» américains au cours des 30 dernières années et qui ont connu une distribution commerciale, 14, c'est-à-dire ²/₁₀ de 1%, portent la signature d'une femme. De quoi laisser songeur qui aime à méditer sur les chiffres: plus d'un milliard d'images issues de la pensée masculine ont été assimilées par un auditoire mixte avec une contrepartie de deux millions venues de la pensée féminine*[17]. Rappelons qu'à cet impérialisme masculin s'ajoute l'impérialisme de l'argent duquel découlent des situations aussi scandaleuses que celle-ci: les États-Unis sont responsables de 5% seulement de la production cinématographique mondiale mais ils occupent, en toute disproportion, 50% du temps-écran mondial.

Nonobstant ce qui précède, la solution pour les femmes se trouve-t-elle forcément du côté de l'argent? Nos régimes occidentaux ont cela de démocratique qu'ils permettent à un plus grand nombre d'entre nous de se laisser gagner par l'argent en abdiquant toute espèce de libre arbitre.

Le deuxième long métrage de Claudia Weill, *It's My Turn*[18], éclaire avec une acuité particulière les rapports triviaux qui lient le cinéma à l'argent. La problématique se pose ainsi. Il y a à peine trois ans, Claudia Weill signait *Girlfriends*[19], un film aux multiples promesses. Promesse d'un cinéma passionnant et sans vedette. Promesse d'un cinéma du quotidien, intelligent et sensible, qui suscite l'intérêt autant qu'un cinéma à la trame dramatique fabriquée de toutes pièces pour émouvoir. Promesse surtout d'un cinéma féministe capable d'espoir. Tout cela réalisé avec des bouts de chandelles, des amies-is de bonne volonté, un budget initial de 10 000$ et quelques subventions.

Claudia Weill, avec *It's My Turn,* quitte son modeste radeau pour s'embarquer dans un confortable paquebot. Budget: sept millions de dollars déboursés par la Columbia Pictures. Dès les premiers plans de *It's My Turn,* l'auteure nous présente une femme, perchée haut sur ses escarpins, à la démarche vacillante; Jill Clayburgh franchit le seuil de la Faculté de Mathématiques. Ouf! Enfin une femme qui s'intéresse à autre chose qu'à ses enfants, son amant ou même son divorce. Et cela, faut-il le préciser, au cinéma hollywoodien.

Le temps passe. Les plans, les scènes et les séquences se suivent, alors que l'effet de surprise fait place à la consternation. Impossible! me dis-je. C'est tout simplement impossible que Weill, femme lucide et intelligente, ait réalisé ce film d'une banalité inqualifiable, voire anti-femmes. Jill Clayburgh ne parvient pas à donner chair et consistance à cette docteure en mathématiques qu'elle incarne, car sa frivolité contredit toute vraisemblance. Tout au long du film, elle ne prononcera guère de paroles sensées, trop occupée à replacer ses colifichets, à faire du profil, à se poudrer le nez et les lèvres à la table du restaurant, et à nous découvrir ses jambes... au demeurant superbes.

Les stétérotypes s'accumulent jusqu'au coup de grâce: la rencontre avec l'homme. Claudia Weill nous propose un macho sans complexes, un macho satisfait qui décide du taxi à prendre, de l'occupation de la soirée, du moment et de la manière de faire l'amour. Si on peut encore appeler «faire l'amour» la navrante passivité de Clayburgh.

Valeurs à relents machistes, érotisme de pacotille, propos clichés, femme-caricature, que s'est-il donc passé? Qu'est-il arrivé à Claudia Weill?

L'appât du gain ou celui de la renommée aidant, se serait-elle hasardée à quelques compromis qui l'auraient menée, d'intentions premières louables, dans cette espèce de vacuum? Lee Grant, qui a refusé l'argent d'Hollywood pour son film *Tell Me a Riddle* (1980), parlait du cas de Weill et confiait ses craintes à un journaliste du *Globe and Mail:*

> Voyant ce qu'on a fait à Claudia Weill avec *It's My Turn* m'a effrayée: ils lui firent un très mauvais parti et je me demande comment elle a pu y résister. Cela ressemble à un mariage à l'ancienne — les studios sont attirés par la différence qu'ils sentent en toi et dès lors ils essaient de te changer. (...) Quoi qu'il en soit, je ne crois pas qu'il y ait une façon de changer le système de l'intérieur[20].

Malgré une terrible déception, donnons le bénéfice du doute à Claudia Weill en sachant combien le travail et l'énergie des femmes peuvent être sapés, détournés ou volés. Mais il est difficile de ne pas voir dans son budget assez imposant un lien de cause à effet. Non pas qu'il faille défendre une forme de misérabilisme de bon goût: il serait au contraire réjouissant que les femmes, enfin, disposent des mêmes budgets que leurs homonymes mâles. Cette parité rendrait au moins l'évaluation de leurs films plus juste. On se soucie encore très peu de pondérer ses jugements en fonction de l'argent alloué. Cela dit, que les femmes réclament de l'argent pour faire leurs films, fort bien! Mais non pour nous servir du plagiat de ce que les hommes nous offrent de pire. À la voie de l'argent à n'importe quel prix, celle de la marginalité transitoire semble encore préférable.

Et filmer, avec beaucoup ou peu d'argent, ne suffit pas. Que toutes ces femmes qui tournent dans le monde soient un signe concluant du changement profond que subit notre société depuis plus d'une décennie, pas de doute! Mais l'heure n'est pas au triomphalisme: car si elles tournent c'est encore trop souvent en rond. Tous ces films, mis au monde par des femmes, sont trop peu vus, mal ou pas distribués et souvent tués dans l'oeuf par une critique misogyne ou qui n'y entend rien. Non seulement faut-il augmenter sans cesse les rangs des réalisatrices, mais encore créer des réseaux parallèles de distribution, organiser une critique féministe vigoureuse et en mouvement, et imaginer des lieux et des événements alternatifs. Car même s'il s'agit d'une constatation quelque peu éculée, elle n'en reste pas moins inchangée: un film qui n'est pas vu n'existe pas.

***

NOTES

1. Jovette Marchessault, dans *Perspectives,* 21 mars 1981, p. 24-25.

2. «(...) quoique certaines recherches soient contradictoires, on peut avancer que les hommes se suicident plus que les femmes et que les femmes font plus de tentatives de suicide. Plusieurs auteurs relient ce phénomène aux moyens plus violents (arme à feu, pendaison) choisis par les hommes, alors que les femmes opteraient davantage pour l'intoxication médicamenteuse, ce qui laisse plus de possibilité de les secourir.» Dans *Avis sur la prévention du suicide,* par le Comité de la santé mentale du Québec, publié par le ministère des Affaires sociales du Québec, mars 1982, p. 11.

3. Marcelle Maugin Pellaumail, *Le Masochisme dit féminin,* Montréal, Stanké, 1979, p. 160.

4. Marguerite Duras, dans *La Création étouffée*, de Suzanne Horer et Jeanne Socquet, Paris, Pierre Horay, 1973, p. 180-181.

5. Pouvoir bien entendu sous-estimé, réduit à une sub-production ou plutôt à la re-production, assimilé à la dévaluation générale du féminin, mais que, contradictoirement, les hommes ont toujours tenté de s'approprier, comme le prouve le dérisoire de phrases telle que: «Je vais lui faire un enfant.»

6. Suzanne Horer et Jeanne Socquet, *La Création étouffée, op. cit.*, p. 26.

7. *Ibid.*, p. 40.

8. Premier long métrage des comédiennes Paule Baillargeon et Frédérique Collin, *La Cuisine rouge*, 16 mm, 1979, 90 min, se proposait de montrer «la dernière journée des anciens rapports entre les hommes et les femmes». Les démêlés financiers qu'a connu cette «dernière journée» n'ont eu d'égaux que ses démêlés avec la critique.

9. Léo Bonneville est également directeur du comité de rédaction de la revue *Séquences*, publiée trimestriellement.

10. *L'Affaire Coffin*, de Jean-Claude Labrecque, Québec, 35 mm, coul., 1980, 100 min. Le film retrace le procès sommaire et l'exécution, en 1956, d'un Gaspésien reconnu coupable du meurtre de trois touristes américains.

11. *Fantastica*, de Gilles Carle, Québec, 35 mm, coul., 1980, 110 min. Carle en dit ceci: «J'ai voulu faire un film musical qui serait un plaidoyer pour quelque chose (...)»

12. Jean Poulain, dans *La Presse*, 16 octobre 1981.

13. Cabana, dans *Perspectives*, 4 juillet 1981, p. 3.

14. Sally Ogle Davis, dans *The New York Times*, 11 janvier 1981, section 1.

15. *Loc. cit.*

16. *Loc. cit.*

17. Un film de long métrage d'une moyenne de 90 minutes compte quelque 130 000 photogrammes (24 images/ seconde).

18. *It's My Turn*, de Claudia Weill, 35 mm, coul., 1980, 91 min.

19. *Girlfriends*, de Claudia Weill, coul., 1978, 90 min.

20. Lee Grant, dans *The Globe and Mail*, 10 décembre 1980. Notre traduction.

* * *

CHAPITRE 5
DES LENDEMAINS
QUI CHANGENT

Tant de lendemains qui devaient chanter et qui, dans combien de cas, se taisent et poussent parfois des cris de Goulag. Aux lendemains qui chantent, illusoires peut-être, mais qui tardent à tout le moins, les femmes préféreront des lendemains qui changent. Elles prépareront aujourd'hui de solides assises pour des lendemains qui tournent ... rond.

Le défi est de taille et l'enjeu, à savoir la libre éclosion et la reconnaissance du principe féminin tant chez les hommes que chez les femmes, est vital pour l'humanité entière. Comment le cinéma gynile relèvera-t-il ce défi?

À cet art de vivre moderne qui s'apparente chaque jour un peu plus à un art de survivre, qu'opposeront les femmes? Après le choc du féminisme, la femme est peut-être moins l'avenir de l'homme, comme dit le poète, que l'avenir simplement.

Afin que cet avenir puisse s'inscrire en liberté dans le «cinéma au féminisme», encore faudra-t-il continuer à s'acharner contre tous les stéréotypes coriaces du septième art, s'offrir une caméra à soi et raffiner toujours plus notre réflexion et notre participation au monde.

Sus aux stéréotypes

Muet ou son Dolby, format 16 mm ou Panavision, le cinéma nous a servi et resservi la fragilité, la docilité, la frivolité, la servilité, la duplicité, la domesticité des femmes ... Ad nauseam! Maintenant, beaucoup reconnaissent, bon gré mal gré, l'omniprésence de l'exploitation des femmes dans ce cinéma dont l'articulation fondamentale est de forme «narrative-représentative-industrielle», le cinéma NRI. Mais le cinéma qui se réclame d'être différent, autrement, militant ou conséquent a failli lui aussi, dans combien de cas, à assumer

et à intégrer les femmes comme sujets aux réalités existentielles polymorphes.

L'insolente Molly Haskell, dans son brillant ouvrage
La Femme à l'écran, est du même avis:

> Hollywood a fourni une cible aisée en ce qui concerne
> l'outrage fait aux femmes, mais ce sont bien les réali-
> sateurs de films politiques (frères de sang des mino-
> rités opprimées) qui ont été les plus négligents à
> promouvoir la cause des femmes. La politique reste
> le «fief» masculin le plus caractéristique et le plus
> jalousement gardé, et le film de gauche a sa propre
> mythologie sexuelle, privilégiant une image héroï-
> que du paysan ou du laboureur que soutient en
> arrière-plan une femme patiemment endurante[1].

En quelque sorte, la production militante oppose, aux
rôles d'accessoire ou de faire-valoir à l'usage des femmes
dans le cinéma NRI, des ombres féminines «quéman-
dantes», aidantes, suppliantes, servantes ou larmoyantes.
Le Sel de la terre de Herbert J. Biberman demeure un cas
exceptionnel et exceptionnellement puissant et beau. Et
l'ensemble de cette production n'échappe que trop peu
souvent à une espérance révolutionnaire marxiste plus
ou moins orthodoxe, tellement impropre à traduire les
réalités de ce monde à l'orée du XXIe siècle; restreindre
celles-ci à des rapports de production/consommation,
c'est faire insulte à la vie qui ne cesse de prendre sa
revanche en Europe de l'Est, à Cuba, en Chine... Qu'a-
vons-nous encore à voir avec ces révolutions qui, selon
Oriana Fallaci, «naissent de fleuves de sang et de rêves
mais contiennent toutes le germe de ce qu'elles ont
abattu»?

Le «hors de la classe ouvrière, point de salut!» tacite
dans beaucoup de films militants n'est qu'un raffine-
ment supplémentaire du discours phallocrate. La
politique-à-papa y règne en maître incontesté et incontestable. Fernando Solanas, un des auteurs du manifeste

Vers un troisième cinéma[2], incarne fort bien cet esprit dans des affirmations du genre:

> C'est donc dire qu'un des buts que nous visons est de récupérer, de faire renaître la fête populaire et surtout les communications conscientes et affectives entre les hommes. Ceci, en conformité avec notre principal objectif révolutionnaire qui est la libération de l'homme comme sujet actif de l'histoire.

Formule implacable qui, par trois fois, renvoie à des concepts excluant les femmes d'une manière tout aussi implicite que subtile:

HISTOIRE — SUJET ACTIF — HOMME.

De plus, elle n'est pas sans rappeler la thèse selon laquelle le prolétariat est dans un rapport révolutionnaire avec le système capitaliste, mais dans un rapport réactionnaire avec le système patriarcal. Cette «structure d'ambiguïté» est encore plus difficile à débusquer si, au surplus, elle flotte dans les vapeurs de mots-opium du genre «situation objective», «vérité», «ligne juste» qui ont souvent libre cours dans le cinéma dit conséquent.

> En confiant à la seule classe ouvrière le futur révolutionnaire, le marxisme a ignoré les femmes en tant qu'opprimées et porteuses du futur. Il a élaboré une théorie révolutionnaire dans la matrice d'une culture patriarcale[3].

D'emblée — j'allais dire d'instinct — j'applaudis toujours à un acte, individuel ou collectif, de libération. Comme plusieurs femmes sans doute, je demeure néanmoins partagée devant ce cinéma «différent»; à la vérité, souvent il nous déchire. Car si nous nous identifions aux sans pouvoir, aux opprimés, à ces «damnés de la terre», ce n'est qu'avec un sentiment trouble d'être ignorées. Le documentaire *Nicaragua: septembre 78* de Frank Diamand a réveillé ce sentiment d'une manière curieusement aiguë. Son Nicaragua de la passion, de la misère, de la beauté, de la faim a soulevé une colère qui sait que derrière la plus juste lutte de libération nationale se cache tout le monde ostracisé des femmes. Qui sait aussi que le jour de la victoire, si elle a lieu, les hommes se partageront le pouvoir en sommant les femmes de retourner au servage domestique, leur activité si «naturelle». Elle sait, par ailleurs, cette colère infinie, que les luttes de libération, malgré leurs urgences, ont quelque chose de profondément vicié. Elle n'ignore pas que les femmes y sont toujours piégées. Les Nicaraguayennes n'ont-elles que versé des larmes au cours du soulèvement de septembre 1978? C'est ce que laisse croire à tort le document de Diamand.

Les hommes ont depuis longtemps fait ce simple calcul: deux fusils, même quand l'un de ses propriétaires n'a pas de pénis, valent mieux qu'un! En temps de guérillas, de soulèvements populaires, de renversements de dictatures, de révolutions et de luttes anticolonialistes, alors que la répression masculine a tout intérêt à se faire légère-légère, les femmes n'ont jamais hésité à prendre les armes. Les Chiliennes l'ont fait. Les Angolaises l'ont fait. Les Cubaines l'ont fait. Les Mozambicaines l'ont fait. Les Algériennes l'ont fait. Et combien d'autres? Mais le patriarcat a la mémoire courte. Tellement courte. Comme le cinéma du reste.

Il y a trop longtemps qu'on essaie de faire croire que seul un certain cinéma (narratif/représentatif/industriel) porte l'entière responsabilité de cet «outrage fait aux femmes» à l'écran; cette croyance ne résiste pas à l'analyse. De surcroît, les définitions mêmes du cinéma différent sont le fruit d'un discours tout masculin. Un autre cinéma? Oui, bien sûr! Mais nettoyé des stéréotypes qu'il reconduit tout autant que le cinéma NRI. Un cinéma qui perpétue la phallocratie par sa structure, son langage, son récit et sa logique ne peut être classé que

politiquement réformiste, voire réactionnaire. La définition de Fernando Solanas qui dit être militant «tout
film qui s'inscrit dans un parti pris anti-capitaliste, anti-
impérialiste, qui dénonce l'oppression sous toutes ses
formes», doit être menée plus loin: est politique le cinéma
qui encourage, tant par sa forme que son contenu, l'intervention politique des individus et de la collectivité
contre l'actuelle organisation, ignominieuse, du système
de classes sexuelles, raciales et sociales, et qui cesse de
mettre en relief, sans toutefois la nier, la résistance au
changement. Ce faisant, un tel cinéma se rapprochera
d'une analyse globale qui ferait la synthèse de toutes les
sciences humaines et tiendra compte, dans un jeu
complexe d'interactions, des découvertes de la sociologie, de l'économique, de la psychologie et de la politique.

Qu'il soit militant, expérimental, d'auteur ou de
facture plus traditionnelle, le cinéma n'a pas ménagé «la
femme à l'écran» de ses stéréotypes sexistes. Lors de la
rencontre d'Utrecht dans les Pays-Bas en 1977 et pour
la première fois sans doute dans ce type de manifestation
cinématographique internationale et mixte, des femmes
se concertent et présentent «une amorce de réflexion
théorique sur le sexisme et l'antisexisme au cinéma» qui
dénonçait les notoires comportements de passivité
sexuelle, professionnelle ou politique des femmes à
l'écran, par opposition à l'activité des hommes dans les
mêmes domaines. Le manifeste soulignait combien
personne ne se soustrait aux effets réducteurs du
sexisme:

> Le sexisme se mêle insidieusement à nos actions les
> plus quotidiennes et les plus banales et, homme ou
> femme, enfant, adulte ou vieillard, nous fige dans
> un rôle stéréotypé en étouffant en chacun de nous
> de multiples possibilités[4].

Les auteures du manifeste ne manquaient pas de préciser, qu'en dépit des privilèges masculins engendrés par ces réflexes sexistes,

> (...) sur le plan moral le sexisme les (les hommes) mutile aussi gravement que le colonialisme d'antan mutilait, d'un certain point de vue, les Blancs qui exploitaient les Africains ou les Asiatiques. La dialectique du maître et de l'esclave n'est jamais innocente[5].

La représentation la plus fréquente des femmes à l'écran étant probablement la bonne vieille stéréo-vision maman/putain, tout effort pour détruire cet archétype féminin virginal/libidinal serait anti-sexiste. Quand les cinéastes comprendront qu'une maman peut être putain, qu'une putain peut être maman, qu'une femme peut ÊTRE sans être maman, qu'une femme peut ÊTRE sans être putain, un pas de géant sera fait. Puis, il y aura tous les autres pas, de géant aussi, qui marqueront un refus systématique de ce que le sexe, l'âge, la race ou la nationalité déterminent a priori quelque attitude morale, psychologique, physique et intellectuelle d'un être.

Mais filmer avec des objectifs nouveaux ne suffit pas non plus. Faire des films anti-sexistes, oui! Les bien distribuer, oui! Mais cela sans l'existence d'une critique aux méthodes d'analyse repensées, c'est en quelque sorte donner des coups d'épée dans l'eau. Sans compter les stéréotypes communs du genre «ce film s'adresse aux voyeurs» — laissant planer l'idée que le cinéma peut être virtuellement voyeur alors qu'il l'est par essence —, il y a tous ces stéréotypes à l'endroit des films réalisés par les femmes dont il est impossible de faire ici l'inventaire. Je me contenterai de nommer quelques-unes de ses expressions les plus courantes.

Ainsi plusieurs critiques, animés par un soudain et irrésistible souci d'égalité, parlent de sexisme à rebours de la part des femmes cinéastes. Pour préserver sa légitimité, le pouvoir a tout intérêt à prendre des vessies pour des lanternes et à qualifier de sexisme à l'envers une juste politique de rattrapage. Ce que les femmes veulent, au minimum, c'est la péréquation pour utiliser un terme bien familier aux hommes en général et aux politiciens en particulier. Mais nous voulons plus. C'est très simple, comme le dit si bien Monique Martineau, nous voulons tout...:

> le féminin et le masculin, la douceur et la force, les joies du coeur et les plaisirs du corps, la fulgurance de l'intuition et la belle ordonnance de la logique, le dedans et le dehors, des enfants et des oeuvres[6].

La puissance du discours dominant est telle que parfois ses accents libéraux ne cachent que duperies d'autant plus dangereuses qu'elles paraissent progressistes. La dialectique qui sous-tend les propos du critique libéral, voire de gauche, qui veut bien que *la* femme se libère, mais le sourire aux lèvres est tout aussi pernicieuse. Qui n'a pas déjà entendu un critique discourir sur un film «au féminisme de bon aloi», «au féminisme qui ne montre pas de griffes» ou «au féminisme qui s'exprime sans agressivité»?

Victimes de génocide[7] dans le passé, sacrifiées aujourd'hui encore à des rites barbares de mutilations sexuelles, menacées partout et toujours par le viol mais, néanmoins, maintenues séculairement dans une impuissance physique totale, les femmes n'ont-elles pas «gagné» de juste droit la légitimité à la révolte avec ou, plus probablement, sans le sourire?

Les mobiles et les visées féministes s'inscrivent dans un continuum marqué des tendances les plus diverses entre le réformisme et le féminisme radical. Il y a autant de pratiques féministes que d'individualités. Les critiques féministes de cinéma ont la lourde tâche de trouver les mots appropriés pour définir cette pluralité car, comme le note B. Ruby Rich, «si notre travail n'est plus invisible (...), il demeure dangereusement innommé[8]». Afin de donner une pleine existence aux films réalisés par les femmes, elle propose de plus justes appellations, sans toutefois confiner à un étiquetage rigide. À la désignation «cinéma-vérité» encore abondamment utilisée par la critique américaine, anglaise et aussi française, elle oppose les vocables «validation» et «validant» qui qualifieraient les films sur la vie et les luttes politiques des femmes, «validant» de ce fait notre existence, notre expérience et notre culture:

> En abandonnant «cinéma-vérité» au profit de «cinéma de validation», nous nous opposons à l'annexion des cinéastes-femmes par le patriarcat qui les reconnaît comme «siennes», c'est-à-dire comme des professionnelles étrangères à la culture qu'elles filment; c'est un vocable unifiant, un vocable qui préserve nos forces[9].

Au sens de cette définition, *Une histoire de femmes, Union Maids, Mais qu'est-ce qu'elles veulent?* et *La patience des femmes fait la force des hommes* par exemple seraient des films de validation. *Jeanne Dielman, 23 quai du Commerce, Bruxelles 1080* de Chantal Akerman serait un film de «correspondance» parce qu'il recherche des correspondances entre «émotion et objectivité, narration et déconstruction, art et idéologie[10]», alors que *Les Petites Marguerites* de Věra Chytilová, avec son humour tonique et subversif, serait un film «méduséen»:

> Le vocable «méduséen» est emprunté au «Rire de la méduse» d'Hélène Cixous, dans lequel, reconnaissant le pouvoir subversif de l'humour, elle exalte la capacité des textes féministes de «faire sauter la loi, faire voler la «vérité» en éclats par le rire»[11].

Enfin, B. Ruby Rich apostrophe ces faussaires qui usurpent, tout en le falsifiant, le discours des femmes et qui, de surcroît, se voient octroyer le succès et la reconnaissance que leur assure ce ton à la mode. Elle qualifie de «projectile» *An Unmarried Woman* et *The Turning Point*, expression signalant «clairement le véritable caractère de ces films, qui est d'être des projections fantasmatiques de leurs metteurs en scène et de souligner l'effet destructeur sur les femmes de ces imaginations[12]». La morale perfide à la Richard Brooks dans *À la recherche de Mr. Goodbar* ou à la Nicolas Roeg dans *Enquête sur une passion*, morale qui avise explicitement les femmes que leurs neuves libertés inciteront les hommes à les violer et à les tuer — comme s'ils ne l'avaient pas toujours fait —, pourrait faire entrer ces films dans la catégorie «projectile». Encore que le qualificatif serait plus exact en y adjoignant les termes de menace ou de vengeance. Films projectiles de menaces donc, comme le serait par exemple, et dans une tonalité plus modérée, *Kramer Versus Kramer*. Toute virilité offusquée — et menacée —, les metteurs en scène clament aux femmes qui n'obéissent plus au doigt et à l'oeil comme jadis: «Vous voulez vous libérer? Bien. Regardez ce qui va vous arriver.» Désabusés, ils rétorquent: on va prendre la route seuls *(Easy Rider)*; indifférents, on n'a plus besoin de vous, si ce n'est pas le temps de cette sordide affaire de fornication *(Midnight Cowboy)*; vengeurs, on est mieux entre copains *(Butch Cassidy and the Sundance Kid)*; boudeurs, on va vous montrer qu'on sait s'occuper des enfants... seuls, pas avec vous *(Kramer Versus Kramer)*, ou même qu'on sait les aimer, mais toujours sans vous *(Ordinary People)*; bilieux, notre monde est laid mais on le préfère au vôtre *(Delivrance)*; effarés, on va se castrer, littéralement, avant que vous ne le fassiez *(La Dernière Femme)*; accusateurs, vous êtes les garde-chiourmes de la société répressive *(One Flew Over the Cuckoo's Nest)*; ou franchement vénéneux, on vous méprise *(A Clockwork Orange, Straw Dogs)*, etc.[13] Molly Haskell pense que les années 60 et 70 sont les plus décourageantes de toute l'histoire du cinéma pour «la femme à l'écran»:

> La force et les exigences grandissantes des femmes dans la vie réelle, aiguillonnées par la libération de la femme, eurent évidemment un effet rétroactif dans le film commercial: un redoublement du machisme

style «parrain» pour redonner de la vigueur à la virilité masculine déclinante, ou, alternativement, une
échappée vers le monde ultra-viril des «films de
copains» de *Easy Rider* à *Scarecrow (L'Épouvantail)*[14].

La justesse de ce regard ajoute à l'urgence d'une
critique féministe articulée: B. Ruby Rich offre en toute
modestie des propositions intéressantes, confesse leurs
imperfections et invite les critiques à mener plus loin
cette ébauche de réflexion. Quant à l'Allemande Gertrud
Koch, elle définit ainsi sa conception d'une théorie cinématographique féministe:

> La théorie cinématographique féministe et son
> application, la critique cinématographique fémi-
> niste, pourraient donc, sur la base des tentatives de
> définitions que nous avons données, être définies
> comme une tentative à travers une analyse idéologico-
> critique élaborée en fonction des possibilités actuelles,
> avec les méthodes de la sociologie critique et de la
> psychanalyse revue d'un point de vue féministe, de
> construire des arguments et des outils d'interpré-
> tation qui soient en relation avec le mouvement des
> femmes et leur quotidien[15].

Non seulement faut-il apprendre à décoder les films
faits par les femmes mais encore les relier, comme l'exprime si bien Julie Lesage, collaboratrice à la revue
américaine *Women and Film,* à un système global de
production/distribution et à ses incidences sur l'auteure,
le milieu de l'auteure, le film lui-même et enfin sur le
public et son propre milieu — qui diffère généralement
de celui de l'auteure. Dans son application, la critique
féministe faciliterait, entre autres choses, l'exercice du
pouvoir populaire des femmes. Si on accorde un rôle
économique à la critique de films — «Aucun spectateur
ne veut perdre son argent; les critiques possèdent une
fonction économique nécessaire[16]» — et si cette critique
est féministe, elle inviterait à boycotter ou mieux, à
condamner sévèrement, tous les films sexistes en général.
La pierre angulaire du pouvoir des femmes, c'est-

à-dire leur puissance numérique, nous permet de projeter pour l'avenir une critique bien orchestrée qui signerait l'arrêt de mort de toutes les productions machistes d'Hollywood et d'ailleurs. Aucun genre, aucun style, aucune méthode, aucune pratique et aucun «génie» ne seront alors épargnés.

Les comportements sexistes s'exhalent universellement de tous les pores de la peau cinématographique: de la représentation des femmes à l'écran jusqu'aux méthodes critiques. Une de ses formes les plus tenaces et proportionnellement négligées, par les cinéastes mâles et femelles, se loge derrière la caméra. Même les cinéastes militants ne questionnent jamais l'unisexisme de leur équipe technique. Pourquoi leurs propres rapports de force commandent-ils l'absence totale de femmes techniciennes sur leurs plateaux?

À cet égard, peu de femmes, cinéastes et critiques, semblent préoccupées par ce désordre des choses qui nie aux femmes le droit de porter une caméra, celui de capter le son ou de préparer les éclairages. La lutte contre le sexisme au cinéma ne sera jamais vraiment efficace si elle ne s'effectue pas simultanément sur tous les fronts: la représentation des rôles féminins et masculins à l'écran, le traitement visuel et sonore de ces mêmes rôles, la dynamique qui relie production/réalisation/distribution, le développement et l'application des méthodes critiques et la composition des équipes techniques.

Une caméra à soi

Quand Virginia Woolf réclamait, voilà maintenant 52 ans, *Une chambre à soi*[17], elle faisait figure d'excentrique. Elle était la première femme à s'interroger et à consacrer un ouvrage complet à cette question précise: pourquoi si peu de femmes furent et sont ce qu'il est convenu de nommer des génies? Elle se laissait aller à imaginer le sort qu'eurent réservé les XVIᵉ et XVIIᵉ siècle à une soeur de Shakespeare tout aussi douée que lui. Tragiquement, elle concluait:

> (...) chaque fois qu'il est question de sorcières, à qui on fit prendre un bain forcé, ou de femmes possédées par les démons, ou de rebouteuses qui vendirent des herbes, ou même d'un homme de talent dont la mère fut remarquable, je me dis que nous sommes sur la trace d'un romancier, d'un poète qui ne se révéla pas, de quelque Jane Austen, silencieuse et sans gloire, de quelque Emily Brontë qui se fit sauter la cervelle sur la lande, ou qui, rendue folle et torturée par son propre génie, courut, le visage convulsé, par les chemins[18]!

Étonnante préfiguration de son suicide quelque 12 années plus tard. Même si les XVIᵉ, XVIIᵉ et XVIIIᵉ siècles sont lointains, Virginia Woolf, la rebelle, «torturée par son propre génie» et craignant la folie, se noya en 1941. Elle donnait par ce geste une preuve terrible de la contemporanéité de son analyse. Tous ces siècles séparant «la poétesse morte qui était la soeur de Shakespeare» et la romancière suicidée passèrent en ne modifiant que peu ou prou l'«apartheid» que subissent les femmes.

L'observation lucide et pénétrante de Virginia Woolf gravitait autour de cette unique question fondamentale: «Pourquoi les femmes sont-elles pauvres?» et exprimait la conviction que

> (...) si nous vivons encore un siècle environ — je parle ici de la vie réelle et non pas de ces petites vies séparées que nous vivons en tant qu'individus — et que nous ayons toutes 500 livres de rentes et des chambres qui soient à nous seules (...) — alors l'occasion se présentera pour la poétesse morte qui était la soeur de Shakespeare de prendre cette forme humaine à laquelle il lui a si souvent fallu renoncer[10].

Un demi-siècle s'est déjà écoulé. Le pamphlet de Virginia Woolf est demeuré, à bien des égards, lettre morte et les femmes sont toujours indigentes. Cette pauvreté étouffe encore maintenant combien de talents et a raison de combien de génies? Réclamer une caméra à soi, 50 ans après la «chambre à soi» de Virginia Woolf, c'est tenter d'endiguer un tant soit peu les débordements funestes du régime monétaire que nous subissons. Une caméra à soi non seulement pour des raisons éthiques ou artistiques, mais d'abord et avant tout pour des raisons pragmatiques. Pour faire échec à cette dure réalité de la pauvreté des femmes. *Le peu d'argent dont nous disposons doit circuler entre nous.*

À cela on objectera, comme on le fit déjà, que femme n'est pas synonyme de conscience féministe et d'habileté technique. Non, de toute évidence! Mais suffit-il d'être un homme pour être habile technicien? Quant à l'objection portant sur le degré de conscience, elle se passe de commentaire tant elle est oiseuse. «Il est indéniable que, si l'on veut faire aujourd'hui des films avec le concours de quelqu'un qui a une très grande expérience à la caméra, il faut faire appel à un homme», me faisait un jour remarquer Luce Guilbeault[20]. Hélas! Mais il va falloir que «quelque part quelques-unes» brisent cette organisation discriminatoire hermétiquement fermée et qui, en eût-elle jamais eu, n'a plus aucune raison d'exister.

Avant de pouvoir mettre à contribution une camerawoman de la valeur d'un Michel Brault[21], les réalisatrices auront à s'assurer, toutes les fois où cela sera possible, de la présence de femmes stagiaires à la caméra, au son, à l'éclairage. Elles sont très nombreuses, j'en suis sûre, les femmes prêtes à faire leurs classes et à affronter le poids des préjugés, infiniment plus lourd que celui d'une caméra, comme le soulignait avec tant de justesse la directrice-photo, Nurith Frank-Aviv[22]. «Il y a des choses que je ne peux pas faire, mais il y en a d'autres par contre que des hommes baraqués ne peuvent pas faire et que je fais[23]», disait-elle encore.

Si elles sont encore marginales, il y a des réalisatrices qui estiment que la composition de leur équipe technique pose une question essentielle à laquelle il leur faut répondre, temporairement souhaitons-le, par l'exclusion des hommes sur leurs plateaux. Car la présence de femmes en mouvement chatouille la fragilité existentielle des hommes et dilate presque à coup sûr les antagoniques positions féministe/machiste. Parce que ces cinéastes ne veulent plus que leurs films portent les séquelles de ces «jeux de massacre» et de ces luttes de pouvoir, elles ont recours à des équipes constituées uniquement de femmes. Certains hommes de bonne volonté reconnaîtront qu'ils ne l'ont pas volé. Les autres conclueront, sans vergogne aucune, à des attitudes sexistes de la part des femmes, comme ils le firent quand «les trois soeurs rouges» du Danemark préparèrent le tournage de *Take It Like a Man, Madam* (1975).

> Au départ, nous avons dû subir certaines attaques de la part des techniciens qui nous demandaient pourquoi nous voulions une équipe exclusivement féminine, parfois même on nous a taxées de racisme et de sexisme. On nous a aussi accusées de faire un film de bonnes soeurs! Pourtant peu de gens protestent contre le fait que 99% des films sont réalisés par des équipes à 99% masculines. Personne ne trouve étrange que la script soit souvent la seule femme sur le tournage[24].

Au Québec, nous ne connaissons qu'une seule expérience semblable: *Some American Feminists* (1977) à laquelle ont participé Luce Guilbeault, Nicole Brossard et Margaret Wescott à titre de coréalisatrices. Aux États-Unis, Kate Millett, Louva Irvine, Susan Kleckner, Robin Mide (*Three Lives,* 1970); Marianne Norris (*Women, Amen,* 1973); Sandra Hochman (*The Year of the Women,* 1973); Karen

Sperling (*The Waiting Room*, 1973) ont ainsi évité de transformer leurs plateaux de tournage en un autre champ de bataille de la guerre des sexes. Ces solutions extrémistes, aussi regrettables qu'inévitables, sont en outre une éclatante démonstration par l'image et le son que, selon la formule de Florynce Kennedy, «peu de métiers nécessitent un vagin ou un pénis pour leur exécution».

Judy Irola, Monique Crouillère, Carol Bets, Susan Trow, Benedicte Delesalle, Claudia Weill, Nesya Shapiro, Nurith Frank-Aviv, Dominique le Rigoleur, camerawomen de profession, eurent quelques ancêtres: Judith Crawley qui fit les images de *Alexis Tremblay, habitant* réalisé en 1943 au Canada, Grace Davison et Dorothy Dunn qui opérèrent, toutes deux, des caméras dans les années 10 à Hollywood. Les précurseures avaient-elles déjà compris la nécessité d'une caméra à soi? Savaient-elles le besoin d'un regard de femme sur le monde?

> Le regard des femmes, on ne le connaît pas. Que voit-il? Comment découpe-t-il, invente-t-il, déchiffre-t-il? Je ne le sais pas. Je connais mon regard, le regard d'une femme, mais le monde vu par d'autres? Je connais celui des hommes seulement.
>
> (...) cet aveuglement de la vision des femmes, qui prohibe en fait toute vision globale du monde, c'est-à-dire la vision de l'espèce, les hommes l'ont provoquée pour notre et pour leur plus grand dénuement.
>
> (...) Car le regard des femmes, c'est le manque, un manque qui ne crée pas seulement un vide, mais qui pervertit, qui altère, qui annule toute proposition. Le regard des femmes, c'est ce que vous ne voyez pas, ce qui est soustrait et dérobé.
>
> (...) Ce n'est pas la qualité de ce regard qui est en cause — dans le sens hiérarchique — il n'est pas meilleur (quelle absurdité un regard «meilleur»); il n'est pas plus efficace, immédiat, (certaines affirmeront qu'il l'est, ce n'est PAS la question), mais il manque. Et ce manque est suicidaire[25].

Pour un cinéma féministe et libertaire

Il ne faut pas interpréter comme le fait d'un hasard si la femme qui a transgressé sa «féminité» de la manière la plus totale et irréductible, Valérie Solanas, a pointé son arme à feu sur un homme de cinéma. En 1968, Valérie Solanas est condamnée à six mois de prison pour avoir tiré sur Andy Warhol, peintre, romancier et cinéaste underground bien connu. Valérie Solanas, fondatrice et unique adhérente du mouvement SCUM (Society for Cutting Up Men/Société pour émasculer les hommes) est alors désavouée par les féministes américaines. Cette même année, elle publie son manifeste, le SCUM Manifesto[26], qui est, selon l'expression de son éditeur français, «l'énorme crachat que Valérie Solanas renvoie aux hommes». L'iniquité appelle l'iniquité. La violence appelle la violence. La démesure de Solanas et sa rage fixent, en négatif, l'infinie douleur des femmes dont le féminisme raisonnable préfère ne pas trop se souvenir. Son écume dit le manque. Le manque d'amour.

Christiane Rochefort dans sa présentation du manifeste, écrit:

> Il y a un moment où il faut sortir les couteaux.
> C'est juste un fait. Purement technique.
> (...) Le couteau est la seule façon de se définir comme opprimé. La seule communication audible.
> Peu importent le caractère, la personnalité, les mobiles actuels de l'opprimé.
> C'est le premier pas hors du cercle.
> C'est nécessaire[27].

La fureur de Solanas l'a conduite dans une impasse personnelle. Dans son oeuvre d'immense courroux, les femmes ont reconnu leurs fantasmes. Indicibles. Elles ont mesuré la profondeur de leur blessure. Intolérable. Depuis Valérie Solanas, les oeuvres de grande colère ne sont plus le fait exclusif des hommes.

Solanas a atteint le noyau, ce nifé de la féminité, d'où surgiront des milliers d'expressions, des milliers d'images. Certaines réformistes ou raisonnables. D'autres radicales et violentes. Toutes m'intéresseront. Davantage encore, toutes sont essentielles. Et cela même appelle un élargissement de notre regard qui sera l'antithèse des grilles d'analyse, système rigide et masculin d'essence, incapables de contenir la vie dans toutes ses manifestations. Un cinéma libertaire est celui qui évoluera au rythme des changements de la vie même.

Et comment désignera-t-on cette démarche des femmes vers un cinéma libertaire? La première chose, toute simple, qu'il faut bannir de notre vocabulaire pour en dissiper la confusion, est l'appellation «films de femmes». D'abord par sa référence inévitable à un genre cinématographique américain qui a fleuri et a atteint son apogée dans les années 30 et 40, le «film de femme», réalisé par des hommes,

> (...) allait du réalisme de pacotille, dont l'intention subversive n'apparut que rétrospectivement, aux films rares, qui utilisaient les conventions pour les saper. À son niveau le plus bas, le mélodrame, le «film de femme» comble un besoin onaniste, c'est un porno émotionnel pour ménagère frustrée[28].

La femme qui, dans la vie, ne pratique qu'un seul commerce, celui des affaires de coeur, est au centre de l'univers de ce genre. Et il convient encore plus de se départir de la locution «film de femme» parce que ce genre n'était reconnu de fait, et avec un mépris certain, que comme un sous-genre:

> En terme d'opprobre critique l'expression «film de femme» implique que les femmes, et par conséquent les problèmes émotionnels féminins, sont d'une signification mineure. Un film qui appuie sur les relations masculines n'est pas qualifié péjorativement de «film d'homme» (bien sûr, le terme quand

il est utilisé, confère — comme l'expression homme-homme — une image de force brutale), mais de «drame psychologique»[29].

L'expression «film de femme» réfléchit l'ignominie de la critique, mais aussi met en italique, en le soulignant, le caractère exceptionnel de la femme de cinéma et de son oeuvre. Même si l'idée de dénomination recèle le danger de la mise en ghetto, on ne peut l'éviter parce que son danger contraire, celui de rester dans l'innommé, est plus menaçant encore. On prendra donc soin de désigner, dans son ensemble, le cinéma qu'elles font par des expressions complètes du genre «films réalisés par des femmes» et non plus «films de femmes». Quant à l'appellation cinémAnima, j'ai déjà expliqué mes réserves: j'y préfère, somme toute, celle de «cinéma gynile» qui donne pleine vigueur à ces images en quête d'une redéfinition intégrale du «moi féminin». Des images jaillies d'un inconscient en voie de décolonisation et de démasculinisation.

Pourquoi n'utiliserait-on pas simplement l'expression «films féministes»? Parce que, précisément, ce n'est pas aussi simple. Féminisme est devenu un mot de consommation tout usage et, partant, galvaudé: en son nom, on commet des actes et on pose des jugements qui le trahissent. Et, faut-il le dire, si le féminisme est vital, il n'est pas une panacée comme certaines l'ont d'abord cru. Sa pratique, jeune encore, n'a pas été exempte d'excès troublants[30] ou de naïvetés. Évoquant une phrase de Jean Rostand[31], faut-il croire que plusieurs femmes lui ont fait écho qui n'ont pas le coeur à critiquer le féminisme tant que régnera la phallocratie.

Il n'empêche que, eu égard au militantisme féministe, d'irrépressibles questions surgissent dont la plus cruciale pourrait se résumer ainsi: le militantisme des femmes ne ressemble-t-il pas parfois au triste modèle militant masculin et ne crée-t-il pas, à son corps défendant peut-être, de nouvelles scènes de pouvoir comme le fait la pratique militante mâle? Féminisme et libre pensée sont-ils des termes mutuellement exclusifs? Enfin, les femmes ont-elles récusé les dogmes patriarcaux pour s'enliser dans ceux d'un féminisme étriqué et doctrinaire du genre «le féminisme sera lesbien ou ne sera pas»[32] ou «il sera militant»?

Ces interrogations peuvent être autant de constats, mais ne sauraient aucunement être assimilables aux voix du pouvoir régnant qui se gaussent et se renforcent des dissidences vécues par les femmes. Elles ne veulent que rappeler ceci: le féminisme ne guérit pas toujours de la féminité. Chaque jour encore, des femmes meurent, étouffées de féminité.

Entre le militantisme étroit, qui semble souvent avoir partie liée avec le dogmatisme, et le narcissime élevé au rang de culture qui se nourrit d'introspection, de croissance personnelle et d'«égolâtrie», n'y aurait-il pas une autre scène à inventer? Un lieu où il y aurait place pour soi et les autres. C'est un défi majeur à relever si on ne veut pas croupir sous l'embrigadement intellectuel ou mourir d'inanition affective. Que feront les femmes?

Les gouvernements et les régimes passent. Les guerres des hommes demeurent. Les femmes en sont les principales victimes. Pourront-elles, pourrons-nous y changer quelque chose? Le cinéma gynile, le «cinéma au féminisme» saura-t-il éclairer d'une lumière renouvelée les impasses de la vie moderne? Saura-t-il laisser respirer le délire, la passion, la logique, la violence, la tendresse, l'amour qui fait tant défaut?

Le cinéma est l'acte créateur le plus «élitaire» et, paradoxalement, la manifestation culturelle la plus populaire. C'est à ce dernier titre qu'il doit servir de soutien à toutes nos volontés de libération et à tous nos engagements du coeur et de l'esprit. Le cinéma et sa puissance doivent encore soutenir nos neuves réalités et croyances. Nos forces positives de vie. Nos utopies. Un cinéma des femmes... ad libitum.

***

NOTES

1. Molly Haskell, *La Femme à l'écran*, Paris, Seghers, p. 176-177.

2. Fernando Solanas et Octavio Getino, dans *Tricontinental*, Paris, Éd. françaises, p. 89 à 113.

3. Carla Lonzi, *Écrits et voix d'Italie*, Paris, Éd. des femmes, textes réunis par Michèle Causse et Maryvonne Lapouge, 1977, p. 347.

4. «Les femmes présentes à la rencontre d'Utrecht en août 1977», dans *CinémAction*, Paris, Revue trimestrielle, n° 9 (automne 1979), p. 20.

5. *Ibid.*, p. 20-21.

6. Monique Martineau, dans *CinémAction*, n° 9, *op. cit.*, p. 28.

7. Qui ne connaît pas le plus grand génocide de l'histoire, l'extermination des Juifs? Mais que sait-on du plus effroyable «gynécide» de l'histoire, le «gynécide» des sorcières? On dit qu'elles furent huit millions brûlées vives de 1258 à 1782. Quant à lui, l'historien Jules Michelet, commente ces pages noires ainsi: «Il n'y eut jamais une telle prodigalité de vies humaines.» Jules Michelet, *La Sorcière*, Paris, Julliard, 1964, p. 24.

8. B. Ruby Rich, dans *CinémAction*, n° 9, *op. cit.*, p. 166.

9. *Ibid.*, p. 170.

10. *Ibid.*, p. 171.

11. *Loc. cit.*

12. *Ibid.*, p. 172.

13. Est-il besoin de rappeler le succès commercial qu'ont connu ces films? À travers toutes ces attitudes, je me demande si celle de Marco Ferreri, dans *La Dernière Femme*, n'est pas la plus «perfidement saine». Il est, en tout cas, le seul à avoir le courage de dire sa terreur.

14. Molly Haskell, *La Femme à l'écran, op. cit.*, p. 239.

15. Gertrud Koch, dans *CinémAction*, n° 9, *op. cit.*, p. 138.

16. Julie Lesage, dans *Women and Film*, vol. 1, nᵒˢ 5-6, p. 17.

17. Virginia Woolf, *Une chambre à soi*, Paris, Denoël/Gonthier, 157 p.

18. *Ibid.*, p. 67.

19. *Ibid.*, p. 154.

20. Lors d'une entrevue qui s'est déroulée chez elle le 1ᵉʳ avril 1980.

21. Cameraman, réalisateur, scénariste et producteur québécois, Michel Brault a joué un rôle de premier plan, tant ici qu'à l'étranger, dans la création de ce courant important qu'est le cinéma direct.

22. Nurith Frank-Aviv, dans *Paroles... elles tournent!*, Paris, Éd. des femmes, 1976, p. 84. En 1976, Nurith Frank-Aviv, diplômée de l'IDHEC (section Prise de vues, 1967), avait à son crédit la direction-photo de six longs métrages.

23. *Loc. cit.*

24. L'une des trois soeurs rouges, dans *Paroles... elles tournent!*, *op. cit.*, p. 169-170.

25. Viviane Forrester, dans *Paroles... elles tournent!, op. cit.*, p. 12-13.

26. Valérie Solanas, *SCUM,* Paris, La nouvelle société SARL, 1971, 103 p.

27. *Ibid.,* p. 7-8.

28. Molly Haskell, *La Femme à l'écran, op. cit.,* p. 118.

29. *Loc. cit.*

30. Par excès troublants, il faut entendre, non pas ces excès légitimes dirigés contre les hommes et leur système, mais ces excès à l'endroit des femmes elles-mêmes.

31. Jean Rostand écrivait à peu près ceci: tant qu'il y aura des dictatures, je ne me sentirai pas le coeur à critiquer les démocraties.

32. Le féminisme sera aussi lesbien, parfois... ou souvent.

* * *

Lillian Gish
Photo: collection La Cinémathèque québécoise

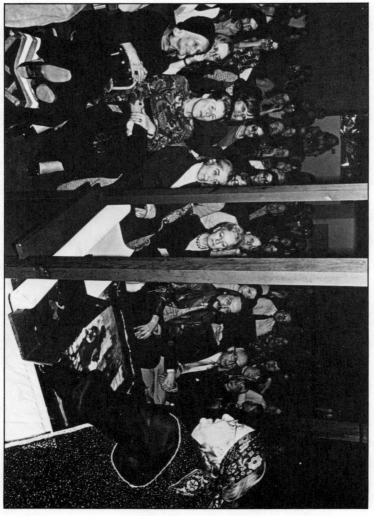

Lotte Reiniger, en visite à la Cinémathèque québécoise, le 2 mai 1974
Photo: collection La Cinémathèque québécoise

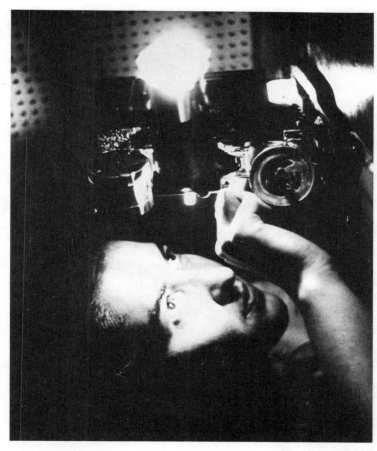

Evelyn Lambart
Photo: collection La Cinémathèque québécoise

Mary Ellen Bute, Montréal, 1982
Photo Alain Gauthier collection La Cinémathèque québécoise

Jacqueline Audry, lors du tournage de *Olivia*
Photo: collection La Cinémathèque québécoise

Lina Wertmüller lors du tournage de *I Basilischi*
Photo: collection La Cinémathèque québécoise

Gill Armstrong lors du tournage de *My Brilliant Career*
Photo: collection La Cinémathèque québécoise

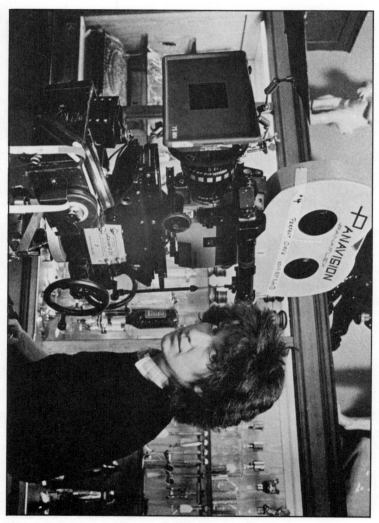

Claudia Weill lors du tournage de *It's My Turn*
Photo: collection La Cinémathèque québécoise

Marguerite Duras, Montréal, 1981
Photo Alain Gauthier collection La Cinémathèque québécoise

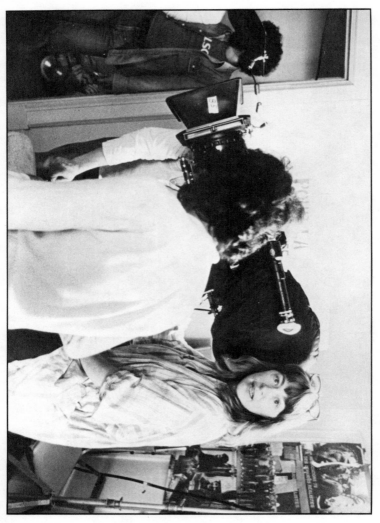

Micheline Lanctôt lors du tournage de *L'Homme à tout faire,* 1980
Photo: collection La Cinémathèque québécoise

Louise Carré (1981)
Photo Alain Gauthier collection La Cinémathèque québécoise

Anne-Claire Poirier (à droite) lors du tournage de *La Quarantaine*, production de l'Office national du film du Canada.

Mireille Dansereau (à gauche) et Liliane Lemaître-Auger lors du tournage
de *La Vie rêvée,* 1972
Photo: collection La Cinémathèque québécoise

Marianne Ahrne, 1979
Photo: collection La Cinémathèque québécoise

Caroline Leaf
Photo: l'Office national du film du Canada

Beryl Fox, au Vietnam, en 1965
Photo: collection La Cinémathèque québécoise

Chantal Akerman, Montréal, 1982
Photo Alain Gauthier collection La Cinémathèque québécoise

Neuf mois (Kilenc hónap) de Márta Mészáros
Photo: collection La Cinémathèque québécoise

Les Années de plomb (1981) de Margarethe von Trotta
Photo: collection La Cinémathèque québécoise

DE TOUS LES PAYS
DE LA TERRE...
OU PRESQUE
LEXIQUE

Heureuse qui comme... Alice voyagerait dans les merveilles du septième art en retraçant, et dans un juste espace, toutes les femmes qui ont nourri de leurs talents, de leurs désirs, de leur foi, de leur révolte aussi, cet art si ingrat. Aucune embûche ne m'a été épargnée pendant la composition de ce lexique: l'anonymat qui voile trop souvent le travail des femmes, leur double identité (nom de naissance ou nom du conjoint), l'information tronquée, fragmentaire, inexacte ou, pire, inexistante. Si novateur qu'il soit, ce lexique appellera néanmoins certaines corrections, voire des recherches plus systématiques encore, sans lesquelles une étude historique approfondie du cinéma des femmes n'aurait pas de sens. À ce propos, je tiens à remercier la critique de cinéma Corine McMullin, ses collaboratrices et collaborateurs, pour leur travail de révision et leurs ajouts précieux au volet «Les temps modernes».

Pour faire contrepoids à l'odieux sexisme qui empreint quantité d'informations sur les réalisatrices, j'ai sciemment choisi, quand il existait des sources multiples et divergentes, la filmographie la plus favorable à l'auteure. Bien consciente de la marge d'erreurs qui peut en découler, j'ai pourtant choisi d'intégrer certains renseignements issus d'une source unique et que, faute de moyens, je n'ai pu vérifier une seconde fois. Toute femme ayant tourné en 16, super 16 ou 35 mm au moins un long métrage de 60 minutes et plus, c'est-à-dire en conformité avec la convention internationale généralement admise, ou plusieurs courts ou moyens métrages spécialisés (animation, expérimental, scientifique ou autres), et qu'il aura été possible de retracer, se trouve dans ce lexique[1]. J'ai exclu celles qui s'expriment par le

---

1. Je n'ai cependant pas voulu faire un absolu de cette règle de 60 minutes qui aurait pénalisé, par exemple, la seule cinéaste d'un pays donné ou un document jugé essentiel mais ne faisant que 50 ou même 45 minutes.

super 8 ou la vidéo, car l'importance toujours croissante de leurs interventions avec ces médias nécessiterait une étude en soi.

On retrouvera donc quelque 800 cinéastes et 50 pays représentés. Chaque réalisatrice prend place sous le nom de son pays d'origine. Les quelques cas d'exception touchent les cinéastes dont le lieu de naissance n'a pu être retracé ou encore celles dont la notoriété est intimement liée à leur pays d'adoption. Il est bien entendu que toutes les cinéastes qui ont signé leur oeuvre de leur nom de naissance ou qui ont repris leur seule véritable identité au cours de leur carrière prendront place, alphabétiquement, sous ce nom de naissance.

Il faut encore noter que l'importance de certaines notices biographiques n'est pas toujours en lien direct avec l'importance de l'oeuvre concernée, mais, dans certains cas, avec l'information disponible.

***

Preuve que les femmes au cinéma sont toujours en mouvement: il se sera écoulé trois ans entre la conception de ce lexique et sa publication, ce qui marque un retard important par rapport à l'actualité cinématographique des femmes. Pour pallier un tant soit peu à ce retard, j'ai retracé très sommairement les oeuvres disons les plus visibles. J'espère pourtant que ces ajouts seront compris comme indicatifs seulement. (Note de l'auteure)

ABRÉVIATIONS UTILISÉES:

anim: animation
CM: court métrage
coré: coréalisatrice-teur
coul: couleur
doc: documentaire
exp: expérimental
IDHEC: Institut des hautes études
cinématographiques, Paris
IQC: Institut québécois du cinéma
LM: long métrage
MM: moyen métrage
mm: millimètres
min: minutes
N/B: noir et blanc
ONF: Office national du film du Canada
ORTF: Office de radio-télévision française
pro: productrice-teur
sc: scénario
scien: scientifique
s: seconde
sil: silencieux
t. a.: titre anglais
t. f.: titre français
t. o: titre original

La préhistoire (1895-1939)

ALLEMAGNE

Bauer-Adamara, Mme
Elle réalise, en 1931, un grand film reportage relatant l'expédition de son compatriote, August Brückner, en Amazonie. Connu sous deux titres, *Urwaldsymphonie* et *Die Grüne Hölle*, ce film remporta beaucoup de succès.

Bierling, Lore
Dans les traces de Lotte Reiniger, elle réalise à Berlin quelques courts métrages d'ombres chinoises, mais abandonne sous le régime hitlérien.

Harbou, Thea von
(Tauperlitz, 12 décembre 1888/Berlin, 2 juillet 1954)
Romancière à succès, elle écrit le scénario de *Homoncullus* qui est, au cours du premier conflit mondial, une énorme réussite. Elle rencontre alors Fritz Lang et, de 1921 à 1934, elle sera l'auteure de tous ses films tout en écrivant aussi des scénarios pour F.W. Murnau et Carl Theodor Dreyer. Elle marquera la production allemande jusque peu après l'arrivée d'Hitler au pouvoir, moment où elle se séparera de Lang et deviendra cinéaste officielle du régime. Elle réalisera *Élisabeth et le bouffon* (1934) et *L'Ascension de Hannele Mattern*.

Reiniger, Lotte
(Berlin, 2 juin 1899/Dettenhaussen, juin 1981)
Créatrice des ombres chinoises à l'écran et du premier long métrage d'animation, *Les Aventures du Prince Achmed* (1923-26). Elle réalise une cinquantaine de films parmi lesquels: *Das Ornament des verliebten Herzes* (1919); *L'Étoile de Bethléem*; *Cendrillon* (1922, 10 min, Allemagne/Angleterre); *La Cigale et la Fourmi*; *Les Aventures du docteur Doolittle* (1929); *Dix minutes avec Mozart*; *Harlequin* (1931); *Sissi* (1932); *Carmen* (1933); *Papageno* (1935); *La Cigogne du Calife; Le Marquis de Carabas; Galathéa; The King's Breakfast* (1937, Angleterre); *The Techer* (Angleterre); *Dream Circus* (inachevé); *Thumbellina* (Allemagne/Angleterre); *Mary's Birthday*. Après 13 ans de silence, Reiniger signe à l'ONF *Aucassin et Nicolette* (1976) puis, grâce

à la société Radio-Canada, *La Rose et l'Anneau* qui sera le chant du cygne de cette grande artiste mondialement reconnue.

Riefenstahl, Leni
(Berlin, 22 août 1902/   )
Nom entouré d'un mystère tel que 35 années de débats passionnés n'ont pas suffi à le dissiper complètement. «Aucune femme-cinéaste n'a été encensée comme elle, critiquée comme elle, choyée et vilipendée, louée et calomniée.» Beaucoup de ses plus virulents détracteurs reconnaissent son génie. On n'est pas arrivé encore à départager le vrai du faux de la vie mythique de la «déesse du cinéma nazi», «de la prêtresse des Jeux olympiques», de la «maîtresse d'Hitler», de la «Führerine du cinéma nazi». Bien qu'acquittée par les Forces d'occupation d'après-guerre et les bureaux de dénazification, Leni Riefenstahl n'a plus jamais goûté à ces moments de gloire qui ont marqué sa carrière de 1926 à 1938. C'est au cours de ces dernières années qu'elle réalisa ses deux chefs-d'oeuvre: *Triumph des Willens* (1934-36, *Le Triomphe de la volonté*) et *Olympia* (1936-38, *Les Dieux du stade*). Les filmographies de Leni Riefenstahl diffèrent souvent. Celle qui suit est sans doute la plus complète: *Das Blaue Licht* (1932, *The Blue Light*); *Sieg des Glaubens* (1933, *Victory of Faith*); *Tag der Freiheit Unsere Wehrmacht* (1933, *Day of Freedom: Our Army*); *Tiefland* (1934-54); *Berchtesgaden über Salzburg* (1938); *Schwarze Fracht* (1956). Films inachevés: *Penthesilea* (1939); *Kriegswochenschauen* (1939); *Van Gogh* (1943); *Das Blaue Licht* (1952, d'après la version de 1932); *Die Roten Teufel* (1954); *Ewige Gipfel* (1954); *Friedrich und Voltaire* (1955); *Drei Sterne am Mantel der Madonna* (1955); *Das Blaue Licht* (1960, d'après la version de 1932).

Wegener, Else
Alors que Leni Riefenstahl est au faîte de sa renommée, Else Wegener se joint en 1936 à son compagnon, l'explorateur Alfred Wegener, pour un périple au Groenland. Elle écrit et réalise avec Paul Kunbenn et Svend Noldan un film reportage, *Das grosse Eis*.

***

ANGLETERRE

Batchelor, Joy

(Londres, 12 mai 1914/   )
Animatrice anglaise, elle partage à part égale avec John Halas leur travail de pionniers pour le dessin animé d'avant-guerre. L'équipe réputée Batchelor-Halas coréalise plus de 950 films parmi lesquels la série de *Koala Bears; The Brave Little Tin Soldiers;* la série des *Abu; Charley's March of Time; Farmer's Charley; Your Very Good Health; Dust Bin Parade* (1942); *Feeling the Gap; Fly about the House* (1949); *As Old as the Hill;* série *Poets and Painters* (1950); *Tommy's Double Trouble;* la série *Old Wives' Tales; The Moving Spirit* (1953); *Animal Farm* (1954, premier long métrage d'animation européen); *History of the Cinema; Queen of Hearts; Animal Vegetable Mineral; Canadia Dry* (1958); *All Litt Up; Follow the Car* (1959); *The Cultured Ape* (1960); *Automania 2 000* (1963); *Is There Intelligent Life on Earth; Men In Science* (1964); la série *Hoffnung* (1965); *Ruddigore* (1966); *Ellipse & Circles* (1969); *Pole & Polar* (1969); *The Five* (1970).

Field, Mary

(Wimbledon, 1894/1969)
Femme de lettres d'une grande érudition, elle se consacre, dès 1926, au cinéma; elle devient conseillère à la British Instructional Films et réalise une série de films pour enfants intitulée *Les Secrets de la nature* (1926). Outre une autre série destinée également aux enfants, *Les Secrets de la vie,* elle a porté à l'écran *The Changing Year* et *Strictly Business* (1931), ce dernier avec la collaboration de Jacqueline Logan; *This Was England* (1934); *King's English; Shadow of the Stream; Babies In the Wood; The Medieval Village* (1940); *Winged Messengers* (1941); *I Married a Stranger* (1944). Spécialiste du cinéma pour enfants à la réputation professionnelle bien établie, Mary Field a cumulé, tout au long de sa carrière, les fonctions de directrice de production.

Glyn, Elinor

(Jersey, 17 octobre 1864/1943)
Nouvelliste, elle fonde, en 1929, la maison Elinor Glyn Productions Ltd, écrit et dirige deux films, *Knowing Men* (1930) et *The Price of Things* (1930), unanimement désavoués par la critique. Richard Henshaw croit que les films de Glyn étaient à l'image de ses romans: irrévérencieux, drôles et vite oubliés.

Le Breton, Flora

Actrice au temps du cinéma muet, elle s'expatrie à Hollywood pour tenter d'y faire carrière. Devant son insuccès, elle se tourne, en 1932, vers la réalisation d'une série de 26 courtes bandes comiques.

Logan, Jacqueline

En 1931, elle coréalise avec Mary Field, *Strictly Business.*

O'Fredericks, Alice
(1900/1970)

Comédienne, elle passe à la mise en scène de cinéma en 1938 avec *Julia Jubilerar* (Suède, coré: Lau Lauritzen junior). Elle poursuit avec *Nous voulons un enfant* (1950, coré: L. Lauritzen), qui reçut un accueil chaleureux en Hollande, en Belgique et en Scandinavie. Au Danemark, elle signe la même année *Calvaire d'un enfant* et retourne à ses anciennes amours, le théâtre.

Shurey, Dinah

Elle réalise *Carry On* (1927) et *Last Post* (1929).

***

ARGENTINE

Oro, Renée

Probablement la première cinéaste latino-américaine. Elle réalise *L'Argentine* (1930), long documentaire jugé d'une grande intelligence.

***

AUTRICHE

Fleck, Luise
(/1950)

En 1910 à Vienne, elle fonde avec Jacob Fleck une société de production, la Wieda, à Vienne, puis à Berlin, elle coréalise avec celui-là de nombreux films dont: *L'Éveil du printemps, Liebelei, Le Tzarevitch, L'Étudiant pauvre, Yoshiwara, Le Yacht des sept péchés, La Citadelle de Varsovie.*

Sagan, Leontine
(1899/   )
Née Leontine Schlesinger. Actrice et metteure en scène de théâtre à Dresden, Vienne, Francfort, Berlin. Elle réalise en 1931, et avec la participation toute théorique dit-on de Carl Froelich, *Jeunes filles en uniformes*. Adaptation d'une pièce de Christa Winsloe, ce film innove par de nombreux aspects, dont une distribution entièrement féminine et la formation d'une coopérative de production au sein de laquelle les comédiennes et les membres de l'équipe ne sont pas salariées-iés mais actionnaires. Doublement suspect, par son caractère anti-nazi en pleine ascension du pouvoir hitlérien d'abord et par son récit d'un amour lesbien, *Jeunes filles en uniformes* a valu l'exil à son auteure de même qu'à plusieurs membres de l'équipe. C'est en Angleterre que Sagan tourne, l'année suivante, un film qui ne remportera qu'un succès médiocre, *Men of Tomorrow*. Déçue, elle renoue avec le théâtre et met un terme à sa carrière de cinéaste.

***

BELGIQUE

Navarre, Aimée
Première cinéaste belge, elle écrit et réalise *Coeurs belges* (1918, CM), sur les désastres de la guerre.

***

CANADA

Cherry, Evelyn
Voir Spice Cherry, Evelyn.

Shipman, Nell
(Victoria, Colombie Britannique, 1893/23 janvier 1970)
Actrice, productrice, scénariste, camerawoman et première réalisatrice canadienne. Ses films: *Outwitted by Billy* (1913, sc); *Under the Crescent* (1915, sc); *Something New* (1920, sc et coré); *The Girl from God's Country* (1920, ré); *The Golden Yukon* (1927, sc et coré). Elle a collaboré à la réalisation de plusieurs autres films parmi lesquels il convient de noter: *Back to God's Country* (1919); *God's Country; Baree; Son of Kazan; The Black Wolf; Through the Wall; The Mermaid; Neptune's Daughter*.

Spice Cherry, Evelyn

(Yorkton, Saskatchewan, 1904/   )
D'abord reporter au *Regina Leader Post,* elle rencontre John Grierson lors d'un voyage en Angleterre. Elle ne reste pas un mois comme prévu, mais plus de huit ans où elle apprend son métier de documentariste en réalisant: *Spring on the Farm* (1933); *Weather Forecast* (193?); *A Job in a Million* (1937); *Syndey Eastbound* (193?). Juste avant le début des hostilités, Evelyn Spice Cherry regagne son pays avec Lawrence Cherry. Tous deux tournent, entre 1940 et 1942, les films suivants: *By Their Own Strength; New Horizons; Windbreaks on the Prairies* et plusieurs autres. En 1942, elle devient la productrice spécialisée en agriculture de l'ONF. Dès son entrée à l'Office, elle tourne une série de courts métrages sur la nutrition et la conservation des aliments. Elle réalise entre autres: *Vitamin-Wise, Supper's Ready, When Do We Eat?, Children First, Six Slices a Day.* Scénariste, réalisatrice et productrice, cette pionnière maîtrise parfaitement tous les aspects techniques du cinéma. Parmi ses films, il faut encore noter: *Just Woods, Vegetable Insects, Land for Sale, Five Steps to Better Farm Living, Farm Improvement Series, Soil for Tomorrow.* Après la guerre, elle retourne en Saskatchewan pour travailler à sa propre maison de production à Regina, la Cherry Productions.

***

DANEMARK

Viby, Marguerite

Au milieu des années 30, elle s'associe avec le comédien Emmanuel Gregers et réalise plusieurs films dont: *Mille, Marie et moi, Bolettes Brudfaerd, Sørensen et Rasmussen.*

***

ESPAGNE

Pi, Rosario

La première cinéaste espagnole termine *Le Chat sauvage* (1936) quand éclate la guerre civile qui met brusquement fin à ses activités. Plusieurs décennies s'écouleront avant que, dans ce pays du «machismo», une autre femme se risque à la mise en scène de cinéma.

***

ÉTATS-UNIS

Arzner, Dorothy

(San Francisco, 3 janvier 1900/Quinta, Californie, 1ᵉʳ octobre 1979)

Secrétaire, scripte et monteuse à la Paramount, Arzner a dû franchir les échelons un à un avant de réaliser son premier film, *Fashions for Women* (1927). Elle sera l'unique femme à s'imposer réellement à Hollywood dans les années 30. Son oeuvre est parsemée de portraits de femmes fort intéressants; on pourrait dire qu'elle était féministe de coeur sinon d'intentions. Elle se retira en 1943 sans toutefois abandonner le cinéma, puisqu'elle réalisa plus de 50 commerciaux et enseigna 4 ans à l'UCLA dans les années 60. Francis Ford Coppola a fait ses premières classes avec elle. Ses films: *Fashions for Women* (1927); *Ten Modern Commandments* (1927); *Get Your Man* (1927); *Manhattan Cocktail* (1928); *The Wild Party* (1929); *Sarah and Son* (1930); *Anybody's Woman* (1930); *Working Girls* (1930); *Paramount on Parade* (1930, *The Gallows Song*); *Honor Among Lovers* (1931); *Merrily We Go to Hell* (1932); *Christopher Strong* (1933); *Nana* (1934); *Craig's Wife* (1936); *The Bride Wore Red* (1937); *Dance, Girl, Dance* (1940); *First Comes Courage* (1943); Dorothy Arzner a aussi réalisé: *Charming Sinner* (1929, non crédité); *Behind the Makeup* (1930, non crédité) et *The Last of Mrs. Cheney* (1937, non crédité).

Baldwin, Ruth Ann

Scénariste pour la Universal, elle réalise *The Black Page* (1915); *Retribution* (1916); *The Recoiling Vengeance; The Butterfly* (1917); *Is Money All?; The Rented Man; The Double Deal in the Park; An Arrangement with Fate; It Makes a Difference, The Black Mantilla Gold Seal; When Liz Lets Loose; The Woman who Could Not Pay; A Soldier of the Legion; The Storm Women; A Wife on Trial; Three Women of France; Twist Love and Desire; 4917; The Mother's Call* (1918); *Broken Commandments* (1919); *The Devil's Ripple* (1920); *The Marriage of William Ashe* (1921); *Puppets of Fate*.

Bertsch, Marguerite

Responsable du service des scénarios pour la Vitagraph, elle dirige *The Law Decides* (1916) et *The Devil's Prize* (1916).

Bryan, Ruth

Elle réalise et interprète *Once Upon a Time* (1921).

236

Bute, Mary Ellen

(Texas, 1909/   )
Pionnière du cinéma expérimental, dès 1950 elle se sert de l'électronique pour créer des films d'animation. Elle est l'auteure de *Synchronization* (1934, coré: Lewis Jacobs & Joseph Schillinger); *Rhythm in Light* (1936); *Anita's Dance; Synchromy No 2; Dada* (1936); *Evening Star* (1937); *Parabola* (1938); *Spook Sport* (1940, coré: Norman McLaren); *Escape* (1940); *Toccata and Fugue; Tarantella* (1941); *Polka-Graph; Abstronics; Moon Contrasts; Imagination; New Sensations in Sound; Pastorale; The Boy who Saw Through* (1956); *Color Rhapsody,* tous films d'animation. Elle dirige son premier film en prises de vues réelles en 1965, *Finnegans Wake,* qui est aussi la première adaptation cinématographique de l'oeuvre de James Joyce.

Carter, Betty

(1890/   )
Connue aussi sous le nom de Mrs. Sidney Drew, mais née Lucille McVey!!! Actrice, elle est aussi coscénariste et coréalisatrice des comédies mettant en vedette monsieur Drew et elle-même. La plupart des films dont il est fait mention ne lui ont pas été crédités: *A Close Resemblance* (1917); *Her Anniversaries* (1917); *Her Lesson* (1917); *Curiosity* (1917); *The Pest* (1917); *Lest We Forget* (1917); *Rubbing It In* (1917); *Shadowing Henry* (1917); *Safety First* (1917); *Too Much Henry* (1917); *The Patriot* (1917); *Before and After Talking* (1918); *His First Love* (1918); *Special Today* (1918); *Why Henry Left Home* (1918); *Gas Logic* (1918); *Help Wanted* (1918); *Once a Man* (1919); *Romance and Ringo* (1919); *Bunkered* (1919); *Squawed* (1919); *Gay Old Time* (1919); *Emotional Mrs. Vaughan* (1920); *Stimulating Mrs. Barton* (1920); *Cousin Kate* (1921).

Crawford Ivers, Julia

Elle réalise *The White Flower* (1923).

Cunard, Grace

(1893/   )
Née Harriet Mildred Jeffries. Elle interprète et réalise: *Broken Coin* (1915, série de 22 films, coré: Francis Ford); *The Power Trail* (CM); *Peg O'the Ring* (série de 15 films, coré: F. Ford); *The Purple Mask* (série de 16 films, coré: F. Ford); *The Puzzle* (1917, coré: F. Ford); *The Unmarked* (CM).

Davenport, Dorothy

(1895/   )

Comédienne, elle épouse le jeune premier Wallace Reid qui mourra tragiquement d'un abus de drogues. *Human Wreckage* (1923) traite de ce problème. On ne s'entend pas sur l'auteur du film. Certains l'attribuent à John Griffith Wray, d'autres à Davenport. Cette dernière a néanmoins signé les films suivants: *Quicksands; Linda* (1929); *Sucker Money* (1933); *Road to Ruin* (1934, coré: Melville Shirer); *Women Condemned.*

Drew, Sidney Mme

Voir Carter, Betty.

Ducey, Lilian

Auteure de: *Upstairs and Down* (1919); *In the Heart of a Fool* (1921); *The Scoffer; Enemies of Children* (1923); *The Lullaby* (1924); *The Worry Columbia* (1927); *Behind Closed Doors* (1929).

Elliott, Grace

Elle réalise, dans les premières années du cinéma parlant, une série de 26 courts métrages d'une bobine chacun, qui sont des entrevues intimistes avec des personnalités de l'écran. On porte à son crédit quelques autres courts métrages réalisés pour la Jesse Weil Productions: *The Three Racketeers* (1931); *Ten Thousand and Broke; Him Who Has; Marriage à la carte; The Spice of Life; Devil's Marriage; Man About Town; Splurge.*

Ford Cones, Nancy

Elle réalise *Farm Scenes* (1934); *Goldilocks and the Bears; Hansel and Gretel; Janie and Jimmie and Their Little Sister; Sheep;* tous films d'animation conçus avec la collaboration de James Cones.

Fuller, Marie-Louise dite Loïe

(Fullersbourg, près de Chicago, 1862/Paris, 1928)

Danseuse, chorégraphe, créatrice des «ballets lumineux», elle est à l'origine d'une nouveauté technique au cinéma: le remplacement de la pellicule positive par de la pellicule négative, technique qu'elle utilisa dans *Le Lys de la vie,* seul film qu'on lui connaisse.

Gish, Lillian

(Ohio, 14 octobre 1896/   )

Actrice, elle devient la première grande vedette de l'écran. En 1920, elle réalise *Remodeling Her Husband,* film de cinq bobines interprété par sa soeur, Dorothy Gish. Lillian Gish a joué dans 102 films.

Harrison, Margaret

Selon Georges Sadoul, Margaret Harrison aurait participé à la scénarisation, à la photographie et à la réalisation d'un célèbre documentaire de long métrage sur les transhumances annuelles de tribus nomades en Iran. *Grass* (1925, 90 min) a été coréalisé avec Ernest Schoedsack et Merian Cooper.

Janis, Elsie

Vedette de la scène, puis actrice de cinéma, elle réalise en 1930 *Paramount en parade.*

Jennings-Bryan, Ruth

Voir Bryan, Ruth

Johnson, Osa

(/1953)
Spécialiste de films d'exploration, elle coréalise avec Martin Johnson plusieurs longs métrages documentaires: *Around the World with Mr. and Mrs. Johnson; Cannibals of the South Seas; À l'est de Suez; Face aux fauves; Cimbo; Autour du monde avec Mr. et Mrs. Johnson* (1930, réitèrent leur exploit de 1920); *Baboona; Congorilla; Bornéo* (1938).

Loos, Anita

(Californie)
Scénariste prolifique, elle est l'auteure de 200 scénarios dont le célèbre *Gentlemen Prefer Blondes.* Elle commence à écrire à l'âge de 12 ans et se voit offrir 25$ pour son premier scénario à 16 ans. D.W. Griffith met en scène *The New York Hat* en 1912. Elle aurait réalisé, en 1921, *Mama's Affair.* Lors d'une entrevue accordée à *Inter/View* en 1972, elle n'en fait pourtant nulle mention bien qu'elle fasse allusion à une scène du film *Red Headed Woman,* avec Jean Harlow, scène qu'elle-même dirigea.

MacPherson, Jeanie

Actrice à la Biograph, puis à la Universal où elle devient scénariste et réalise quelques films pour la compagnie Powers, affiliée à la Universal, avant de se joindre à Cecil B. De Mille.

Madison, Cleo

(1882/1964)

Comédienne, elle réalise quatre films: *Liquid Dynamite* (1915); *The King of Destiny* (1915); *Her Bitter Cup* (1916); *The Calice of Sorrow.*

Marion, Frances

(San Francisco, 1888/Los Angeles, 1973)

Scénariste talentueuse et prolifique (on estime à quelque 130 le nombre de ses scénarios), elle collabore avec Victor Sjöström, George Cukor, Georges Hill et crée d'excellents rôles pour Garbo, Pickford, Valentino. Elle réalise quelques films: *The Love Light* (1921); *Just Around the Corner* (1922); *The Song of Love* (1924, coré: Chester Franklin).

McCord, Vera

(1876/1949)

Auteure de *Good Bad Wife* (1920).

Moise, Nina

Elle réalise *Cradle Song* (1934, coré: M. Leisen).

Murfin, Jane

(1893/1955)

Actrice de théâtre, elle vient au cinéma où elle interprète de multiples rôles. Elle écrit des scénarios qui mettent en vedette son chien et rapportent beaucoup d'argent. Elle en profite pour tourner elle-même quelques films dont: *The Flaming Sign* (1924, rebaptisé *Flapper Wives* par les dirigeants de la Paramount) et *Love Master* (avec l'aide de Laurence Trimble). Murfin fut la première femme responsable de studio pour la RKO.

Nazimova, Alla

(1879/1945)

Née Alla Nazimoff. Actrice dotée d'une «lumineuse présence», elle dirige et interprète *Salome* (1922) dont le crédit est donné à tort à son compagnon, Charles Bryant.

Nesbitt, Miriam

Elle écrit, réalise et interprète chez Edison un film de quatre bobines, *A Close Call* (1915).

Nordstrom, France

Auteure de *Her Market Value* (1925).

Normand, Mabel

(New York, 9 novembre 1892/Californie, 22 février 1930)
Modèle, actrice à la Vitagraph et à la Biograph, et réalisatrice. Elle meurt, à l'âge de 37 ans, dans un sanatorium de Californie, minée par la tuberculose. Elle dirigea les films qui portaient son nom et que, bien sûr, elle interprétait: *Mabel's Strange Predicament* (1914); *Love and Gasoline; Mabel at the Wheel; Caught in a Cabaret; Mabel's Busy Day* (coré: Charlie Chaplin); *Mabel's Married Life* (coré: Chaplin); *Won in a Closet; Mabel Bare Escape.*

Owen, Ruth Bryan

Voir Bryan, Ruth.

Park, Ida May

Scénariste et assistante de Joseph de Grasse, elle porte à l'écran tantôt seule, tantôt avec de Grasse: *Simple Pool* (1913, coré: J. de Grasse); *The Tangled Hearts* (1916); *The Rescue* (1917); *The Fires of Rebellion* (coré: J. de Grasse); *Bondage; Broadway Love* (1918); *Grand Passion; The Model's Confession; Bread; Amazing Wife* (1918); *Vanity Pool; The Butterfly Man* (1920); *Bonnie May* (coré: J. de Grasse); *The Midlanders* (coré: J. de Grasse); *Penny of Top Hill Trail* (coré: J. de Grasse).

Parker, Claire

(Boston)
Cas typique que celui de Claire Parker dont le nom et le travail se situent toujours dans le sillage de celui reconnu comme étant le seul véritable maître d'oeuvre de leurs travaux communs, Alexandre Alexeieff. Curieuse création que la sienne qui se voit invariablement réduite à une étroite collaboration. Pourtant, dès sa rencontre avec Alexeieff à Paris, Claire Parker a participé à la confection de tous leurs films, à toutes les expériences techniques ainsi qu'à toutes les inventions, dont le célèbre écran d'épingles. Elle a aussi coréalisé avec Alexeieff: *Une nuit sur le mont Chauve* (1933); *En passant; Fumées; Le Nez; La Belle au bois dormant; Parade de chapeaux; Le Trône de France; Masques; Nocturne; Le Buisson ardent; Sève de la terre.*

Rambova, Natacha

Elle écrit et réalise *What Price Beauty?*

Randolph Chester, Mrs. George

Elle réalise *The Wreck* (1917); *The Sins of Mother* (1918); *Vengeance on Demand* (1919); *Slaves of Pride* (1920); *The Son of Wallingford* (1921); tous les cinq pour le compte de la Vitagraph et avec la collaboration de George Randolph Chester.

Reid, Mrs. Wallace

Voir Davenport, Dorothy.

Rule, Beverly C.

Auteure de *Mystery of Washington Square* (1920).

Stonehouse, Ruth

(1894/1941)

Actrice à la Universal, elle touche à la mise en scène de cinéma vers 1916. Pour sa valeur représentative de l'intérêt porté au travail des femmes dans le cinéma, voici, en substance, un commentaire sur Stonehouse paru dans *Moving Picture Stories* le 13 avril 1917: «Cela semble incroyable qu'une créature si délicate, fragile et petite puisse contrôler, avec une main de maître, ce fougueux cortège d'acteurs.» Elle interprète et dirige les courts métrages suivants pour le compte de la Universal: *The Heart of Mary Ann* (1916); *Mary Ann in Society; Dorothy Dares* (1917); *The Stolen Actress; Puppy Love; Cocky Sue's Romance; A Walloping Time; The Lies of Satin; Dividend Dan.*

Suratt, Valeska

Actrice, elle se mit elle-même en scène dans *L'Immigrée.*

Tuchock, Wanda

Talentueuse scénariste qui a principalement écrit pour King Vidor, elle s'essaya au moins une fois à la réalisation avec Georges Nichols Jr. *Finishing School* (1934) fut comparé à *Jeunes filles en uniformes* de l'Autrichienne Leontine Sagan.

Tully, May

(1885/1924)

Auteure de *The Old Broken Bucket* (1921); *Our Mutual Friend* (1922); *Kisses* (coré: M. Karger); *That Old Gang of Mine* (1926).

Turner, Florence

D'abord vedette de l'écran pour la Vitagraph, elle réalise et interprète une série de brèves comédies (une bobine chacune) chez Universal en 1919.

Warrenton, Lule
Actrice pour la Universal, elle met en scène une série de films pour enfants dont le premier fut *The Calling of Lindy* (1916).

Webb, Mildred
Elle réalise *Where Is My Wandering Boy Tonight?* (1922, coré: J.P. Hogan).

Weber, Lois
(1882/1939)
Première cinéaste de nationalité américaine, elle connut un succès considérable jusqu'à la fin de la Première Guerre mondiale. Après la guerre, son étoile déclina rapidement. Ses films: *The Eyes of God* (1913); *The Jew's Christmas* (1913, coré: Phillip Smalley); *The Merchant of Venice* (1914, coré: P. Smalley); *Traitor* (1914); *Like Most Wives* (1914); *The Hypocrites* (1914); *False Colors* (1914); *It's No Laughing Matter* (1914); *Sunshine Molly* (1915); *A Cigarette* (1915); *That's All* (1915); *Scandal* (1915, coré: P. Smalley); *Discontent* (1916); *Hop, The Devil's Brew* (1916); *Where Are My Children?* (1916); *The French Downstairs* (1916); *Alone in the World* (1916, coré: P. Smalley); *The People vs. John Doe* (1916); *The Rock of Riches* (1916, coré: P. Smalley); *John Needham's Double* (1916); *Saving the Family Name* (1916, coré: P. Smalley); *Shoes* (1916); *The Dumb Girl of Portici* (1916); *The Hand That Rocks the Cradle* (1917, coré: P. Smalley); *Even as You and I* (1917); *The Mysterious Mrs. M* (1917); *The Price of a Good Time* (1917); *The Man who Dared God* (1917); *There's No Place Like Home* (1917); *For Husbands Only* (1917); *The Doctor and the Woman* (1918); *Borrowed Clothes* (1918); *When a Girl Loves* (1919); *Mary Regan* (1919); *Midnight Romance* (1919); *Scandal Managers* (1919); *Home* (1919); *Forbidden* (1919); *Too Wise Wives* (1921); *What's Worth While?* (1921); *To Please One Woman* (1921); *The Blot* (1921); *What Do Men Want?* (1921); *A Chapter in Her Life* (1923); *The Marriage Clause* (1926); *Sensation Seekers* (1927); *The Angel of Broadway* (1927); *White Heat* (1934).

Williams, Kathlyn
Actrice à la compagnie Selig, elle écrit, réalise et interprète en 1914 *The Leopard's Foundling*.

Wilson, Elsie Jane
Actrice pour la Universal, elle devient réalisatrice en 1915 et se spécialisera dans les films pour enfants. Parmi ses premières réalisations on compte: *Donna Perfecta* (1915); *The Human Catos*

(1916); *The Little Pirate* (1917); *The Cricket* (1917); *The Silent Lady* (1917); *My Little Boy* (1917); *New Love for Old* (1918); *Beauty in Chains; City of Tears; The Dream Lady; The Lure of Luxury* (1919); *The Game's Up.*

Wilson, Margery
(1898/   )
Née Sara Barker Strayer. Interprète et coréalise avec Lawrence Underwood, *That Something* (1921).

***

FRANCE

Bruno-Ruby, Jane
Romancière, ayant soudain découvert de plus grandes ressources dans l'art cinématographique, elle adapte et porte à l'écran un roman de Francis de Miomandre, *La Cabane d'amour* (1924). Dans une revue de cinéma parisienne, on parlait en 1928 d'une récidive de Bruno-Ruby sous le titre de *La Bonne Hôtesse.*

Bussi, Solange
(1907/   )
D'abord journaliste, elle découvre très jeune la réalisation par le biais de G.W. Pabst, Bertolt Brecht et Béla Balàzs. Elle a à peu près 24 ans lorsqu'elle porte à l'écran la première adaptation de Colette pour le cinéma parlant. *La Vagabonde* (1931), oeuvre «d'intensité, de vérité et d'humanité», reçoit l'assentiment de Colette et du public. L'année suivante, elle dirige *Mon amant l'assassin* avec beaucoup moins de bonheur semble-t-il. C'est alors qu'elle devient scénariste et dialoguiste désormais connue sous le nom de Solange Térac. Vingt ans plus tard, elle touche de nouveau à la réalisation avec *Koenigsmark* (1952), adaptation du "best-seller" de Pierre Benoit.

Carl, Renée
Comédienne, productrice et réalisatrice, elle signe notamment *Un cri dans l'abîme* (1922).

Derain, Lucie
(Paris, 1902/Montigny-sur-Loings, 1979)
Rédactrice de sous-titres, monteuse, journaliste et critique de cinéma, auteure de *Carrousel de nuit* et *Brulador,* Lucie Derain

réalise en 1927 un film documentaire, *Harmonies de Paris,* estimé intéressant, puis un film passé inaperçu, *Désordre.*

Devovod, Suzanne
Comédienne, elle veut s'essayer à la mise en scène de cinéma et, chose inusitée pour l'époque, elle désire diriger une vedette américaine. Le projet avorte faute de moyens, mais vers 1918 elle coréalise *L'Ami Fritz* avec René Hervil. Charles Ford soutient que: «La contribution de Suzanne Devovod à la réalisation ne fut pas négligeable, tout le mérite fut pourtant attribué à René Hervil.»

Dulac, Germaine
(Amiens, 1882/Paris, juillet 1942)
Réalisatrice française, née Saisset-Schneider, elle fut l'une des premières à comprendre le cinéma comme art. Première cinéaste «consciente de son féminisme», avide de nouveautés et passionnée par la recherche, elle consacra toute sa vie au septième art. Ses films: *Les Soeurs ennemies* (1916); *Géo-le-mystérieux* (1916); *Vénus Victrix* (1916); *Dans l'ouragan de la vie* (1916); *Âmes de fous* (1917); *Le Bonheur des autres* (1918); *La Fête espagnole* (1919); *La Cigarette* (1919); *Malencontre* (1920); *La Belle Dame sans merci* (1921); *La Mort du soleil* (1922); *Werther* (1922, inachevé); *La Souriante Madame Beudet* (1922-23); *Gossette* (1922-23); *Le Diable dans la ville* (1924); *Âme d'artiste* (1925); *La Folie des vaillants* (1925); *Antoinette Sabrier* (1927); *L'Invitation au voyage* (1927); *Le Cinéma au service de l'histoire* (1927); *La Coquille et le Clergyman* (1928); *Variations* (1928); *Germination d'un haricot* (1928); *La Princesse Mandane* (1928); *Mon Paris* (1928, avec l'aide d'Albert Guyet); *Disque 927* (1929); *Étude cinégraphique sur une arabesque* (1929); *France-Actualités-Gaumont* (1930-40); *Les 24 heures du Mans* (1930); *Le Picador* (1932); *Le Cinéma au service de l'histoire* (1937).

Epstein, Marie
Née Marie-Antonine Epstein. Soeur de Jean Epstein, elle lui donne trois scénarios parmi les plus intéressants qu'il portera à l'écran: *L'Affiche, Le Double Amour, Six et demi-onze.* Après l'avoir assisté pour la mise en scène de *Coeur fidèle,* elle s'associe avec Jean Benoît-Lévy pour de nombreuses années et coréalise: *Peau de pêche* (1929); *La Maternelle* (1933); *Hélène* (1934-37); *Altitude 3 200; La Mort du cygne; Itto. La Maternelle* est considéré comme «un des premiers grands films parlants français» et *La Mort du cygne* a remporté le Grand Prix du

cinéma de l'Exposition universelle de 1937. Plus tard, aidée de Léonide Azar, elle dirige un court métrage, *La Grande Espérance* (1953), sur l'usage pacifique de l'énergie atomique.

Gaudard, Lucette
Elle s'initie au cinéma par les métiers de scripte et d'assistante. En 1935, elle réalise son premier court métrage documentaire, *Paris-Berlin*, suivi de nombreux autres: *L'Industrie du verre, Les Hôtes de nos terres, Cathédrales, Alpinisme, Alerte au poste 3, Pignada, Évasion, Versailles palais du soleil, Carcassonne, Vigie d'Occitanie*. Elle s'est jointe à Claudine Lenoir pour au moins deux productions: *Souvenirs de Paris* et *C'est un vrai paradis*.

Guy, Alice
(Paris, 1er juillet 1873/États-Unis, 24 mars 1968)
Non seulement première et unique cinéaste au monde pendant 15 ans, mais peut-être encore premier cinéaste au monde après Louis Lumière. «Naturellement» oubliée par les historiens de cinéma, on l'a redécouverte voilà une dizaine d'années et avec elle une oeuvre prolifique, truffée d'inventions techniques et relevée par une imagination débordante. Ses quelque 500 films qu'on a d'abord voulu ignorer, puis mépriser en les réduisant à de «petites comédies», retrouvent peu à peu leurs lettres de noblesse. Pionnière et femme-orchestre, Alice Guy est probablement aussi l'auteure du premier film de fiction de toute l'histoire du cinéma: *La Fée aux choux* (1896, 17 mètres). Il est impossible dans le cadre de cette recherche d'inclure la trop volumineuse filmographie de Mme Guy. Seule une partie des films qu'elle a réalisés pour la maison Gaumont en France, puis pour le compte de sa maison de production américaine, la Solax, sont ici mentionnés. Entre 1897 et 1906: *La Crinoline; Les Fredaines de Pierrette; J'ai un hanneton dans mon pantalon; La Fève enchantée; Charmant frou-frou; Déménagement à la cloche de bois; Lui; Le Fiancé ensorcelé; Minuit; Le Noël de Pierrot; La Légende de Saint-Nicolas; Faust et Mephisto; La Voiture cellulaire; Ballet de singes; Les Apaches pas veinards; Rapt d'enfants par les romanichels; Les Petits Peintres; L'Assassinat du courrier de Lyon; Le Baptême de la poupée; Les Petits Coupeurs de bois vert; Une noce au lac Saint-Fargeau; Esméralda; La Vie du Christ; La Fée printemps; La Première Cigarette; Descente dans les mines à Fumay; Mireille* (coré: Louis Feuillade). De 1906 à 1907, environ 100 films enregistrés sur chronophone dont: *Carmen; Manon; Mignon; Le Couteau; Les Soeurs Mante danseuses mondaines; Les Ballets de l'opéra; Fanfan la Tulipe; La Vivandière; Les Dragons de Villars; Madame Angot;*

Les Cloches de Corneville. À partir de 1910 aux États-Unis: *A Child's Sacrifice; Falling Leaves; Mignon; Hotel Honeymoon* (coré: Menessier); *The Million Dollar Robbery; The Sewer; Mickey's Pal* (coré: Edward Warren); *The Yellow Traffic* (coré: Herbert Blaché); *The Rogues of Paris; The Beasts of the Jungle; Fra Diavolo; Kelly from the Emerald Isle; The Pit and the Pendulum; Dick Whittington and His Cat; The Shadows of the Moulin Rouge; In the Year 2000; Fortune Hunters; The Star of India; The Dream Woman; The Monster and the Girl; The Woman of Mystery; Fighting Death; Beneath the Czar; The Tigress; Michael Strogoff; The Ragged Earl; House of Cards; What Will People Say?; My Madonna; The Sea Wolf; The Adventurer; The Empress; A Man and the Woman; The Great Adventure; Tarnished Reputations.*

Iribe, Marie-Louise

(/1930)
Comédienne et productrice, elle réalise deux films peu avant sa mort brutale survenue en 1930: *Hara-Kiri* (1928) et *Roi des Aulnes,* d'après Goethe. À ce dernier film, qui connut plus de succès en Allemagne qu'en France, Marcel Carné, alors critique à la revue *Ciné-magazine,* a reproché une certaine préciosité «où des qualités de force virile et robustesse font défaut».

Lenoir, Claudine

Pseudonyme de Charlette Terrus. Scénariste, directrice de production et réalisatrice d'innombrables courts métrages documentaires dont: *La Belle au bois dormant, Prisonnière, Un grand amour de Musset, Mont-Pezat, Paris 1920, Chez nous en Bretagne, Les roses fleurissent en janvier, Le Rendez-vous sauvage, Les Lions, La Route des migrations, Au coeur de la Savoie.* Elle coréalise avec Lucette Gaudard *Souvenirs de Paris* et *C'est un vrai paradis.* En 1956, elle signe un long métrage, *L'Aventurière des Champs-Élysées.*

Musidora

(Paris, 23 février 1889/1957)
Née Jeanne Roques. Rendue célèbre pour son interprétation d'Irma Vep dans *Les Vampires* de Louis Feuillade, elle passa derrière la caméra en 1916. Ses films: *Minne ou l'ingénue libertine* (1916, on ne sait pas s'il demeura inachevé ou fut oublié); *Vicenta* (1918); *La Flamme cachée* (1920, coré: ?); *Pour Don Carlos* (1921, coré: ?); *Soleil et Ombre* (1922, coré: ?); *La Terre des taureaux* (1924); *Le Berceau de Dieu* (1926); *La Magique Image* (1951).

Pansini, Rose

Elle coréalise avec Georges Monca *Le Sang des Finoël* (muet).

Revol, Claude

Administratrice à l'emploi de maisons de production, elle réalise, alors qu'éclate la Deuxième Guerre mondiale, *Retour au bonheur* avec la collaboration de René Jayet. Elle devra assumer seule le montage du film. *L'Enfant de minuit,* deuxième tentative de Revol, est demeuré à l'état de projet semble-t-il.

Terac, Solange

Voir Bussi, Solange.

Terrus, Charlette

Voir Lenoir, Claudine.

Titayna

Journaliste, elle signe des documents témoins de ses pérégrinations à travers le monde: *Indiens, mes frères* (sur le Mexique); *Tu m'enverras des cartes postales* (pendant une traversée Marseille-Saïgon) et *Promenade en Chine* (1937).

Vandal, Marion

Elle réalise en 1934 une comédie jugée divertissante, *Monsieur le vagabond.*

Viel, Marguerite

Elle réalise avec l'aide du cinéaste tchèque Leo Marten un premier film, *La Jungle d'une grande ville,* en 1929. C'est avec sa réalisation solo, *La Banque Nemo* (1934), qu'elle connaît de retentissants démêlés avec la censure. La Commission de contrôle, définie par le décret de 1928, exige la suppression de la séquence la plus réussie du film, séquence considérée comme incriminante pour le pouvoir en place. Amputé de la sorte, le film ne suscitera guère d'intérêts. «(...) cette vaillante cinéaste a été victime des écueils contre lesquels vient si souvent se briser la volonté des femmes qui embrassent la carrière cinématographique», précise Charles Ford. On lui crédite une seule autre réalisation, *Occupe-toi d'Amélie,* produite avec la collaboration de René Weissbach.

***

ITALIE

Notari, Elvira
(1875/   )
Elle se consacre au cinéma dès 1903. Avec son compagnon, elle-il créent à Naples, en 1910, leur propre société de production Dorafilms, une entreprise artisanale à caractère familial. Elvira dirige, son compagnon opère la caméra ou joue, ainsi que leur fils Genariello. Quelques-uns de leurs films: *A Santa Notte* (1921) *E'Piccerella* (1922) et *Fantasia 'e Surdato*.

***

POLOGNE

Flanz, Marta
Administratrice pour le compte de maisons de production, elle réalise, avec Mécilas Krawicz, *N'aime que moi!*, en 1935.

Niovilla, Nina
Autre femme comparée à Germaine Dulac, cette actrice et directrice d'une école de cinéma a annoncé la réalisation d'un film à la fin du cinéma muet. Charles Ford dit n'avoir jamais retracé un film portant sa signature.

***

ROUMANIE

Tayar, Elyane
Elle fit carrière en France. Jeune première au temps du cinéma muet, elle signa, à l'arrivée du parlant, quelques documentaires dont un en collaboration avec Maurice Cloche, *Versailles*.

***

SUÈDE

Brunius, Pauline
(1881/1954)
Actrice, elle réalise vers 1916 quelques petites comédies servant de compléments de programmes pour la société de production Skandia: *Stenåldersmännen* (1919); *Trollslandan* (1920); *De*

Läckra Skaldjuren; Ombytta Roller; Ryggskott (1921); *Lev Livet Leende.* Elle abandonne vite la réalisation pour se consacrer au théâtre et à la distribution de films.

Eklund, Alice
(1896/   )
Elle réalise *Flickorna På Uppakra* (1936, coré: Lorens Marmstedt).

Hoffman-Uddgren, Anna
(1868/1947)
Première cinéaste suédoise et deuxième femme cinéaste du monde, elle compte parmi les pionniers du cinéma de son pays. Ses films: *Blott en Dröm* (1911); *Stockholmsfrestelser; Stockholmsdamernas; Systrarna* (1912); *Miss Julie; Fraden.*

Swanström, Karin
(1873/1942)
Elle interprète et réalise *Boman På Utställningen* (1923, coré: Oscar Rydquist); *Kalle Utter* (1925); *Flygande Holländaren; Flickan I Frack* (1926).

*** *

TCHÉCOSLOVAQUIE

Cervenkova, Thea
Elle réalise entre 1919 et 1922 *Babicka* (1920); *Bludicka* (1921); *Le Voleur; C'était le premier mai* (1922).

Karlovsky, Ada
Elle réalise et interprète la comédie *Ada fait du cheval* (1919).

Molas, Zet
Née Zdenka Smolova. Actrice, scénariste, productrice, réalisatrice, théoricienne et cofondatrice de l'Union des producteurs en 1926. Ses films: *Zavet Podivinova* (1923); *Old House* (1927); *Le Meunier et ses fils* (1930); *Karel Hynek Macha* (1937).

Raabeova, Hedvika
Auteure de *Prague en 1549.*

*** *

URSS

Barskaya, Margarita
Elle écrit et réalise *Torn Shoes* (1933, destiné aux enfants).

Broumberg, Valentina et Zinaïda
(Moscou, 2 août 1899 et 2 août 1900/   )
Pionnières de l'animation dans leur pays, les soeurs Broumberg amorcent une collaboration qui durera 45 ans par *The Young Samoyed* (1929). Parmi leurs nombreuses autres réalisations, on compte: *Great Troubles* (1961); *Three Fat Men* (1963); *The Brave Little Tailor* (1964); *An Hour Until the Meeting* (1965); *Golden Stepmother* (1966); *The Little Time Machine* (1967); *Big Misadventures* (1969).

Choub, Esther
(Ukraine, 1894/Moscou, 21 octobre 1959)
Monteuse à la Direction générale photo-cinématographique d'Ukraine (la VUFKU), elle crée en 1927 le film de montage historique. Intelligente et passionnée, elle assemble des segments de films d'archives et donne des oeuvres remarquables: *La Chute de la dynastie Romanov* (1927); *Le Grand Chemin* (1927); *La Russie de Nicolas II et de Tolstoï* (1928); *Aujourd'hui* (1930); *Komsomol* (1932); *Le Métro pendant la nuit* (1934); *Espagne* (1936-37); *Le Pays des Soviets* (1937); *20 ans de cinéma soviétique* (1940, coré: Vsevolod Poudovkine); *Le Visage de l'ennemi* (1941); *Du côté de l'Arax* (1947).

Preobrajenskaïa, Olga
(1885/   )
Actrice populaire dans la Russie pré-révolutionnaire, elle joue pour Jacob Protazanov, W.R. Gardine, Sabinsky, Pierre Tchardynine. C'est vers 1915, croit-on savoir, qu'elle s'intéresse à la mise en scène et dirige quelques courts métrages destinés aux enfants. La révolution et les années de bouleversements qui suivirent mirent un terme à ses velléités de cinéaste. Elle renoue avec les studios vers 1922 et réalise *Kashtanka* (1922) et *Locksmith and Chancellor* (1923, coré: Vladimir Gardin). Elle devient aussi assistante de Poudovkine qui la recommande auprès du Sovkino à Moscou. C'est un chef-d'oeuvre qu'elle réalise en 1927, *Le Village du péché* (connu également sous le nom de *Les Bonnes Femmes de Riazan*). Mais le patriarcat se montrera impitoyable pour sa fille dissidente.

Frappée «d'excommunication» en raison vraisemblablement du caractère par trop féministe du *Village du péché*, Preobrajenskaïa ne signera plus que quelques autres films mineurs: *The Last Attraction* (1929); *Don paisible* (1931); *Paths of Enemies* (1935); *Grain* (1936); *Les Enfants de la Taïga* (1941), les quatre derniers réalisés avec la collaboration de Ivan Pravov.

Tchekhov, Olga
(Alexandrianopol, Caucase, 26 avril 1897/Munich, 9 mars 1980)
Née Olga von Knipper. Nièce de Anton P. Tchekhov et actrice du cinéma muet, elle fut l'élève de Stanilavski à Moscou. En 1921, après la révolution, elle s'exile d'abord en Allemagne, puis, en 1927, en Angleterre. Elle fonde alors une maison de production et porte elle-même à l'écran deux films jugés fort honnêtes, voire intéressants: *La Victorieuse* (1928) et *Poliche*, d'après la pièce de Bataille.

***

Le moyen âge (1939-1968)

ALLEMAGNE DE L'EST

Georgi, Katja
(1928/   )
Auteure de *Brave Hans* (1958, coré: Klaus Georgi); *The Princess and the Pea* (1959); *The Devil's Valley; The Pyramid* (1961); *Cigarette Charlie* (1962); *Henry and His Chickens; Cloudiness; Matches Musicians* (1963); *The Statue in the Park* (1964); *Good Day, Mr. H* (1965, coré: K. Georgi); *Concurrence; The Thorn* (1967); *La Belle au bois dormant* (1967); *Der Gardinentraum* (1969); *Le Fleuve* (1979); tous films d'animation.

Junge, Windried
(1935/   )
Elle réalise *Until Man Came* (1960); *The Ape Terror* (1961); *Wait Until I Go to School; After One Year* (1962); *Holidays* (1963); *Girl Students — Impressions of a Technical College* (1965); *Eleven Years Old* (1966); *The Brave Truants* (1967, LM); *With Both Legs in the Sky* (1968).

***

ANGLETERRE

Box, Muriel
(Tolworth, Surrey, 1905/   )
Scénariste-adaptatrice, auteure, avec Sidney Box, de plusieurs pièces de théâtre, elle fonde avec ce dernier la London Independant Producers, où elle fait ses premières armes en tant que réalisatrice. Cinéaste populaire à l'humour emporté, Box est l'une des rares Anglaises qui, pendant plus de 30 ans, naviguera sur les mers houleuses de la création. Elle réalise *The Happy Family* (1952); *Street Corner* (1953, titre pour les USA: *Both Sides of the Law*); *A Prince for Cynthia* (CM); *To Dorothy a Son* (1954); *The Beachcomber* (1954, d'après l'oeuvre de Somerset Maugham); *Simon and Laura* (1955); *Eyewitness* (1956); *The Passionate Stranger* (1957); *The Truth About Women* (1958, avec Mai Zetterling); *Subway in the Sky* (1959); *This Other Eden; Too Young to Love* (1960); *The Piper's Tune* (1962); *Rattle of a Simple Man* (1964).

Littlewood, Joan
(1914/   )
Auteure de *Sparrows Can't Sing* (1963).

Thompson, Margaret
Auteure de *Child's Play* (1952).

Toye, Wendy
(1917/   )
Danseuse et chorégraphe, Wendy Toye signe un premier court métrage jugé aussi curieux qu'intéressant, *The Stranger Left No Card* (1953). Plusieurs longs métrages suivront: *The Teckman Mystery* (1954); *Three Cases of Murder* (1955, le premier volet); *Raising a Riot; All For Mary* (1955); *On the Twelfth Day* (1956, CM); *True Is a Turtle* (1957); *We Joined the Navy* (1962); *The King's Breakfast* (1963).

***

BELGIQUE

Misonne, Claude
Cinéaste d'animation à la fois auteure, opératrice de prises de vues, compositrice, dessinatrice et réalisatrice. Historiquement, elle donne pour la première fois une vie cinématographique au célèbre personnage inventé par Hergé. Présenté à Cannes en 1946, *Tintin et le crabe aux pinces d'or* réjouit sa jeune clientèle. Outre un documentaire sur les techniques d'animation, *Ici naît la fantaisie*, Misonne signe encore *Formule X24, Car je suis l'empereur, Il était un vieux savant, Dix petits nègres, Concerto* et *La Huitième Merveille* (reportage sur les grottes de Han).

Schirden, Hélène
Auteure de *Tervueren* (1940, document sur le musée du Congo belge).

***

BRÉSIL

Abreu, Gilda de
(1907/1979)
Chanteuse, comédienne, écrivaine et réalisatrice, elle dirige *O*

Ebrio (1946), *Pinguinho de Gente* (1947), *Coraçao Materno* (1951) et *Cançao de Amor* (1977).

***

BULGARIE

Aktasheva, Irina
Auteure de *Monday Morning* (1965, coré: Hristo Piskov).

Batcharova, Radka
Animatrice, elle réalise *The Mouse and the Crayon* (1958); *The Snowman* (1960); *Fable* (1964); *The Little Star* (1965).

Boyadgieva, Lada
(1927/   )
Auteure de *How Tales Come to Life* (1956, doc); *Songs and Dances by the River Mesta* (1958, doc); *Story Books* (1963, doc); *Palmira* (doc); *A Trip* (doc); *Return of the Ikons* (1965, doc); *Return* (1967); *I Dissent* (1969, doc avec Y. Vazov); *The Prisoner of Brendonk* (1970, doc); *Dignity* (1971, doc).

Chichkova, Ludmila
Elle réalise un document sur une compatriote, *Vera Kirova*, ballerine de grande renommée.

Zheljazkova, Binka
(1923/   )
Auteure de *When We Were Young* (1960) et *The Fastened Balloon* (1965).

***

CANADA

Adamson, Betsy
Auteure de *What Shall We Do With a Drunken Sailor* (1946).

Boulton, Laura
À l'emploi de l'ONF sous la période Grierson, sa production s'inscrit dans le mandat premier de l'organisme, à savoir expliquer le Canada aux Canadiens. À l'été 1975, Laura Boulton se remémore ainsi cette époque d'intenses labeurs: «Une fois, je n'ai pas dormi pendant une semaine parce que je désirais lui montrer mon matériel imprimé avant qu'il ne parte en

voyage.» Quelques-uns de ses films: *Artic Hunters* (1942); *People of the Potlach* (1943); *Habitant Arts and Crafts* (1943); *Eskimo Arts and Crafts* (1944).

Crawley, Judith

Avec son compagnon, elle fonde la Crawley Films où elle devient productrice et réalisatrice de plusieurs films. Elle dirige, entre autres: *Loon's Necklace* (1950). À noter également qu'elle opère la caméra pour le film de Jane Marsh Beveridge, *Alexis Tremblay, habitant* (1943).

Duncan, Alma

Animatrice à l'ONF, elle réalise notamment *Folksong Fantasy* (1951, coré: Audrey McLaren, 7 min). La même année, elle fonde avec Audrey McLaren la Dunclaren Productions. Devenues indépendantes, elles signent *Kumak Sleepy Hunter* (1953, 13 min), *Hearts and Soles* et *Friendly Interchange*. Leur société est inactive depuis la fin des années 50 bien que toutes deux continuent leur travail de création.

Fox, Beryl

(10 décembre 1931/   )
Documentariste, elle se mérite un immense succès avec *Vietnam: The Mills of the Gods* (1965). Véritable morceau de bravoure dont le tournage sous le feu des combats dura six mois, *The Mills of the Gods* remporte cinq prix au Canada et aux États-Unis, parmi lesquels le George Polk Memorial Award en 1965 et celui du film de l'année accordé par le Canadian Film Institute. Féministe militante, Beryl Fox a filmé pour CBC les documents suivants: *The Single Woman and the Double Standard; Summer in Mississippi* (1965); *The Honorable René Lévesque; Youth: In Search of Morality*. Parmi les autres documents à son crédit, il y a *One Million Shoes; Balance of Terror; Measure of Morality; One More River* (1963, coré:?, Wilderness Award 1964); *Last Reflections on a War* (1968); *Be a Man — Sell Out!* (1969); *North With Spring* (1970). Possédant plusieurs cordes à son arc, Fox a produit plusieurs de ses films et récemment, après des années d'efforts et de négociations ardues, elle réunit les deux millions et quart de dollars nécessaires à la réalisation de *Surfacing*, d'après le célèbre roman de Margaret Atwood.

Kehoe, Isabel

Auteure de *The St-Lawrence Seaway* (1959).

Lambart, Evelyn

(Ottawa, 1914/   )
Animatrice à l'emploi de l'ONF depuis 1942. D'abord collaboratrice de Norman McLaren, elle participe à huit de ses
films. Elle perfectionne à quelques reprises l'instrumentation
de ce dernier et met au point un appareil pour photographier
le son synthétique. Ce n'est qu'à partir de 1968 que Evelyn
Lambart se consacre entièrement à la réalisation de ses films.
Elle aime par-dessus tout le film d'animation muet qui doit
être visuellement explicite: «J'éprouve un réel plaisir à
employer l'animation dans sa forme la plus pure et sans
apprêt.» Ses films: *Maps in Action* (1945); *The Impossible Map*
(1947); *Begone Dull Care* (1949, coré: Norman McLaren); *Family
Tree* (1950); *Ô Canada* (1952); *Rythmetic* (1956, coré: N.
McLaren); *A Chairy Tale* (1957, animation de la chaise et
production); *Le Merle* (1958, anim avec N. McLaren); *Short
and Suite* (1959, anim avec N. McLaren); *Lines-Horizontal* (1961,
coré: N. McLaren); *Lines-Vertical* (1962, coré: N. McLaren);
Mosaic (1965, coré: N. McLaren); *The Lever* (1966); *Fine Feathers* (1968); *The Hoarder* (1969); *Paradise Lost* (1970); *Forest Fire
Clips* (1971); *The Story of Christmas* (1973); *Mr. Frog Went A-
Courting* (1974); *The Lion and the Mouse* (1976); *The Town Mouse
and the Country Mouse* (1980).

MacDonald, Sally

Documentariste, elle réalise pour la société de Judith Crawley,
la Crawley Films, *Look to the Center* (1954); *Man Made Rain*
(1955); *Missing Link* (1955); *A River Creates an Industry* (1955);
Agriculture Means Industry (1956); *Power and Passage* (1956);
Put This in Your Pipe (1957); *Order of Good Cheer* (1957); *Great
River* (1959); *Rx for Mary Anne* (1963); *Fiberglas R.P. Bathrooms
at Habitat* (1967); *Power in Perpetuity* (1967); *Harbour Bridge*
(1969); *DDH-280 Propulsion System* (1970).

McLaren, Audrey

Cinéaste d'animation à l'emploi de l'ONF qu'elle quitte en 1951
pour fonder, avec Alma Duncan, la Dunclaren Productions.
Avec un équipement élémentaire toutes deux réalisent: *Kumak
the Sleepy Hunter* (1953, 13 min); *Hearts and Soles* (195?) et
Friendly Interchange (195?). À la fin des années 50, il n'était
plus possible de survivre comme cinéastes indépendantes. Elles
ont néanmoins poursuivi leurs activités créatrices. Pendant la
période ONF, un film connu: *Folksong Fantasy* (1951, coré:
Alma Duncan, 7 min).

Murphey, Julia
Auteure de *Being Different* (1957, CM) et *Choosing a Leader* (1957, CM).

Parker, Gudrun
Élevée à Winnipeg, elle est journaliste jusqu'à sa rencontre avec John Grierson en 1942. Elle accepte l'emploi qu'il lui propose à l'ONF où elle se spécialisera dans le court métrage éducatif. Elle réalise: *Before They Are Six; Listen to the Prairies* (1945); *Instruments à cordes (Concerto pour les jeunes n° 3)* (1951); *Les Bois et les Cuivres* (195?); *Un musicien dans la famille* (1953); *Having Your Say (What Do You Think? N° 5)* (1954); *Who's Running Things? (What Do You Think? N° 4)* (1954); *Leaving It to the Experts (What's Your Opinion? N° 2)* (1954); *Community Responsabilities (What's Your Opinion About?)* (1954); *The Way It Is* (195?).

Perry, Margaret
Documentariste, elle réalise plusieurs courts métrages: *Glooscap Country* (1961); *Nova Scotia Byways* (1963); *Tides of Fundy* (1965); *Blessing on the Woods; Bluefin Rodeo; The Cape Islander; Marine Highway; Old New Scotland; The Royal Province; Wildlife Rendez-Vous*.

Wieland, Joyce
(Toronto, 1933/   )
Renommée dans le monde des arts plastiques, elle et son non moins célèbre compagnon, Michael Snow, passent sept années avec le New York Group affirmant leur démarche vers une redéfinition des arts visuels et du cinéma. Femme-orchestre, Wieland travaille en 8, 16 et 35 mm. Elle est une des premières femmes à exposer seule au National Art Gallery d'Ottawa en 1971. Ses films obligent le spectateur à utiliser de nouveaux modes de perception. Le champ d'expérimentation de Wieland est le médium lui-même: la texture du film, les sous-titres, le montage bref et répétitif, la permutation des images, etc. Ses films: *Tea in the Garden* (1958, coré: Collins); *Assault in the Park* (1959, coré: Michael Snow); *Larry's Recent Behaviour* (1963, 8 mm, 18 min); *Peggy's Blue Skylight* (1964, 8 mm, 17 min); *Patriotism (Part I)* (1964, 8 mm, 15 min); *Patriotism (Part II)* (1964, 8 mm, 5 min); *Water Sark* (1964-65, 16 mm, 14 min); *Sailboat* (1967-68, 16 mm, 3½ min); *1933* (1967-68, 16 mm, 4 min); *Hand-Tinting* (1967-68, 16 mm, 4 min); *Catfood* (1968, 16 mm, 13 min); *Rat Life and Diet in North America* (1968,

16 mm, 14 min, deux prix au 3rd Independant Filmmakers Festival de New York); *Reason Over Passion* (1967-69, 16 mm, 90 min); *Dripping Water* (1969, coré: M. Snow, 16 mm, 10 min); *Pierre Vallières* (1972, 35 min); *Solidarity* (1973); *The Far Shore* (1976, 35 mm, 106 min).

***

CHINE

Bai Yang

Actrice dans *Carrefour* de Shen Xiling en 1937 et dans beaucoup d'autres films, elle réalise en 1960 *ZHI YAO NI SHUO YISHEN XUYAO* (t.a.: *If You Need Me, Just Whistle*), un sketch du film *La Volonté*.

Chen Boer

(1910/1951)

Actrice réputée des années 30, elle dirige en 1947 un court métrage sur la démocratie en Mandchourie puis, en novembre 1947, un film de marionnettes sous le pseudonyme de Mu Hong, *Le Rêve de l'Empereur*. Après la prise du pouvoir par les communistes, elle devient directrice artistique du Bureau du cinéma.

Dong Kena

Elle est l'auteure de *L'Herbe sur le mont Kunlun* (1962, 60 min), *L'Aigle de la plaine* (1964, t. o: *CAOYUAN YIONGYING*, 100 min), *Le Nouveau Charbonnier* (1965, t. o: *NEIDIAN XINGONGREN*, film d'opéra), *Les Femmes pilotes* (1966, coré: Chen Yin), *Le Jeune Pionnier* (1975, t. o: *FENGHUO SHAONIAN*), *La Jeunesse ardente* (1976, t. o: *QINGCHUN SHI HUO*), *Le Torrent* (1978, t. o: *JU LAN*, 120 min).

Ping Wang

Elle est, avec ses compatriotes Zhang Zheng et Dong Kena, la seule réalisatrice chinoise de cette génération qui a une activité continue. Ses films: *LIUBAO DE GUSHI* (1957); *YONG BU XIAOSHI DE DIANBO* (1958); *JIANGFHAN DUOJIAO* (1959, 100 min, d'après le poème «Neige» de Mao Tsé-Toung); *MENGLONSHA* (1960, 100 min); *KUISHU ZHUANG* (1962); *Sentinelles sous la lumière du néon* (1964, t. o: *NIHONGDENGXIA DE XIAOBING*, 130 min); *L'Orient est rouge* (1965, t. o: *DONGFANG HONG*); *La Jeunesse ardente* (1966, t. o: *QINGCHUN HONG SHI HUO*, pièce de théâtre filmée); *L'Étoile rouge étincelante* (1974); *Chant de la longue marche* (1975); *L'Armée rouge n'a pas peur de la longue marche* (1976, t. o: *HONGJUN BU PA YUANZHENG NAN*, 60 min); *Nous sommes la huitième armée* (1978, t. o: *WOMEN SHI BALUJUN*, 120 min).

***

DANEMARK

Henning-Jensen, Astrid

(Copenhague, 10 décembre 1914/   )
Associée avec Bjarne Henning-Jensen, tous deux sont généralement considérés comme les meilleurs cinéastes danois des années 40. Ils coréalisent, tantôt à Copenhague, tantôt à Oslo ou Stockholm: *Un grand bâtisseur: le roi Christian IV* (doc); *Attention à la carie des dents* (doc); *Les Îles Lolland et Falster* (doc); *La Brigade danoise en Suède* (doc); *Les réfugiés ont trouvé un abri* (doc); *Impressions d'avril* (doc); *Les Petits Rats de l'Opéra* (doc); *Chasse aux phoques* (doc); *Ces sacrés gosses* (prix de la mise en scène au Festival de Venise en 1947); *La Fille de l'homme* (même prix simultanément accordé à ce dernier film la même année à Venise); *Kristinus Bergman* (1948); *Palle seul au monde* (1949); *Enfants de la mer du Nord* (1950); *Le Gardien du parc Tivoli* (1954); *Amour à crédit* (1955); *Quand on a pour soi la jeunesse; Paw ou le garçon entre deux mondes; Pan*. Astrid Henning-Jensen réalise seule: *La Pâtisserie Kranes* (1950); *L'Homme inconnu* (1952); *Coups de soleil* (1953); *Infidelilty* (1966); *My Granfather Is a Cane* (1967). Plus récemment, elle scénarise et réalise *Winterborn* (1978) qui lui mérite le prix du meilleur réalisateur au Festival du film de Berlin en 1979.

Hovmand, Annelise

(1926/   )
Elle réalise *Why Does the Child Steal?* (1955, CM, coré: Finn Methling); *No Time For Love* (1957); *Gunpowder and Gimcracks* (1958); *The Price of Liberty* (1960); *The Champion Teetotaler* (1961); *Sextet* (1964).

Ipsen, Bodil

(Copenhague, 20 août 1889/novembre 1964)
Comédienne de théâtre et star du cinéma muet, Bodil Ipsen s'associe avec Lau Lauritzen junior et réalise un premier long métrage, *Princesse des faubourgs* (1943), film jugé curieux, mais

non dépourvu de qualités. En 1945, elle porte à l'écran un film sobre et intéressant sur la résistance, *La terre sera rouge*. Présenté à Cannes l'année suivante, il obtient le premier prix pour le Danemark. Le dernier film que l'on connaît de Bodil Ipsen, *Café paradis*, n'est pas sorti de son pays.

***

ÉTATS-UNIS

Andersen, Yvonne

En 1954, elle fonde l'atelier Yellow Ball (Lexington, Massachusetts) et dirige depuis des centaines de films d'animation faits par des enfants.

Arledge, Sarah

Auteure de *Introspection* (1947, CM).

Clarke, Shirley

(New York, 1925/   )
Danseuse, elle devient présidente de la National Dance Association en 1946. Sept ans plus tard, elle quitte la danse pour le cinéma. Elle réalise plusieurs courts métrages fort réussis, puis, en 1960, signe son premier long métrage, *The Connection* (100 min), dont l'audace de l'écriture fera d'elle une figure de proue de l'école de New York. Un cinéma de fiction qui se donne toutes les allures de cinéma direct et qui met en scène des drogués attendant, dans un lieu sordide, leur fournisseur, voilà un peu *The Connection*. Son second métrage, *The Cool World (Harlem Story)* (1963, 110 min, budget 250 000$), qui trace un tableau de moeurs dans le ghetto noir de New York, est le premier film tourné entièrement à Harlem. Il cherche à cerner la question des Noirs sans tricher. Mais le film choc de Shirley Clarke demeure, à ce jour, *Portrait of Jason* (1967, 105 min). Pendant une nuit de 12 heures, la caméra de Clarke capte la réalité d'un jeune Noir homosexuel qui se raconte. Gilles Marsolais croit qu'«il s'agit d'un moment de «vérité» peu commun au cinéma. Rarement nous fut communiqué un tel sentiment du «présent», du film «en train de se faire». Depuis 1968, Shirley Clarke fait de l'expérimentation sur bandes vidéos, croit-on savoir. Ses autres films: *Dance in the Sun* (1953, 7 min); *In Paris Parks* (1954, 13 min); *Bullfight* (1955, 9 min); *Moment in Love* (1957, 9 min); 12 «boucles» pour l'Exposition

de Bruxelles (1958); *Bridges-Go-Round* (1958, 3 min); *Skyscraper* (1959, coré: Willard Van Dyke, 20 min); *Scary Time* (1960); *Robert Frost — A Love Letter to the World* (1964); *Man in the Polar Regions* (1967).

Conger, Jane
Auteure de *Logos* (1957, CM) et *Odds and Ends* (CM).

De Hirsch, Storm
Une des cinéastes les plus actives et créatrices du groupe New York Filmmaker/Artists. Ses explorations stylistiques visent à intégrer la poète et la cinéaste à l'intérieur d'une forme cinématographique novatrice. Elle définit ainsi sa démarche: «Là où se termine le mot, j'aime explorer l'image.» Ses films: *Goodbye in the Mirror* (1963-64); *Journey Around a Zero* (1964-65); *The Color of Ritual, The Color of Thought* (1964); *Divinations* (1964); *Peyote Queen* (1965); *Newsreel: Jonas in the Brig* (1966); *Sing Lotus* (1966); *Shaman, a Tapestry for Sorcerers* (1967); *Cayuga Run — Hudson River Diary: Book I* (1967); *Trap Dance* (1968); *Third Eye Butterfly* (1968); *An Experiment in Meditation* (1971); *September Express* (1972); *Lace of Summer* (1972); *Wintergarden — Hudson River Diary: Book III* (1973); *River Ghost — Hudson River Diary: Book IV* (1973); *Geometrics of the Kabballah* (1976); et *16 Cine-Sonnets* (1974-77, super 8).

Deren, Maya
(Russie, 1917/1961)
Mère du cinéma underground américain, sa recherche esthétique influencera tout le mouvement du cinéma indépendant d'après-guerre. Habile théoricienne, on doit à Deren un ouvrage important, *An Anagram of Ideas on Arts, Form and Film* (1946). Ses films: *Meshes of the Afternoon* (1943, coré: Alexander Hammid); *The Witches Cradle* (1943, inachevé); *At Land* (1944); *A Study in Choreography for the Camera* (1945); *Ritual in Transfigured Time* (1946); *Meditation on Violence* (1948); *The Very Eye of Night* (1959).

Goldscholl, Mildred
Elle coréalise tous ses films d'animation avec Morton Goldscholl: *Night Driving* (1956); *Texoprint* (1957); *Mag* (1958); *Faces and Fortune* (1960); *Shaping the World* (1961); *Envelope Jive* (1962); *Dissent Illusion* (1963); *From A to Z* (1964); *First Impression* (1965); *Intergalactic Zoo; The Great Train Robbery* (1966); *Pitter Patterns*.

Goldstone, Emma

Elle fixe sur pellicule un spectacle typiquement américain, le «burlesque», mélange de danses, chants et strip-tease. *Hollywood Burlesque* se contente de saisir l'évolution des personnages sans grande imagination, a-t-on reproché à son auteure.

Hubley, Faith

Cinéaste d'animation qui travaille toujours avec son compagnon John. Leurs films: *The Adventures of* * (1957); *The Cruise* (1966, 8 min, pro: ONF); *Windy Day* (1970, 10 min); *Voyage to Next* (1973); *Cockaboody* (1973, 9 min). Seule, Faith Hubley réalise encore *Wow Women of the World.*

Levine, Naomi

Auteure de *Yes* (1964); *Jeremelu; From Zero to 16* (1967); *Optured Fraiken Chaitre Joe* (1968); *Prismatic* (1969); *Premoonptss; A Very Long Journey to Venus, Perhaps* (1970); *I.A.I. — a Long Bridges Falling Down; Zen + the Art of Baseball* (1971), tous de courts métrages.

Levitt, Helen

C'est à partir de tournages sporadiques que la photographe Helen Levitt, aidée plus tard de James Agee et Janice Loeb, a réalisé un essai révélateur sur la nature de la photographie au cinéma tout en mettant à nu certains comportements humains. C'est entre 1948 et 1952 que *In the Street* a pris forme.

Lupino, Ida

(Londres, Angleterre, 1918/   )
Elle fonde avec Collier Young sa maison de production, la Emerald qui deviendra la Filmmakers, et qui se mérite vite la réputation d'aider de nouveaux talents tant chez les réalisateurs que les acteurs. *Not Wanted* (1949, budget: 110 000$), première réalisation non créditée de Lupino, amorce ce style assez novateur qui se distingue nettement de la production d'Hollywood dans les années 50: «Oui, je suppose que nous étions la «nouvelle vague» à cette époque. Nous avions la prétention de faire des films à résonnance sociale, mais qui n'en étaient pas moins divertissants.» Bien avant que ne le fasse l'école de New York, Lupino réalise des films indépendants, à petits budgets, joués par des inconnus, tournés dans des temps records et traitant de sujets provocateurs pour l'époque, tels le viol, la bigamie, les grossesses non désirées. Cinq longs métrages suivront *Not Wanted*. Puis, la réalisatrice,

productrice et compositrice Ida Lupino s'essaie avec succès à la réalisation pour la télévision. On lui connaît 25 feuilletons pour lesquels elle met son talent à contribution, dont *The Alfred Hitchcock Hour, Have Gun Will Travel, Twilight Zone, The Fugitive,* etc. Elle revient à ses premières amours en 1966 et réalise pour le cinéma *The Trouble With Angels.* Autres réalisations de Lupino: *Never Fear* (1950); *Outrage* (1950); *Hard, Fast and Beautiful* (1951); *The Bigamist* (1953); *The Hitchhiker* (1953) et plusieurs films pour la télévision.

Menken, Marie
(1909/1970)
Expérimentaliste qui, avec Maya Deren, introduisit et donna ses lettres de noblesse au cinéma underground américain des années 40. Si à la même époque les films de Willard Maas touchèrent un plus large auditoire, ceux de Menken connurent un impact plus probant auprès des autres cinéastes. Essais, exercices, poèmes, explorations, les films de Menken sont d'une grande variété tant par leurs sujets que leurs techniques. Elle recommandait: «Faites-les courts... toujours!» Ce qu'elle fit bien sûr: *Visual Variations on Noguchi* (1945); *Hurry! Hurry* (1957); *Glimpse of the Garden; Dwightiana* (1959); *Faucets* (1960); *Eye Music in Red Major* (1961); *Arabesque for Kenneth Anger; Bagatelle for Willard Maas; Zenscapes* (inachevé); *Moonplay* (inachevé); *Notebook* (1963); *Mood Modrian; Wrestling* (1964); *Go Go Go; Drips in Strips* (1965); *Andy Warhol; Andy Warhol: Silent Version; Lights* (1966, inachevé); *Sidewalks* (inachevé); *Excursion* (1968); *Watts With Eggs* (1969).

Orkin, Ruth
Cinéaste de l'école de New York qui tourne résolument le dos au cinéma d'Hollywood, elle réalise avec Morris Engel *The Little Fugitive* (1953, Lion d'argent à Venise 1953), *Lovers and Lollipops* (1955), *Weddings and Babies* (1958).

Rubin, Barbara
(1945/   )
Auteure de *Christmas on Earth* (1964); *The Day the Byrds Flew Into the Factory and I Went Out* (1965); *Christmas on Earth Continued,* tous de courts métrages.

Seton, Mary
Biographe de S.M. Eisenstein et fervente admiratrice, elle effectue en 1939 un montage sonorisé de 55 minutes à partir

des 60 000 mètres de pellicule (Georges Sadoul parle de 35 000 mètres) impressionnés par le grand maître sous le titre *¡Qué viva Mexico!*. Page funèbre de l'histoire du cinéma puisque à son départ d'Amérique en 1932, le fruit de son travail gigantesque lui sera confisqué à jamais. Quatre personnes ont tenté de traduire la pensée d'Eisenstein et ont produit autant de films de montage. L'un d'eux, *Time in the Sun,* est l'oeuvre de Mary Seton.

Swift, Lela
Réalisatrice pour la télévision, elle s'est méritée une double récompense pour son documentaire *Des années sans récolte* (prix du Festival de Mannheim et prix du Festival Flaherty).

***

FRANCE

Audry, Jacqueline
(Orange, 25 septembre 1908/19 juin 1977)
Scripte, assistante de Pabst, Delannoy, Ophüls, elle est l'auteure de 17 longs métrages qui composent une galerie de portraits presque exclusivement féminins. Après un beau court métrage, *Les Chevaux du Vercors* (1943), elle devra attendre la Libération pour diriger son premier long métrage, *Les Malheurs de Sophie* (1945). Avec *Gigi* (1948), elle devient, à la suite d'Alice Guy et Germaine Dulac, le porte-drapeau français du cinéma fait par les femmes. Elle adapte de nombreuses oeuvres de Colette et s'assure presque toujours la collaboration de son compagnon, Pierre Laroche, pour les dialogues et les adaptations. Ses autres films: *Sombre dimanche* (1948); *Minne ou l'ingénue libertine* (1950); *Olivia* (1951); *La Caraque blonde* (1953); *Huis-clos* (1954); *Mitsou* (1956); *La Garçonne* (1957); *C'est la faute d'Adam* (1958); *L'École des cocottes* (1959); *Le Secret du chevalier d'Éon* (1960); *Les Petits Matins* (1962); *Cadavres en vacances* (1963); *Fruits amers* (Grand prix du cinéma français en 1966); *Le Lys de mer* (1970, coré: le polonais Wojtek Solarz); *Le Grand Amour de Balzac* (1972).

Bellon, Yannick
(Biarritz, 6 avril 1924/   )
Monteuse diplômée de l'IDHEC, elle prépare au lendemain de la guerre (1946-48) un documentaire sur les habitants d'une petite île bretonne vivant de la collecte du goémon. L'acuité

et l'intelligence de la démarche de *Goémons* (1948) font l'unanimité. Elle la poursuit pendant plus de 20 ans. Ce n'est qu'en 1971 qu'elle emprunte la voie du long métrage et de la fiction. L'écriture de Yannick Bellon, auteure avec tout ce que cela implique de vision personnelle et d'intuition, hésite aujourd'hui entre la recherche poétique de *Jamais plus toujours* (1976, 80 min) et la démonstration-dénonciation de *l'Amour violé* (1978, 115 min) et de *L'Amour nu* (1981, 101 min). Ses autres films: *Colette* (1950, doc); *Varsovie quand même* (1954, doc); *Un matin comme les autres* (1954, doc); *Zaa le petit chameau blanc* (1960, doc); *Les Hommes oubliés* (19?, coré: Jacques Villeminot, documentaire sur les peuplades primitives du centre de l'Australie); *Le Second Souffle* (19?, coré: J. Villeminot); *Quelque part quelqu'un* (1971, 100 min, premier LM); *La Femme de Jean* (1974, 103 min). Après 1981: *La Triche* (1984, 100 min).

Canaille, Caro

Connue du Tout-Paris, semble-t-il, Caro Canaille, après la réalisation d'un court métrage, *Un oiseau s'envole,* persuade un producteur de l'assister dans une grande aventure financière: celle de transposer à l'écran *Trompette de la Bérésina* de Ponson du Terrail. Jugé indigent, *Si le roi savait ça* (1957) fut un désastre financier. Caro Canaille ne récidivera pas.

Charvein, Denise

Auteure de *Les Gazelles* (1961, coré: Yona Friedman); *Sedimwe* (coré: Y. Friedman); *La Hyène et le Chat sauvage* (coré: Y. Friedman), tous films d'animation.

Colson-Malleville, Marie-Anne

Après la mort de son amie Germaine Dulac, Marie-Anne Colson-Malleville produit et réalise plusieurs documentaires dans l'esprit de la grande cinéaste et pour en perpétuer le souvenir. Parmi ces réalisations, on compte: *Escale à Oran, El Oued, la ville aux mille coupoles, Baba Ali, Du manuel au robot, Solidarité, Les Doigts de lumière, La Route éternelle, Des rails sous les palmiers, Les Tapisseries de l'apocalypse, Pierre de lune, Delacroix peintre de l'Islam, Croyances, Simple histoire d'amour.*

Cosima, Renée

(Neuilly, 1926/   )
Après une carrière de comédienne plutôt inégale, Renée Cosima commence à produire, à partir de 1953, des films de courts métrages. Elle dirige elle-même un reportage très valable, *Sur la route de Key West.*

Costa, Lucile

(Bastia, 11 mars 1918/   )
Parallèlement à son métier de scripte, elle réalise quelques courts métrages dont *L'Enfant et le Lamantin, La Boîte à musique, Peau d'ours, Le Filleul de la mort.*

Dassonville, Hélène

(Nice, 1916/   )
Comédienne, elle réalise un grand nombre de courts métrages dont plusieurs traitent du sport et de la montagne: *Glaces éternelles, Première course, S.O.S. avalanche, L'Abominable Homme des pistes, Le Pilier de la solitude, Alerte en montagne, De marbre et d'amour, Moi, le chien.*

Dastree, Anne

Auteure de *Canalis* (CM) et *Aurélia ou la descente aux enfers* (d'après Gérard de Nerval).

Delsol, Paula

Paula Delsol fait ses débuts au cinéma en réalisant quelques courts métrages, dont *Je t'enverrai des cartes postales, Le Nez de Cléopâtre, Le Pâtre Nicolas* et *Les Fiançailles de Maté.* Son premier long métrage, *À la dérive* (1963), reçoit un accueil froid. On lui reproche la superficialité du propos et les déficiences techniques. C'est probablement en raison de cet échec que Paula Delsol mettra 13 ans avant de faire un nouveau long métrage. *Ben et Bénédicte* (1976) ne sera encore là qu'un demi-succès. Présenté au Festival international du film de la critique québécoise en 1977, on reconnaît l'intention fort louable de son auteure qui n'efface toutefois pas les naïvetés et les lieux communs de sa mise en scène.

Feix, Andrée

D'abord secrétaire chez Gaumont tout comme Alice Guy, Andrée Feix devient scripte, assistante et monteuse. Elle dirige en 1946 *Il suffit d'une fois,* puis *Capitaine Blomet,* deux comédies au ton enlevé qui reçoivent un certain succès. Après ces deux essais, Andrée Feix ne récidive plus et se consacre exclusivement au montage.

Friedman, Yona

Auteure de *Les Gazelles* (1961, coré: Denise Charvein); *Sedimwe* (coré: D. Charvein); *La Hyène et le Chat sauvage* (coré: D. Charvein); *Les Aventures de Samba Gana* (1962); *L'Origine de Kabouloukou,* tous films d'animation.

Garcin, Laure
Elle coréalise avec Henri Gruel *Métropolitain* (d'après Rimbaud)
et *Étroits sont les ruisseaux* (d'après Saint-John Perse).

Guillon, Madeleine
Formant une unité de production autarcique, Madeleine et
Jacques Guillon — elle à la réalisation, lui à la prise de vues
— donnent *Monsieur Rameau* et *Images des musiques françaises*.
Madeleine Guillon signe ensuite deux reportages *Venise des
quat'saisons* et *Les Amoureux de Peynet*, puis une série de documents sur l'histoire du cinéma, *Les Éloquents, Souvenirs de cinématographe, Les Pionniers de l'écran, Cinquante visages de cinéma,
Premières étoiles, Les Stars du ciné* et *Les Vedettes du muet*.

Harel-Lisztman, Colette
Auteure de *Les Yeux ouverts* (CM) et *Le Cerf-volant* (CM).

Jallaud, Sylvie
Avec Pierre Jallaud, elle coréalise les courts métrages suivants:
Des maisons et des hommes (1953); *Doujere - Moudragon* (1954);
Fleuve-Dieu (1955); *Spirales* (1956); *L'Âge des caravelles* (1958);
Journal d'un certain David; 47, rue Vieille-du-Temple (1960); *Comme
un reflet d'oiseau* (1961).

Kaplan, Nelly
(Buenos Aires, Argentine, 1931/   )
Elle quitte sa terre natale avant la fin de ses études. Direction?
Paris. Devenue correspondante de presse, elle rencontre Abel
Gance, se passionne pour l'idée de la polyvision et écrit le
Manifeste d'un art nouveau: la polyvision. Collaboratrice de Gance,
elle coréalise avec lui *Magirama* (1956, triple écran, 120 min
app.) et *Austerlitz* (1960). Mais l'élève douée va bientôt prendre
son envol non sans rendre un dernier hommage à celui qu'elle
admire beaucoup, *Abel Gance: hier à demain* (1963, 28 min).
Elle se fait aussi la main en signant de courts métrages d'art
plusieurs fois primés dans des festivals internationaux, puis
donne un coup de barre vers le long métrage de fiction. *La
Fiancée du pirate* (1969, 105 min), c'est l'histoire de la vengeance
d'une femme qui révèle son «ras l'bol» de la phallocratie. Presque 10 ans après, un journaliste écrit ceci: «Insolent et féministe, anticonformiste et d'une drôlerie corrosive, salué à sa
sortie comme «le film» de la révolte et de la liberté, *La Fiancée*
n'a pas pris une ride au fil des années.» Dans la même veine,
Kaplan tourne *Papa, les petits bateaux* (1971, 100 min), qui fait

dire à Claire Clouzot que Nelly Kaplan est ce que le «néo-populisme» a donné jusqu'ici de meilleur. Ton qu'elle aban-donne d'ailleurs pour son troisième long métrage, *Néa* (1976, 107 min), un film sur l'érotisme qui est, chose infiniment rare au cinéma, érotique. Les qualités de subversion de l'auteure sont un peu noyées dans celle de la passion, mais elle y revient, un peu assagie cependant, avec *Charles et Lucie* (1979, 95 min). Autres films de Nelly Kaplan: *Gustave Moreau* (1961); *Rodolphe Bresdin* (1961); *Dessins et merveilles* (1966); *Les Années 25* (1966); *À la source, la femme aimée* (1966); *Le Regard Picasso* (1967, Lion d'or au Festival de Venise); *André Masson* (1968). Après 1981: *Abel Gance et son Napoléon* (1984, 60 min, film de montage créé à partir de documents filmés et photographiés au cours du tournage du *Napoléon* d'Abel Gance; présenté à Cannes dans la section «Un certain regard»).

Lepeuve, Monique

Auteure de ces films d'animation: *La Chanson du jardinier fou* (1960) et *Concerto pour violoncelle* (1962).

Marquand Trintignant, Nadine

(Nice, 1934/   )
Scripte, monteuse et assistante, elle dirige son premier court métrage, *Fragilité, ton nom est femme*, en 1956. Presque 11 ans plus tard, elle entreprend véritablement sa carrière de cinéaste. «Aquarelliste», Nadine Marquand Trintignant peint des portraits d'une joliesse quelque peu fade et parfois complai-sante. Il est à noter que l'effort de la réalisatrice de reprendre son nom de naissance Marquand — elle signe Marquand Trintignant son film *Défense de savoir* (1973) — a été ignoré par la critique. Nadine Marquand Trintignant est aussi l'au-teure des longs métrages suivants: *Mon amour, mon amour* (1967); *Le Voleur de crimes* (1969); *Ça n'arrive qu'aux autres* (1971, qui se démarque de ses autres films par une authenticité indé-niable); *Le Voyage de noces* (1976); *Premier voyage* (1979).

Mayo, Nina

Elle coréalise avec Arie Mambouch ces films d'animation: *Le désert chante* (1957); *Le Cercle* (1958); *Le Tapis volant* (1959); *L'Arbre* (1961); *Les Six Jours de la création* (1962).

Muntcho, Monique

Assistante, administratrice, directrice de production pour la société de production qu'elle gère avec son compagnon, J.K.

Raymond-Millet, elle coréalise avec ce dernier: *Cheveux noirs, capes grises, La Grande Île au coeur des saintes eaux, Quatre hommes et une marsouine, Plein ciel malgache, La Jeunesse de monsieur Pasteur.* Elle réalise en solo *Réalités malgaches, Il était une montagne, Minarets dans le soleil* et *Tamatave la marine.*

Oswald, Marianne

Auteure d'un documentaire, *La parole est au fleuve* (coré: André Vétusto).

Premysler, Francine

À la suite de sa compatriote Nicole Védrès, Premysler coréalise avec Henri Torrent un film de montage sur les années d'occupation en France, *La Mémoire courte* (1963). Chronique de ces années 40-45 à la fois sordides et confondantes, le film reçoit un accueil glacial. En dépit de son ton gauchisant, on lui reproche son manque de rigueur historique, de concision et de «génie».

Sengissen, Paule

Elle compose un film d'animation avec des gravures datant de 1880-1890. *Le Côté d'Adam* nous montre comment, dans ces temps anciens, les hommes percevaient les femmes.

Starevitch, Irène

Fille de Ladislas Starevitch, Polonais né à Moscou et exilé en France après la révolution, Irène collabore avec celui qui fut le créateur du film de marionnettes et de poupées. Dans leur studio à Fontenay-sous-Bois, père et fille travaillent en coréalisation à partir de 1939. Ils signent: *Zanzabelle à Paris, Fleur de fougère, Gazouly, petit oiseau, Gueule de bois, Un dimanche de Gazouly* et *Nez au vent.* Ladislas Starevitch meurt en 1965 et Irène Starevitch, affligée de cécité totale, ne continue pas moins à retracer films et documents disséminés un peu partout dans le monde afin de constituer une sorte de mémorial en hommage à son père.

Stéphane, Nicole

(Paris, 1928/   )
Interprète de Jean-Pierre Melville pour *Le Silence de la mer* et *Les Enfants terribles*, elle passe derrière la caméra à la suite d'un accident de voiture. Elle mène alors de front une carrière bicéphale. La réalisatrice dirige *Les Hydrocéphales, La Génération du désert, Le Tapis volant, Vél d'hiv'*, tandis que la productrice

permet à Marguerite Duras de mettre en scène son premier film en solo *Détruire dit-elle*. De son propre aveu, Nicole Stéphane travaille avec des «marginaux»: Frédéric Rossif, Georges Franju, Jean Cocteau, Susan Sontag. Elle a récemment produit *La Déchirure*, un film de Sontag sur le conflit israélo-arabe.

Trintignant, Nadine

Voir Marquand Trintignant, Nadine

Tual, Denise

Chef monteuse d'environ 40 longs métrages dont *La Chienne* de Jean Renoir, *Lac aux dames* de Marc Allégret et *Fantomas* de Paul Fejos, Denise Tual devient productrice associée avec Roland Tual pour le compte de leur société, la Synops. S'inspirant de *Paris 1900* de Nicole Védrès, Tual élargit la formule de cette dernière. *Ce siècle a 50 ans*, composé de bandes d'actualités et de séquences de films documentaires tournées entre 1900 et 1945, est considéré comme une oeuvre capitale dans ce genre où les femmes ont excellé: le film de montage. Autres réalisations de Denise Tual: *Olivier Messiaen et les oiseaux* (197?, LM); *André Masson ou l'imagination surréaliste* (1977, MM); *Luis Buñuel: souvenirs surréalistes* (1977, MM).

Varda, Agnès

(Bruxelles, Belgique, 30 mai 1928/   )
D'origine grecque par son père et française par sa mère, Varda vit en France depuis son jeune âge. Photographe officielle du Théâtre national populaire de Jean Vilar, elle veut, le temps d'un projet, troquer son appareil photo pour une caméra. En 1954, elle crée avec Alain Resnais et Carlos Vilardebo une coopérative et réalise *La Pointe courte* (1954-55, 75 min) qui arrivait trop tôt dans le cinéma français, écrit Charles Ford. C'est pourquoi il fallut attendre que son monteur, Alain Resnais, réalise à son tour *Hiroshima, mon amour* (1959). On se souvient alors d'Agnès Varda qui entre-temps, et contrairement aux usages en vigueur dans le milieu, s'adonne aux courts métrages. On dira même que «le jeune cinéma lui doit tout»! Ce n'est cependant que sept ans plus tard qu'elle tourne son second long métrage, *Cléo de 5 à 7* (1962, 90 min) qui demeure avec *Le Bonheur* (1965, 79 min) et *L'une chante, l'autre pas* (1976, 120 min) ses oeuvres les plus connues. Cette dernière en particulier a suscité une gamme de réactions allant du commentaire laudatif au pamphlet. Autres films de Varda: *Ô Saisons, Ô*

Châteaux (1957, 22 min); *Du côté de la Côte* (1958, 32 min); *Opéra Mouffe* (1958, 15 min); *La Cocotte d'Azur* (1959); *Les Fiancés du pont MacDonald* (1961); *Salut les Cubains* (1963, 30 min); *Elsa* (1966); *Les Créatures* (1966, 90 min); *Loin du Vietnam* (1967, coré: Alain Resnais, William Klein, Joris Ivens, Claude Lelouch, Jean-Luc Godard, 120 min); *Oncle Janco* (1967, États-Unis, 20 min); *Lions Love* (1969, États-Unis, 110 min, avec la participation de la cinéaste américaine Shirley Clarke); *Black Panthers* (1969, États-Unis, 30 min); *Nausicaa* (1970, 90 min, film censuré); *Réponse de femmes* (1975, 8 min); *Daguerréotypes* (1975, 80 min); *Plaisir d'amour en Iran* (1976, 6 min, complémentaire de *L'une chante, l'autre pas*); *Murs murs* (1980, États-Unis, 81 min); *Documenteur* (1981, 65 min) et deux films inachevés *La Mélangite* et *Christmas Carole*. Après 1981, aux États-Unis, *Maria and the Naked Man* et *Ulysse* (1983, 22 min, présenté à Cannes, dans la section «Un certain regard»).

Védrès, Nicole
(Paris, 4 septembre 1911/20 novembre 1965)
Femme de lettres et critique, Védrès donne une oeuvre majeure à un genre créé par sa prédécesseure soviétique Esther Choub: *Paris 1900* (1947). Ce film de montage, imprégné de la forte personnalité de son auteure, obtient le prix Louis Delluc 1947. Nicole Védrès réalise encore *La vie commence demain* (1950); *Amazone* (1951, CM) et *Aux frontières de l'homme* (1953, CM), puis se tourne vers la radio et la télévision. Plusieurs années après, elle s'en explique: «Puis-je ajouter, quitte à aborder une question encore bien plus ambiguë et que notre société feint de croire résolue alors qu'elle ne l'est nullement, ceci: il n'est pas possible pour une femme de faire une carrière de réalisateur de films à moins qu'elle ne soit célibataire et sans enfants.»

Vergez-Tricom, Mme
Professeure, elle réalise plusieurs films pédagogiques dont *La Vie d'un fleuve*, *Le Bassin parisien* et *Le Relief glaciaire*.

Weiss, Louise
Réalisatrice dans les années 60, elle signe de nombreux reportages parmi lesquels on compte: *L'Amour des créatures*, *Ouatrunjaya*, *Dieu du riz*, *Le Rocher tragique*, *À l'ouest de l'Éden*, *Aux frontières de l'au-delà*, *Barrage des treize tombeaux*, *Allah au Cachemire*.

***

HONGRIE

Elek, Judit

(Budapest, 1937/   )
Vers 1963, elle dirige ses premiers courts métrages au studio
Béla Balázs, tandis que, par ailleurs, elle publie une nouvelle
intitulée *Wake Up!* Malgré d'évidentes qualités et une approche
toute personnelle, *Rencontre* (1963) et *Les Châteaux et leurs Habi-*
tants (1965-66) ne permettent pas à Judit Elek d'obtenir les
crédits nécessaires pour mener à terme un projet de long
métrage. Qu'à cela ne tienne! Elek tourne deux courts métrages
dont l'union fort habile formera un tout indissociable. *Où finit*
la vie? (1967-68), essai de cinéma direct, sera vu à Cannes et
primé aux festivals d'Oberhausen et de Locarno. Après *Nous*
nous sommes rencontrés en 1971 (1971-72), dont la technique
d'enregistrement est fidèle à l'éthique du direct, Elek termine
un premier long métrage de fiction, *La Dame de Constantinople*
(1968-69), qui illustre bien la croyance de l'auteure que le
direct est une sorte d'état d'esprit dont peuvent s'inspirer tous
les genres cinématographiques. En somme, «tourner «en
direct» des films de fiction», comme l'explique elle-même Judit
Elek. Suivront quatre années d'engagement total avec les habitants d'un village de Hongrie. Au fil du quotidien, la caméra
s'installe petit à petit comme une nouvelle réalité et capte le
vécu d'adolescentes aux prises avec d'ancestrales traditions,
mais néanmoins avides de bonheur. *Un village hongrois* (1972-
73) et *Une histoire simple* (1975, 120 min) se complètent dans
un constat à la fois probant et désespérant. On explique par
le pessimisme certain de Judit Elek la longue pause forcée
qu'elle connut jusqu'en 1980, année de la réalisation de *Peut-*
être demain (1979, 105 min), commentaire sur l'inadaptation
du couple au monde d'aujourd'hui. Après 1981: *Examen de*
l'affaire Ignac Martinovics, abbé de Szaszvar, et de ses compagnons
(198?); *Maria's Day* (1984, 115 min).

Ember, Judit

(Abadszalok, 1935/   )
Auteure de *Vingt ans après* (1964, CM); *En visite* (1965, CM);
Scène de théâtre (1967-68, doc); *Club de débats* (1970, doc); *Arrêt*
(1970, doc); *Permanence du souvenir* (1974, doc pour la télévision); *Pour ce qui est bon marché* (1974, doc); *Brassage* (1975,
doc ethno.); *Histoire instructive* (1976, doc); *Je n'en ai jamais vu*
et jamais fait (1976, doc pour la télévision); *Bottes de gui* (1978,
LM).

Gyarmathy, Livia
(Budapest, 1932/   )
Elle réalise: *58 secondes* (1964, CM); *Messages* (1967, doc);
Connaissez-vous Sunday-Monday? (1969, LM); *Monsieur, Madame*
(1972, doc); *Arrêtez la musique!* (1973, LM); *Le Club des solitaires*
(1976, CM); *Neuvième étage* (1977, CM); *Tous les mercredis* (1979,
LM); *Koportos* (1979, 88 min). Livia Gyarmathy travaille aux
studios Mafilm et écrit tous les scénarios de son compagnon
Géza Böszörmény.

Mészáros, Márta
(Budapest, 1931/   )
Elle fait ses études secondaires en Union soviétique et, plus
tard, ses études cinématographiques à l'Académie de cinéma
à Moscou. Après un séjour de deux ans en Roumanie, elle
revient dans son pays natal en 1958. Auteure de films scientifiques vulgarisés et de documentaires, sa venue au long
métrage coïncide avec le nouveau regard porté sur le cinéma
hongrois et la révolte étudiante de 1968. À l'exception de son
plus récent film, *Les Héritières* (1980, présenté aux festivals de
Cannes et de Montréal), Mészáros a développé à travers tous
ses longs métrages une approche de type réaliste accessible à
un large auditoire et qui gravite autour des thèmes qui lui
tiennent à coeur: la maternité, l'amitié entre femmes, les relations de couple. Quelques-uns de ses films (au nombre d'environ 100 courts métrages et 10 longs métrages): *They Smile
Again* (1954); *Histoire d'Albertfalva* (1957); *Et la vie continue*
(1959); *Battement de coeur* (1961, diplôme d'honneur à Padova);
Couleurs de Vasarhely (1961); *Janos Tornyai* (1962); *L'Âge ingrat
d'une ville* (1962); *Samedi 27 juillet 1963* (1963); *La Ville des
peintres* (1964); *Pissenlit* (1964); *Miklos Borsos* (1967); *Cati* (1968,
86 min, prix spécial du jury à Valladolid 1969); *Marie* (1969,
LM); *Pleurez pas, jolies filles* (1970, LM); *La Filature de Lorinc*
(1971); *Débarras* (1973, 79 min); *Adoption* (1975, LM, l'Ours
d'or à Berlin 1975, prix de l'OCIC, prix «Otto Dibelius», prix
du jury du CIDALC, plaque d'or à Chicago 1975); *Neuf mois*
(1976, 93 min, prix à Téhéran en 1976, prix de la Fipresci à
Cannes 1977); *Elles deux* (1977, 94 min); *Comme à la maison*
(1978, LM); *En cours de route* (1979, LM); *Une mère, une fille*
(1981). Après 1981: *The Land of Mirages* (1983, t. o: *Délibábok
országa*).

Szemes, Marianne

(1924/   )

Marianne Szemes a, selon Gilles Marsolais, ouvert la voie du cinéma direct dans son pays avec *Divorce à Budapest* en 1963 (t. o: *Valas Budapesten*). Elle a poursuivi cette démarche en mêlant fiction et direct avec *J'interviens pour moi* (1968, t.o: *Erted haragszom*). Ses autres réalisations, toutes documentaires: *I Shall Be a Seaman* (1957, CM); *Travel Notes on Egypt* (1957); *Three Clouds of White Smoke* (1963); *Exams and Confessions* (1964); *Pilgrimage* (1965); *Women Will Do Everything* (1966); *It's So Simple* (1967) et *I Do What I Like* (1969). Ajoutons que, entre 1960 et 1962, la réalisatrice et scénariste hongroise a oeuvré dans le champ des actualités filmées.

Vas, Judit

(1932/   )

Auteure de *Polarised Light* (1960); *Who Can Carry On Any Longer?* (1962); *; Circadiar Rhythms* (1965); *Bobe; Where Are You Going?* (1966); *Who Is Your Friend?* (1967); *Trio,* tous de courts métrages.

***

ITALIE

Basaglia, Maria

Auteure de *Sua Altezza Ha Detto: No!* (1954) et *Sangue di Zingara* (1956).

Gobbi, Anna

(Milan/   )

Femme de théâtre, Anna Gobbi s'intéresse au cinéma au début des années 40 et signe un court métrage d'avant-garde, *Trois plus deux.* Longtemps après, elle tourne son seul grand film, *Le Scandale* (1967), considéré comme une oeuvre engagée socialement.

Mangini, Cecilia

(1927/   )

Auteure de *All'armi siam fascisti* (1961, coré:?); *Processo a Stalin* (1963, coré: ?) et *Essere donne* (1964, CM).

Mazetti, Lorenza

(1926/   )

Romancière, Mazetti s'expatrie à Londres en 1952 et y tente

une expérience cinématographique influencée par le néo-réalisme. Aidée de Lindsay Anderson venu du «Free Cinema», elle réalise *Together,* oeuvre d'un bonheur inégal, qui chevauche la fiction et le réalisme. On lui reproche surtout l'aspect très «composé» de cette histoire d'incommunicabilité dans laquelle sont plongés deux sourds-muets. L'intérêt principal du film réside dans l'éloquence de la bande-son exclusivement faite d'un bref commentaire et de quelques bruits significatifs. Pour le reste, le film est muet comme le sont ses personnages. On doit également à Lorenza Mazetti *Metamorphosis* (CM) et *Accused Women* (1961, film collectif, Mazetti est responsable du volet sur l'éveil des enfants à la sensualité). Lorenza Mazetti pratique maintenant la psychanalyse à Rome.

Speiser, Jane R.
(États-Unis, 1944/   )
Cinéaste d'animation vivant en Italie, Jane R. Speiser est notamment l'auteure de *Soleil, eau, terre, vent* (1981, 16 mm, coul, 60 min).

Torrini, Cinzia
(Florence, 1954/   )
Elle est l'auteure d'un premier long métrage, *Une course encore.* On croit savoir qu'elle a réalisé un autre film *Jeu de hasard.*

Wertmüller, Lina
(Rome, 1928/   )
Née Arcangela Wertmüller von Elgg, elle étudie le théâtre, fait de la mise en scène et se dirige, au début de la trentaine, vers le cinéma. Assistante-réalisatrice pour *Huit et demi* de Fellini, elle tourne la même année son premier long métrage, *I Basilischi* (1963, 83 min). Tout en travaillant pour la télévision, elle écrit des scénarios et signe également *Questa volta parliamo di uomini* (1965) et *Non stuzzicate la zanzara* (1967). C'est au moment de la parution de l'ouvrage de Charles Ford, *Femmes cinéastes,* dans lequel celui-ci écrit; «Lina Wertmüller a orienté ses activités vers la radio et la télévision. Il est peu probable que son nom ne réapparaisse pas sur un générique de film, un jour ou l'autre», qu'elle représente son pays à Cannes avec *Mimi métallo blessé dans son honneur* (1972, 110 min) et se fait connaître du monde entier. Suivront *Un film d'amour et d'anarchie, ou ce matin à 10 heures rue des Fleurs dans la notoire maison close* (1973, 125 min) et *All Screwed Up* (1974, 108 min). C'est cependant avec *Swept Away by an Unusual Destiny in the*

Blue Sea of August (1975, 116 min) et *Seven Beauties* (1976, 115 min) que son succès la propulse au sommet de la cote d'amour des Américains. La Warner Brothers obtient ce que tous ses concurrents espéraient: un contrat pour quatre films et une distribution de ses films à venir. Autres films de Wertmüller: *Don't Tease the Misquito* (1967); *Giornalino de Gian Burrasca* (1967); *Due e due non fa più quatro* (1968, coré: Franco Zeffirelli); *The End of the World in Our Usual Bed in a Night Full of Rain* (1978); *D'amour et de sang* (1979, 112 min, t. o: *Fatto di sangue fra due uomini per causa di una vedova*).

***

JAPON

Kinuyo, Tanaka

Grande comédienne, elle a réalisé au moins deux films dont un en 1950.

***

MEXIQUE

Toscano, Carmen

Aidée d'un technicien, elle s'attable devant 50 000 mètres d'images captées par son père entre 1897 et 1947. Dans la même veine que la Française Nicole Védrès et la Soviétique Esther Choub, elle crée un film de montage témoin d'une époque particulièrement importante dans l'histoire mexicaine: celle de la révolution et de l'instauration du régime libéral de Madero en 1911. *Souvenirs d'un Mexicain* est en quelque sorte unique en son genre puisque tous les segments du film proviennent d'une seule source. Sa version finale sonorisée compte quelque 3 000 mètres.

***

POLOGNE

Badzian, Teresa

Cinéaste d'animation, elle réalise notamment *Le Bouton* (1965).

Bielinska, Halina

Auteure de *Hanging the Guard* (1958, anim, coré: Wlodzimierz

277

Haupe); *Zmiana Warty* (anim, coré: W. Haupe); *The Circus Under the Stars* (1960, anim, coré: W. Haupe); *Lucky Tony* (1961, coré: W. Haupe); *Godzina Pasowes Rozy* (1963, anim).

Jakubowska, Wanda

(Varsovie, 10 novembre 1907/   )

Après des études en histoire de l'art à l'Université de Varsovie, Jakubowska fait ses débuts au cinéma en 1929. Cofondatrice de l'Association Start, mouvement des cinéastes polonais progressistes, elle coréalise avant l'occupation de Varsovie par les troupes allemandes *Autumn Impressions* (1932); *The Sea* (1932); *We Are Building* (1933); *Awakening* (1934, coré: Alexander Ford); *Edison Street* (1938, CM); *On the Niemen River* (1939, coré: K. Szolowski). Déportée à Auschwitz et à Ravensbrück, Wanda Jakubowska réalise, à son retour, une oeuvre témoin des horreurs des camps de concentration qui la rend célèbre dans le monde entier. *La Dernière Étape* (1948) est considéré comme le meilleur film de Jakubowska qui poursuit sa carrière de cinéaste avec *Soldier of Victory* (1953); *An Atlantic Story* (1955); *Farewell to the Devil* (1957); *King Matthew 1* (1958); *Encounters in the Dark* (1960); *A Modern Story* (1960); *The End of Our World* (1964); *The Hot Line* (1965); *The Big Wood* (1966); *At 100 Miles Per Hour* (197?).

Kaniewska, Maria

Auteure de *Not Far From Warsaw* (1954); *Much Ado About Little Basla* (1959); *The Imp of the Seventh Grade* (1960); *On the Threshold of Art* (1962); *Panienka z Okienka* (1964).

Marczakowie, Marta

Auteure de *Grzyby* (1949, coré: Karol Marczakowie).

Petelska, Ewa

(1920/   )

Auteure de *Three Stories* (1953); *Three Starts* (1955); *Sunken Ships* (1957, coré: Czeslaw Petelski); *The Sky Is Our Roof* (1959, coré: C. Petelski); *Master Sergeant Kalen* (1961, coré: C. Petelski); *Black Wings* (1962, coré: C. Petelski); *The Beater* (1963, coré: C. Petelski); *The Wooden Rosary* (1965, coré: C. Petelski); *Don Gabriel* (1966, coré: C. Petelski); *A Matter of Conscience* (1967, coré: C. Petelski); *Empty Eyes* (1969, coré: C. Petelski).

Uszycka, Walentyna

Auteure de *End of Night* (1957, coré: J. Dziedzina et P. Komorowski).

PORTUGAL

Virginia, Barbara

Le premier Festival de Cannes organisé dès après la guerre, en 1946, présente une oeuvre écrite, réalisée et interprétée par une femme qui sera remarquée. Tourné avec des moyens minimals, *Trois jours sans Dieu*, en dépit de ses faiblesses techniques, a suscité l'intérêt par son indéniable inspiration.

***

QUÉBEC

Fortier, Monique

(Montréal, 6 juillet 1928/   )
Elle s'est spécialisée dans le montage de films de cinéma direct. Son nom s'est associé plusieurs fois à ceux de Georges Dufaux, Marcel Carrière, Jacques Godbout, etc. Elle a aussi réalisé deux films: *À l'heure de la décolonisation* (1963, 27 min, série «Ceux qui parlent français») et *La Beauté même* (1964, 10 min).

Marsh Beveridge, Jane

(Montréal, 1915/   )
Scénariste, réalisatrice et productrice à l'emploi de l'ONF de 1939 à 1944, elle sera la seule femme de l'organisme étatique à signer des films sur les forces armées. En 1942, elle complète une imposante recherche sur le travail des femmes dans une perspective à la fois historique et contemporaine. Le titre initial du film qui en résulte, *Work for Women*, fut changé par l'administration. Devenu *Women Are Warriors*, il est un document unique sur la participation des femmes à l'effort de guerre en Angleterre, en URSS et au Canada. En désaccord avec John Grierson qui, selon sa propre expression, développait un point de vue de mégalomane face au programme «Canada Carries On» dont elle était productrice, elle quitte l'ONF en 1944. En 1975, elle confie à Barbara Halpern Martineau à propos des femmes qui travaillaient à l'ONF pendant l'époque Grierson: «Elles étaient si reconnaissantes d'occuper des emplois intéressants qu'elles ne prirent jamais conscience d'être des esclaves.» Autre film connu de Jane Marsh Beveridge: *Alexis Tremblay, habitant* (1943, images: Judith Crawley).

279

Poirier, Anne Claire

(Saint-Hyacinthe, 6 juin 1932/   )

Licenciée en droit, elle entre à l'ONF où elle fait du touche-à-tout pour apprendre le métier. Après quelques années d'assistanat au montage et à la réalisation, elle signe plusieurs courts et moyens métrages. En 1968, c'est un premier long métrage, *De mère en fille* (75 min), né envers et contre la discrimination dont elle fait l'objet. Anne Claire Poirier tourne peu mais bien et avec un souci indéfectible de dire les femmes et leur vécu: nos maternités, *De mère en fille;* notre travail dévalué et pourtant vital à la communauté, *Les Filles du Roy* (1973); nos avortements, *Le Temps de l'avant* (1975); nos viols, *Mourir à tue-tête* (1979). Disons encore que Anne Claire Poirier a supervisé, à titre de productrice, les efforts d'une génération de jeunes femmes déterminées à vaincre le dernier bastion artistique masculin qu'est le cinéma. Elles en franchissent, début 70, les frontières. Leur passeport: le projet «En tant que femmes» du programme Société nouvelle/Challenge for Change de l'ONF. Ses autres films: *Stampede* (1961, coré: Claude Fournier, 27 min); *30 minutes, Mr Plummer* (1962, 27 min); *La Fin des étés* (1964, 28 min); *Les Ludions* (1965, 23 min); *Impôt et tout... et tout* (1968, 5 films de 5 min chacun); *Le savoir-faire s'impose* (1971, 6 films de 5 min chacun). Son plus récent film, *La Quarantaine* (1982, 35 mm, 105 min 29 s, budget: 1 250 000$), se démarque de ses thématiques féministes tout en réservant les meilleurs rôles aux femmes puisque celles-ci sont «les forces vives de cette génération», aux dires d'Anne Claire Poirier.

***

ROUMANIE

Bostan, Elisabeta

(1931/   )

Auteure de *The Brood Hen and Her Golden Chicks* (1955-60, CM); *Three Rumanian Dances* (CM); *The Hora Dance* (CM); *Naica and the Little Fish* (CM); *Naica and the Stork* (CM); *Naica and the Squirrels* (CM); *Naica Leaves For Bucharest* (CM); *The Kid* (1962); *Recollections from Childhood* (1964); *Youth Without Old Age* (1968); *Where Are You Little Devil* (1966, 59 min); *Kingdom in the Clouds* (1968, 88 min, t. f.: *La Clé d'or*); *Mother Goat and the Wolf* (1977); *Rock'n'Roll Wolf* (1978, 90 min).

Ursianu, Malvina

Assistante de Jean Georgesco, elle signe d'abord *La Joconde sans sourire*, puis *La Soirée*.

***

SUÈDE

Colfach, Elsa
(1929/)
Auteure de *Susanne* (1960).

Falck, Karin
(1932/)
Auteure de *Drömpojken* (1964).

Pollak, Mimi
(1903/)
Auteure de *Rätten Att Älska* (1956).

Rosencrantz, Margareta
(1901/)
Auteure de *Kuchelikaka* (1949, MM).

Thulin, Ingrid
(1929/)
Réalise et interprète *Devotion* (1964, CM).

Zetterling, Mai
(Västerås, 24 mai 1925/)
Elle fait sa première apparition sur une scène de théâtre, puis à l'écran à l'âge de 16 ans, entreprend ses études d'art dramatique l'année suivante (1942) et obtient son premier grand rôle au cinéma dans *Frenzy* d'Alf Sjöberg en 1944. Ayant acquis une certaine notoriété, elle pratique son métier d'actrice aussi bien en Angleterre et aux États-Unis qu'en Suède. Elle s'y sent pourtant à l'étroit et décide que la réalisation conviendrait mieux à son besoin d'expression; elle deviendra une cinéaste obsédée par l'idée de la solitude et de la dépossession des femmes dans un monde dont elles ne connaissent pas le langage. De 1960 à 1963, elle tourne cinq documentaires, histoire de se faire la main. En 1964, elle commence son premier long métrage de fiction, *Les Amoureux* (118 min, t. o: *Älskande Par*), d'après les sept romans à scandale qu'Agnès von

Krusenstjerna, romancière aristocrate, a publiés entre 1930 et 1935 et dans lesquels elle met à nu la vie érotique des milieux nobles. La réalisation de Zetterling étonne tant par la liberté qu'elle se donne dans l'interprétation du roman que par une certaine virtuosité technique. Devant *Jeux de nuit* (1966), son deuxième long métrage, la critique s'est montrée plus sensible aux scènes d'homosexualité, d'onanisme et d'inceste qu'au cri de désespoir qu'il contenait à l'endroit d'une société moderne tout à fait décadente. *Dr. Glas* (1968, 82 min, Festival de Cannes) se présente comme le film le plus pessimiste de Mai Zetterling, tandis que *Les Filles* (1968, 100 min) laisse place à une certaine espérance. Ce film «complètement beau», selon Françoise Oukrate, précède un long silence de Zetterling, du moins dans le long métrage de fiction. Elle travaille à une anthologie sur l'amour, *Love* (1982, 35 mm, 97 min, produit par le Canada, tourné aux États-Unis et présenté au Festival de Berlin en 1983), écrite, réalisée et produite par des femmes. Les autres coréalisatrices du projet sont Annette Cohen, Nancy Dowd et sa «compatriote» Liv Ullman. Les segments de *Love* réalisés par Zetterling sont: *The Black Cat in the Black Mouse Socks, Julia* et *Love From the Market Place*. Autres films de Zetterling: *The Polite Invasion* (1960, Angleterre); *Lords of Little Egypt* (1961, Angleterre); *The Prosperity Race* (1962, Angleterre); *The War Game* (1962, Angleterre); *The Do-It Yourself Democracy* (1963, Angleterre); *Van Gogh* (1971); *Visions of Eight* (un volet du film sur les Jeux olympiques de Munich), tous des films documentaires, à l'exception de *War Game* et une adaptation du *Deuxième sexe* de Simone de Beauvoir pour la télévision (197?, 7 heures). Après 1981: *Scrubbers* (1982, coul, 94 min).

***

TCHÉCOSLOVAQUIE

Chytilová, Věra

(Ostrava, 1929/   )
Věra Chytilová étudie l'architecture, puis devient mannequin et s'intéresse finalement au cinéma. En 1961, elle sort diplômée de la faculté cinématographique de Prague. Son film de fin d'études, *Le Plafond* (1961, MM), pour lequel elle met à contribution des acteurs non professionnels et sa connaissance

du milieu de la mode, est prometteur. Il porte en germes la «nouvelle vague» tchèque. *Quelque chose d'autre* (1963), mais surtout *Les Petites Marguerites* (1966) confirment son immense talent et celui d'Ester Krumbachová, la coscénariste de presque tous ses films. «Délirant, iconoclaste, éblouissant» ont reconnu unanimement les critiques. Mais vint «Le printemps de Prague» et la purge qui s'ensuivit. Chytiloyá n'y échappe pas et sera réduite au silence. Après *Le Fruit du paradis* (1969), elle n'a plus tourné jusqu'en 1977, date du *Jeu de la pomme*. Ses autres films: *Three Men Missing* (1957, CM); *Green Roads* (1959, CM); *A Bag of Pleas* (1962, doc); *Pearls of the Deep* (1965, le volet: *The World Cafeteria*); *Panel Story* (1980, coul, 90 min); *Chytilová versus Forman — Consciousness of Continuity* (1981). Après 1981: *Un après-midi de Faune* (1983, coul, 35 min).

Tyrlova, Hermina

Dans sa spécialité, les marionnettes, la carrière de l'animatrice Hermina Tyrlova s'apparente à celle de Lotte Reiniger. Pionnière du film d'animation dans son pays avec Karel Zeman, elle y consacra sa vie entière. Au cours de la célébration de son soixante-dixième anniversaire, elle a dit: «Tourner des films à l'intention des enfants est l'oeuvre de ma vie. C'est pour moi une nécessité, une chose indispensable comme pour d'autres manger, dormir et aimer.» Parmi les dizaines de films qu'elle mit en images, les plus connus sont: *Ferda the Ant* (1941); *The Revolt of the Toys* (1947); *Lullaby* (1948); *The Misfit* (1951); *Nine Chicks* (1952); *The Taming of the Dragon* (1953); *The Naughty Ball* (1956); *A Garland of Folk Songs; Goldilocks; The Swine Herdsman* (1957); *Lazy Martin; The Lost Doll* (1959); *The Little Train; The Knot in the Handkerchief; A Lesson* (1960); *The Lost Letter* (1961); *Two Balls of Wool* (1962); *The Marble* (1963); *The Blue Pinafore* (1965); *The Snowman* (1966); *Boy or Girl?; Dog's Heaven* (1967); *Christmas Tree; The Star of Bethlehem* (1969); *The Glass Whistle* (1970); *Little Paintings.*

Weissova, Lenka

Elle réalise un documentaire sur la musique, *Étude pour les deux mains.*

***

URSS

Andjaparidze, Mary
Auteure de *Aniuta* (1960).

Gogoberidze, Lana
Auteure de *Under the Same Sky* (1962).

Khodataieva, O.
Animatrice qui a, entre autres choses, adapté des contes populaires russes tels *La Chambrette, La peur a de grands yeux, Le Moulin merveilleux, Conte de la Taïga*. On compte également à son crédit *Le Petit Hanneton* (d'après un conte de Wilhelm Hauff), *Le Petit Poucet* et *Sarmiko*.

Kocheverova, Nadejda
(1902/   )
Elle aurait réalisé, semble-t-il, plusieurs films dont une comédie, *La Dompteuse de tigres* (1954, en collaboration avec A. Ivanowsky) et un film pour enfants d'après le conte de Cendrillon, film d'une certaine virtuosité technique a-t-on dit.

Manasarova, Aida
Auteure de *The Trial* (1962, coré: Vladimir Skuibin).

Poplavskaïa, Irina
Alors que Youlia Solntseva réalise *Les Années de feu*, une jeune compatriote, Irina Poplavskaïa, réalise son premier film, *Une vengeance* (1960), d'après l'oeuvre d'Anton Tchekhov. On reconnaît dans cette comédie-bouffe un talent de mise en scène magistral. Il lui faudra cependant attendre presque 10 ans pour mettre en scène un second film, *Djamilia* (1970), adapté du roman de l'écrivain kirghize Tchinguiz Aïtmatov. Primé au Festival d'Hyères, *Djamilia* est salué comme une réussite de la dernière «nouvelle vague» soviétique. Qu'est-il advenu de ce talent à demi révélé d'Irina Poplavskaïa? Nous ne lui connaissons hélas! pas d'autres réalisations.

Rashevskaya, Natalya
Auteure de *Dostigayev and Others* (1959, coré: Y. Muzikant); *Fathers and Sons* (1960, coré: Adolf Bergunkev).

Setkina, I.
Elle réalise un reportage en couleur sur le voyage annuel d'une flottille de baleiniers, *Baleiniers du Pôle Sud* (1953).

Sheptiko, Larissa

(Kiev, 1938/1979)
À 18 ans, elle réussit le concours d'admission à l'Institut du cinéma (BGIK) où elle devient l'élève de Alexandre Dovjenko, puis assistante pour *Le Poème de la mer*. Elle travaillera avec Mikhaël Romm avant de réaliser seule *Heat* (1963); *Wings* (1966, avec l'actrice Maya Bolgakova); *Le Début d'une ère inconnue* (1967, film collectif dont elle réalise l'épisode *La Patrie de l'électricité*); *Toi et moi* (1971, 95 min, Lion d'argent au Festival de Venise); *L'Ascension* (1977, 110 min, Ours d'or au Festival de Berlin 1977). Elle meurt dans un accident de voiture alors qu'elle partait en repérage pour *Les Adieux,* film dont elle amorçait le tournage. Son compagnon, Elem Klimov, a réalisé un court métrage à sa mémoire, *Larissa* (25 min).

Solntseva, Youlia

(1901/   )
Durant 40 ans, elle est la grande interprète des studios de la VUFKU en Ukraine et la collaboratrice d'Alexandre Petrovitch Dovjenko. On retrouve son nom à titre d'assistante réalisatrice du chef-d'oeuvre *La Terre* (1930). D'assistante, elle devient en 1939 coréalisatrice de *Schtchors* (coré: A. P. Dovjenko, 140 min), puis de *Liberation* (1940, coré: A. P. Dovjenko); *The Fight for Our Soviet Ukraine* (1943, coré: A. P. Dovjenko et Y. Avdeyenko); *Victory in the Ukraine and the Expulsion of the Germans From the Bounderies of the Ukrainian Soviet Earth* (1945, coré: A. P. Dovjenko); *Nickurin* (1947, coré: A. P. Dovjenko). À partir de 1953, elle réalise seule six films dont deux avant le décès de Dovjenko, survenu en 1956. Avec une facilité déconcertante, les critiques ont palabré sur les oeuvres «posthumes» de Dovjenko, surtout pour le magnifique *Poème de la mer* (1958, 112 min) et, dans une moindre mesure, pour *Les Années de feu* (1961, 70 mm, 120 min) et *La Desna magique* (1964, 70 mm, son stéréophonique). Ils ignorèrent dans bien des cas le travail de mise en scène, voire de création, de Youlia Solntseva en invoquant les scénarios, les récits et les découpages laissés par Dovjenko et bien que justement le découpage de *Les Années de feu,* par exemple, était incomplet. Tout le travail artistique de Solntseva demeure à découvrir tant il y a de couches de fausses interprétations qui le masquent. Autres réalisations de Solntseva: *Igor Bulichov* (1953); *Unwelling Inspectors* (1954) et *Unforgettable* (1969).

Spiri-Mercantion, Victoria

Monteuse depuis 1937, elle réalise à l'occasion du centenaire de la révolution *La Révolution de 1848* (1948) qui obtient le prix Louis-Lumière 1949 et le prix du meilleur court métrage à Cannes la même année.

Stroieva, Vera

(Kiev, 1903/   )

Réalisatrice spécialisée dans le spectacle filmé (opéras et danses) qu'elle sert bien avec une caméra très mobile. On lui doit: *Le Grand Concert* (1952); *La Kovantchina* et *Boris Godounov*.

Touloubieva, Z.

Elle réalise un documentaire, *Le Long de la rivière Kama,* puis filme une représentation du *Lac des cygnes*.

Ulitskaya, Olga

Auteure de *Ataman Kodr* (1960, coré: M. Kalik et B. Ritsarev).

***

VENEZUELA

Benacerraf, Margot

(Caracas, 1926/   )

Elle réalise, en 1958, *Araya* le premier film authentiquement vénézuélien, car *Balandra Isabel llega esta tarde,* primé à Cannes en 1952 est, en fait, l'oeuvre d'un Argentin embauché par un producteur vénézuélien. *Araya,* «le meilleur film jamais réalisé au Venezuela» reconnaît Georges Sadoul. Auparavant, Margot Benacerraf avait signé un moyen métrage, *Reverón* (1952), qui remporta le premier prix au Festival international du film de Caracas ainsi que le prix Cantaclaro alloué par la presse locale au meilleur film réalisé au Venezuela. Contre toute vraisemblance, il apparaît que Margot Benacerraf n'a plus tourné. En 1974, elle déclarait à la revue *Cine Cubano:* «Toujours, je me sentis très seule au Venezuela, portant le poids d'être un cas isolé.» Elle fut, de 1966 à 1969, directrice de la Cinemateca nacional. On croit savoir qu'elle prépare le tournage de *La Cándida Erendira y su desalmada abuela,* d'après un scénario de Gabriel Garcia Márquez.

***

Les temps modernes (1968-1981)

AFRIQUE DU SUD

Karvellas, Georgina

(11 février 1943/   )
Photographe, camerawoman et auteure de films publicitaires,
Georgina Karvellas filme et coréalise *You Have Struck a Rock*
(Afrique du Sud/USA, 1981, 16 mm, 30 min), documentaire
tourné dans la clandestinité qui parle de la résistance des
femmes noires contre les cartes d'identité (les «pass laws»).
Karvellas vit actuellement à Los Angeles.

May, Deborah

(Salisbury, 29 avril 1950/   )
Après des études en arts graphiques et beaux-arts, elle devient
photographe. En 1981, elle réalise son premier film, *You Have
Struck a Rock* (Afrique du Sud/USA, coré et camerawoman:
Georgina Karvellas, 16 mm, 30 min) qui traite de la résistance
des femmes durant les années 50 au pays de l'apartheid. Elle
habite New York depuis 1980. Après 1981: *The Way of the
Dinausar* (198?, anim, pour l'ONU).

Nogueira, Helena

(Mozambique, 1957/   )
Elle travaille en 1980-1981 comme monteuse pour la South
African Broadcasting Corporation. Elle est l'auteure de
Fugard's People (16 mm, coul, 82 min), examen critique des
problèmes politiques et sociaux en Afrique du Sud.

***

ALGÉRIE

Abouda, Djouhra

Expérimentaliste immigrée en France dès l'âge de 3 ans. En
1977, elle confie à un journaliste du *Monde:* «Vous savez la
femme arabe évolue. Elle évolue à l'insu des hommes.» Elle
coréalise avec Alain Bonnamy: *Algérie couleurs* (1970-72,
16 mm), *Cinécité* (1973, 16 mm, 16 min), *Ali au pays des
merveilles, Film existant pyramidal n° 1* (1975, en coréalisation,
16 mm, 123 min).

Bachi, Faïza

Elle réalise *Autodétermination,* sur la lutte du peuple sahraoui et sur l'intégration des combattantes à cette lutte.

Djebar, Assia

Premier long métrage de Assia Djebar, *La Nouba des femmes du Mont-Chenoua* est une fusion de la fiction et du documentaire dans une oeuvre qui essaie de cerner l'espace à l'ombre, l'espace voilé des femmes algériennes. Le mot nouba définit une symphonie d'origine andalouse, mais aussi l'histoire quotidienne des femmes. «En communiquant ce «langage de l'ombre», selon la très belle expression de Marie-Françoise Lévy, Assia Djebar fait entrer les femmes dans l'histoire.» Son dernier film: *La Zerda ou les Chants de l'oubli* (1983).

Kadri, Dalida

Inféodée comme plusieurs de ses consoeurs arabes au discours marxiste orthodoxe et incapable de trancher la litigieuse question de la contradiction fondamentale de l'humanité — est-ce celle de la division des classes sociales ou celle des classes sexuelles? —, le documentaire de Dalida Kadri sur des Algériennes militant pour l'application de la réforme agraire porte les stigmates de ses incertitudes. *Nous avons parlé avec...,* «intéressant à plus d'un titre, hésite sans arrêt entre la tentation féministe et sa justification politique, commente Mouny Berrah. Cet univers de femmes, composé des membres d'une coopérative agricole et d'étudiantes volontaires, se donne comme le lieu d'un enfermement redoublé: la traditionnelle séparation des sexes dans la société est accentuée par l'avant-gardisme et l'isolement de cette expérience unique», conclut-elle.

***

ALLEMAGNE DE L'EST

Thorndike, Annelie

Le film d'Annelie et Andrew Thorndike, *Le Vieux Monde nouveau* (1977, t. o: *Die Alte Neue Welt,* 105 min), est bâti à partir de la célèbre constatation de Marx: «Pour l'homme socialiste, toute l'histoire universelle n'est rien d'autre que la production de l'homme par le travail humain. Ici, il a la preuve claire et irréfutable de sa naissance par lui-même, de sa genèse.» *Le Vieux Monde nouveau* retrace l'évolution des forces de production à travers les différentes sociétés de l'humanité: la

société primitive, l'esclavage, le capitalisme, le socialisme/
communisme.

***

ALLEMAGNE DE L'OUEST

Alemann, Claudia
(Seebach, 1943/   )
Elle réalise un documentaire sur la place des femmes dans
l'industrie lourde, *Il s'agit de la transformer* (1972-73, 55 min)
et un long métrage sur Flora Tristan, socialiste et féministe
française qui vécut au XIXe siècle, *Le Voyage à Lyon,* (1981,
106 min).

Baltrush, Ilona
(Calle, 1947/   )
Elle réalise *Flight Trough the Night* (16 mm, 85 min), histoire
d'un couple, pas du tout féministe. «C'est un brave film intellectuel, en même temps chaotique et subversif...»

Bardischewski, Marie
Actrice de théâtre, elle réalise en collaboration avec Ursula
Jeshel, *Tina Modoti* (80 min), sur la vie de cette photographe
qui consacra toute son énergie à la lutte contre les dictatures
du monde entier.

Behrens, Gloria
(Ludwigsburg, 1948/   )
Ses films: *Die Kinder vom Hasenbergl, Wie ist das mit 16, Geschich-
ten von Franz und seinen Freunden, Ich Kann nicht mehr sehen,
Moni, Walter und die Angel, Martin, Rosi et la grande ville* (1980).

Brückner, Jutta
(Düsseldorf, 1941/   )
Ex-journaliste et coscénariste du *Coup de grâce* de Volker
Schlöndorff, Brückner se dit convaincue que les femmes s'in-
venteront un langage cinématographique et que le processus
est déjà amorcé. «(...) ici, il se passe des choses étonnantes. À
l'avant-dernier Festival de Berlin, tous les films intéressants
étaient des films de femmes. Le Goethe Institute, qui s'occupe
de la politique culturelle à l'étranger, avait choisi seulement
des films de femmes. Tout le monde disait: c'est une révélation.» Brückner nourrit son oeuvre surprenante de sa propre

vie, de ses expériences. Tout le sens de sa réflexion converge vers un passé à comprendre et peut-être à exorciser enfin. *Fais ce que dois, advienne que pourra, Une fille totalement dépravée, Le Quotidien d'une révolte* et *Les Années de faim* marquent une étape importante dans ce langage qui voit le jour. *Les Années de faim* a reçu le prix de la critique internationale et le deuxième prix du public à Sceaux. Son plus récent long métrage, *Les Premiers Pas* (1980, 88 min), a aussi été montré à Sceaux.

Buschmann, Christel

(Wismar, 1942/   )
Journaliste pour *Die Zeit, Konkret,* de même que pour la télévision, elle écrit le scénario de *Der Hauptdarsteller* que son compagnon, Reinhard Hauff, réalise. *Gibbi West Germany* (1980, 88 min) est son premier film présenté au Festival de Berlin en 1981.

Engström, Ingemo

(Jakobstadt, Finlande, 15 octobre 1941/   )
Son premier long métrage *Dark Spring* (1970, 92 min), malgré ses faiblesses, était déjà une illustration des difficultés de s'attaquer aux structures mentales et sociales bien établies. Neuf ans plus tard, avec plus d'assurance et de métier, elle donne un film angoissé, révolté, mais non dépourvu de poésie, *Beyond Love* (1979, 125 min). L'auteure en parle ainsi: «L'idée du film se base d'une part sur la connaissance des symptômes de la folie à deux, comme ils sont décrits dans les manuels psychiatriques, d'autre part sur des cas que je connais moi-même où le thème de la mort par amour a joué un rôle prépondérant.» On lui connaît trois autres longs métrages: *Lutte pour un enfant* (1974), *Raconter* (1975, 60 min), *Fuite vers Marseille* (1977).

Genee, Heidi

(Berlin, 22 octobre 1938/   )
Son film *1 + 1 = 3* (1979, 87 min), présenté au Festival des films du monde de Montréal, édition 1979, est une réflexion calme et non dépourvue d'humour sur l'autonomie et la maternité, mais aussi sur la paternité et les difficultés pour les hommes de l'assumer. Autre film de Heidi Genee: *Stachel im Fleisch* (1981, t. a.: *Thorn in the Flesh,* coul, 86 min). Après 1981: *Kraftprobe* (1982, coul, 90 min).

Grote, Alexandra von

(1944/   )
Docteure en philosophie, journaliste indépendante et professeure de dramaturgie à l'académie de cinéma et de télévision
de Berlin, elle est l'auteure de *Un peuple en révolte* (1978) et
Nouveau départ (1981, LM).

Haffter, Petra

(Berlin,/   )
Après des études en communication, en théâtre et en sciences
politiques à l'Université libre de Berlin, elle travaille depuis
1974 comme auteure pour la radio. En 1977, elle fonde avec
Richard Claus une compagnie de production et, depuis 1979,
elle est membre du conseil d'administration du Regroupe-
ment des travailleuses du cinéma. En 1976, elle tourne un
documentaire, *Leben und Kampf*. La même année, elle participe
à la scénarisation et à la prise de son de *Gefährliche Arbeit*, ainsi
qu'à la scénarisation et au montage de *Zensur*. En 1977, elle
coréalise *Alles hat hier seinen Preis*. En 1978, elle scénarise, réalise
et produit *Morgen geht die grosse Reise los*. En 1979, elle coscé-
narise, coréalise et produit le film *Wahnsinn, das ganze Leben
ist Wahnsinn (Folie, toute la vie est folie);* elle produit l'année
suivante un film de fiction, *Bananen-Paul*.

Holldack, Claudia

L'actrice Eva Mattes prête son talent à Claudia Holldack pour
deux de ses films: *Mille chansons sans ton* (constat de la femme
flouée et pillée dans son corps par ce jeu amoureux où les
rôles sont d'avance inégaux), et *Avant les pères, meurent les fils*
(1981, 16 mm, 83 min présenté dans la section «Oeuvres
récentes de la télévision» au Festival des films du monde, 1981).
Autre film de Claudia Holldack: *Les Enfants de Don Quichotte*
(1980).

Horn, Rebecca

(1944/   )
Plasticienne et «performer», Rebecca Horn partage son temps
entre Berlin et New York, y présentant ses «installations». Elle
est l'auteure de: *Einhorn* (1970); *Schwarze Horner* (1971);
Performances 1 (1972); *Performances 2* (1973); *Flamingos* (1974);
Berlin (1974); *Unter dem Wasser schlafen und dinge sehen, die sich
in weiter ferne abspielen* (1975, coré: H. Wietz); *Paradieswitwe*
(coré: H. Wietz); *Die Chinesische Verlobte* (1976); *Der Eintanzer*
(1978) et *La Ferdinanda* (1981).

Jungmann, Recha

(1940/   )
Auteure d'un court métrage présenté au Women and Film: International Festival 1973, *Two Right, Two Left, Drop One* (1973, 4½ min), Jungmann réalise un long métrage en 1979, *Something Hurts* (t. o: *Etwas tut weh*, 72 min), qui décevra. L'idée n'est pas nouvelle. Une très jeune femme tente de reconstituer son enfance en faisant une sorte de pèlerinage dans la maison qu'elle habita jadis avec mère et grands-parents. *Something Hurts,* malgré de manifestes bonnes intentions, ne saura tenir ses promesses d'émouvoir, ni celles de faire voir.

Kerr-Sokal, Charlotte

Actrice, auteure et journaliste, elle écrit, produit et réalise en 1969 un reportage sur l'Antarctique.

Kloeckner, Beate

Tir à la tête (1981, 35 mm, 84 min, coul) est le premier long métrage de Kloeckner.

Kottusch, Wilma

Après plusieurs assistances à la réalisation, Kottusch devient cinéaste indépendante en 1970 et tourne quantité de documentaires pour la télévision, dont au moins deux longs métrages. Elle a signé *Sous les verrous* (19?, 16 mm, 98 min) une analyse critique des rapports sociaux dans le plus grand complexe hospitalier d'Europe, la clinique Nordend, et prépare un long métrage pour le cinéma, *Das Schwein.*

Ludcke, Marianne

(Berlin, 22 juillet 1943/   )
Diplômée de l'Académie du film de Berlin, elle coréalise avec Ingo Kratisch le pendant prolétarien de *Scènes de la vie conjugale* d'Ingmar Bergman. Présenté au Festival de Berlin en 1975, *A Happy Family Life* (107 min) fut reçu comme un film important du néo-réalisme allemand. Autre film de Marianne Ludcke: *Die grosse Flatter* (1978-79, coré: Kratisch, 90 min).

Maar, Christa

Auteure de *La Fin d'une carrière* (1978, 16 mm, 95 min), film présenté au Festival international de films de femmes à Bruxelles.

Meerapfel, Jeanine

Elle réalise son premier film en 1981. *Malou* (93 min) est

présenté au Festival des films du monde de Montréal et à celui
de Berlin. Il retrace l'histoire d'une jeune femme en quête de
son identité à travers le passé de sa mère.

Mikesch, Elfi

(Autriche, 1940/   )
Vivant à Berlin depuis 1966, elle est venue au cinéma par la
pratique de la photographie. Elfi Mikesch présente, dans un
premier long métrage, une image toute différente de celle
que l'on connaît du troisième âge, image teintée de maladie
et d'isolement. Dans son documentaire, *What Should We Do
Without Dead* (1980, coul et N/B, 105 min), elles sont cinq vieilles
femmes à échanger entre elles, à s'aimer et à se laisser filmer
avec beaucoup de complicité. Autres films: *Ich denke oft an
Hawaï* (1978), *Exekution* (1979), et *Macumba* (1981).

Montazami-Dabui, Mehrangis

D'origine iranienne mais vivant en RFA, elle est l'auteure de:
Analphabètes en deux langues (1975); *Nous aussi nous voulons vivre*
(1978); *Je ne veux plus entendre de chansons, je veux chanter* (1979,
sur la condition des femmes turques en Allemagne) et *Droit
des hommes, souffrance des femmes* (1981, 16 mm, 45 min).

O., Dore

(Mülheim, Ruhr, 9 août 1946/   )
Expérimentaliste, auteure de: *Jüm-jüm* (1967, coré: Werner
Nekes, 16 mm, 10 min); *Alaska* (1968, 16 mm, 18 min); *Ort
und Niederlassung der Dore O. und Engpass* (1968, 16 mm,
30 min); *Lawale* (1969, 16 mm, 31 min); *Kaldalon* (1970-71,
16 mm, 45 min); *Blonde Barbarei* (1972, 16 mm, 24 min);
Kaskara (1974, 16 mm, 21 min); *Frozen Flashes* (1977, 16 mm,
18 min).

Oppermann, Ingrid

Elle est coauteure, avec Gardi Deppe, d'un document analy-
tique sur l'action politique des femmes qui serait étroitement
liée à la lutte de la classe ouvrière, document intitulé *Des enfants
pour ce système*.

Ottinger, Ulrike

(Constance, 1942/   )
Peintre et photographe indépendante travaillant à Paris de
1962 à 1968, elle fonde, en 1969, le ciné-club Visuell à Constance. Elle est l'auteure de: *Laokoon & Söhne* (1974), *Die Betö-
rung der blauen Matrosen* (1975), *Madame X* (1977), *Aller jamais*

retour (1979). Présenté au IIe Festival international de films de femmes tenu à Sceaux en 1980, *Aller jamais retour* met en scène deux femmes de classes sociales opposées, mais réunies par leur passion commune. Moyen: l'alcool; fin: le suicide. Paula Jacques, critique pour la revue *F Magazine,* écrivait: «C'est sophistiqué, brillant, admirablement filmé et tout à fait exemplaire du nouveau baroque allemand. Ici l'humour sarcastique recouvre le mal de vivre.» *Freak Orlando* (1981), dernière oeuvre de Ottinger, est une histoire baroque qui cultive le sordide et l'insolite, et peut faire regretter la preneuse d'images subtile et inspirée de *Aller jamais retour.* Après 1981: *Dorian Gray in Spiegel der Boulevardpresse* (1984, t. a.: *The Image of Dorian Gray in the Yellow Press*).

Perincioli, Cristina

Auteure de *Édith et Anna* (19?, coré: Girit Neuhaus) et de *Pour les femmes 1. Capital* (1971), Cristina Perincioli réalise, avec les pensionnaires d'un refuge pour femmes battues, un film de premier plan pour la lutte contre la violence faite aux femmes: *La patience des femmes fait la force des hommes* (1978, t. o: *Die Macht der Mäner ist die Geduld der Frauen,* 76 min).

Rasbach, Elsa

Dans son film *History,* Elsa Rasbach questionne et critique pour une des premières fois au cinéma la nécessité socialiste comme accès à l'émancipation des femmes. Clara Zetkin y lit des passages de son ouvrage *Souvenirs de Lénine* et se rappelle que celui-ci désapprouvait les discussions autour de la prostitution ou de la sexualité, estimant ces questions non prioritaires dans la lutte des classes.

Reidemeister, Helga

Venue de l'école des réalisatrices regroupées à Berlin, Helga Reidemeister a été l'interlocutrice privilégiée de la famille Rakowitz qui tente de s'expliquer l'échec de leur vie commune. Gagnant du grand prix du Festival du réel à Beaubourg en 1980, *Si c'est ça le destin* (1979, 117 min) donne à voir et à entendre des choses inquiétantes et fait reculer la frontière du non dit qui encercle la vie privée. Ses autres films: *Hochschule für Bildende Künster Berlin* (1960-65); *Deutsche Film und Fernsehakademie* (1970-73); *Der Gekaufte Traum* (1977).

Runge, Erica

(Halle, Saale, 22 janvier 1939/   )
Auteure de *Ich heisse Erwin und bin 17 Jahre* (1970, 74 min);

Ich bin Bürger der DDR (1972, 88 min); *Michael oder Die Schwierigkeit mit dem Glück* (1975, 83 min); *Opa Schulz* (1975, 86 min).

Sander, Helke

(Berlin, 31 janvier 1937/   )
Cette cinéaste berlinoise, éditrice de la revue féministe de cinéma *Frauen und Film*, réalise et interprète son premier long métrage de fiction en 1977, *Personnalité réduite de toutes parts* (98 min). Elle dit elle-même qu'il est un «apport en partie comique à la question de savoir pourquoi les femmes arrivent rarement à quelque chose». On compare l'originalité de son regard et de son discours radicalement autre à ceux de Duras et Akerman. Jugé le meilleur film de l'année 1978 dans son pays, *Personnalité réduite de toutes parts* s'est mérité le premier prix au Festival d'Hyères la même année. Militante connue pour sa participation à la naissance du mouvement des femmes en RFA en 1968, Helke Sander a encore réalisé *Subjektitude* (1966); *Silvo* (1967); *Brecht die Macht der Manipulateure* (1967); *Kindergärtnerin, was nun?* (1969); *Kinder sind keine Rinder* (1969); *Une prime pour Irène* (1971, 50 min, histoire d'une femme qui refuse de se laisser écraser à l'usine, au bistrot, dans son HLM); *Libérez la pilule* (1972, coré: Sarah Schuhman, film qui montre devant quel terrible choix les femmes modernes se trouvent acculées: méthodes de contraception malsaines ou méthodes d'avortement au moins tout aussi malsaines) et *Männerbünde* (1973). Son dernier long métrage, *Le Facteur subjectif* (1981, 138 min), est la biographie d'une femme qui a participé au mouvement APO à Berlin entre 1966-69, dont est né le Comité pour la libération des femmes à Berlin. Après 1981: *Der Beginn aller Schrecken ist Liebe* (1984, coul, 114 min, t. a.: *Love Is Where the Trouble Begins*).

Sanders-Brahms, Helma

(Emden, Ostfriesland, 20 novembre 1940/   )
Cinéaste berlinoise, Helma Sanders-Brahms a d'abord fréquenté l'école des interprètes de Hanovre et, plus tard, a suivi l'enseignement de Corbucci et de Pasolini. Elle signe son premier film en 1970, *Angelika Urban, vendeuse, fiancée* (16 mm, 30 min); *Violence* (1971, 16 mm, 91 min); *L'Armée de réserve industrielle* (1971, 16 mm, 45 min); *L'Employé* (1972, 16 mm, 45 min); *La Machine* (1973, 16 mm, 54 min); *Les Derniers jours de Gomorrhe* (1974, 35 mm, 103 min); *Tremblement de terre au Chili* (1974, 35 mm, 117 min); *Sous les pavés, la plage* (1975, 35 mm, 117 min); *Les Noces de Shirin* (1976, 35 mm, 110 min)

et *Heinrich* (1976, 35 mm, 135 min). En 1980, Sanders-Brahms révèle la vraie nature de son talent que, déjà, *Sous les pavés, la plage* laissait présager; *Allemagne, mère blafarde* est à la fois une thèse et un cri du coeur, les deux registres s'harmonisant dans un même refus de la guerre. Elle réalise aussi en 1980 un documentaire: *Vringsweedeler Triptykon*. Une lettre, celle d'une femme qui demande à Helma Sanders-Brahms d'écrire son histoire, est à l'origine de *La Fille offerte* (1980-81, 35 mm, 110 min). Sans subventions, la réalisatrice mène à bout son dernier projet: «(...) filmer la folie dans son intériorité, la folie d'une schizophrène, la folie d'une société sans chaleur qu'elle voulait réchauffer de son corps frêle.» Film explosif et noir, *La Fille offerte* laisse néanmoins filtrer un tout petit rayon d'espoir en conclusion. Après 1981: *Regard sur la France* (1983, pour la télévision).

Schmidt, Evelyn

(Görlitz, 1949/   )
L'Escapade (t. o: *Seitensprung*, 35 mm, 86 min, coul), son premier long métrage, était présenté au Forum 1980 à Berlin.

Seybold, Katrin

(1943/   )
Auteure de *Die wilden Tiere* (1970); *Rote Knastwoche Ebrach* (1970); *Akkordarbeiterin beim Osram-Konzern* (1971); *Gorleben* (1978); *Schafereigenossenschaft Finkhof* (1978); *Burgeri-ni-tiative Rheinpreussensiedlung* (1978); *Fraueninitiative Scharnhorst* (1978); *Schimpft ums nicht Zigeuner* (1980); *Wir sind Sintikinder und keine Zigeuner* (1981); *Wir sind stark und zärtlich* (1981) et *C'était comme ça jour et nuit mon enfant.*

Soering, Anne

Elle a coréalisé avec le cinéaste nigérien Mustapha Alassane *Toula* (1973, 90 min), film de long métrage consacré au thème de la sécheresse, jugé par certains éminemment discutable en raison de son optique métaphysique du problème, alors que d'autres y ont vu un des plus beaux films africains.

Spils, May

(Twistringen (près de Brême), 29 juillet 1941/   )
Depuis 1966, elle vit à Munich où elle a réalisé deux courts métrages avec Werner Enke, *Das Porträt* (1966, 10 min) et *Manöver* (1966, 10 min). Puis en 1967, toujours accompagnée de Enke, elle s'attaque à la fiction avec *Zur Sache, Schätzchen*

(80 min), dont le scénario est écrit collectivement. En 1969, elle réalise une seconde fiction, *Nicht fummeln, Liebling* (87 min), à partir du scénario de Peter Schlieper. Elle réalise aussi en 1973, puis en 1978, deux autres films de fiction, *Hau drauf, Kleiner* (1973, 82 min) et *Wehe, wenn Schwarzenbeck kommt* (80 min) pour lesquels Werner Enke signe les scénarios.

Stelly, G.
Elle signe *Amour et aventure,* trajectoire d'une jeune fille qui explore et cherche à donner sens à ce monde et à cette vie.

Stöckl, Ula
(Ulm, Donau, 5 février 1938/   )
Comme la plupart de ses consoeurs cinéastes, Ula Stöckl crée des oeuvres intenses et tourmentées, notamment *Les Passions d'Erika* (1976, N/B, 66 min, présenté au Festival de films de femmes à Sceaux) et *A Woman and Her Responsibilities* (1978, 16 mm, coul, 72 min, itinéraire d'une femme qui s'oublie toujours dans trois moments décisifs de sa vie et, finalement, se retranche dans une neurasthénie obsessionnelle). Autres films de Stöckl: *Antigone* (1964, CM); *Haben Sie Abitur?* (1965, doc, 17 min); *Sonnabend Abend 17 Uhr* (1966, 17 min, doc); *Neun Leben hat die Katze* (1968, 91 min), *Geschichten vom Kübelkind* (1969, 204 min), *Das Goldene Ding* (1971, 113 min); *Sonntagsmalerei* (1971, 50 min); *Hirnhexen* (1972, 42 min), *Der Kleine Löwe und die Grossen — ein ganz perfektes Ehepaar* (1973, 48 min), *Hase und Igel* (1974, 67 min) et *Popp und Mingel* (1975, 53 min). Après 1981: *Der Schlaf der Vernunft* (1984, t. a.: *Reason Asleep,* N/B, 82 min).

Teuber, Monica
Interprète de Fassbinder, dans *Martha* et *Avertissement devant une pieuse putain,* et productrice, Monica Teuber réalise *Primevère ou une petite fille à louer* en guise de participation à l'année dédiée à l'enfance. Quant à *La Carrière* (1979, 98 min), c'est l'histoire des démêlés d'une actrice allemande qui tente sa chance à Rome, puis à Berlin.

Thome, Karin (née Ehret)
(Tübingen, 16 septembre 1943/   )
Son premier travail en cinéma date de 1966, alors qu'elle est directrice-photo pour une production allemande en Italie; elle effectuera ensuite des stages à la télévision bavaroise. En 1967, elle se joint à Uwe Brandner, et tous deux réaliseront de

nombreuses oeuvres communes. Elle-il amorcent leur collaboration avec le court métrage *Émigration*, (1967, 12 min)
réalisé par Karin Thome, mais où Uwe Brandner tient le rôle
principal. En 1968, la situation est inversée: Karin Thome
devient l'actrice principale de *Blinker* réalisé par Brandner.
En 1971, elle agit à titre de directrice de production pour *Ich
liebe Dich, ich tote Dich*, réalisé par Brandner. Elle poursuit
ensuite ses travaux cinématographiques avec Rudolf Thome.
En 1970, elle est actrice et directrice de production de l'un de
ses films, *Supergirl*. Elle sera ensuite la vedette principale de
Fremde Stadt (1972) et de *Made in Germany and USA* (1974),
toujours réalisés par Rudolf Thome. Depuis 1968, elle a sa
propre compagnie de production et elle vit maintenant à
Munich. Autres films de Karin Thome: *The Joint* (1968,
15 min); *Crash Theo* (1968, 29 min); *Pretty Things* (1969,
21 min); *Über Nacht* (1972-73, 85 min); *Amerika* (1974, 90 min)
et *Also es war so* (1976-77), les trois derniers étant des films de
fiction.

Trotta, Margarethe von
(Berlin, 21 février 1942/   )
Après des études à Munich et à Paris, elle interprète de
nombreux rôles dans les films du jeune cinéma allemand. À
partir de 1970, elle participe, certains disent à titre de collaboratrice, d'autres à titre de coréalisatrice, aux films de son
compagnon, Volker Schlöndorff. Scénariste de *La Soudaine
Richesse des pauvres gens de Kombach* (1970), *Feu de paille* (1972),
Le Coup de grâce (1974, d'après le roman de Marguerite Yourcenar), *L'Honneur perdu de Katharina Blum* (1975), *A Free Woman;*
cette femme-orchestre sait aussi fort bien manipuler la caméra.
En 1977, elle signe un premier long métrage, *Le Second Éveil
de Christa Klages* (88 min), qualifié par Claire Clouzot de «film
policier, politique et féministe». Margarethe von Trotta
confesse que les femmes «font un énorme succès au film».
Suivra *Les Soeurs* (1979, 35 mm, 92 min), puis en 1981, von
Trotta a l'insigne honneur d'être la deuxième lauréate, pour
un film de fiction à la Mostra de Venise. *Les Années de plomb*
(autre titre: *Les Soeurs allemandes*, 1981, t. o: *Die Bleirne Zeit*,
35 mm, coul, 106 min), son troisième long métrage, y reçoit
le Lion d'Or. Elle déclarait alors à l'agence France-Presse: «(...)
On fait toujours sentir aux femmes leur infériorité. C'est la
première fois au cours de ce Festival de Venise, que je n'ai
pas senti cet ostracisme.» Après 1981: *L'Amie* (1982, 35 mm,
coul, 105 min, t. o: *Heller Wahn*).

ANGLETERRE

Bokova, Jana

Tchèque émigrée à Paris, puis à Londres, Bokova fait un cinéma marginal qui s'intéresse aux marginaux. Avec une caméra très mobile, souvent à l'épaule, elle cherche à capter la vérité d'une chanteuse douée qui veut percer en dépit de ses 100 kilos dans *Militia Battlefield* (1976, 110 min). Il s'est établi une relation amicale et complice entre l'artiste de cabaret, son pianiste homosexuel, qui lui voue une tendresse exceptionnelle, et la réalisatrice. Une sorte d'affaire de coeur que l'on retrouve dans les autres documents de Bokova: *Deux femmes extraordinaires* (1976, 16 mm, 30 min) autre portrait d'un couple de femmes, une peintre russe octogénaire et sa fille, artiste de cabaret, qui s'est illustrée dans le *Casanova* de Fellini; *Je ressemble à cela* (1979, 52 min) nous plonge dans le monde insolite de cinq personnes qui enregistrent sur vidéo une publicité sur elles-mêmes afin de trouver «l'âme soeur»; *Concert Mayol* (1980, 60 min, la fermeture du haut lieu du music-hall et du strip-tease). Autres films: *Living Room* (197?) et *Marika et Marevna* (197?).

Dickinson, Margaret

À l'invitation du FRELIMO (Front de libération du Mozambique), l'Anglaise Margaret Dickinson se rend au Mozambique et en ramène le premier film qui rend compte de la signification pour les Africains de leur affranchissement des Portugais. Si *Behind the Lines* (1971, 54 min) explique le point de vue des guérilleros, il s'attarde aussi beaucoup aux répercussions de cette guerre d'indépendance dans la vie de tous les jours. En 1973, Dickinson coréalise avec Mary Capps *Women of the Rhoudda* (21 min).

Hammermesh, Mira

Elle réalise un documentaire pour la télévision portant sur deux femmes qui vivent de part et d'autre du rideau de fer et pourtant unies par une même réalité: celle de l'inégalité fondamentale des conditions masculine et féminine. *Two Women* (1973, 60 min) est un constat d'incapacité des régimes politiques traditionnels de droite ou de gauche à améliorer la vie des femmes.

Lawaetz, Gudie

Journaliste et réalisatrice pour la télévision, elle se met un peu fortuitement à interviewer des gens sur Mai 68, lors d'un passage en France. Cela donnera un long métrage de plus de trois heures, *Mai 68* (1974, 16 mm, 190 min), qui donne la parole aux témoins et acteurs pour accéder à une compréhension a posteriori de ces événements contenant en germe la révolution culturelle et la lutte des femmes.

Llewelyn Davies, Melissa

Elle est l'auteure d'un document d'intérêt ethnographique, *Some Women of Marakech*.

Mulvey, Laura

Elle collabore à la revue *Screen* qui défend une critique à la fois freudienne, marxiste et sémiologique des médias. Avec Peter Wollen, elle réalise un film dont l'intérêt premier est de poser en termes d'esthétique toute la question du politique, *Riddles of the Spinx* (1977, 92 min). Auparavant, elle avait signé *Penthesilea* (1974, coré: P. Wollen) et *Amy!* (1980, 135 min). Après 1981: *Crystal Gazing* (1982, coré: Peter Wollen), *The Bad Sister* (1982, coré: P. Wollen) et *Frida Kahlo and Tina Modotti* (1983, coré: P. Wollen).

Potter, Sally

Danseuse, chorégraphe, artiste de performance et musicienne, elle est l'auteure de *Hors d'oeuvres* (1971), de films à projection multiple et de *Thriller* (1979, 16 mm, 33 min), film à mystère dans lequel l'héroïne, Mimi, récapitule les faits ayant trait à sa propre mort dans l'opéra *La Bohème* de Puccini. «(...) une déconstruction féministe (...) ayant un sens marxiste, où la fiction n'ignore jamais l'idéologie», commente J. Hoberman dans *Village Voice*.

Rose, Robina

(Londres, 1951/   )
Elle étudie le cinéma au Royal College of Art de 1974 à 1977, puis fait les images de quelques films indépendants. Elle est l'auteure de trois films: *Birthrites* (1977-79, 57 min), *Jigsaw* (1979-80, 67 min) et *Équipe de nuit* (1981, t. o: *Nightshift*, 16 mm, 70 min). *Équipe de nuit* est le premier film de fiction de Robina Rose, film tourné en cinq nuits avec un budget de quelque 12 000 $.

***

ARGENTINE

Bemberg, Maria-Louisa

Auteure de *Momentos* (1981, 35 mm, 92 min).

Landeck, Eva

Eva Landeck a fait, croit-on savoir, plusieurs films. Son premier long métrage, *Gente en Buenos Aires* (1973), parle de la confrontation du partenaire rêvé et idéal avec la réalité. Autre film connu: *Ce Fol Amour fou* (1977).

***

AUSTRALIE

Armstrong, Gillian

Depuis les années 30, aucune femme n'avait tourné un long métrage en Australie. À 28 ans, Armstrong termine, après plusieurs courts métrages, son premier film de fiction, *My Brilliant Career* (1980). Sélection officielle à Cannes, il est six fois primé en Australie même. La texture de *My Brilliant Career*, sa perfection technique, son rythme joyeux reçoivent l'assentiment de la critique et du public. On prédit une brillante carrière à son auteure ainsi qu'à sa vedette, Judy Davis, qui donne toutes les nuances au personnage sensible et insoumis qu'elle interprète. Autres réalisations de Gillian Armstrong: *100 a Day* (CM); *Gretel* (24 min) sélectionné au Festival du film de court métrage de Grenoble en 1974; *The Singer and the Dancer* (54 min, 1977, coul, prix du Greater Union Award pour le meilleur film d'imagination dans la catégorie des courts métrages au Festival du film de Sydney). Après 1981: *Starstruck* (1982, coul, 102 min).

Coffey, Essie

Militante de la tribu Murrawarri et musicienne, elle est la première cinéaste aborigène. *My Survival as an Aboriginal*

(16 mm, 50 min, images: Martha Ansara), réalisé en 1979, est un témoignage sur la dépossession de leurs terres ancestrales et la domination des Blancs. Récipiendaire du Prix Rouben Mamoulian du meilleur documentaire au Festival d'Adelaïde et mention au Festival de Chicago.

Strachan, Carolyn

En collaboration avec Alessandro Cavadini, elle soutient à travers ses films l'émergence de la conscience politique aborigène dans le contexte du conflit des traditions tribales en milieu urbain avec *Ningla-A-Na* (16 mm, 72 min); dans les réserves avec *Protected* (16 mm, 56 min, où l'on voit la première grève des aborigènes en 1967, revendiquant l'autodétermination) et dans *We Stop Here* (1978, 16 mm, 30 min, un ancien raconte le massacre de son peuple et son combat pour le droit de propriété à la terre). *Two Laws,* son dernier long métrage tourné en 1981, met en scène la lutte du peuple Borroloola pour la reconnaissance de la loi aborigène.

***

AUTRICHE

Christanell, Linda

Après avoir réalisé une douzaine de courts métrages en super 8, elle signe en 1979 *C'était un jour remarquable* (16 mm, N/B) et en 1981 *Anna* (16 mm, 40 min, coul).

Export, Valie

Après un premier film expérimental, *Mann und Frau und Animal* (1970-73, t. f.: *Homme et femme et animal,* 10 min), Valie Export est sans doute la première Autrichienne à tourner des longs métrages: *Unsichtbare gegner* (1978, t. a.: *Invisible Enemies,* 112 min) et *Menschenfrauen* (1980, t. a.: *Woman Rhymes With Human,* 116 min).

Lassnig, Maria

Tous coproduits par l'Autriche et les États-Unis, on connaît de cette auteure trois films d'animation: *Autoportrait* (1972, 5 min), *Chiromancie* (1975, 10 min) et *Formes* (1975, 10 min).

Summereder, Angela

(Innkreis, 1958/   )

Journaliste, elle termine en 1981 son premier film: *Zechmeister* (79 min).

BELGIQUE

Akerman, Chantal

(Bruxelles, 6 juin 1950/   )
Juive polonaise d'origine, Chantal Akerman entreprend des études supérieures, puis des études en cinéma, mais ne les termine pas. Motif: ces cours n'ont aucune influence sur son travail. À 18 ans, elle prend la direction d'une caméra 35 mm et réalise *Saute ma ville* (1968, N/B, 13 min) qui porte en germes son chef-d'oeuvre, *Jeanne Dielman, 23 quai du Commerce, 1080 Bruxelles* (1975, 35 mm, 205 min). Deux cinéastes, avoue-t-elle, ont eu une influence décisive sur son travail: Jean-Luc Godard puis, plus tard, Michael Snow. *Jeanne Dielman, 23 quai du Commerce, 1080 Bruxelles* est l'aboutissement de sept années consacrées à la recherche d'un regard dé-masculinisé. Pendant 3 heures 25 minutes, sans *aucun* mouvement de caméra et presque sans support musical (deux brefs moments seulement quand Jeanne allume son poste de radio), Akerman relève l'incroyable défi de raconter l'incarcération domestique des femmes et la haine qui en découle. Résultat: une esthétique à nulle autre pareille, un récit envoûtant. *Jeanne Dielman* est au cinéma ce que *Toilettes pour femmes* est à la littérature: une révélation. Ses autres réalisations: *L'Enfant aimé ou je joue à être une femme mariée* (1971, 16 mm, 30 min); *La Chambre 1* (1972, 16 mm, 10 min); *La Chambre 2* (1972, 16 mm, 7 min); *Hotel Montery* (1972, 16 mm, 60 min); *Yonkers* (1973, 16 mm, 90 min, non monté); *Le Quinze du huit* (1973, 16 mm, 42 min); *Je, tu, il, elle* (1974, 35 mm, 90 min); *News from Home* (1976, 16 mm, 90 min); *Les Rendez-vous d'Anna* (1978, 122 min) et *Dis-moi* (1980). Après 1981: *Toute une nuit* (1982, 35 mm, coul, 90 min); *Les Années 80* (1983, coul, 82 min); *J'ai froid, j'ai faim* (CM).

Blondeel, Jacqueline

Cinéaste d'animation, elle coréalise avec Jau Bonte et Jean-Pierre Van den Broecke, *Judas Oog* (1969).

Broyer, Lisette de

Elle réalise deux documentaires sur les Andes dont les titres n'ont pu être retracés. On lui connaît aussi *Souvenir d'Istambul* et *Bahia Tropical*.

Chagoll, Lydia

En 1977, la monteuse Lydia Chagoll termine *Au nom du Führer*

(87 min), un document historique sur le nazisme et le sort fait aux enfants juifs et tziganes mis en opposition avec les camps de la jeunesse hitlérienne. Placé en comparaison, tantôt d'éloge tantôt de discrédit, avec *Nuit et brouillard* d'Alain Resnais, le film de Chagoll a été néanmoins l'objet d'un boycott aux festivals de Cannes, de Berlin et de Mannheim, mais s'est vu attribué le Grand prix du Festival de Sopot en Yougoslavie et le prix Carvens, récompense nationale belge la plus importante. L'originalité de *Au nom du Führer* réside surtout dans sa bande son où le commentaire est remplacé par des discours, des déclarations officielles, des extraits de presse, des textes de loi allemands. «Mettant des images face aux mots, jouant sur la différence des discours, son film est un modèle d'intelligence sensible», de commenter Jacqueline Aubenas dans *Ciném-Action*.

Deses, Greta

À l'emploi de la télévision flamande, elle est l'auteure d'un film intitulé *Dada*.

Diddens, Gerda

Sous le signe de l'humour aigre-doux, Gerda Diddens réalise *L'Homme objet*, *Cendrillon* et *Le Laitier*.

Dimitri, Michèle

Elle réalise *Tour de chance* qui raconte les illusions et désillusions d'un jeune chanteur belge désireux de conquérir Paris.

Grand'ry, Geneviève

Documentariste qui compte à son crédit une série de courts métrages sur les fleurs dont *Rose*, *Ève des fleurs* et de nombreux autres titres dont *Tapisseries en Belgique*, *Mardi gras* et *Maurice Carême*.

Hänsel, Marion

(Marseille, 1949/   )
Avec poésie, elle adapte pour l'écran le livre de Dominique Rollin, *Le Lit* (1982, 35 mm, coul, 80 min).

Jimènez, Mary

Auteure d'un court métrage, *La Version d'Anne T.*, Jimènez a tourné en 1981 une fiction gravitant autour des «jeux d'imaginaire, d'identification, de fascination entre deux femmes». Autre film de Jimènez: *21:L2 Piano Bar* (35 mm, 103 min, coul).

Leroy, Annick

(Bruxelles, 1952/   )
Cinéaste expérimentale, elle réalise *NBC* (primé au Festival
expérimental de Knokke-Le-Zoute); *Le Paradis terrestre* (1973);
Undermost (1974); *Ekho* (1976) et *Berlin de l'aube à la nuit* (1981,
67 min).

Levie, Françoise

(1940/   )
Elle rapporte de ses voyages en Turquie et en Iran des reportages qui, à défaut d'être riches, sont beaux. Elle travaille aussi
avec son père, Pierre Levie, et tourne, en 1967, *Le Voyageur*,
conte fantastique d'après une nouvelle de Thomas Owen.

Naesens, Huguette

Auteure d'un court métrage, *Fiesta en Zaragoza* et d'une fiction,
L'Île oubliée.

Somze, Béatrice

Elle avait donné comme projet de fin d'études un travail très
maîtrisé, *La voir dès lui dire*, souvent projeté dans des manifestations cinématographiques. On ne sait pas si son second
projet, *Le Lien à l'Escaut de grâce*, a vu le jour.

Vermorcken, Chris

Après un court métrage incisif sur une école d'hôtesses, *Ayez
le sourire*, elle compose un portrait d'Anna Magnani, femme
de coeur, et de tête, qui a refusé net le système du «Vénus à
la chaîne».

***

BRÉSIL

Benguel, Norma

Celle qui se définit elle-même comme une guerrière, et qui a
joué pour Glauber Rocha dans *L'Âge de la terre*, termine trois
courts métrages. Ils sont l'expression de son engagement social
qui lui valut déjà plusieurs années d'exil. Un des documents
retrace la carrière d'une actrice brésilienne; le second traite
du *Candomble*, rite afro-brésilien, et le troisième s'intéresse au
sort des enfants abandonnés qu'on estime à un million dans
la seule ville de Rio de Janeiro.

Figueiredo, Vera de

Casquées et bottées, quadrillant le pays sur des motos, les femmes de *Féminin pluriel* sont des représentations allégoriques d'un autre pouvoir qui jamais n'exclut l'enfant. On sait peu de choses de cette réalisatrice brésilienne sinon qu'elle a tourné, après *Féminin pluriel,* une superproduction, un film opéra-samba où se confondent carnaval, mythes du candomble et philosophie Nago: *Samba da criaçao do mundo* (1979, t. a.: *Samba of the Creation of the World,* 90 min).

Monteiro, Rachel

(Sâo Paulo, 1953/   )
Directrice de production, puis réalisatrice publicitaire, elle dirige en 1981 *Pronto Socorro* (35 mm, 112 min, coul).

Teixeira, Ana Carolina

Après des études de médecine et la réalisation d'une vingtaine de courts métrages, Ana Carolina Teixeira signe, à 30 ans, son premier long métrage, *Mer de roses* (1977, t. o: *Mar de Rosas*) qui, aux dires de Paula Jacques, critique pour la revue *F Magazine,* est le film le plus drôle jamais tourné par une femme. Mettant en vedette sa compatriote Norma Benguel, *Mer de roses,* dans une envolée délirante sur les rapports mère-fille, saccage au passage la petite bourgeoisie en pleine expansion dans un Brésil qui croupit de solitude et de souffrance, sans jamais se départir de son humour corrosif. Après 1981: *Das tripas coraçao* (1982, 35 mm, coul, 106 min).

Trautman, Teresa

Réalisatrice de *Os Homens que Eu Tive* (1973) et *O Caso Ruschi* (1977, CM).

Vasconcellos, Tete

Diplômée en sociologie et en sciences politiques de l'Université de Sâo Paulo, Tete Vasconcellos travaille d'abord à la caméra pour une station de télévision éducative, puis quitte l'Amérique latine pour les États-Unis. Elle réalise en 1981 *El Salvador: un autre Vietnam* (16 mm, 53 min) qui ne cesse de récolter des prix: Gold Hugo à Chicago en 1981, Golden Dove à Leipzig en 1981, Mikeldi de Oro à Bilbao en 1981, Grand Coral à Cuba en 1981, etc. Il analyse les tenants et les aboutissants de la crise au Salvador et l'implication des États-Unis dans celle-ci.

Yamasaki, Tizuka

Diplômée de l'Université fédérale de Rio de Janeiro, elle est assistante à la réalisation avant de tourner elle-même et de produire plusieurs courts métrages dont *Soledade, Tenda dos milagros* et *A Idade A Terra*. *Gaijin* (1980, 105 min) est le premier long métrage de Yamasaki. Il retrace l'histoire d'un jeune couple de Japonais immigré au Brésil pour profiter du «boom» du café et qui se trouve réduit à une existence quasi animale. Après 1981: *Parahyba mulher macho* (1983, t. a.: *Parahyba Woman*).

***

BULGARIE

Grubcheva, Ivanka

Elle réalise *La Meute, Moment of Freedom* (1969, volet de *I Want to Live*) et *The Pack of Wolves* (1971).

Peeva, Adéla

Réalisatrice de plus de 10 courts métrages dont le dernier, *Les Mères* (1981, 17 min), traite des problèmes des mères célibataires.

***

CANADA

Armatage, Kay

Expérimentaliste torontoise, auteure de *Jill Johnston, october '75* (coré: Lydia Wazana) et de *Speak Body* (1980, 25 min).

Bailey, Norma

Originaire de Winnipeg, Norma Bailey y retourne régulièrement pour tourner ses films bien qu'elle vive à Montréal. Nous connaissons d'elle *Nose and Tina* (19?) et *The Performer, l'artiste* (1980, Québec, 3 min).

Berman, Brigitte

Née en RFA, Berman s'est établie au Canada en 1961. Elle est réalisatrice à la CBC-TV de Toronto. *Bix* (1981, 16 mm, coul, 116 min), qui retrace la vie du grand jazzman américain Bix Beiderbecke, est son premier long métrage.

Cohen, Annette

Seule Canadienne du collectif de femmes cinéastes, elle coréalise avec Liv Ullman, Mai Zetterling et Nancy Dowd une anthologie sur l'amour écrite par Antonia Fraser, Liv Ullman, Gael Greene, Germaine Greer, Mai Zetterling, Penelope Gilliatt, Nancy Dowd, Edna O'Brien et Joni Mitchell. Écrit et dirigé par des femmes, *Love* (1982) est également produit par des femmes. Le segment réalisé par Cohen s'intitule: *Love On Your Birthday*.

Cole, Janis

Elle réalise avec Holly Dale *Cream Soda* (1975, 13 min, une étude sur des prostituées au travail); *Minimum Charge, No Cover* (1976, 11 min, documentaire sur la prostitution, les homosexuels, les travestis et les transexuels); *Thin Line* (1978, documentaire sur des prisonniers) et *P4W Prison for Women* (1981, 16 mm, 75 min, documentaire tourné au pénitencier fédéral pour femmes de Kingston en Ontario).

Corbin, Dianne

Elle réalise un document sur la volonté d'une femme de s'imposer dans le monde masculin par excellence, le monde du rock and roll. Les hauts et les bas d'une chanteuse rock, c'est ce que *Soul Survivor* (1980, 55 min) nous montre avec honnêteté. La première réalisation de Corbin a remporté un prix dans la section documentaire au Festival d'Athènes.

Dale, Holly

Auteure avec Janis Cole de *Cream Soda* (1975, 13 min, approche de cinéma direct avec des prostituées); *Minimum Charge, No Cover* (1976, 11 min, documentaire sur la prostitution, les homosexuels, les travestis et les transexuels); *Thin Line* (1978, regard sur des prisonniers) et *P4W Prison for Women* (1981, 16 mm, 75 min, film qui cherche à comprendre ce que signifie l'incarcération pour des femmes accusées de délits criminels et purgeant des peines allant jusqu'à 25 ans).

Devere, Alison

Cinéaste d'animation, elle réalise *Café Bar* et *M. Pascal*, tous deux primés au Festival du cinéma d'animation d'Annecy.

Edell, Nancy

Cette cinéaste de Winnipeg vit maintenant à Londres. Elle a réalisé *Black Pudding* (1969, 7 min); *Charlie Co* (1972, 8 min) et *Lunch*.

Eglinton, Judith

Photographe réputée, elle a réalisé *Kimi* et *Masks* (1972, 40 min).

Fiore, Joan

Auteure de *Home Movies* (1969, 60 min).

Gruben, Patricia

Détentrice d'un diplôme de maîtrise en cinéma de l'Université du Texas, Patricia Gruben a signé ces films expérimentaux: *The Day the Earth Turned Over* (1971); *Late Eye Report* (1973); *Weekday* (1974); *Circusfilm* (1976); *Jumbo the Elephant: No Match for a Locomotive* (1977); *Asleep at the Wheel* (1977) et *The Central Caracter* (1978). Après 1981: *Sifted Evidence* (1982, 16 mm, coul, 41 min).

Henson, Joan

Documentariste, elle est l'auteure de *Origami* (1967, 8 min); *Standing Buffalo* (1968, 23 min, sur une coopérative formée de femmes sioux qui fabriquent des tapis dans une réserve de Saskatchewan); *Bing Bang Boom* (1969, 24 min); *Dance Class* (1971, 9 min, sur la Toronto Dance Theatre, formé selon les techniques de Martha Graham); *One Hand Clapping* (19?, 9 min) et *Jackie Burroughs* (19?).

Keating, Lulu

Cinéaste d'Halifax, on lui connaît *Lulu's Back in Town* (198?) et *Jabberwocky* (198?).

Kreps, Bonnie

Auteure de *After the Vote* (1969, 15 min, documentaire féministe et humoriste sur les droits des femmes) et *Portrait of My Mother* (1973, 25 min, un témoignage attentif sur une vie de femme paisible, indépendante, accordée à l'harmonie de la nature). Ces deux films ont été présentés au Women and Film: International Festival 1973. Ses autres films: *Mountain Dance* (1976); *This Film is About Rape* (1978) et *No Life for a Woman: Women in Single-Industry Towns* (1979).

Leyer, Rhoda

Auteure de *Little Red Riding Hood* (1968, 5½ min) et *The North Wind and the Sun* (1972).

MacDonald, Ramona
Auteure de *Reagan's Cove* (1975); *Spirits of an Amber Past* (1978) et *Sand Switch* (1978, coré: Élaine Mackie, anim).

Manatis, Janine
Elle est la troisième Canadienne à réaliser un long métrage de fiction distribué commercialement, *I Maureen* (1978).

Omatsu, Maryka
Auteure de deux courts métrages: *S.O.B.* (1968, 7 min) et *Moon Maiden* (1969, 10 min).

Rasmussen, Lorna
Elle réalise *One Woman* (1973, coré: Anne Wheeler et Lorna Jackson, N/B, 20 min); *Great Grand Mother* (1975, coré: A. Wheeler) et *Happily Unmarried* (1976, coré: A. Wheeler).

Singer, Gail
Cinéaste de Toronto, elle réalise un documentaire sur les femmes battues, *Loved, Honoured and Bruised* (1980, pro: ONF des Prairies) et un portrait d'un artiste de 80 ans, *Paraskeva Clark* (16 mm, 30 min, ONF de Montréal).

Spring, Sylvia
(Galt, Ontario/)
Venue de la télévision, elle écrit, produit et réalise un court métrage de 14 minutes, *Madeleine*. Il contient la promesse d'un long métrage. Spring obtient 15 000$ pour la mise au point du scénario. *Madeleine Is...* (1969, N/B, 85 min) sera le premier long métrage de fiction réalisé par une femme au Canada depuis les années 30.

Steed, Judy
Cinéaste indépendante, elle tourne en 1971, avec l'aide d'amies-is et de la famille, *It's Gonna Be All Right* (80 min). On lui connaît au moins deux autres réalisations: *Clowns and Monsters* (1971, 8 min) et *Joyce Wieland* (1972), portrait de son amie et consoeur pour laquelle elle avait d'ailleurs fait le son de *Pierre Vallières*.

Stephen, Mary
(Hong-Kong/)
À Hong-Kong, elle est musicienne et écrivaine. Mais c'est au Canada qu'elle réalise son premier long métrage. *Ombres de*

soie (1977, 65 min): une expérience sensorielle née de celle de Marguerite Duras. On reproche à Mary Stephen «l'effet India Song» qui imprègne tout son film. «Après 1968, les écrans avaient été envahis de sous-produits qui se réclamaient de Godard. En 1978, ce sont les petits-enfants de Marguerite Duras qui arrivent!», écrivait une critique française de cinéma. *Justocoeur* (1980, 16 mm, 94 min) n'a pas, semble-t-il, offert un démenti à ces jugements.

Swerhone, Elise

Cinéaste de Winnipeg, elle est aussi assistante à la caméra. Son premier film indépendant, *Havaken Lunch* (1978), sera suivi de *Nanoose* (1979, 10 min).

Teff, Joyce

On lui connaît deux courts métrages: *Rita Letendre* (19?, 12 min) et *Hugh Leroy* (19?, 18 min).

Watson, Patricia

De cette auteure, nous connaissons *Every Second Car* (1964, 27 min); *The Summer We Moved to Elm Street* (1966, 28 min, sur les difficultés d'adaptation d'une petite fille de neuf ans dont la famille déménage et le père s'adonne à l'alcool); *The Purse* (1966, 12 min); *The Invention of the Adolescent* (1967, 28 min, étude rétrospective de l'adolescence au cours des siècles); *The Admittance* (1968, 43 min) et *Death and Mourning* (1969, 60 min).

Wheeler, Anne

Productrice et réalisatrice d'Edmonton maintenant à l'emploi de l'ONF. Elle est l'auteure de *One Woman* (1973, coré: Lorna Rasmussen et Lorna Jackson, N/B, 20 min); *Great Grand Mother* (1975, coré: L. Rasmussen); *Happily Unmarried* (1976, coré: L. Rasmussen); *Augusta* (1976) et *A War Story* (1981, 82 min).

White, Gloria

Elle signe *Battle of the Windmill* (1970, 28½ min) et *Immigration: Destination Toronto* (1970, 28½ min).

Wilson, Sandy

Expérimentaliste vivant à Vancouver, auteure de *The Bridal Shower* (1972, 22 min) et *Growing Up at Paradise* (1977).

***

CHILI / EN EXIL

Mallet, Marilú
(voir Québec)

Sarmiento, Valeria
(Chili, 1948/   )
Au Chili, Valeria Sarmiento débute au cinéma d'abord comme monteuse des films de Raoul Ruiz, puis comme réalisatrice de courts métrages. En Europe, où elle vit depuis le coup d'État chilien, elle monte les films de Luc Moullet, Robert Kramer, Raoul Ruiz et réalise un long métrage: *Gens de toutes parts, gens de nulle part*, film qui ne manque pas de créer des polémiques en traitant du «machisme» en Amérique latine. Autre film: *La Femme au foyer* (France, 16 mm, coul, 23 min). Après 1981: *Un hombre cuando es hombre* (1982, t. f.: *Un homme, un vrai*).

Vasquez, Angelina
(Santiago du Chili, 1948/   )
D'abord collaboratrice de Miguel Littin et Patricio Guzman, elle devient documentariste et cinéaste d'animation. En exil en Finlande, elle réalise en 1980 *Gracias a la vida* (t. f.: *Merci à la vie*, 40 min), l'histoire d'une réfugiée chilienne, marquée par la prison et la torture, qui accepte cependant de mettre au monde l'enfant de son bourreau. Illustrant le déracinement des victimes de la violence exercée sur les peuples latino-américains, le film rappelle qu'à tout instant ces personnes doivent redéfinir leurs positions par rapport à la réalité actuelle du Chili.

***

CHINE

Ling Zi
Auteure de *The Savage Land* (1981, t. o: *YUANYE*).

Wang Haowei
En 1975, elle coréalise *HAI XIA* (t. f.: *La Ville de pêcheurs*), puis seule elle dirige *Perle sur océan* (1976, t. o: *HAI SHANG MINGZHU*, 100 min); *Regardez donc cette famille* (1979, t. o: *QIAO ZHE YI JIAZI*, 90 min) et *Le Filet* (1981).

Zhang Zheng

Actrice et musicienne, elle joue dans le premier film réalisé par la République populaire de Chine en 1949. Elle passe derrière la caméra où, semble-t-il, sa position est plutôt inconfortable. Sa plus récente oeuvre, *Petite fleur* (1980, t. o: *XIAOHUA*, 100 min), a reçu le prix du meilleur film pour cette annéelà. Zhang Zheng confiait à la correspondante de la revue trimestrielle française *VisuElles* que cinq femmes, fraîches émoulues des écoles de cinéma chinoises, sont détentrices de diplômes de réalisation. Autres films de Zheng: *Les Soeurs de la Vallée* (1965, t. o: *SHANCHUN JIEMEI*) et *Le Jardin des pas Feques*, sur un air d'opéra local du Henan.

***

COLOMBIE

Alvarez, Julia

Politiquement très engagée, elle a payé de plusieurs emprisonnements sa participation à titre de coréalisatrice avec Carlos Alvarez aux films *Colombie 70, Assaut* (montage d'actualités); *Un jour je me suis demandé* (reportage sur l'aliénation qu'engendre la religion) et *Qu'est-ce la démocratie?* (document qui traite de l'infiltration de la CIA en Colombie depuis 1930). Le 5 juillet 1972, elle fut arrêtée avec son compagnon dans des conditions particulièrement iniques. Elle fut torturée physiquement et psychologiquement, alors même qu'elle était enceinte. Accusée de subversion par la police militaire, elle risquait une peine d'emprisonnement allant de six mois à quatre ans.

Rodriguez, Martha

Elle réalise avec Jorge Silva *Chircales* (1972, N/B, 42 min), qui raconte la misérable vie d'une famille de 12 enfants et son exploitation au travail, et *Campesinos* (1976, LM).

Samper, Gabriela

À l'instar de ses compatriotes Julia et Carlos Alvarez, Manuel Vargas, Jorge Morante, cette documentariste politiquement très engagée, a été incarcérée en 1972 et torturée physiquement et psychologiquement. Elle fut alors accusée de subversion. Qu'est-elle devenue?

***

CUBA

Gomez Yera, Sara

(La Havane, 1943/1974)

Journaliste puis assistante de metteurs en scène (Jorge Fraga et Agnès Varda), elle réalise neuf films de 1964 à 1974, date de sa mort au cours du tournage de son premier long métrage, *D'une certaine manière* (1979, t. o: *De cierta manera*, N/B, 35 mm, 79 min), que Thomas Gutierrez Alea se chargea de terminer. Mêlant documentaire et fiction, *D'une certaine manière* traite des conflits entre les habitudes de la vieille société et la nouvelle conception de la vie dans ces quartiers aménagés sur les lieux des bidonvilles démolis en 1962.

***

DANEMARK

Forbert Petersen, Katia

(1949/   )

Camerawoman de *Take It Like a Man, Madam* et de *Personnalité réduite de toutes parts*, elle réalise *The Infinite Universe* (1972, images); *Polish Women* (1973, images); *Barbermaster Jensen* (1974, images); *Woman and Job* (1976, images) et *Lena* (1977, images). En 1976, elle devient membre d'un groupe pour «Filmnachrichten» (Nouvelles cinématographiques) dont le but est de filmer les problèmes d'actualité et les activités des femmes.

Knudsen, Mette

Membre du triumulierat baptisé *Les Trois Soeurs rouges*, elle coréalise avec ses «soeurs rouges», Elisabeth Rygard et Li Vilstrup un film de fiction, en couleur, dont la trame plutôt traditionnelle du récit avait pour but explicite de sortir du ghetto et de s'adresser à celles qui ne sont pas convaincues de la nécessité et de la légitimité de la lutte des femmes. Cela a donné *Take It Like a Man, Madam* (1975) qui a connu, au Danemark, un grand succès populaire. Mette Knudsen avait auparavant signé avec Li Vilstrup *Les Femmes et le Marché commun*.

Meinecke, Annelise

Elle réalise *J'ai dix-huit ans* qui raconte le voyage prétexte d'une adolescente pour tout connaître de l'amour. Charles Ford estime que «ce film relève du bas commerce et classe sa réalisatrice parmi les artisans du cinéma de confection».

Nielsen, Asta

Comédienne de théâtre de grand renom, elle fut également une figure marquante du cinéma muet danois. En 1968, elle réalise une oeuvre autobiographique, *Asta Nielsen,* primé au Festival de Berlin.

Rygard, Elisabeth

En collaboration avec ses «soeurs rouges», Mette Knudsen et Li Vilstrup, toutes trois entourées d'une équipe technique constituée de femmes (une directrice-photo et une preneuse de son danoises, et une éclairagiste américaine), elles ont signé *Take It Like a Man, Madam* (1975, 16 mm, 90 min), dont Monique Hennebelle dit: «Elles ont incarné une idée juste dans une histoire toute palpitante de vie et de sensibilité alors que tant de militants tuent leur vérité en la faisant prisonnière d'une image terne, sèche, exsangue ou de slogans incantatoires et usés jusqu'à la corde.»

Stenbaek, Kirsten

La Bande à Lénine (1972, N/B), comédie satirique sur Lénine et les 10 jours qui ont bouleversé le monde, a obtenu un double succès artistique et de public. Son auteure a en outre signé *Le Danois extravagant* et *La Fréquentation scolaire de Sophie* (film tourné pour la télévision danoise sur les écoles libres dans ce petit pays qui souvent organise «une révolution sans recourir aux armes, c'est à retenir!», de déclarer Stenbaek).

Vilstrup, Li

Li Vilstrup et ses «soeurs rouges», Mette Knudsen et Elisabeth Rygard, se retrouvent en 1972 sur l'île de Femo où, chaque été, les féministes danoises organisent un camp pour femmes et enfants seulement. Elles ont en commun la volonté de sortir du ghetto «MLF», essentiellement constitué de femmes jeunes et scolarisées. Résultat: *Take It Like a Man, Madam* (1975) fait par des femmes et s'adressant à celles qui ne sont pas déjà convaincues. Toutes, techniciennes et réalisatrices, ont touché un même cachet au cours du tournage. Cette oeuvre collective, née sans violence, a récolté un grand succès auprès du public. Li Vilstrup avait auparavant signé avec Yannick, son compagnon, *History Book* et avec Mette Knudsen, *Les Femmes et le Marché commun.*

***

ÉGYPTE

Abnoudi, Atiat El

Elle réalise un document sur les conditions de travail médiévales des ouvriers égyptiens, *Cheval de boue* (1971, 20 min). Autres films de El Abnoudi: *Sad Song of Touha* et *Les Mers de soif* (1981, 16 mm, 45 min).

Bakri, Asma El

Elle est l'auteure du film *Goutte d'eau* (1980, 35 mm, 16 min).

***

ESPAGNE

Miró, Pilar

Première Espagnole à connaître une distribution commerciale, Miró s'est d'abord distinguée par ses réalisations pour la télévision, mais surtout par son film *El crimen de Cuenca* (1979, 92 min) qui fut le premier film interdit en Espagne après la suppression de la censure franquiste. Présenté au Festival de Berlin en mars 1980 et au Festival des films du monde à Montréal en août 1981, *El crimen de Cuenca* décrit, à la limite du supportable, les tortures infligées par la Guardia Civil à deux hommes libéraux de la province conservatrice de Cuenca dans le but de leur faire avouer un crime qu'ils n'ont pas commis. En rappelant cette affaire criminelle qui survint en 1913, Pilar Miró démonte de manière impitoyable le système qui contenait en germes 40 ans de dictature. C'est une charge contre la collusion de la petite bourgeoisie et du clergé, et la férocité de la Guardia Civil. Selon Pilar Miró, c'est d'ailleurs la Guardia Civil et l'armée qui ont fait pression afin d'interdire la projection de son film. Autres réalisations de la cinéaste: *The Peticion* (1976) et *Gary Cooper que estás en los cielos* (1981, 100 min). Après 1981, *Hablamos esta noche* (1982, 35 mm, coul, 90 min).

***

ÉTATS-UNIS

Alaimo, Louise

Elle coréalise avec Judith Smith et Ellen Sorin et une équipe constituée uniquement de femmes *The Woman's Film* (1971, 45 min).

Anderson, Madeline

Une des premières femmes cinéastes noires américaines, elle commence sa carrière avec Richard Leacock et réalise son premier film *Integration Report One* en 1960. De 1964 à 1969, elle travaille pour la chaîne de télévision éducative NET. Lorsque le *Black Journal* se crée, elle fait partie de l'équipe de production en tant que monteuse et réalisatrice. En 1970, elle réalise *I Am Somebody* (28 min, sur les 113 jours de grève menée par 400 travailleuses d'un hôpital de la Caroline du Sud). Madeline Anderson travaille ensuite pour une autre chaîne de télévision, CTW, à des productions destinées aux enfants (Sesame Street). En 1975, elle fonde sa propre maison de production, ONYX Productions, où elle produit et réalise des films éducatifs. Elle enseigne également à l'École des arts de la Columbia University.

Arnold, Eve

Elle réalise un documentaire sur la vie dans un harem et la ségrégation des femmes en Arabie, *Behind the Veil* (1971, 50 min).

Arthur, Karen

(Omaha, Nebraska, 1941/   )
Ses réalisations : *Legacy* (1975) et *The Mafu Cage* (1977, 35 mm, coul, 103 min).

Ashur, Geri

(1946/   )
Elle est l'auteure de *Janie's Place* (1971, coré : Peter Barton et Marilyn Mulford); *Make Out* (1971, en collaboration avec le Newreel Women's Caucus); *Village by Village* (1972, coré : Janet Mendelsohn); *Artists in Residence* (1973, coré : Nick Doob et Peter Schlaifer) et *Me and Stella* (1976).

Bachner, Annette

Après un succès honnête dans la réalisation de documentaires, Bachner se spécialise dans la fabrication de films publicitaires et industriels.

Bancroft, Ann

L'actrice bien connue réalise, en 1980, un premier long métrage traitant de l'obésité, *Fatso*. Si on reconnaît à *Fatso* une sensibilité certaine, en revanche on estime la mise en scène faible, le jeu des comédiens trop appuyé et, finalement, la technique déficiente. Le film a été produit par la compagnie de Mel Brooks, la Brooksfilm.

Bartlett, Freude

Relationniste et amie de Gunvor Nelson, Freude Bartlett tourne en dilettante. Quelques-unes de ses réalisations: *Women and Children at Large* (1971-73, 10 min, vision lyrique d'un monde matriarcal); *My Life in Art* (1971-73, 30 min); *One and the Same* (1972, coré: Gunvor Nelson, 6 min).

Beeson, Constance ou Coni

Cinéaste underground de la Côte Ouest américaine, Beeson réalise *Unfolding* (1969, 17 min); *Holding* (1971, 13 min, explore les fantasmes et les désirs de deux femmes qui s'aiment); *Firefly* (1974, 6 min, regard de la cinéaste sur une danseuse noire); *Women* (1974, 12 min, propos ironique de Beeson sur les attitudes ridicules de notre société qui prend la femme comme objet sexuel).

Benjamin, Mary

Productrice et réalisatrice, Mary Benjamin travaille pour le cinéma et la télévision depuis 1968. En 1978, elle amorce son premier travail de cinéaste indépendante. *Eight Minutes to Midnight* (1981, 16 mm, 58 min), documentaire sur Helen Caldicott, pédiatre, auteure et militante, témoigne de la lutte de celle-ci pour informer le public des dangers que représente le nucléaire.

Brandon, Liane

Elle cherche à comprendre ce que veut dire grandir et devenir femme aujourd'hui dans *Anything You Want to Be* (1971, 8 min) et raconte l'histoire d'une robe, de sa propriétaire et d'une déception dans *Betty Tells Her Story* (1972, 20 min).

Brockman, Susan

Documentariste, elle réalise avec Catherine Orentreich un film sur Les Paul, *The Wizard of Waukesha* (1980, 16 mm, 59 min). Elle est aussi l'auteure de *Depot* (197?).

Chase, Doris

Architecte de formation, peintre et sculpteure de métier, Doris

Chase devient cinéaste au début des années 70. Elle signe des films expérimentaux avec l'aide d'un ordinateur sophistiqué et du tirage optique: *Circle 1* (1971, 7 min, film d'abstraction qui invite à la méditation); *Full Circle* (1974); *Rocking Orange* (1975, 3 min); *Rocker* (1976, 9 min); *Improvisation* (1977); *Dance Four* (1977); *Variation Two* (1978); *Dance Frame* (1978); *Jazz Dance* (1979, 4 min, film fantaisiste où le peintre-cinéaste joint rythmique et forme); *Moon Redefined* (1980); *Plexi Radar* (1981, 7 min) et *Conversation* (1981).

Child, Abigail

Elle coréalise avec Jon Child *The Game* (1972, 45 min), une combinaison de deux approches, celle du cinéma direct et celle du psychodrame, pour comprendre les mobiles de deux proxénètes qui «travaillent» dans le East Village de New York. L'année suivante, Abigail Child filme le remariage de sa mère, *Mother Marries a Man of Mellow Mien* (1973, 9 min).

Chopra, Joyce
(1936/   )
Chopra s'intéresse au cinéma depuis 1960. Elle coréalise avec Richard Leacock *A Happy Mother's Day* (1963) qui relate la naissance de quintuplés dans une famille du Dakota du Sud. Après *Wild Ones* (1965), *Room to Learn* (1968, coré: Tom Cole) et *Present Tense* (1969, coré: T. Cole), Chopra signe avec Claudia Weill *Joyce at 34* (1973). Portrait sensible et tout en nuances du conflit «famille ou travail à l'extérieur» qui déchire presque toutes les femmes, il est considéré comme un outil didactique très puissant. Autres réalisations de Joyce Chopra: *Matina Horner — Portrait of a Person 1973* (1973, coré: C. Weill), *Girls at 12* (1974) et *Clorae and Albie* (1975).

Choy, Christine

Productrice à Third World Newsreel, elle réalise en 1978 *Inside Women Inside* (22 min), sur la vie des femmes dans les prisons aux États-Unis.

Churchill, Joan

Avec *Sylvia, Fran and Joy*, l'auteure analyse le mode de vie de trois femmes par le biais de leurs discussions. Joignant ses efforts à un groupe de cinéastes indépendants, elle est autorisée avec Nicholas Broomfield à filmer librement, durant trois mois, l'intérieur de la prison du Chino où sont détenus 1 000 hommes d'origine mexicaine. *Les Larmes tatouées* (1978, coul,

85 min, coré: Broomfield) fait état, outre des conditions de détention, d'une étrange méthode de réinsertion sociale fondée sur le culturisme intensif. Autres films de Joan Churchill: *Juvénile Liaison* (1975, coul, doc, 101 min) et *L'Entraînement des femmes* (1981, 16 mm, coul, 90 min, t. o: *Soldier Girls*).

Collins, Judy

Elle coréalise avec Jill Godmilow, *Antonia, A Portrait of the Woman* (1974, 58 min) sur Antonia Brico, cette femme surprenante que fut la première chef d'orchestre symphonique aux États-Unis. Celle-là même qui, à l'étonnement général, constitue un orchestre de femmes seulement pour essayer de l'intégrer, dès le succès acquis, à son orchestre régulier. Celle-là aussi qui, à l'âge de 73 ans, languit de ne pouvoir diriger plus de quatre ou cinq concerts annuellement. Molly Haskell, qui fut professeure de piano de Judy Collins, croit que *Antonia, A Portrait of the Woman* mérite l'utilisation de superlatifs pour le qualifier.

Collins, Kathleen

Auteure de nouvelles et de pièces de théâtre, elle met en scène son premier film en 1980, *The Cruz Brothers and Miss Maloy* (54 min), dans un style original et onirique.

Compton, Juleen

Après avoir étudié l'art dramatique avec Lee Strasberg de l'Actor's Studio et joué des pièces célèbres, elle se retrouve un peu par hasard en Grèce, derrière la caméra. *Stranded* (1964) est le premier long métrage de cette jeune Californienne qui sera suivi par *The Plastic Dome of Norma Jean* (1967). Elle fait ensuite un séjour de plusieurs années en Europe, mais revient à Hollywood. Dans une capitale du cinéma qui n'en a plus le faste, Compton se joint vers 1973 au Women in Media, l'une des cinq organisations de femmes très influentes et capables d'exercer des pressions sur l'industrie cinématographique. C'est aidée d'une équipe de femmes qu'elle travaille à un film documentaire de long métrage, *Women in Action*, sur les cinéastes Shirley Clark, Ida Lupino, Mae West, Susan Sontag et Mary Ellen Bute.

Coolidge, Martha

Après quelques courts métrages qui ont fait le tour du circuit des festivals de films documentaires — *David Off and On; Old Fashioned Women* (1974); *More Than a School* — Coolidge réalise un premier long métrage de fiction. *Not a Pretty Picture*, que l'auteure définit elle-même comme «une autobiographie fictionnalisée», témoigne du viol d'une adolescente. Il fut présenté au Festival des festivals de Toronto.

Cox, Nell

D'abord productrice de nombreux films industriels, elle réalise en 1970, avec des acteurs professionnels et non professionnels, *A to B* (coul, 36 min) ou le portrait d'une adolescente habitant le Sud'des États-Unis. Autre film de Nell Cox, *Liza's Pioneer Diary* (1976).

Dall, Christine

Après deux années passées «en dedans», Sally apprend à réintégrer la vraie vie, celle du «dehors». *The Dozens* (1980, coré: Randall Conrad, 16 mm, coul, 80 min) nous révèle les efforts d'une femme déterminée à recouvrer sa liberté.

Darling, Joan

Elle se fait la main à la télévision où elle réalise des épisodes de *Mary Hartman, Mary Taylor More, Rhoda* et *M*A*S*H*. *First Love* (1977), histoire sentimentale aigre-douce, est son premier long métrage de fiction produit par la Paramount.

Dash, Julie

(New York/   )
Elle commence ses études cinématographiques en 1968 au Studio Museum de Harlem. Elle réalise *Diary of an African Nun* (1977, coré: Barbara D. Jones, 13 min), inspiré d'une nouvelle d'Alice Walker et *Four Women* (1978), film expérimental sur la féminitude noire.

Davies, Molly

(Kansas City, Missouri, 1944/   )
Expérimentaliste liée au monde de la musique contemporaine, Molly Davies réalise plusieurs films en super 8 avant de travailler en 16 mm. Ses films: *Sage Time and Again* (1977, 25 min); *Grassland and Sage* (1978, 20 min, musique de John Gibson); *Sage Cycle Third Thought* (1979, 28 min); *Small Circles Great Planes* (1980, 60 min, 3 écrans, musique d'Alvin Turn) et *Beyond the Far Blue Mountains* (1981, sur 3 écrans, musique de Lu Harrinson).

Dehn, Mura

Originaire de Russie, Mura Dehn arrive aux États-Unis dans les années 20 où elle travaille comme soliste et chorégraphe. *Spirit's Move* est conçu à partir de documents filmés par elle entre 1932 et 1974 sur les différentes générations de danseurs de jazz, incluant les danses des salles de bal de Harlem de 1952 à 1958.

Demetrakas, Johanna

En 1972, le Feminist Art Program du California Institue crée, dans un vieil hôtel particulier de Hollywood, un environnement significatif «des rêves et des fantasmes de la femme penchée sur son fourneau et rivée à son fer à repasser». *Woman House* (1973, coul, 50 min) rend compte de cet événement au moyen de discussions de groupe, de sketches et d'interviews. Demetrakas signera encore un document sur le célèbre Dinner Party de Judy Chicago, *Right Out of History: the Making of Judy Chicago's Dinner Party*.

Diekhaus, Grace

Elle coréalise avec Georges Crile *Gay Power — Gay Politics* (1981, 16 mm, 60 min, Festival de Berlin 1981). Le film suit l'émancipation collective des homosexuels qui ont fait de San Francisco une ville qu'ils considèrent comme «libérée».

Dowd, Nancy

La scénariste du très violent *Slap Shot* participe, à titre de coréalisatrice avec Annette Cohen, Liv Ullman et Mai Zetterling, à une anthologie écrite, réalisée et produite par des femmes, *Love* (1982). Le segment réalisé par Dowd s'intitule: *Por vida/For Life*.

Driver, Sarah

(New York, 1955/   )
Après des études de danse, de théâtre et d'archéologie, Sarah Driver réalise plusieurs courts métrages. En 1981, elle signe *You Are Not I* (16 mm, 50 min), inspiré d'une nouvelle de Paule Bowles, qui nous plonge dans l'univers inquiétant d'un être étiqueté «anormal» par la société.

Feldhaus-Weber, Mary

À la demande de son amie qui est arrivée au stade terminal d'un cancer de l'ovaire, Mary Feldhaus-Weber a enregistré 300 heures de rubans magnétoscopiques et de film sur les deux dernières années de la vie de Joan Robinson. *Joan Robinson: One Woman's Story* est le combat d'une femme qui oscille entre des flambées hystériques, des petitesses et de fous espoirs de guérison. C'est le contraire de l'acceptation stoïque. D'une durée de deux heures et demie, *Joan Robinson: One Woman's Story* a été tourné pour la télévision. Il est explicite sur toutes les étapes de la maladie: les opérations, les examens, les discussions, la quête constante pour soulager la douleur, aussi bien que sur les implications sociales.

Field, Connie

Trois ans et demi de travail, 180 000 $ de budget et une volonté de vouloir éclairer un tant soit peu l'histoire des femmes, telles sont les conditions qui ont présidé au tournage de *The Life and Times of Rosie the Riveter* (1980, 65 min). Dans la veine de *Union Maids,* Connie Field a utilisé avec intelligence des photographies d'époque, des bribes de films d'actualités et des interviews pour faire entendre un autre son de cloche sur les femmes qui, pendant la guerre, ont assumé des travaux jusque-là réservés aux hommes et qui ont été renvoyées aux cuisines, voire ridiculisées, une fois la paix revenue.

Firestone, Cinda

Bilan du soulèvement de septembre 1971 à la prison d'Attica, New York: 43 morts et des centaines de blessés. La jeune cinéaste Firestone mène une enquête extrêmement fouillée sur les raisons de la rébellion et donne la parole aux détenus eux-mêmes. *Attica* (1973, 16 et 35 mm, 80 min) témoigne de la détermination des détenus à changer les conditions de détention inhumaines auxquelles ils sont soumis.

Freeman, Monica

Productrice et cinéaste indépendante, cette jeune Noire a débuté en 1973 chez Nafasi Productions de New York. Elle était la seule femme de l'équipe. Parmi ses réalisations, on compte: *Valerie: a Woman, an Artist, a Philosophy of Life,* portrait de Valerie Maynard, sculpteure et *A Sense of Pride Hamilton Heights,* les travaux de restauration à Harlem vus par ses résidents.

Friedman, Bonnie

(1946/   )
Elle a signé *Childcare People's Liberation* (1970, coré: Karen

Mitnick); *How About You* (1972, coré: Deborah Shaffer et Marilyn Mulford); *Chris and Bernie* (1975, coré: D. Shaffer); *Becoming Orgasmic* (1976, série) et *The Flashettes* (1977, doc. sur une équipe sportive composée de fillettes noires de Brooklyn).

Godmilow, Jill
Elle coréalise avec Judy Collins, *Antonia, a Portrait of a Woman* (1974, 58 min), documentaire biographique sur la première chef d'orchestre symphonique aux États-Unis, Antonia Brico.

Gordon, Bette
Cinéaste new-yorkaise, Bette Gordon coréalise plusieurs films avec James Benning. Seule, elle signe *Exchanges, Algorithm, Noyes* et *Empty Suitcase* (1980, 16 mm, 55 min, Berlin International 1981, Festival du film d'Édimbourg 1981, Genova Film Festival 1981, Festival international du jeune cinéma d'Hyères). Le sujet principal de *Empty Suitcase,* c'est l'incapacité pour une femme de se définir dans un langage et dans une politique donnés. Après 1981: *Variety* (1983, coul, 99 min, présenté au Festival des festivals de Toronto en 1983).

Grant, Lee
Née Lyova Rosenthal, Lee Grant s'est méritée le prix de la meilleure actrice de soutien de l'Academy Award, en 1975, pour son rôle dans *Shampoo* de Hal Ashby. Elle a presque 30 ans de métier quand elle débute sa carrière de cinéaste, à l'âge de 51 ans, en défiant «l'establishment» hollywoodien, et réalise *Tell Me a Riddle,* histoire de deux vieux immigrants russes juifs. Le film est bien reçu et Lee Grant récidive l'expérience. Témoin de la radicalisation des employées d'une banque du Minnesota engagées dans une grève qui dura deux ans, *The Willmar 8* (1981, 55 min) est filmé par Judy Irola, monté par Suzanne Pettit et produit par Mary Beth Yarrow.

Graves, Nancy
(Pittsfield, Massachusetts, 1940/   )
Auteure de Izy Boukir (1971, 20 min) et *Aves: Magnificent Bird, Great Flamingo* (197?)

Gray, Lorraine
Épouses, mères, soeurs sont rarement mentionnées dans les livres d'histoire sur les grèves et sur la syndicalisation des ouvriers de l'automobile aux États-Unis dans les années 30. *With Babies and Banners* (1978, 45 min) retrace les conditions

de travail faites aux femmes, leurs rôles cruciaux dans le soutien des grèves, les actes de répression dont elles furent victimes et leurs victoires aussi.

Hammer, Barbara

Cinéaste très connue de San Francisco, elle a notamment célébré la vie et la créativité des lesbiennes: *Women in Love* (197?, 27 min); *Multiple Orgasm* (197?, 10 min); *Dyketactics* (1974, 4 min); *Double Strength* (1978, 16 min); *Haircut* (1978, 16 min); *Our Trip* (1980, 4 min); *Synch Touch* (1981, 10 min); *Arequipa* (1981, 10 min) et *Pools* (1981, 6 min).

Haslanger, Martha

Expérimentaliste dont la recherche porte essentiellement sur les modes de représentation: l'écriture, la photographie et le cinéma. Ses films s'intéressent à la structure narrative et aux thématiques de la mémoire et du temps. Elle est l'auteure de *Syntax* (1974); *Frames and Cages and Speeches* (1976); *Lived Time* (1978) et *Circus Riders* (197?).

Hochman, Sandra

Avec une équipe constituée uniquement de femmes, dont les cinéastes Claudia Weill à la caméra et Barbara Kopple au son, Hochman réalise un film fougueux sur le mouvement des femmes présent à la Democratic Convention tenue à Miami en 1972. *The Year of the Woman* (1973, 90 min) met en scène Florynce Kennedy, Shirley Chisholm, Gloria Steinem, Bella Abzug, Warren Beatty, Art Buchwald et de nombreux gouverneurs, sénateurs et candidats. «Ce documentaire (...) conçu comme un «collage» d'événements, d'interviews et de pointes sexistes alliant l'humour et la merveilleuse espièglerie de l'auteure. C'est de la propagande avouée et effrontée... et c'est irrésistible.»

Irvine, Louva

Elle coréalise avec Kate Millett, Robin Mide et Susan Kleckner un film fait uniquement par des femmes, *Three Lives* (1970, 70 min).

Johnson, Karen

Se servant d'objets familiers, Karen Johnson leur inculque, par le biais de son art, des dimensions inattendues. Quatre heures de tournage consécutives pour réaliser *Oranges* (1969, 3 min): le film est présenté au New York Film Festival la même année, remporte le premier prix du San Francisco Erotic Film Festival en 1970 et le prix du meilleur court métrage à Fauteff en 1971. Autres réalisations de Johnson: *Hands* (19?, 3 min) et *Lizard Movies* (1971, 4 min).

Katz, Gloria

Coscénariste de *American Graffiti,* Gloria Katz et Williard Huyck réalisent une comédie pas toujours désopilante, *French Postcard* (1979, film de clôture du Festival des films du monde de Montréal 1979).

Kernochan, Sarah

Les cinéastes Kernochan et Howard Smith ont suivi à la trace Marjoe, un prédicateur pour qui la foi est très lucrative. Tourné selon les règles d'intervention minimale du cinéma direct, *Marjoe* (1971, 16 min) donne à voir un prêcheur cupide et athée qui conçoit son «Jesus Business» dans le plus pur style du show business. Du même coup, il interpelle l'attention du public sur un phénomène américain de plus en plus répandu qui se joue de la crédulité des gens avec cynisme.

Kleckner, Susan

Elle coréalise un des rares films de cette époque entièrement conçu par des femmes, de l'image à l'éclairage: *Three Lives* (1970, coré: Kate Millett, Louva Irvine et Robin Mide, 70 min). Deux ans plus tard, elle tourne seule un document sur une naissance à domicile, *Birth Film* (1972, 30 min).

Kopple, Barbara

(New York, 1946/   )
Cataloguée «psychotique» par ses professeurs parce que jugée trop rebelle, Kopple consacre aujourd'hui sa vie à dénoncer les injustices sociales. Pas avec son diplôme de «psychologie clinique», mais avec une caméra. En 1973, elle s'installe, avec son équipe technique, au milieu de la vie des mineurs de Harlan dans le Kentucky. Elle enregistre, au jour le jour et à la manière du cinéma direct, les 13 mois d'une des grèves les plus longues et les plus sanglantes qu'a vécue l'Amérique. Trois ans passés dans les mines et presque quatre ans en tout pour terminer le film. Loin d'être censuré en raison de sa violente attaque contre le mythe de la démocratie américaine, *Harlan County, USA* (1976, 103 min, ingénieur du son: Kopple) est salué par la récompense la plus prestigieuse de l'industrie du cinéma: l'Oscar hollywoodien pour le meilleur documentaire en 1977.

Barbara Kopple raconte que le tournage a été particulièrement difficile au cours des dernières semaines alors que, abri-
tée chez les mineurs, l'équipe devait monter une garde armée
à tour de rôle tant les menaces étaient devenues graves. Kopple
a été rouée de coups comme son deuxième cameraman et son
preneur de son, mais aucun n'a été blessé sérieusement. Le
cameraman de la première équipe avait été tué quelques temps
auparavant. Fougueux, empreint d'un lyrisme sociologique
puissant, *Harlan County USA* met aussi en lumière la participation sur la ligne de front des épouses, mères et soeurs des
mineurs. Kopple, ingénieur du son, à l'occasion camerawoman et monteuse, a en outre réalisé avec un collectif *Winter
Soldier* (1970, film-protestation contre la guerre du Vietnam)
et *No Nukes* (1980, coré: Julian Schlossberg, Danny Goldberg,
Anthony Potenza, Haskell Wexler, 103 min), film réalisé à
l'occasion d'une manifestation antinucléaire.

Kronhausen, Phyllis

L'équipe de sexologues, les docteurs Phyllis et Eberhard Kron-
hausen, ont réalisé en 1974 leur premier film de fiction érotique: *The Hottest Show in Town*, dont on a dit que la qualité ne
dépassait guère les productions moyennes petit budget/grande
insipidité propres au genre.

Lampson, Mary

Monteuse de deux films militants réalisés par des femmes,
With Babies and Banners de Lorraine Gray et *Harlan County,
USA* de Barbara Kopple, Mary Lampson a coproduit et coréalisé un documentaire sur les Weather Underground, *Underground*. Seule, elle tente de saisir la répression qu'exerce le
système sur une activiste politique, incarcérée sans chef d'accusation et sans procès. On l'enferme parce qu'elle refuse de
témoigner. *Until She Talks* (19?, 45 min) a été choisi au Festival
de Mannheim comme le meilleur film fait pour la télévision.

Lee, Joanna

Mannequin, actrice, poète à ses heures, productrice, scrip-
teure pour la télévision (plus de 150 crédits à son actif), Joanna
Lee réalise un premier film tourné en Grèce, *Ashes* (197?,
90 min). Le téléfilm, *Miroir, miroir* (94 min) nous entretient de
l'erreur de beaucoup de femmes qui décident de changer de
peau quand c'est dans la tête qu'il faudrait changer, ou le
miroir aux alouettes de la chirurgie esthétique. Autres réalisations: *A Pocket Filled with Dreams* et *A Very Special Love.*

Lewis Jaffe, Patricia

Monteuse, elle coréalise *My Own Yard to Play* (avec Philip Lerner); *The High Lonesome Sound* (avec John Cohen); *The Anatomy of Cindy Fink* (avec Richard Leacock) et *Who Does She Think She Is?* (avec Gaby Rodgers, 60 min, portrait de Rosalyn Drexler, nouvelliste, dramaturge, peintre, chanteuse de cabaret, ex-lutteuse, épouse et mère).

Loden, Barbara

(Caroline du Nord, 8 juillet 1936/New York, septembre 1980) Actrice de théâtre et de cinéma, compagne d'Elia Kazan, elle signe en 1970 un long métrage de fiction qui étonne. Avec un mini-budget, elle tourne *Wanda* en 16 mm et le fait gonfler en 35. Cette analyse réaliste de la vie misérable d'une jeune femme, issue d'une ville minière de Pennsylvanie, constitue une oeuvre très personnelle qui a remporté le Lion d'or au Festival de Venise en 1970.

MacDougall, Judith

Elle coréalise avec David MacDougall un film à caractère anthropologique sur la tribu turkana du Kenya, *The Wedding Camels* (1978, 109 min).

Margolis, Barbara

Ingénieure du son pour le film d'Alfonso Beato, *Puerto Rico: Paradise Invaded*, Barbara Margolis réalise un documentaire qui dénonce les contradictions des sociétés postindustrielles. *On the line* (1977, 54 min) raconte l'amertume des gens «sur la ligne» de la chaîne de montage, du bureau d'assurance-chômage, du piquet de grève, mais propose aussi des éléments de solution.

May, Elaine

(1932/   )
Comédienne au théâtre, à la télévision et au cabaret, Elaine May écrit, dirige et interprète en 1970 *A New Leaf* (102 min), pour la Paramount avec qui elle connut des démêlés plutôt acerbes. Deux ans plus tard, elle termine son second long métrage, *The Heartbreak Kid* (1972), lequel provoque des réactions fort contradictoires. De cette comédie aigre-douce, on a dit que son trait dominant était une misogynie féroce, ou que c'était un règlement de compte bien ponctué à l'endroit des hommes, ou encore qu'il s'agissait d'une satire caustique, nihiliste et sophistiquée de la classe moyenne américaine. On a

jugé *The Heartbreak Kid* tantôt quelconque, tantôt comme un film plein de force et de talent. Peter Falk et John Cassavetes sont les deux interprètes choisis par Elaine May pour son troisième film, *Mikey & Nicky* (1974).

Micklin Silver, Joan

À travers une étude dite de moeurs, l'auteure trace un portrait tendre d'une Juive orthodoxe, ne parlant que yiddish et coiffée de la perruque, symbole de soumission, venue s'installer à New York avec son mari. *Hester Street* (1975) s'intéresse aux difficultés d'adaptation du couple, mais aussi à la dignité retrouvée de cette femme juive doublement aliénée. L'année suivante, Joan Micklin Silver a tourné *Between the Lines* et plus récemment *Head Over Heels* (1979, 97 min, d'après le roman de Ann Beattie, *Chilly Scenes of Winter*).

Mide, Robin

Elle coréalise avec Louva Irvine, Susan Kleckner et Kate Millett *Three Lives* (1970, 70 min), fait uniquement avec des femmes.

Miller Adato, Perry

Celle dont on définit le modernisme de l'écriture par «cubisme de la littérature», qui fut passionnée par les recherches de Matisse et Picasso, celle aussi dont la maison de la rue Fleurus à Paris devint la Mecque de toute une génération d'écrivains, Gertrude Stein reprend vie dans le document de Perry Miller Adato. Dans *Gertrude Stein: When This You See Remember Me* (1970, 89 min) retrace fidèlement la vie et l'oeuvre de cette femme fascinante par une combinaison sensible de photos, de quelques rares films, d'extraits de ses romans et d'interviews de ses amies-is. Dans la même veine, Perry Miller Adato compose deux autres portraits d'artistes: *Georgia O'Keefe* (1977, 60 min) et *Picasso: A Painter's Diary* (1980, 89 min).

Millett, Kate

Auteure devenue célèbre par un essai remarquable, *La Politique du mâle*, qui est certainement une des pierres angulaires de la pensée féministe contemporaine. Kate Millett coréalise en 1970 un long métrage fait entièrement par des femmes, des éclairagistes aux camerawomen. *Three Lives* (coré: Louva Irvine, Susan Kleckner et Robin Mide, 70 min) regarde par le biais de longues entrevues la vie fort différente de trois femmes.

Mulford, Marilyn

Elle coréalise avec Geri Ashur et Peter Barton *Janie's Place* (1971) et avec Bonnie Friedman et Deborah Shaffer *How About You* (1972).

Nelson, Gunvor

Une des plus importantes expérimentalistes de son pays, Gunvor Nelson est l'auteure de *Schmeerguntz* (1966, coré: Dorothy Wiley, N/B, 15 min, film de montage qui oppose avec impudence la «femme poupée» et la «femme évier»); *Fog Pumas* (1967, coré: D. Wiley, N/B et coul, 26 min); *My Name is Oona* (1969-70, N/B, 10 min, l'éveil de la conscience d'une jeune fille, présenté aux festivals d'Oberhausen, de Cannes, de New York, etc.); *One and the Same* (1972, coré: Freude Bartlett, coul, 6 min); *Moon's Pool* (1973, coul, 15 min); *Take Off* (1973, N/B, 12 min, un strip-tease mené jusqu'au bout); *Kirsa Nicholina* (197?, coul, 16 mm, un couple de Woodstock et l'histoire de la naissance de leur enfant).

Ono, Yoko

(1933/   )

Artiste peintre de réputation internationale, Yoko Ono tourne, à partir de 1966, des films d'avant-garde: *Wink* (1966); *Match* (1966); *Shout* (1966); *No. 4* (1967). Avec John Lennon, elle réalise ensuite *No. 5 (Smile)* (1968); *Self Portrait* (1968); *Instant Karma* (1968); *No. 6 (Rape 11)* (1969); *Two Virgins* (1969); *Mr. and Mrs. Lennon's Honeymoon* (1969); *Give Peace a Chance* (1969); *You Are Here* (1969); *Cold Turkey* (1969); *The Fly* (1970); *Up Your Legs Forever* (1970); *Freedom* (1970); *Apotheosis* (1971); *Erection* (1971); *Image* (1971); *Imagine* (1972, coré: John Lennon, coul, 81 min); *Bottoms*. Ono et Lennon croient que leur film *Imagine* est une sorte d'épitomé du non-sens. Contrairement à leurs recherches antérieures qui se voulaient, d'une certaine manière, très sérieuse, *Imagine* est l'expression de leur goût ludique qui rompt un peu avec l'engagement politique des autres films. Yoko Ono avoue que son ultime objectif serait de pouvoir filmer le sourire de chaque personne qui habite ce monde. Ainsi, donne-t-elle comme exemple, cela permettrait à Lyndon Johnson de voir quelle sorte de gens il a jadis tués au Vietnam.

Orentreich, Catherine

Elle coréalise avec la documentariste Susan Brockman un film sur Les Paul, concepteur de guitares électriques et inventeur d'une bande d'enregistrement à huit pistes: *The Wizard of Waukesha* (1980, 16 mm, 59 min).

Oxenberg, Jan

En 1979, elle tourne, avec le support et l'assistance d'un grand nombre de lesbiennes, une satire des stéréotypes qui définissent communément les pratiques saphiques. Utilisant les conventions cinématographiques propres aux films de série B des années 50, *A Comedy in Six Unnatural Acts* (26 min) reçoit un accueil favorable chez les militantes. Son brusque retrait, à la dernière minute, d'une émission politique de la télévision d'État où il devait être présenté a provoqué une vague de protestation de la part des cinéastes indépendants à travers les États-Unis. Jan Oxenberg a également réalisé *Home Movie* (1979, 12 min) qui retrace l'enfance et la puberté d'une petite Américaine typique, l'auteure, qui à l'âge adulte sera lesbienne.

Pakerson, Michelle D.

Elle est l'auteure de *Sojourn* (1973, 10 min) sur l'aspect suicidaire de la vie dans le ghetto noir, et d'un long métrage *But Then She Is Betty Carter*, consacré à la grande chanteuse de jazz.

Parker, Francine

En 1971, un groupe de chanteurs et de comédiens, dont Jane Fonda, visite les bases militaires américaines du Pacifique — Hawaï, Okinawa, Philippines et Japon — en guise de protestation contre le génocide vietnamien. Le reportage qu'en fit Francine Parker est un pamphlet qu'on a apparenté à une oeuvre de propagande. *F.T.A.*, pour Free the Army, qui entremêle des moments de ce «vaudeville politique» et des interviews avec des GI, a été reçu dans l'indifférence de la critique. Celle-ci a convenu que l'effort était généreux, mais n'apportait rien de bien neuf à l'épineuse problématique.

Peeters, Barbara

Surnommée la reine des films de série B, elle est une vieille routière de ces productions d'action et d'exploitation sexuelle à petits budgets. Un peu à la façon de Stephanie Rothman, dans ses alliages redondants de sexe et de violence, elle procède à des détournements de clichés attachés aux rôles sexuels. Par exemple, dans son deuxième long métrage, *Bury Me an Angel* (1971, 82 min), film de motards, Peeters met en scène une femme de six pieds qui prend la route pour venger la mort de son frère. Pour la petite histoire, mentionnons que l'actrice

Dixie Peabody n'a pas eu recours à une ou un cascadeur pour les scènes de moto. Autres réalisations de Barbara Peeters: *Star Hops*, *Moving Violation*, *Candy Striped*, *Nurses* et *Humanoids From the Deep Belfidis* (1980, 80 min, film d'horreur).

Peiser, Judy

Elle est cofondatrice, avec Bill Perris, du Center for Southern Folklore, centre d'études sur les traditions, la musique et les habitudes de vie du Sud en voie de disparition. Le centre produit des disques, des livres et des films, lesquels connaissent une large distribution dans les circuits parallèles et se sont mérités plusieurs prix. La documentariste Judy Peiser a coréalisé: *Gravel Springs Fife and Drum* (16 mm, 10 min); *Rav Lum: Mule Trader* (16 mm, 18 min); *Green Valley Grandparents* (16 mm, 10 min); *Black Delta Religion* (16 mm, 15 min) et *Delta Blues Singer: James «Sonny Ford» Thomas* (16 mm, 45 min).

Pitt Kraning, Susan

Auteure de *Crocus* (1971, 7 min), film d'animation montrant un couple qui fait l'amour au milieu de détails réalistes et surréalistes de la vie familiale. Autres films: *Jefferson Circus Songs* (1973, 19 min) et *Asperge* (1979).

Polon, Vicki

Cette jeune réalisatrice signe à 24 ans son premier long métrage, *Pleasant-ville* (1977, 80 min) fable écologique et regard nostalgique sur un passé révolu.

Purcell, Evelyn

(Sydney, Australie/   )
Auteure de *Rush* (1980, images: Alicia Weber et Joan Churchill, 50 min), documentaire sur une semaine de sororité tenue à l'Université du Mississippi.

Rainer, Yvonne

(San Francisco, 1934/   )
Danseuse et chorégraphe génératrice d'une grande énergie et d'un souffle moderne dans les années 60, Yvonne Rainer termine son premier long métrage en 1972. Trois ans plus tard, elle décide de consacrer désormais toute sa puissance créatrice au cinéma. Cinéma alternatif, cinéma autre, cinéma disjonctif, cinéma «postmoderne» qui pose des questions morales et politiques tout en récusant les servitudes du cinéma commercial. Son quatrième long métrage, *Journeys From Berlin/*

1971 (1980, 125 min) représente l'aboutissement de cette recherche d'une nouvelle «narrativité». Filmographie de Yvonne Rainer: *Volleyball* (1967, CM); *Hand Movie* (1968, CM); *Trio Film* (1968, CM); *Rhode Island Red* (1968, CM); *Line* (1969, CM); *Lives of Performers* (1972, 90 min); *Film About a Woman Who...* (1974) et *Kristina Talking Pictures* (1976).

Rapaport, Paula

Cinéaste expérimentale vivant à New York, elle réalise *A Dream Well* (1972); *Brother and Sister* (1973); *3 People/New York/1974* (1974), gagnant d'un prix au WNET/Young Filmmakers' Festival en 1975; *Time Passes* (1975); *Reflexive Francis Film* (1976) et *Pool* (1978), en nomination pour le meilleur film expérimental du Annual Student Academy Awards en 1978.

Reichert, Julia

(1946/   )
Documentariste, elle coréalise avec James Klein un film sur la socialisation des femmes américaines qui fait l'unanimité de la critique. De Susan Sontag à Flo Kennedy, de Gloria Steinem à Jonas Mekas, toutes-tous reconnaissent en *Growing up Female: As Six Become One* (1971, 60 min) un document unique et percutant. En 1977, avec James Klein et Miles Mogulescu, elle signe *Union Maids* (N/B, 48 min) qui donne la parole à trois militantes syndicales des années 30. Kate, Stella et Sylvia racontent, avec une fougue non dépourvue d'humour, leur radicalisation et le rôle souvent de première ligne que les femmes ont joué dans ces luttes pour l'obtention des droits les plus élémentaires. Si elles éprouvent un peu d'amertume face au conservatisme qui stagne dans les grandes centrales syndicales d'aujourd'hui, aucune cependant ne regrette d'avoir consacré sa vie à cette cause. Autre réalisation de Reichert et Klein: *Methadone, American Way of Live* (1974) qui cherche à établir des liens entre la politique officielle de désintoxication des drogués et le racisme. Après 1981, un documentaire: *Seeing Red* (1983, coré: James Klein, 16 mm, coul, 100 min).

Rivers, Joan

Rivers hypothèque sa maison, quête de l'argent dans sa famille et auprès d'amies-is et réalise une comédie burlesque, *Rabbit Test* (197?), dont l'enthousiasme n'arrive pas à masquer les défauts. L'histoire de la première grossesse au masculin n'aura pas connu la notoriété espérée.

Rose, Barbara
Auteure de *Art/Work/USA* (1981, 60 min) qui retrace l'histoire de la culture américaine dans les années 30.

Rothman, Stephanie
Formation en sociologie à Berkeley, puis en cinéma à la University of Southern California. Avec Elaine May, elle est la seule femme qui travaille régulièrement à Hollywood au début des années 70. Cinéaste hautement commerciale, elle ne cesse de détourner les codes propres aux genres qu'elle exploite. La composition de ses personnages féminins fait foi de sa conscience féministe. Elle avoue ne pas militer dans les organisations tout en se sentant sympathique à ce qu'elles défendent. Elle fait bande à part et s'estime «a lone wolf». Ses réalisations: *Blood Bath* (1966, commencé par Jack Hill); *It's a Bikini World* (1966); *The Students Nurses* (1970); *The Velvet Vampire* (1971); *Group Marriage* (1972); *Terminal Island* (1973); *The Working Girls* (1974). Stephanie Rothman poursuit-elle sa carrière de cinéaste?

Rothschild, Amalie
(1945/   )
Que fera May Wilson, ex-épouse, ex-mère, ex-ménagère, ex-cuisinière, abandonnée à l'âge de 60 ans? Dans *Woo Who? May Wilson* (1970, 33 min), Amalie Rothschild reconstitue la bataille livrée par cette femme qui se définit elle-même comme un mélange de sophistication, de vulgarité et d'inculture et qui refuse, si jeune, de mourir à sa vie. Autres réalisations de Rothschild: *The Center* (1970); *Safari* (1970); *It's All Right to Be a Woman; «The 51st State», WNET* (1972); *It Happens to Us* (1972, 16 mm, coul, 30 min, des femmes parlent de leurs expériences d'avortement); *Nana, Mom, and Me* (1974) et *Amy on Her Own* (1977), *Conversations with Willard Van Dyke* (1980, 16 mm, coul, 59 min).

Schneemann, Carolee
Expérimentaliste, elle signe un essai sur la sexualité vécue et comprise par une femme, *Fuses* (1965-68, 18 min) et une mise en relation de la désintégration d'une liaison et celle du film en tant que support visuel, *Plumb Line* (1968-72, 18 min).

Schneider, Rosiland
Peintre et sculpteure, elle compte plus d'une douzaine de films

expérimentaux à son crédit. *Orbitas* (1971, 10 min) fut le seul retracé.

Schwartz, Lilian

Cinéaste d'animation, elle a réalisé avec l'aide d'un spécialiste d'ordinateur, Ken Knowlton, deux films qui utilisent les sphères générées par l'ordinateur: *Enigma* (1971, coul, 5 min) et *UFO'S* (1971, coul, 3 min).

Seagrave, Brigid

Elle signe *Germaine Greer vs the USA* (1970, 50 min), portrait de l'auteure de *La Femme eunuque.*

Severson, Anne

Cinéaste indépendante, elle réalise des courts métrages plutôt percutants: *I Change, I Am the Same* (1969, 1 min, exposé sur l'identité physique et sexuelle); *Riverbody* (1970, 8 min); *Introduction of the Humanities* (1971, 8 min, des gens passent, un à un, devant la caméra. Ils se présentent plusieurs fois.) et *Near the Big Chakra* (1972, 17 min, pour les femmes qui se demandent si leur sexe est standard ou non, en voilà d'autres..., sans fioriture, sans commentaire, sans violon).

Shaffer, Deborah

(1949/   )
Elle coréalise avec Bonnie Friedman et Marilyn Mulford *How About You* (1972) et avec Bonnie Friedman *Chris and Bernie* (1975). En collaboration avec Stewart Bird, elle tourne un long métrage en 1979, *The Wobblies* (88 min), documentaire sur la syndicalisation pendant la période précédant le premier conflit mondial.

Smith, Judy

Entourée d'une équipe technique composée de femmes uniquement et des coréalisatrices Louise Alaimo et Ellen Sorin, elle tourne *The Woman's Film* (1971, 45 min).

Solberg-Ladd, Helena

Elle a interviewé quatre groupes de femmes latino-américaines — des ouvrières mexicaines, des compagnes de mineurs boliviennes, des ménagères argentines, des membres d'un groupe de croissance personnelle vénézuéliennes — pour tracer un portrait aussi juste que possible des problèmes de ces femmes face au travail. *The Double Day* met en relief la discrimination qu'elles subissent, la loi du deux poids deux mesures inscrite à toutes les instances, du salaire à la promotion, et le double horaire à la maison et à l'extérieur. *The Double Day* (1975, images: Christine Burrill et Alfonso Beato, 53 min) a été produit par le International Women's Film Project. Autre film de Solberg-Ladd: *Simplemente Jenny* (1978). Après 1981: *From the Ashes: Nicaragua Today* (1982, 16 mm, coul, 60 min, présenté au Festival des films du monde 1982).

Sontag, Susan
(New York, 1933/   )
D'origine russo-polonaise, la romancière, essayiste (plus d'une cinquantaine d'essais), scénariste et cinéaste Sontag a réalisé ses deux premiers films en Suède: *Duet for Cannibals* (1969) et *Brother Carl* (1971). Sontag avoue avoir, à cette époque pour le moins, été influencée par l'oeuvre de Bergman. Bien qu'elle admettait réserver ses opinions politiques pour ses essais, les réalisations ultérieures de Sontag abandonnent les récits intimistes pour se tourner vers le politique: *La Déchirure* (197?) sur le conflit israélo-arabe et *Terre promise* (1974) sur la question d'Israël. Après 1981: *Unguided Tour* (1983).

Sorin, Ellen
En 1971, elle signe avec Judy Smith et Louise Alaimo *The Woman's Film* (N/B, 45 min).

Sperling, Karen
Femme à l'audace qu'il faut souligner. À 26 ans, elle n'a pas fait que diriger son premier long métrage, *Make a Face* (1971) mais l'a écrit, produit, interprété, a joué du clavecin pour la bande son, a orchestré la campagne publicitaire et a payé la sortie du film au Carnegie Hall Cinema de New York. Plusieurs critiques lui ont reproché d'avoir ainsi outrepassé les frontières de son talent ou encore d'avoir fait un périple aux confins de son ego. Si ce n'était que cela, *Make a Face* aurait encore le mérite de la nouveauté. Celle de nous offrir une contrepartie aux «ego trips» masculins dont regorgent nos écrans. Le scénario de *Make a Face* a été écrit avec la collaboration de Barbara Connell. En 1973, Karen Sperling écrit, coproduit et signe un second long métrage, *The Waiting Room*, cette fois avec une équipe de techniciennes et des rôles masculins réduits au minimum. À titre de productrice, et assistée en cela par Doro Bacharach, elle aurait aidé quelque 35 femmes dans leurs débuts au cinéma.

Spheeris, Penelope

Auteure de plusieurs courts métrages dont *I Don't Know* (1971, 19 min, histoire d'amour entre un garçon qui voudrait être une fille et une fille qui voudrait être un garçon), elle a produit et réalisé, en 1981, un documentaire, *The Decline of Western Civilization* (16 mm gonflé en 35, 100 min), sur la vie d'un groupe de musique rock punk.

Stephan, Ruth

Avec une approche teintée de poésie, Ruth Stephan écrit et réalise *Zen in Ryoko-In* (1971, 16 mm, 71 min) qui mène au coeur même de la pratique de méditation zen dans un temple vieux de presque quatre siècles.

Strand, Chick

Dans un village warao au Venezuela, Strand analyse, par le biais du récit de deux femmes, le processus d'acculturation d'une des rares tribus qui subsistent dans le delta de l'Orénoque. *Mosori Monika* (1969, 20 min) se présente comme un document ethnographique d'une grande valeur. Dans *Anselmo* (1970, 4 min), Chick Strand s'intéresse à un musicien de rue d'une petite ville mexicaine.

Switzgable, Meg

Elle signe, à l'âge de 26 ans, son premier film, *In Our Water* (1981, 16 mm, coul, 60 min), qui enquête sur la dramatique question de la pollution chimique des eaux potables aux États-Unis.

Tewkesbury, Joan

(Californie/   )

Ex-assistante de Robert Altman et scénariste cotée d'Hollywood (*Thieves Like Us* et *Nashville* entre autres), Tewkesbury écrit et réalise un film pour la télévision en 1978, *The Tenth Month* et, la même année, tourne pour le cinéma *Old Boyfriends,* d'après un scénario des frères Schrader. Cette errance névrotique d'une jeune femme dans son passé amoureux a reçu une critique des plus tièdes.

Wagner, Jane

Moment by Moment (197?, 105 min) est la première histoire d'amour que John Travolta a jouée à l'écran. Il incarne, pour ce film de Jane Wagner, un jeune «beach bum» amoureux d'une femme riche et plus âgée que lui (Lily Tomlin). *Moment by Moment* a été massacré par la critique et non sans raisons.

Walker, Nancy

La comédie musicale, voilà bien une expression cinématographique dédaignée — ou qui dédaigne? — jusqu'ici par les femmes. Le producteur de *Grease* et de *Fame* a demandé à l'actrice Nancy Walker de réaliser *Can't Stop the Mucic* (1980, 123 min) avec un budget de 20 millions de dollars. *Can't Stop the Music* est une sorte d'hommage à Jacques Morelli et au groupe Village People dont «Macho Man» et « YMCA» ont fait danser la jeunesse disco du monde entier. On a dit que *Can't Stop the Music,* premier film de Nancy Walker, était une entreprise de récupération du «Gay World».

Walsh, Alida

Expérimentaliste, auteure de *Ware Dream* (1968, 10 min); *Le Martyre de Marilyn Monroe* (1973, 30 min) et *Happy Birthday, I'm Forty* (1974, 45 min).

Weill, Claudia

(New York, 1947/   )
La trajectoire de Claudia Weill est peu usuelle pour les femmes chez nos voisins du Sud. Son premier métier: camerawoman. Elle réalise, de 1968 à 1978, plusieurs courts et moyens métrages, dont *The Other Side of the Sky: A China Memoir* (1975, coré: Shirley MacLaine) mis en nomination pour l'Oscar du meilleur documentaire. En 1978, elle écrit, produit et réalise un film qui respire l'amour, la fraîcheur et la gaieté; avec un budget initial aussi ridicule que 10 000$ et quelques sous glanés çà et là et au jour le jour pendant le tournage, *Girlfriends* (90 min) fait sensation à Cannes et la Warner Brothers le prend en distribution internationale. C'est en quelque sorte une consécration et une manne de sept millions de dollars pour réaliser son deuxième long métrage. Est-ce Hollywood qui ne réussit pas à Claudia Weill ou est-ce son confortable budget qui appelle d'inévitables compromis? Toujours est-il que *It's My Turn* (1980, 91 min) s'empiffre de facilités et de clichés; les accents antiféministes de *It's My Turn* sont d'autant plus incompréhensibles que *Girlfriends* s'était vu désigné, comme le film féministe le plus sensible et le plus intelligent fait aux États-Unis ces dernières années. Qu'est-il arrivé à Claudia Weill? Son prochain film sera probablement indicatif de son choix de carrière. Ses autres films: *Metropole* (1968); *Radcliffe*

Blues (1968); *Putney Scholl* (1969); *This Is the Home of Mrs. Levant Graham* (1970, N/B, 15 min); *IDCA — 1970* (1971); *Commuters* (1972, N/B, 5 min); *Yoga-Great Neck* (1972, N/B, 5 min); *Roaches* (1972); *Marriage Bureau* (1972, N/B, 5 min); *Subway Lost and Found* 1972, N/B, 5 min); *Belly Dancing Class* (1972); *Joyce at 34* (1972, coul, 28 min, portrait de sa collègue et amie Joyce Chopra, alors qu'elle attend son premier bébé); *Matina Horner — Portrait of a Person 1973* (1973, coré: Joyce Chopra); 20 films pour *Sesame Street* (entre 1971-73).

Weinstein, Miriam

Les trois films de Miriam Weinstein témoignent tous d'un intérêt pour la famille et le couple et d'une volonté de mieux comprendre l'une et l'autre: *My Father the Doctor* (19?, 16 mm, 18 min); *Living With Peter* (19?, 16 mm, 22 min) et *We Get Married Twice* (19?, 16 mm, 22 min).

Welles, Jennifer

Elle coréalise *Inside Jennifer Welles* (1977), classé comme un des plus «chauds» films X (classification française) de l'année.

Werba, Nadia

Artiste peintre et cinéaste depuis 15 ans, elle réalise de nombreux courts métrages documentaires et de fiction, ainsi que des films pour la télévision italienne. On lui connaît un long métrage: *My Mother, My Daughter* (1981, 16 mm, 75 min).

Wiley, Dorothy

Elle coréalise avec Gunvor Nelson *Schmeerguntz* (1966, N/B, 15 min) et *Fog Pumas* (1967, N/B et coul, 26 min).

Williams, Joanna

Auteure d'un film classé X, *Little Girls Blue* (1978, 76 min), qui relance le débat sur l'utilisation des jeunes à des fins pornographiques. C'est sous toutes réserves que ce nom apparaît au lexique, car il faut se rappeler que, depuis quelques années, plusieurs réalisateurs ont signé des films pornographiques avec des patronymes féminins.

Winslow, Susan

Avec une trentaine de films hollywoodiens, un grand nombre de bandes d'actualités et une musique de John Lennon et Paul McCartney, Susan Winslow a composé un film de montage sur la Deuxième Guerre mondiale, *La Guerre, la musique, Hollywood et nous* (1977, t. o.: *All This and World War II*), qui en première instance dévoile l'écart entre la fiction hollywoodienne et les réalités sociales.

Yellen, Linda

Deux très jeunes femmes, Linda Yellen et Karen Rosenberg, unissent leurs efforts pour produire un long métrage de fiction que Yellen va réaliser. Présenté avec les films de Barbara Kopple et Joan Micklin Silver au Festival de Deauville du cinéma américain, *Looking Up* (1977, 94 min) trace le portrait d'une famille juive ordinaire de New York aux prises avec des problèmes non moins ordinaires.

Zwerin, Charlotte

Elle est coauteure avec Albert et David Maysles de *Gimme Shelter* (1970, 90 min), qui prend comme point de départ le meurtre d'un jeune Noir au cours d'un spectacle des Stones au Festival d'Atlanta et réfléchit sur cette génération du «peace and love» qui agonise. Toujours en collaboration avec les frères Maysles, elle réalise *Salesman* (1970, 90 min), film-portrait d'un modeste Irlandais qui vend des bibles pour gagner sa croûte.

***

FRANCE

Angel, Nicole

Expérimentaliste, elle réalise *Notre amant qui êtes aux cieux* (1972, 16 mm, 7 min) et *Balade avec Élodie* (1975, coré: Poulle, 16 mm, 7 min).

Arakelian, Francine

Expérimentaliste, elle réalise *Film anonyme* et *T.V.* (1976, 16 mm, 23 min).

Arnaud, Michèle

Elle réalise une oeuvre biographique sur la vie d'Henry Miller, *Virage à quatre-vingts* (1974, 35 mm, coul, 120 min). Miller raconte son enfance, ses voyages, ses amis, ses métiers, ses livres, sa vision du monde.

Arnault, Yannick

Expérimentaliste, elle réalise et produit *Orbe* (1974, 16 mm, sil, 11 min); *Snatches* (1976, 16 mm, sil, 6½ min); *Memor* (1978, 16 mm, sil, 6 min).

Autissier, Anne-Marie

Sensible à la condition des Algériennes en France et à la rencontre dichotomique des deux cultures, Autissier leur consacre deux documents: *Voyage en capital* (1977, coré: Ali Akika, 16 mm, 82 min) et *Larmes de sang* (1979, coré: A. Akika, 16 mm, 85 min).

Baïlac, Geneviève

Baïlac est l'auteure de *La Famille Hernandez* (1965).

Baratier, Néna

Elle a filmé la vie des femmes de quelques sociétés africaines, vie parfois colonisée par les valeurs islamiques, mais toujours empreinte de traditions séculaires: *Les Femmes Djafoun, La Femme volée* (images: Danielle Tessier), *La Femme choisie.*

Bastid, Geneviève

Après l'IDHEC, elle fait ses classes comme assistante-monteuse, monteuse, assistante à la réalisation pour la télévision. Elle réalise entre autres films: *Si près si loin, place de la Réunion* (1976, 35 mm, 69 min); *Si près, si loin Montbrisson* (1978, 16 mm, 57 min).

Belmont, Véra

Après avoir réalisé un long métrage sur le coup d'État du 25 avril 1974 (Portugal), *Les Oeillets rouges d'avril* (1974, 60 min), la cinéaste et productrice Véra Belmont signe une reconstitution de la vie dans les camps de travail de la Chine rouge, *Prisonnier de Mao* (1978, 115 min). Tourné à Hong-Kong et Taiwan avec des moyens réduits, ce témoignage capital contre «l'entreprise de destruction de l'individu (qui) se fait avec le consentement et la participation active de ses victimes» a été ignoré en France tant par la gauche que la droite, toutes deux peu disposées à voir leur confort intellectuel menacé. *Prisonnier de Mao* a été présenté au Festival du film de Montréal en 1978.

Bernard, Anouk

Ex-journaliste, Anouk Bernard se lance tête première dans la réalisation d'un long métrage. *Pourquoi?*, parce qu'elle a assisté à la mort d'un adolescent de 15 ans tué par un excès de drogue. *Pourquoi?* (1976, 100 min) fait le constat des conditions psychosociales qui mènent un enfant à son autodestruction.

Berriau, Simone

Directrice du théâtre Antoine qui a créé *Les Mains sales*, Simone Berriau coréalise avec Fernand Rivers l'oeuvre de Jean-Paul Sartre. *Les Mains sales* est l'unique incursion dans le monde du cinéma de cette femme de théâtre.

Berto, Juliet

(Grenoble, 1947/   )
Interprète de plusieurs films de Jacques Rivette, notamment *Out One*, Berto touche à la réalisation d'abord avec un court métrage, *Babar's Bass Mother* (1978, 15 min). *Neige* (1981, coré: Jean-Henri Roger), premier long métrage, reçoit le prix du cinéma contemporain ex aequo avec *Looks and Smiles* à Cannes en 1981.

Billetdoux, Raphaële

On connaît la romancière. Mais qui est la cinéaste qui avoue avoir tourné *La Femme-enfant* (1980) pour échapper au silence de sa chambre? On retrouve le même ton feutré de *Prends garde à la douceur des choses* où les mots disent la peur des mots. Cette histoire d'amour entre une fillette à peine nubile et mal aimée et un jardinier quadragénaire et muet offre d'étonnantes ressemblances avec le film de l'Espagnol Jaime De Armiñan, *El Nido*, réalisé la même année. Attachant, *La Femme-enfant* a ouvert la section «Un certain regard» à Cannes en 1980.

Bloch, Lyse

En 1969, elle compose un portrait de femme, *La Grand-mère d'Israël: Golda Meir* (60 min).

Bouille, Mireille

Pour ne plus vivre au ras du sol comme elle le dit, elle cherche à faire un cinéma «d'aventures sociales» qui dissèque les nouvelles utopies. *Jupiter* (1971, coré: Jean-Pierre Prévost) en est une illustration parfaite. Autre réalisation: *Ho Chi Minh* (1975, coré: J.-P. Prévost et Paul Seban, 16 mm, 45 min).

Braunberger, Gisèle

Auteure de *La Direction d'acteurs par Jean Renoir* (1968, 25 min) et *En attendant l'auto* (1971, 10 min).

Breillat, Catherine

Auteure de *Une vraie jeune fille* (197?) et *Tapage nocturne* (1979).

Françoise Audé estime que ce dernier film: «(...) chronique de déréliction d'une cinéaste intellectuelle (Dominique Laffin) amante masochiste d'un mâle enrhumé a fourni l'exemple affligeant d'un pastiche balbutiant du cinéma de Jean Eustache».

Breugnot, Pascale

(1942/   )

Journaliste, productrice, actuellement responsable d'une unité de programmes pour Antenne 2, elle coréalise, avec Bernard Bouthier, un long métrage sur la communication des parents avec leurs enfants âgés de 8 à 11 ans. *Si vous écoutiez vos enfants* (1978, 16 mm, 80 min) donne la parole aux parents et aux enfants. Autres films: *Demain les hommes* (1980) et *Ne me parlez pas d'amour*.

Broyelle, Claudie

Avec Françoise Chomienne, elle a tourné en 24 heures un film sur la vie quotidienne des femmes chinoises habitant une cité pilote, située en banlieue de Shanghai. *Shanghai au jour le jour* (1973, 16 mm, 50 min) montre ces femmes à la maison, à la garderie, au travail, pendant leur temps de loisir.

Buñuel, Joyce

«Pour aborder l'essentiel, je préfère le rire aux larmes», d'avouer Joyce Buñuel. Elle s'est lancée dans l'aventure d'un premier long métrage après avoir travaillé à titre de conseillère-scénariste sur quelques productions. *La Jument vapeur* (1978) raconte sept jours dans la vie d'une ménagère-jument qui «commence à trouver fade l'herbe de son pré (HLM-dortoir), bêbêtes les gambades de ses poulains, et monotones les caresses de son étalon». Joyce Buñuel dit avoir mijoté son scénario quand elle apprit le pourcentage de femmes qui se suicidaient dans la XIVe arrondissement. Une carrière à suivre...

Buron, Nicole de

On connaît ses scénarios: *Érotissimo, Attention les yeux, Elle court elle court la banlieue, Cours après moi que je t'attrape*. En 1978, de Buron met en scène son scénario, *Vas-y maman*, qui raconte les tribulations d'une femme désireuse de s'arracher à la servitude du foyer et de se réaliser dans son travail. Comédie jugée plutôt quelconque, on admet néanmoins que Nicole de Buron sait «trousser un scénario» et faire rire malgré tout.

Carasco, Raymonde

(Carcassonne, 1939/   )
Expérimentaliste, elle est l'auteure de *Gradiva esquisse 1* (1978, 16 mm, 25 min), *Tarahumaras 78* (1979, 16 mm, 30 min), *Tutuguri* (1980), *Torahumaros 79* (1980), *Julien, portrait d'un voyant* (1981, 75 min). Raymonde Carasco a également publié en 1979 aux Éditions Macula, Paris, *Hors cadre Eisenstein*.

Chaix, Jeanne

Elle tourne son premier film en 1974, *Les Enjambées*, classé X. S'agit-il réellement d'une femme???

Champetier, Caroline

Elle signe *La Mise à sac* (197?, CM, ou comment les femmes justifient leur présence dans la rue); *À Jean-Luc et Anne-Marie* (1976, 25 min, montage des moments d'une histoire d'amour entre deux femmes et des moments de cinéma); *Une femme enceinte* (1979, 25 min, bain d'une femme enceinte).

Chappedelaine, Souazig

Ce qui devait être à l'origine un document sur une lutte syndicale s'est mué en un témoignage éloquent sur la lutte des femmes contre toute forme d'injustice: celle instaurée par le patron de l'entreprise et l'autre instaurée par le patron à la maison. Deux femmes sur douze ont d'ailleurs divorcé au cours du tournage de *Quand les femmes ont pris la colère* (1977, coré: René Vautier, 16 mm, 75 min).

Charazac, Janine

Auteure de *Pour vivre au pays* (1974, 16 mm, 30 min); *Un homme au pays* (1975, 16 mm, 40 min); *Notre devenir* (1978, 16 mm, 52 min).

Chomienne, Françoise

Elle coréalise avec Claudie Broyelle un documentaire sur une journée dans la vie des femmes chinoises habitant en banlieue de Shanghai, *Shanghai au jour le jour* (1973, 16 mm, 50 min).

Clerfeuille, Christiane et Janine

Animatrices, elles coréalisent *1880* (1969, 15 min) qui, par un choix judicieux de photographies, fait resurgir la vie parisienne de cette époque; *La Tortue et le Renard* (1969, 5 min) et *Le Renard et le Corbeau* (1972, 8 min).

Comolli, Annie

Cinéaste-ethnologue, elle cherche à montrer le dressage auquel on soumet les petites filles sous le masque du jeu dans *La Petite Ménagère* (1974, 30 min). Dans *La Toilette* (1974, 20 min), une petite Parisienne est initiée par sa mère aux soins corporels.

Companeez, Nina

Monteuse, scénariste et coéquipière de Michel Delville pendant 10 ans, elle passe à la réalisation en 1971. Ce sont d'abord deux petits contes libertins, *Faustine et le bel été* (1971, 98 min) et *L'Histoire très bonne et très joyeuse de Colinot trousse-chemise* (1973, 90 min), puis *Comme sur des roulettes* (1976, 95 min), une facétie à saveur provinciale dans laquelle toutes les pitreries sont interprétées par des femmes, et *Tom et Julie* (1977), une comédie dramatique. En 1978, *La Muse et la Madone*. Nina Companeez travaille aussi pour la télévision qui lui doit deux séries intitulées *Un ours pas comme les autres* et *Les Dames de la côte*, qui se veut une saga de femmes s'échelonnant avant, pendant et après la guerre de 1914-1918. Après 1981: *Le Chef de famille* (1983) et *Deux amies d'enfance* (1984).

Crèvecoeur, Dominique

Expérimentaliste dont on connaît deux réalisations: *Une approche* (1976, 16 mm, 18 min) et *La Dame à la Licorne* (1979, 35 mm, 15 min).

Dayan, Josée

Réalisatrice connue pour avoir porté au petit écran *La Femme rompue* de Simone de Beauvoir et *L'Embrumé* (1980), qui est un Hamlet transposé en série noire, Josée Dayan s'était rendue en 1978 à Paris, Rome, Venise, Rouen et Marseille pour filmer *Simone de Beauvoir*. L'auteure du *Deuxième sexe* s'entretient avec ses amies-is Jean-Paul Sartre, Claude Lanzman, Jacques-Laurent Bost, Olga Kosakievicz, Colette Audry, Alice Schwarzer, Andrée Michel, Jean Pouillon et sa soeur Hélène de Beauvoir. Autre réalisation: *De vagues herbes jaunes* (19?, 90 min).

Deffarge, Claude

Longtemps correspondante de guerre et de guérilla, Claude Deffarge et son compagnon, Gordian Troeller, ont réalisé depuis 1973 une trentaine de films regroupés en trois séries: «Au nom du progrès», «Minorités» et «Les femmes de ce monde». «Au nom du progrès» regroupe *La Tentation de la puissance* (Iran, 1974); *L'Impossible Indépendance* (Algérie, 1974); *L'École du diable* (Togo, 1974); *Au diable l'école* (Tanzanie, 1974); *Le Pillage* (Gabon, 1975); *La Médecine des riches chez les pauvres* (Sénégal, Gabon, 1975); *Pour le meilleur et pour le pire* (Fos et Marseille, 1975); *Les tonneaux débordent* (problèmes vinicoles, Marché commun); *Aucun respect pour les vaches sacrées* (Ivan Illich, CIDOC, 1976); *L'Islam en noir et en couleurs* (Côte d'Ivoire, 1977); *Liberté interdite* (Grands nomades de Somalie, 1977); *Des usines pour le Tiers-Monde* (Nouvelle division internationale du travail, Tunisie, 1979); *Le Rêve persan* (Iran, 1979). «Minorités» regroupe *Communistes depuis mille ans* (les Carmathes du Yémen, 1973); *La Colère corse* (Corse, 1973); *La Grogne contre Paris* (Bretagne, Alsace, 1976); *La Dernière Chasse des Indiens Cree* (Québec, 1976); *Seuls contre les grands* (Érythrée, maquis FPLE, 1977); *Des Basques et des Catalans* (Espagne, 1977); *Les Panthères grises* (USA, 1978), *Les Descendants des Incas* (Bolivie, 1978); *Assistance obligatoire* (Esquimaux, 1979). «Les femmes de ce monde» regroupe *Phallocratie inconnue* (titre provisoire: *Matriarcat à Sumatra*, 1980); *Du bon usage de la polygamie* (Togo, 1980); *Sous le tchador la liberté* (Iran, 1980); *Femmes révolutionnaires des maquis d'Erythrée* et *La Femme méditerranéenne* (Egypte, Italie).

Desforges, Régine

Libraire, éditrice, auteure, Régine Desforges porte à l'écran *Contes pervers* (1980, 90 min), son dernier livre. Francine Laurendeau, critique de cinéma au quotidien *Le Devoir,* écrivait s'être faite triplement escroquer par *Contes pervers.* «On a du mal à reconnaître dans cette maquerelle servile, attentive au bon plaisir du phallocrate, l'éditrice qui avait entrepris, entre autres, de faire revivre Renée Vivien», concluait-elle.

Deswarte, Bénie

Diplômée de la Sorbonne en sociologie, elle coréalise avec Yann Le Masson *Kashima Paradise* (1973). Dans la veine du reportage révolutionnaire et d'un point de vue marxiste-léniniste, le document essaie de traduire les contradictions entre le «giri» et le capitalisme japonais, la lutte des paysans de Narita, l'expansion économique qui force les paysans à devenir ouvriers. Les auteure-eur de *Kashima Paradise* ont conçu leur film comme un outil d'agitation et de propagande, mais n'ont pas perdu de vue que «le film politique est aussi un spectacle». «Les gens qui viennent voir un film politique, soutient Yann Le Masson, ont droit, plus que les autres, à ce qu'il y a de plus beau, de plus enthousiasmant, de plus lyrique.»

Djidou, Colette

Documentariste, Colette Djidou réalise, dans le cadre d'une série intitulée «Les femmes aussi», *Demain la retraite* (1973, 60 min), *Femmes de Grèce* (197?, 16 mm, 52 min, cinq portraits de femmes illustrant la société grecque) et *Femmes du Mali* (197?, 16 mm, 52 min, analyse du rôle politique des femmes face à l'indépendance). Autre réalisation: *Vivre à Rostov* (1974, 16 mm et cassette super 8, 52 min).

Dohany, Mme

Auteure d'un documentaire: *Le Chant des renards* (1979, 16 mm, 55 min).

Dominguez, Bertha

D'origine mexicaine, elle vit actuellement en Europe. Elle réalise son premier film, *Maya*, qu'elle interprète elle-même. «Un film un peu maladroit dans sa forme, comme blessé par la dure réalité du racisme et de la misogynie auxquels il s'affronte directement.»

Dreyfus, Liliane

Liliane Dreyfus comédienne, décrit, dans son premier long métrage de fiction, un monde qu'elle connaît bien: à quoi rêvent les femmes vivant au sein de cette nouvelle bourgeoisie d'après-guerre? Privilégiées et pourtant insatisfaites, ces *Femmes au soleil* (1974, 94 min) sentent plus ou moins confusément qu'elles n'échappent pas à la condition féminine. Ce sont des Emma Bovary inquiétées par les questions du MLF.

Dubreuil, Charlotte

(Paris, 1940/   )

Avec un budget minuscule, une équipe technique et des comédiens à participation, et pas mal de dettes, la coscénariste des *Enfants gâtés* termine, en 1977, un premier long métrage, *Qu'est-ce que tu veux Julie?* (94 min). Les comédiens se sont faits techniciens, les techniciens ont joué la comédie pour réaliser cette réflexion sur le désarroi de la génération de Mai 68, 10 ans après. Sur musique et chanson d'Anne Sylvestre, Dubreuil réalise, l'année suivante, une variation sur le thème du divorce, *La Peine perdue ou le Présent composé* (1978, 96 min). Récusée par certaines militantes, Charlotte Dubreuil ne continue pas moins à affirmer «sa parole de femme» et signe *Ma chérie* (1979), qui traite d'une relation mère-fille cessant d'être symbiotique, mais dans laquelle demeure une infinie tendresse. Après 1981: *La Côte d'amour* (1982, coul, 92 min).

Dubroux, Danielle

Préoccupée de questions sociales et dévorée par la passion du cinéma, Danielle Dubroux coréalise avec le groupe de cinéma de Vincennes *L'Olivier* (1975, 16 mm, 85 min), témoignage sur les réalités palestiniennes, le combat de femmes et d'hommes et leurs mobiles, le sionisme. Deux ans plus tard, le cinéaste complète un documentaire sur le mouvement d'émancipation des femmes au Yémen du Sud, *Yémen et femmes* (1977, coré: Serge Le Peron et Alain Nahu, 16 mm, 50 min) et en 1978, elle signe, seule, *Les Deux Élèves préférés du professeur Francine Brouda* sur la vie d'une professeure qui enseigne à Gennevilliers.

Duras, Marguerite

(Gia Dinh, actuel Vietnam du Sud 1914/   )
Née Marguerite Donnadieu, elle fait des études en droit, en mathématiques et en sciences politiques. Elle se fixe à Paris en 1932 et publie son premier roman, *Les Impudents*, en 1943. Plusieurs oeuvres de son travail romanesque seront portées à l'écran. En 1969, la romancière, dramaturge, scénariste, déçue des adaptations que l'on fit de ses livres à l'écran, devient, à l'âge de 55 ans, réalisatrice. Elle avait déjà fourbi ses armes en coréalisant avec Paul Seban *La Musica* (1966). L'auteure du scénario de la «bombe» qu'a été *Hiroshima mon amour* (1959, ré: Alain Resnais) passe à l'écriture filmique pour mener plus loin l'écriture littéraire. Dès sa première création cinématographique en solo, *Détruire dit-elle* (1969, 90 min, 136 plans), Duras élabore une mise en scène «pour traduire au plus près les manques, les faux pas, les retours en arrière, les doutes et les refus qui accompagnent toute activité mentale et ce, dans les différents temps de la pensée et de la mémoire (passé, présent et avenir)». Elle poursuit, dans les oeuvres suivantes — *Jaune le soleil* (1971), *Nathalie Granger* (1972, 83 min) *La Femme du Gange* (1973, 90 min) — l'élaboration d'une syntaxe de ce «cinéma du comportement» qui atteint la perfection avec *India Song* (1975, 120 min). «Prétendre que son cinéma «n'est pas du CINÉMA», est aussi stupide que d'accuser Robert Bresson de ne filmer que les chevilles de ses protagonistes. On peut ne pas «marcher» à Bresson. On peut ne pas s'envoler

à Duras. C'est affaire de discordance entre leur langage-regard subjectif et notre propre exigence-regard de spectateurs munis d'une subjectivité autre, autre ou verrouillée, censurée depuis si longtemps qu'elle ne peut plus être débondée.» Ses films ultérieurs: *Son nom de Venise dans Calcutta désert* (1976, 118 min); *Des journées entières dans les arbres* (1976, 95 min); *Baxter, Vera Baxter* (1977, 90 min); *Le Camion* (1977, 80 min); *Aurelia Steiner* (1978-79, 110 min, composé de 4 suites: *Cesaree, Les Mains négatives, Aurelia Steiner/Melbourne, Aurelia Steiner/Vancouver*); *Le Navire night* (1979, 94 min); *Agatha et les lectures illimitées* (1981, 90 min) et *L'Homme Atlantique* (1981, 42 min). Pour la première fois dans l'oeuvre de Duras, une femme, Dominique le Rigoleur, est à la direction-photo d'*Agatha et les lectures illimitées* et de *L'Homme Atlantique*, ce dernier étant constitué uniquement des chutes d'*Agatha*. En vrac, Duras sur quelques-uns de ses films: À propos d'*India Song:* «Je n'ai jamais besoin de filmer. C'est toujours accessoire. Sauf pour *India Song*. Ici, j'ai voulu voir jusqu'où je pouvais aller»; de *Son nom de Venise dans Calcutta désert:* «Sans pouvoir l'expliquer, j'estime que c'est mon film le plus important»; du *Camion:* «On peut vivre après *Le Camion* justement parce qu'on l'a fait. Il y a un clivage de désespoir qu'on peut difficilement dépasser.» «*Le Camion* n'est pas représentable. S'il y a une star, c'est moi. Il est irrécupérable et c'est sa qualité majeure»; et plus récemment, à propos de *L'Homme Atlantique:* «C'est la chose la plus importante qui me soit arrivée depuis 11 ans que je fais du cinéma. Je suis complètement bouleversée par *L'Homme Atlantique* et je ne sais pas pourquoi. Peut-être me l'apprendrez-vous?» Luc Perreault, critique de cinéma au journal *La Presse,* donne une partie de la réponse: «Avec *Agatha et les lectures illimitées* mais davantage encore avec *L'Homme Atlantique,* Marguerite Duras vient d'ouvrir une nouvelle brèche. Je dirais même qu'elle vient d'aborder sur les rives d'un nouveau continent cinématographique. Un continent qui mérite de porter son nom: le continent Duras.» Après 1981: *Le Dialogue de Rome* (1982, 16 mm, coul, 63 min).

Échard, Nicole

Cinéaste-ethnologue, elle réalise *Noces de feu* (1968, 18 min); *Les Gardawa, bateleurs Hausa* (1968, 10 min); *Panarea Australie* (1969, 14 min); *Salamou la potière* (1969, 20 min, vie quotidienne d'une jeune fille du Niger).

Eizykman, Claudine

Expérimentaliste, elle poursuit de film en film sa recherche sur deux types d'espaces: l'espace urbain et l'espace propre au cinéma. *L'Autre Scène* (1969-72, coré: Dominique Avron, Jean-François Lyotard, Guy Fihman); *Tours de tours* (1970-72, coré: G. Fihman); *Maine-Montparnasse* (1970-72, coré: G. Fihman); *VW Vitesses Women* (1972-74, sil, 36 min); *Bruine Squamma* (1972-77, sil, 122 min); *Moires-Mémoires; Operneia* (1980, sil, 50 min). Elle est l'auteure de *La Jouissance-cinéma* paru en 1976 à l'Union générale d'édition (coll. 10/18, n° 1016).

Eizykman, Jenny

Expérimentaliste, auteure de *Filmachine à coudre* (1975, sil, 5 min, film piqué à la machine à coudre avec des fils de couleurs, d'épaisseurs et de textures diverses) et *Filfilmachine à coudre* (1975, sil, 11 min, amorce blanche piquée à la machine).

Ferembach, Gisèle

Cinéaste aventurière, elle parcourt et filme le monde en compagnie de Raymond Ferembach et leurs deux filles. La petite famille vit et se déplace en voilier. Avant leur venue au Québec vers la fin des années 70, elle-il avaient quatre films à leur crédit. Après le Sénégal, les Caraïbes, la mer Rouge et le Nil, c'est sur le Québec que s'est posée leur caméra. Résultat: deux documents d'environ 70 minutes chacun: *Vive le Québec, l'espace d'un été* et *Vive le Québec, un hiver.*

Fillières, Mona

Elle réalise *Androgyne 1980* (1975, 16 mm, 25 min) sur le quotidien d'un couple au moment d'une explosion nucléaire et *Douze fois impure* (1977, coré: Anita Perez, 16 mm, 45 min) sur le travail, la solitude, la recherche d'autonomie de 12 femmes, de 14 à 60 ans, qui se racontent.

Firk, Michèle

Le 8 septembre 1968. Ciudad de Guatemala. La police frappe chez Michèle Firk. Pour toute réponse: un coup de pistolet. Michèle Firk, cinéaste, critique de cinéma, militante des FAR guatémaltèques, 31 ans, s'est suicidée, fidèle à la règle de son organisation garantissant contre toute faiblesse à la torture. François Maspero témoigne en ces termes de la vie de cette jeune femme au long passé révolutionnaire: «Michèle avait fait l'IDHEC et elle aimait passionnément le métier de cinéaste:

elle aimait aussi écrire elle faisait tout cela très bien, mais elle était éternellement mécontente parce qu'elle voulait plus: elle voulait que ce qu'elle écrivait, ce qu'elle filmait corresponde étroitement à ce qu'elle pensait, à ce qu'elle voulait servir (...). Elle n'admettait pas que l'on ne vécût pas ce que l'on pensait (...). Elle était sans illusions sur beaucoup de révolutionnaires de Paris et d'ailleurs (...).»

France, Claudine de

Elle réalise *Les Laveuses* (1970, 30 min) en Bourgogne où sa caméra mobile suit les gestes d'une ménagère qui repasse et de sa fillette qui l'imite. Le regard décapant posé sur le dressage auquel sont soumises les petites filles est de nature anthropologique. Il fait dire à Régine Wertheimer: «Le travail ménager représente 50% du travail humain, inutile d'aller en Amazonie pour l'étudier, il est très répandu en France. Il est le domaine spécifique des activités féminines et c'est là qu'il faut aller chercher la femme». Autres réalisations de Claudine de France: *La Charpaigne* (1969, 30 min) et *Le Coiffeur itinérant* (1972, 25 min).

Frysman, Jackye

Elle réalise en 1978 *Trois pas en avant, trois pas en arrière* (16 mm, 58 min), voyage imaginaire d'une jeune femme dans le passé des siens.

Glaser, Denise

Aussi connue des téléspectateurs français que Michel Jasmin des Québécois, Denise Glaser productrice, animatrice et réalisatrice pour la télévision, a tourné pour le grand écran, en collaboration avec Pierre Viallet, une série de films qui évoquent la vie et l'oeuvre des grands compositeurs. *À la rencontre de...* Chopin, Bach, Beethoven, Haendel, Liszt, Brahms, Berlioz et d'autres encore.

Glowscewska, Barbara

Cinéaste expérimentale, elle a signé: *Gros loup* (1976, 16 mm, sil, 8 min); *Fédéfé* (1976, 16 mm, sil, 6 min); *Noeuga* (1976, coré: Martine Zevort, 16 mm, sil, 10 min); *Miradwie* (1976, coré: M. Zevort, 16 mm, sil, 20 min); *Picturelure* (1977, 16 mm, sil, 15 min); *Maladie d'amour* (1977-78, 16 mm, sil, 15 min); *Néroïcal* (1977-78, coré: Laurence Vale, 16 mm, sil, 45 min); *Geneal* (1978, 16 mm, 3 min).

Gorki, Michka

Comédienne qui a interprété huit longs métrages, qui a choisi ce métier «pour servir des oeuvres, des idées, des idéaux, des intelligences», mais qui «refuse d'être acculée à la prostitution pour exercer son métier», fait un pied de nez aux cinéastes proxénètes et réalise un «est pris qui a cru prendre» de la femme objet. *Les Rendez-vous romantiques* (1972, 16 mm, 27 min) est la douce revanche de la femme asservie qui viole, avec une caméra cachée, des hommes qui l'ont draguée et qui propose une image de femme qui attaque et qui triomphe. *Interprétations* (1975, 16 mm, 11 min), second film de Gorki, exprime les colères d'une comédienne condamnée à la folie pour avoir refusé les règles du jeu. Dans *Ella, une vraie famille,* la comédienne-cinéaste explore de nouveaux horizons de vie où l'amour et l'indépendance ne sont pas incompatibles. Il y est question de saphisme, de tendresse, de rejet des valeurs établies.

Grand, Nicole

Certaines femmes se souviennent qu'en 1977, Nicole Grand, qui attend un enfant, et avec elle cinq autres femmes du MLAC (Mouvement pour la liberté de l'avortement et de la contraception, créé en 1973) d'Aix-en-Provence ont été inculpées de pratique illégale d'avortement et d'exercice tout aussi illégal de la médecine. *Regarde elle a les yeux grand ouverts* (1979, coré: Yann Le Masson, 16 et 35 mm, 115 min) évoque ces souvenirs, réfléchit sur la signification de la prise en charge collective de l'accouchement par les femmes pendant que Nicole va accoucher chez elle, entourée d'enfants et d'adultes avec qui elle vit.

Grassian, Dolorès

(Istambul, Turquie/   )
D'abord peintre, Dolorès Grassian s'initie aux techniques du cinéma aux côtés de Mario Ruspoli, connu pour ses films ethnographiques. L'idée vint à Grassian de voler de ses propres ailes dans la deuxième tranche des années 60. Un premier film, *La Surface perdue,* lui mérite un prix dans un festival international. Film sur la technique de communication au travail, *Contacts* reçoit le «Lion d'or» du Festival industriel de Rouen. Suivront *Le Cadeau* (1965, CM) et *Que ferait donc Faber?* (1968, feuilleton de huit heures qui fit de Claude Piéplu et Gérard Lartigau les comédiens les plus populaires et les plus

controversés de la saison 1969). Dolorès Grassian s'est aussi adonnée aux longs métrages de fiction: *Le Futur aux trousses* (1975, 95 min) est une histoire où se mêlent fantasmes, futurologie et double identité, et *Le Dernier Baiser* (1977, 90 min) est une comédie dramatique à saveur féministe bien légère dans laquelle une chauffeure de taxi prend en filature le mari frivole d'une cliente.

Guérin, Agnès

Elle coréalise avec Jean Lefaux *Morts à 100%* (19?, 16 mm, 80 min), documentaire dans lequel des mineurs, à la retraite ou en chômage, réfléchissent à leur vie confinée dans les corons et à leur corps meurtri et rongé par la silicose. Ils dénoncent les manipulations idéologiques qui ont fait d'eux de la chair à progrès et de la chair à production.

Guggenheim, Laure

Voici le commentaire de Charles Ford sur *Encore du cinéma souterrain* dont Guggenheim est l'auteure: «(...) d'une telle bassesse pornographique que seules les «maisons closes», si elles n'étaient pas fermées, seraient dignes de l'accueillir.»

Guilmain, Claudine

Diplômée de l'IDHEC, cette jeune Lilloise signe un premier court métrage, *Colombe* (1969, 16 mm), d'après une nouvelle de Katherine Mansfield, puis un moyen métrage, *En mai dernier* (1970, 35 mm), au sujet duquel l'auteure affirme qu'il est «un des premiers films féministes qui prennent la féminité comme sujet». Elle réalise encore *Agamemnon* (1973, 16 mm, 100 min) d'après la pièce d'Eschyle et un essai sur Fellini, *Fellinicitta* (1973, 16 mm, 70 min), avant de tenter l'aventure du long métrage de fiction. *Véronique ou l'été de mes treize ans* (1975, 16 mm gonflé en 35, 90 min) est le regard pénétrant qu'une adolescente pose sur les adultes et la relation de couple et *La Femme intégrale* (1979, 16 mm, 110 min) n'est pas un film érotique à alibi intellectuel, c'est un film politique sur l'histoire de la sexualité, de commenter Claudine Guilmain. Ajoutons encore que Françoise Audé le qualifie de maladroit et de prétentieux.

Hartman-Clausset, Madeleine

Propriétaire de deux salles de cinéma à Paris, cette ex-professeure de lettres s'adonne à la réalisation depuis sept ans. Un propos corrosif sur le mythe des vacances, avec son cycle villa-plage-boîte de nuit qui tourne à vide, constituait la trame de son premier long métrage: *Villa les dunes* (1975, 16 mm, 90 min). L'année suivante, elle dépeint des madames Bovary, version postmoderne, avec une touche de désespoir qui arrive à peine à dire son nom dans *Du côté des tennis* (1976, 90 min). *Je parle d'amour* (1979), le plus récent film de Madeleine Hartman-Clausset, parle d'amour bien sûr, mais de psychanalyse, de relations de couple, de sexualité aussi. En France, on a amputé *Je parle d'amour* d'une scène dans laquelle Marie Dubois complimente les attributs intimes de son partenaire, scène qui fut jugée par trop osée.

Henry, Clarissa

Elle coréalise avec Marc Hillel *Au nom de la race* (1975), dénonciation retenue de la barbarie nazie qui, sous l'ordre d'Himmler, enlevait les enfants «racialement valables» dans tous les pays occupés, alors que les jeunes filles tout aussi «valables» étaient engrossées pour le plus grand profit de la race des seigneurs.

Ho Thuy Tien

(Saïgon, 1950/   )
Établie en France depuis 1952, elle réalise, en collaboration avec Didier Mauro, *Raconte-moi le Vietnam* à l'occasion de son retour dans sa famille 30 ans après l'avoir quittée. C'est la première fois qu'on a pu filmer de l'intérieur la vie quotidienne d'une famille vietnamienne à Saïgon, Ho Chi Minh Ville. Elle dirige encore *Revoir Saïgon*, puis *Le Vietnam des femmes* (1981).

Huillet, Danièle

(1er mai 1936/   )
Réalisatrice de *Non-réconciliés* (1965, N/B, 55 min) et de *Le Fiancée, la Comédienne et le Maquereau* (1968, N/B, 23 min). Du tandem de réalisation Huillet/Jean-Marie Straub, il n'est guère d'informations qui ne soient masculines. Bien que l'on reconnaisse Huillet comme coscénariste et coréalisatrice, son nom est plus que souvent oublié par la critique. En collaboration donc, l'équipe Huillet-Straub réalise: *La Chronique d'Anna Magdalena Bach* (1968, RFA, 95 min, montage: D. Huillet); *Othon* ou *Les yeux ne veulent pas en tout temps se fermer* ou *Peut-être qu'un jour Rome se permettra de choisir à son tour* (1969, Italie, 80 min); *Introduction à la «musique d'accompagnement pour une scène de film» d'Arnold Schoenberg* (1972, RFA, 15 min); *Leçon*

d'histoire (1973, RFA, d'après Bertolt Brecht «Les affaires de monsieur Jules César») et un triptyque «juif»: *Moïse et Aaron, Einleitung* et *Fortini/Cani* (1977, Italie, 83 min). Après 1981: *En rechâchant* (1983, 35 mm, N/B, 8 min) et *Klassenverhaltnesse* (1984, t. a.: *Class Relations*, 126 min).

Huizi, Isabel

Elle réalise *Après la mort d'Angelina* (1975, 16 mm, 55 min) qui parle du rétrécissement de la vie quand elle est partagée à deux.

Huppert, Caroline

Metteure en scène au théâtre depuis 1973, elle réalise pour la télévision à partir de 1976. On lui doit entre autres *Madame Sourdis* (1979, d'après Zola), *L'Apprentissage de la ville* (1980, d'après Luc Dietrich) et *Le Bonheur des tristes* (1981, 16 mm, 92 min). On pourrait parler, en ce qui concerne *Le Bonheur des tristes,* d'un film raté. Ce n'est pas mauvais, pas mal construit, pas dépourvu d'intérêt. Mais comme elle est triste cette relation mère-fils, plus que filiale et pas encore incestueuse. Rien n'étonne! On était en droit d'attendre un spectacle plus relevé de la coscénariste de *Il faut tuer Birgit Haas.*

Ikhlef, Anne

Auteure de *Oui à la nuit* (1977, 16 mm, 7 min) et *Cri* (1978, 16 mm, 29 min).

Issartel, Marielle

À l'aide d'interviews, de films d'actualités et de courtes scènes de fiction, Marielle Issartel et Charles Belmont ont réalisé un film qui plaide en faveur de l'avortement libre et gratuit. *Histoire d'A* (1973, 16 mm, 85 min) aborde plusieurs thèmes qui en découlent, à savoir santé, logement, médecine, famille, sexualité. Il fut frappé d'interdiction, en novembre 1973, par le ministre français de la Culture, interdiction qui ne sera levée qu'en octobre 1974. *Histoire d'A* est le film type d'intervention de l'après Mai 68. Ces 11 mois de censure n'ont jamais empêché les projections illégales et on estime à plus de 200 000 le nombre de personnes qui l'ont vu durant cette période.

Jaeggi, Danielle

Elle est Suisse, mais depuis son passage à l'IDHEC, elle a toujours travaillé en France. En 1971, Jaeggi produit elle-même un premier court métrage, *Sorcières camarades* (16 mm, 10 min), images de femmes enfermées dans des définitions masculines ridicules, puis retournement de ces images, histoire d'en rire un peu et de s'en libérer. *Un geste en moi* (1972, coré: Monique David et Nicole Levasseur, 16 mm, 20 min) propose une recherche d'identité à travers des gestes d'auto-érotisme, de souffrance et de plaisir. Avant de signer son premier long métrage de fiction, Danielle Jaeggi a tourné un autre court métrage, *L'Appartement au carré* (1976, 16 mm, 8 min). Inspirée par l'origine hongroise de sa mère, la cinéaste a voulu analyser, dans son premier long métrage, les relations qui s'établissent entre Français et dissidents des pays de l'Est. Sujet difficile dont le personnage principal est interprété par l'actrice cinéaste israélite Michal Bat-Adam. On a dit que malgré son titre séduisant, *La Fille de Prague avec un sac très lourd* (1978, 16 mm, 105 min), le film de Jaeggi ne tenait pas ses promesses. Soulignons enfin que Danielle Jaeggi enseigne le cinéma à l'Université de Paris VIII et qu'elle est aussi l'auteure de quelques films-vidéo: *Le Dépanneur* (1979, 15 min) et *Sollers et Guégan ont deux mots à se dire* (1980).

Karina, Anna

(Copenhague, Danemark, 22 septembre 1940/   )
À 19 ans, elle débarque à Paris pour y tenter sa chance. Un critique de cinéma inconnu, Jean-Luc Godard, lui propose coup sur coup deux rôles dont celui du *Petit soldat*. Une rencontre de laquelle naîtra un «amour fou» et *Une femme est une femme, Vivre sa vie, Pierrot le fou* et beaucoup d'autres films. Godard a fait d'elle une ingénue libertaire, qu'Anna Karina récuse aujourd'hui. Pour s'assurer que tout le monde a bien compris qu'elle n'est plus «l'ex-madame Godard», et peut-être un peu pour prendre sa revanche envers un métier qui la boude depuis le début des années 70, Anna Karina réalise *Vivre ensemble* (1973, 16 mm gonflé en 35, 110 min, présenté dans le cadre de la Semaine internationale de la critique française au 25e Festival de Cannes). Écrit, produit, réalisé et interprété par Karina, *Vivre ensemble* raconte un amour impossible à vivre ensemble dans le quotidien.

Kermadec, Liliane de

«Femme et néanmoins cinéaste, cinéaste et néanmoins femme, je me suis enhardie, j'ai soustrait ce moins, j'ai anéanti ce néant, j'existe, je suis, femme cinéaste, donc», confesse Liliane de Kermadec. D'abord comédienne, puis photographe de plateau pour Agnès Varda, Alain Resnais, Yves Robert et Alex Joffé, de Kermadec réalise de nombreux courts métrages avant de commencer *Home Sweet Home* (1972, 83 min), qui est le résultat, aux dires mêmes de l'auteure, d'un mélange d'impératifs économiques, d'impératifs pratiques et d'imagination. *Aloïse* (1974, 116 min), second long métrage, révèle Isabelle Huppert et représente la France à Cannes. Histoire authentique d'Aloïse, née en Suisse à la fin du XIXe siècle et promise à un avenir de cantatrice. La guerre éclate dans le monde et en elle-même: «Refusez de vous battre! La guerre est un crime contre l'humanité», crie-t-elle en courant dans les rues. On l'enferme pour folie. Après 40 ans passés entre les murs d'un asile, Aloïse meurt à 78 ans. Qu'a-t-elle fait pour survivre et échapper à l'internement? Elle a peint et on peut voir son oeuvre, aujourd'hui, dans un musée de Lausanne. La carrière de Kermadec est jalonnée d'obstacles. Deux semaines après le début du tournage de *Sophie et le capitaine* (1978), mettant en vedette Julie Christie, Irène Silberman, productrice, y met brusquement fin. Ce qui est devenu «l'affaire Sophie et le capitaine» a suscité de nombreux débats sur l'absence de législation protégeant les droits d'auteur des cinéastes en France. Outre ces deux longs métrages et un troisième incertain, on connaît de cette réalisatrice: *Le Temps d'Emma* (1964, 13 min, portrait d'Emma Stern, peintre naïf, qui a découvert par hasard la peinture à 70 ans); *Qui a donc rêvé?* (1966, 23 min); *Le Pacifique et le Temps des cerises* (1975, 14 min); *Le Petit Pommier* (1981, LM, tourné pour la télévision). Liliane de Kermadec termine, début 1981, un scénario sur Flora Tristan destiné au grand écran.

Kirouskova, Olga

Cette jeune Tchèque, établie en France, a elle-même produit ses deux films: *Train fantôme* (1978, 16 mm, 13 min, essai surréaliste sur la peine de mort) et *Les Nouveau-nés* (1979, 16 mm, 40 min, film présenté au Festival de Sceaux, il décrit un ultime voyage pour des personnes atteintes de cancer).

Koleva, Maria

(Sofia, Bulgarie/   )
Vivant à Paris depuis 1971, elle est l'auteure de: *La Fête aujourd'hui, la fête demain* (1972, 16 mm, 75 min, reportage sur la fête de *L'Humanité* de 1972); *L'Enfant aux yeux morts* (1972, 16 mm, 15 min, satire sur les conditions de vie faites aux enfants dans notre société) et «5 leçons de théâtre d'Antoine Vitez» (1977-78, 16 mm, 60 min chacun, 1. *Martine et le Cid,*

2. *L'Ours ou Tchekov est-il misogyne?*, 3. *Le Barbouillé ou la Mort gaie*, 4. *Noces de sang ou la création de l'obstacle*, 5. *Andromaque ou l'ineffable*. Autres films de Koleva: *L'État de bonheur...permanent* (1974, 16 mm, coul, 2 × 120 min) et *Ubu ou la diminution de la sensualité chez les jeunes cadres dynamiques* (1974).

Kurys, Diane

La comédienne Diane Kurys n'a pas rencontré trop d'obstacles sur le chemin qui mène à la réalisation, semble-t-il. Son premier long métrage de fiction récolte un immense succès populaire et reçoit le prix Delluc 1977. *Diabolo Menthe* (1977, 97 min) est acclamé en France et ici pour ses qualités de fraîcheur, de simplicité et ses accents de vérité. On promet un brillant avenir de cinéaste à Diane Kurys. Elle-même issue de cette génération dont le grand événement de l'adolescence fut Mai 68 et qui en porte «des barricades plein la tête», elle a voulu goûter à autre chose qu'à une boisson faite de limonade et de sirop de menthe. Après un *Diabolo menthe* non alcoolisé, elle entreprend de servir un *Cocktail Molotov* (1980, 100 min) qui tente de retracer la couleur, les mots, les émois de toute une époque, celle de Mai 68. Après 1981: *Coup de foudre* (1983, coul, 108 min, prix de l'Académie nationale du cinéma).

Labrune, Jeanne

(Luant, 21 juin 1950/   )

Scénariste, elle coréalise avec Gérard Guillaume *La Guerre des demoiselles* (1975-76, 16 mm, 120 min) qui reconstitue une révolte paysanne au siècle dernier tout en posant un regard au présent sur cette région déshéritée des Pyrénées: L'Ariège. Quelques temps plus tard, Jeanne Labrune signe seule *Fenêtres* (1977, 16 mm, 95 min), métaphore sur le dédoublement que chaque personne peut vivre face à la réalité d'un quartier, *L'Île à ma dérive* (1979, 16 mm, 54 min), portrait de l'île de Sein «dominé par le sentiment d'incommunicabilité» et, en 1980, *Ce même corps qui m'attire* (50 min), film qui parle des femmes qui aiment d'autres femmes. Une perle en son genre. Après 1981: *Les Prédateurs* (télé-film).

Lallement, Anne-Marie

Auteure de *Une histoire d'Émil et Joaquin* (1978, 16 mm, 70 min, la rencontre à Paris de quelques personnes à la recherche d'une vie autre) et *M comme Malika* (1979, 16 mm, 55 min, l'effort d'une Algérienne habitant Paris et qui veut se donner des lieux «non citadinisés»).

Lamour, Catherine

Elle coréalise avec Marianne Lamour un reportage sur les Pashtous, peuplade qui habite la frontière de l'Afghanistan et du Pakistan, et qui vit d'expédients, de contrebande, de trafic de drogues, etc. : *La Nouvelle Route de l'opium* (1973, 16 mm, 54 min). Toutes deux récidivent quelques années plus tard et signent un document sur ce territoire situé aux confins de la Chine, du Laos et la Birmanie appelé le «Triangle d'or», là où se cultive «la fleur qui donne le sommeil»: *L'Héroïne du Triangle d'or* (1976, 16 mm, 86 min).

Lamour, Marianne

Elle est l'auteure de *La Nouvelle Route de l'opium* (1973, coré: Catherine Lamour, 16 mm, 54 min); *En Birmanie* (1975, 16 mm, 90 min, document sur ce foyer d'insurrections quasi permanentes d'où provient la majeure partie de l'opium vendu dans le monde) et *L'Héroïne du Triangle d'or* (1976, coré: C. Lamour, 16 mm, 86 min).

Lancelot, Martine

Images à propos de «enluminures autour des minutes du procès de Gilles de Rais» (1975, 16 mm, 65 min) et *S'il vous plaît... la mer?* (1978-79, 16 mm, 75 min, au sein du triangle familial père-mère-fille, la quête fantasmatique du trio pour des rapports plus vrais, différents) sont les deux films connus de cette auteure.

Lanoe, Annick

Scripte, assistante à la réalisation, directrice de production, programmatrice de salles d'art et d'essai et distributrice, elle réalise: *L'Homme idéal* (Antenne 2); *L'Envers du décor* (Gaumont); *Pour le meilleur et pour le pire* (Gaumont); *La Poudre aux yeux* (FR3); *L'Éphémère* (1980, 35 mm, 11 min).

Laurent, Christine

(Paris, 29 mars 1944/   )

Venue du théâtre, responsable des décors et costumes pour de nombreuses oeuvres et pour trois films de René Allio, Christine Laurent réalise, en 1977, son premier long métrage, *A. Constant* (16 mm, 90 min). Cette enquête que mènent deux femmes sur le suicide d'une jeune domestique, qui fut jadis à l'emploi de leur grand-père, se mute en enquête sur leurs propres vies, leurs désirs, leur libération. *A. Constant* a été projeté au Festival de Cannes 1977, section Perspectives du cinéma français, ainsi qu'aux festivals de Berlin et New York 1978. En 1981 Christine Laurent préparait *Vertige.*

Le Garrec, Nicole
Bretonne bien installée à deux pas de Pont-l'Abbé et parlant la langue de son pays, Le Garrec admet que n'eût été cela, elle n'aurait pu tourner *Plogoff, des pierres contre des fusils* (1980, 110 min) sur la bataille anti-nucléaire qu'ont livrée, à coup de pierres et d'humour, les habitants de Plogoff et des environs. On a accueilli le film de cette documentariste engagée comme un témoignage intelligent qui évite la pesanteur didactique de beaucoup de films militants. Ajoutons à cela que Félix Le Garrec était responsable des images.

Lioret, Marcelle
La monteuse Marcelle Lioret se joint à Pierre Kast pour réaliser plusieurs récits de voyages de courts métrages: *Les Derniers Indiens, Visages d'Afrique, Japon d'hier et d'aujourd'hui, Promenade quotidienne en Inde, Regards sur le Pakistan.*

Lipinska, Christine
(Alger, Algérie, 13 mai 1951/   )
Sociologue de formation, Christine Lipinska devient assistante au cinéma et travaille plusieurs fois avec la réalisatrice guadéloupéenne Sarah Maldoror. Après deux films industriels, *Les Tracteurs* et *Berthiez* et un court métrage *Après nous le désert* (1972, 16 mm, 17 min), Lipinska s'intéresse à un jeune paysan qui, au siècle dernier, a tué à la serpe sa mère, sa soeur et son petit frère. Marcel Martin dit de *Je suis Pierre Rivière* (1976, 80 min): «Ce beau film, parfaitement fermé sur lui-même, exerce la même inquiétante fascination que le «grand crime» dont il s'inspire.» *Je suis Pierre Rivière* ne cherche pas à incriminer, il se contente de relater.

Loridan, Marceline
Un collectif de neuf cinéastes réalise un document sur la guerre populaire au Laos, *Le Peuple et ses fusils* (1970). Marceline Loridan et Joris Ivens sont du nombre. Il/elle allieront plus tard leurs efforts pendant un an et demi pour cerner au plus près le tissu social chinois, après la «Révolution culturelle». Véritable somme sur une société désormais multiforme, *Comment Yukong déplaça les montagnes* (1976) est constitué de 12 volets formant une entité indivisible: *Autour du pétrole* (81 min); *Entraînement au cirque de Pékin* (16 min); *Histoire d'un ballon*

(17 min); *Impression d'une ville Shanghai* (55 min); *La Pharmacie* (74 min); *Le Professeur Tsien* (12 min); *Les Artisans* (13 min); *L'Usine des générateurs* (120 min); *Une répétition à l'Opéra de Pékin* (27 min); *Un village de pêcheurs* (95 min); *Une caserne* (52 min) et *Une femme, une famille* (101 min).

Lowder, Rose

Expérimentaliste, Lowder a produit et réalisé les six films suivants: *Roulement* (3 min); *Rouerie* (9 min); *Aubage* (3 min); *Pincerie*; *Choiseul choisi* (3 min); *Le Dessert* (6 min); tous tournés en 1978, 16 mm et silencieux.

Luart, Yolande du

Étudiante à l'UCLA (Université de Californie à Los Angeles), Yolande du Luart réalise un documentaire sur Angela Davis, communiste noire américaine qui a attiré l'attention du monde entier par l'audace de ses thèses et par ses engagements politiques. *Angela Davis: Portrait of a Revolutionary* (1970, 60 min) a été tourné avant l'incarcération de Davis, qui sera accusée de meurtre, d'enlèvement et de conspiration criminelle.

Maldoror, Sarah

Symbole de l'insurrection angolaise, Sambizanga est un quartier populaire de la capitale du pays où, pour la première fois, la révolte contre les colonialistes portugais s'est exprimée sans équivoque le 4 février 1961. C'est donc de ce nom que Sarah Maldoror a baptisé ce premier long métrage de l'histoire du cinéma consacré à la lutte des Angolais contre l'impérialisme portugais. *Sambizanga* (1972, 105 min, d'après la nouvelle de Luandino Vieira), au-delà de sa dénonciation du colonialisme, de l'horreur de ses prisons où l'on torture souvent à mort les résistants, attire l'attention sur la situation des femmes africaines tenues à l'écart de la politique et des activités militantes de leur compagnon. *Sambizanga* s'est mérité le Tanit d'or au Festival de Carthage en 1972. Autres réalisations de la cinéaste d'origine guadéloupéenne: *Monangambee* (1970, 16 mm, 18 min, primé au Festival de Dinard la même année); *Et les chiens se taisaient* (1974, 13 min); *Un homme, une terre: Aimé Césaire* (1977, 57 min); *La Basilique de Saint-Denis* (1978, 6 min); *Un masque à Paris, Louis Aragon* (1978, 20 min). Récemment Sarah Maldoror, alléguant que «La misère des autres n'intéresse plus personne... Surtout la misère des Noirs», a donné dans la comédie un soupçon acerbe et a peint une toile de la France raciste, *Un dessert pour Constance* (198?). Elle a aussi réalisé *L'Hôpital de Léningrad* (198?, télé-film).

Mallison, Sarah

Animatrice, il convient ici de citer son nom puisque, ailleurs, il a toujours été placé dans le sillage de Peter Foldès, avec qui elle collabore depuis 1964. Également associée depuis 1968 à Monique Renault, elles font ensemble, et au grand dam de Foldès semble-t-il, des génériques et des séquences d'animation pour des documentaires. En 1971, elles réalisent *El condor pasa* (35 mm, 3 min). Des critiques ont parlé d'un beau film de... Peter Foldès.

Mangolte, Babette

Directrice-photo de Chantal Akerman et photographe de théâtre, elle a réalisé deux films expérimentaux: *What Maisie Knew* (1975, 16 mm, 58 min) et *The Camera/Je* (1976-77, 16 mm, 50 min), tous deux s'intéressant à une écriture subjective au cinéma et à la caméra qui en est le personnage central.

Manzano, Jacqueline

Charles Ford dit qu'elle est l'auteure de plusieurs courts métrages. Aucun cependant n'a pu être retracé.

Martial, Régina

Le Voyage de Sélim (1978, 16 mm, LM) s'intéresse à la vie d'un jeune Algérien injustement accusé d'agression et incarcéré.

Martineau, Monique

Connue comme critique intéressée aux cinémas militants et nationaux surtout, elle a réuni un dossier de première importance sur le cinéma des femmes pour la revue *CinémAction*, dossier intitulé «Le cinéma au féminisme». Avec Ben Salama et un collectif, elle réalise *À cloche-pied sur les frontières* (1976, 16 mm, 50 min), qui examine les difficultés des enfants d'émigrés maghrébins vivant en France.

Miéville, Anne-Marie

Elle coréalise avec Jean-Luc Godard *Comment ça va?* (1978).

Mnouchkine, Ariane

(Boulogne-sur-Seine, 3 mars 1939/   )
D'origine russo-anglaise, Ariane Mnouchkine, fonde, après ses études à la Sorbonne, un atelier coopératif de productions théâtrales, Le Théâtre du Soleil. Avec neuf camarades, elle produit des pièces de Philippe Léotard, d'Arnold Wesker, de Shakespeare et leurs propres oeuvres collectives, dont le célèbre

1789. Présenté 348 fois à la Cartoucherie de Vincennes, cette véritable thèse sur la Révolution française devient, en trois semaines de tournage, un spectacle filmé d'une splendeur et d'une vigueur qui n'ont d'égales que celles de la pièce de théâtre qui l'a inspiré. *1789* (1974, 150 min) révèle une maîtresse-cinéaste. *1789* est louangé par la critique française, qui marque d'un désaveu quasi général le second film de Mnouchkine, l'époustouflant *Molière* (1978, 248 min). Les coûts de production sont au coeur du débat, mais la polémique n'arrive pas à occire ce chef-d'oeuvre. C'est au tour du public de désavouer les maîtres à penser de la critique; il a aimé ce film de tendresse et d'érudition qu'est *Molière* et ses portraits de femmes et d'hommes dont la beauté fut rarement égalée au cinéma. *Molière* est l'un des plus beaux hommes que le cinéma a engendré.

Molle, Marie-France

Elle est l'auteure d'un film d'animation, *Une puce sur un no man's land* (1974), et de deux documentaires, *La Vénus de Lespugne* (1978, 16 mm, 10 min) et *Et vogue la Malassise* (1978, coré: Ève Molle, 16 mm, 26 min).

Moreau, Jeanne

(1928/   )
Elle débute à la Comédie française en 1949 où elle sera «pensionnaire» exceptionnellement douée pendant trois ans. Après, ce sera les boulevards et la carrière cinématographique, suite de succès tels que: *Les Amants, Les Liaisons dangereuses, Jules et Jim, Moderato Cantabile, La Mariée était en noir,* etc. En 1976, elle s'essaie derrière la caméra. Personnel et jouant avec des nuances de ton subtiles, *Lumière* (120 min), par la qualité de son atmosphère, charme. L'air de rien et l'éclat tapageur de Truffaut dans *La Nuit américaine* en moins, Moreau nous livre une suite de réflexions sur le cinéma et celles qui le pratiquent au premier chef: les actrices. On est à mille lieues du mépris phallocrate du Truffaut réalisateur-comédien qui crache, toujours dans cette même nuit: «C'est grotesque une comédienne qui ne veut pas se déshabiller!» Si, dans *Lumière,* Moreau rend un hommage discret au cinéma elle ne manque pas au passage de vitupérer les désirs autoritaires du metteur en scène. Jeanne Moreau échoue peut-être à donner substance à une nouvelle masculinité, mais elle rappelle fermement que l'ancien modèle est à jamais congédié. En 1979, avec *L'Adolescente* (94 min), elle reprend le même ton intimiste pour

raconter ce que René Prédal, excédé, définit dans *CinémAction* comme «le coup des premières menstruations et les dernières vacances d'avant-guerre qui marquent la fin de l'enfance et l'adieu à la vieille mémé récoltant de l'eau de lune...» Qu'on aime ou pas «le coup des menstruations», cela ne change rien au fait que Jeanne Moreau sait raconter une histoire, joliment et intelligemment. Après 1981: *Lillian Gish* (1984, 16 mm, doc, coul, 54 min).

Novitch, Miriam

Elle coréalise avec Haim Gouri *Ne laissons pas les morts enterrer les morts* (1977).

Ockrent, Christine

Elle réalise un document qui analyse les rapports de force présidant au système de distribution alimentaire dans notre société, *L'Arme du blé* (1976, 16 mm, 58 min) et un second document sur l'histoire du communisme en Italie de 1921 à 1976, *Communisme à l'italienne* (1976, 16 mm, 56 min).

Pascal, Anne

On compte trois films documentaires à son actif: *Carnaval des enfants de Belfort* (1976, 16 mm, 15 min); *La Batellerie* (1977, 16 mm, 13 min) et *Mariniers de Bourgogne* (1979, 16 mm, 52 min).

Pascal, Christine

(Lyon, 1953/   )
Voulant faire son propre cinéma, la comédienne et coscénariste des *Enfants gâtés* se jette tête première dans une aventure qui se terminera à la Quinzaine des réalisateurs à Cannes en 1979. Elle écrit, produit, met en scène et interprète *Félicité* (1979, 95 min) qui est une nuit de jalousie où tous les fantasmes affluent, où tous les sentiments sont conviés et tous les coups permis. L'espèce de jeu de massacre d'une jeune femme avec son passé et ses monstres, un jeu qui va très très loin.

Piault, Colette

Cinéaste-ethnoloque, elle est l'auteure de *Le Brouck* (1972, 16 mm, 40 min, analyse socio-économique des problèmes chez les maraîchers de Saint-Omer); *Albertine et Dorcas* (1973, 16 mm, 20 min, deux Ivoiriennes d'Abidjan et leur journée de travail respective) et *Ano Ravenia* (1978-79, 16 mm, étude socio-économique d'un village en Épire).

Pizzorno, Antonietta

Expérimentaliste, elle a signé *Che? Come?* (1969, réalisation collective); *Présence* (1973, coré: Pierre Rovere); *Syncopie* (1975, 16 mm, sil, 10 min); *Anatomie d'un rapport* (1975, coré: Luc Moullet, 82 min, film compromettant et pathétique sur la sexualité d'un couple qui agonise et pour lequel Pizzorno a réalisé seule les scènes qui montrent la femme seulement, alors que Moullet en a fait autant pour les scènes où l'homme est seul); *Apro E Chiudo* (1979, 16 mm, 3 min).

Plessis, Jacqueline

Elle est l'auteure de trois films consacrés aux grandes expositions artistiques des Musées nationaux de Paris: *Corot* (exposition à l'Orangerie des Tuileries 1975, 26 min.); *Millet* (exposition au Grand Palais 1975, 26 min) et *l'Or des Schythes* (exposition au Grand Palais 1975, 26 min).

Porte, Michèle

Auteure de *Les Lieux de Marguerite Duras* (1976, 16 mm, 108 min, portrait de Marguerite Duras); *La Dame d'Orsay* (1978, 35 mm, 7 min, portrait de Madeleine Renaud); et de *Les Lieux de Virginia Woolf* (1981, 16 mm, 45 min).

Puggioni, Giovanna

Expérimentaliste, auteure de *Trois petits tours et puis s'en vont* (1975, coré: Christian Lebrat); *In/Contro/Luce* (1976, 16 mm, 9 min) et *La Grande pré* (1978-79, 16 mm, 15 min).

Questerbert, Marie-Christine

Auteure de deux films pamphlets contre le machisme, ses pompes et ses oeuvres: *Buy Me, Sell Me* (1970, 16 mm, 19 min, reportage critique sur un congrès d'hommes d'affaires américains à Nice) et *L'Interminable chevauchée* (1972, 35 mm, 45 min, un film qui utilise les codes du western contre ses héros et son idéologie viriliste sur des extraits du manifeste choc de Valérie Solanas, *SCUM*).

Raynal, Jacquee

Chef monteuse connue pour son travail avec Eric Rohmer, Jacquee Raynal tourne, en 1970, un film antimontage, un film qui questionne sa pratique même. *Deux fois* (16 mm, 80 min), fait à Barcelone en une semaine, a été désigné comme un des travaux théoriques qui comptent dans le cinéma français de ces années-là. Quelques années plus tard, elle écrit, coproduit et réalise *New York Story* (images: Babette Mangolte, 30 min).

Renault, Monique

Constatant qu'en animation «il y a peu de films qui ne soient misogynes» et peu de «films féministes», Monique Renault entend bien influencer cet ordre des choses en créant: *Psychoderche* (1974, 35 mm, 90 s), qui est le premier épisode d'une série sur la libération des femmes. Avec *À la vôtre* (1975, 35 mm, 150 s), Renault montre une femme qui s'agite dans son sommeil et rejette ses couvertures. Bien installé dans son entrecuisse, un superman fume. Un superman petit petit. Avec sa compagne animatrice Sarah Mallison, elle avait déjà réalisé, en 1973, *El condor pasa* (35 mm, 3 min).

Revel-Bertrand, Anne

Auteure d'une comédie musicale, *Paris-Porto-Vecchio*.

Ripeau, Marie-Geneviève

Documentariste qui travaille aussi bien en 16 qu'en 35 mm. Parmi ses productions, on compte: *We Will Remain Indians* (1969, 16 mm, 30 min, sur les conditions de vie des Amérindiens aux États-Unis); *Histoire d'un crime* (1971, 16 mm, 20 min, sur le refoulement des habitants de Paris vers les cités dortoirs); *Patrick Pons, pilote professionnel* (1975, 35 mm, 10 min, la réalité pas toujours reluisante d'une vedette de la moto); *Si tu t'imagines* (1975, 16 mm, 13 min, des adolescentes et adolescents parlent de leur avenir); *La Voie de la main vide* (1976, 35 mm, 14 min, essai sur la signification du karaté comme moyen d'expression); *Adieu, lents voyages* (1976-78, 35 mm, 93 min, constitué de trois volets sur l'histoire d'un couple: *Nuit une guerre* (14 min); *Entrevu par l'indiscrétion d'un judas* (19 min) et *Adieu, voyages lents* (60 min).

Rosier, Michèle

George qui? (1973, 110 min). George Sand, arrière-grand-mère des femmes d'aujourd'hui qui ressemble comme une soeur aux militantes féministes, de répondre Michèle Rosier. Avec tendresse, et au-delà des représentations dont l'histoire a «habillé» George Sand, Rosier veut cerner une certaine réalité de la femme inscrite dans un contexte socio-politique précis. Une compatriote de Rosier et spécialiste de George Sand désapprouve cependant quelques choix de la cinéaste: «Dans le film *George qui*, Aurore Dupin [Aurore Dupin, comme on le sait, est le nom de naissance de cette grande femme de lettres. Plus tard, son jeune amant, Jules Sandeau, lui fournit un nom de plume qui deviendra à l'usage George Sand.] se masturbe en assez gros plan et George Sand joue avec Marie Dorval une scène où en s'embrassant sur les lèvres, ces dames se barbouillent de rouge. Michèle Rosier sacrifie ainsi à la mode et pense donner plus de relief à son héroïne. Mais dans le même temps, en 1976, de vieux messieurs pouffent encore d'un rire gamin devant cette affranchie qui n'a pas su se tenir à sa place de femme bien élevée.» Michèle Rosier, ex-reporter à France-Soir, puis styliste, a encore réalisé *La Fanfare Hortense* (197?) et *Mon coeur est rouge* (1975, 105 min), film qui s'attarde à montrer 48 heures dans la vie d'une femme et dont Robert Chazal a dit ceci: «(...) un film qui part dans tous les sens, même dans le bon. Du cinéma qui se prend moins au sérieux que ce dont il parle. Du cinéma un peu approximatif fait pour charmer ou pour irriter.»

Rousset, Martine

Expérimentaliste, elle a tourné en 16 mm les films suivants: *La Folle* (197?, 10 min); *Réverbère* (1977, 20 min); *Carolyn Danse* (1977, 10 min); *Le Petit Réverbère* (1978, 10 min) et *IN/EX Dérives* (1979, 30 min).

Sagan, Françoise

Un petit film de court métrage, *Encore un hiver,* dont personne ne parle, mais qui se mérite un prix en argent et voilà la romancière, dramaturge et nouvelliste qui se fait réalisatrice. Sans avoir jamais su faire une photo, avoue-t-elle, elle adapte sa nouvelle *Les Yeux de soie.* À l'écran, cela donne *Les Fougères bleues* (1977) sur lequel la critique s'entend. La texture des écrits du meilleur Sagan, *Bonjour tristesse* ou *Des bleus à l'âme* ou *Le Lit défait,* perd tout sa particularité dans sa transposition en images.

Saint-Phalle, Niki de

Sculpteure, Niki de Saint-Phalle a coréalisé avec Peter Whitehead un impitoyable règlement de compte à l'endroit du père, de sa politique et de son oeuvre. *Daddy* (1972, 86 min), variation métaphorique sur l'éternel trio père-mère-fille et dénonciation des rapports homme/femme poussée à son paroxysme, a fait scandale en raison même de sa violence. Second long métrage de Niki de Saint-Phalle, *Un rêve plus long que la nuit* (1976, 90 min) peuplé de canons phalliques, cherche aussi la voie du salut féminin. L'humour y est corrosif, l'affabulation exacerbée.

Sarmiento, Valeria
(Voir Chili)

Schiffman, Suzanne
Coscénariste de *La Nuit américaine* et de *Histoire d'Adèle H*, tous deux de François Truffaut, Schiffman a coscénarisé et coréalisé avec Jacques Rivette un des films les plus longs de l'histoire du cinéma. *Out One* (1970), dont la version originale de 12 heures 40 minutes, n'a connu qu'une seule projection publique en 1972. En 1981, elle assiste Jacques Rivette à la réalisation de *Le Pont du Nord* (130 min).

Serra, Noun
On lui doit *L'Herbe permise* (1973, 38 min) qui pose un regard critique sur la civilisation des loisirs et de la consommation et *Cambia Cellu, Cambia Stellu* (1977, coré: Monique Clementi, 52 min).

Serreau, Coline
Jeune actrice et scénariste (*On s'est trompé d'histoire d'amour* de Jean Louis Bertucelli), elle entreprend en 1975 de se mettre à l'écoute des femmes de milieux et de groupes d'âge diversifiés qui peuplent son pays. Par le biais de la parole d'une anorexique, d'une «actrice» de films pornos ou d'une théologienne grand-mère, Serreau réaffirme la nécessité et l'urgence de nos luttes et invite à une plus grande sororité. *Mais qu'est-ce qu'elles veulent?* (1975, 90 min, sélectionné à Cannes) est sorti en France avec deux années de retard car le patron de l'usine de textile dont il est question a fait interdire le film. «Les guerres de libération sont toujours longues et difficiles, elles ont leurs héros, mais s'appuient sur la masse anonyme et courageuse. Pour une fois, le film de Coline Serreau a donné la parole aux combattantes pendant le combat», écrit la journaliste Mireille Amiel. Ce film-événement est suivi de *Pourquoi pas!* (1977, 93 min, prix Georges Sadoul 1977) qui, sur le mode de la fiction, explore les voies utopiques que pourraient emprunter, et pour leur plus grand bonheur, les relations interpersonnelles. Serreau choisit le récit populaire plutôt

qu'«élitaire» pour dire ses croyances en une vie autre. Elle réussit merveilleusement à rendre plausible et drôle un amour à trois (deux hommes, une femme), au sein duquel l'exclusivité sexuelle n'a pas plus sa raison d'être que la répartition des rôles sexuels. *Pourquoi pas!*, un film au récit conventionnel qui montre des gens et des choses qui ne le sont pas. *Pourquoi pas!*, un sujet sérieux sans jamais se prendre au sérieux. Après 1981: *Qu'est-ce qu'on attend pour être heureux?* (1982, coul, 92 min, présenté à la Mostra de Venise en 1982).

Siegler, Marie-France

Cinéaste d'animation, elle est l'auteure de *En toute simplicité* (1971, 8 min, satire d'une soirée mondaine) et *Arrêt momentané* (1977, 10 min, une panne d'ascenseur permet la rencontre de deux générations).

Simon, Claire

Elle signe *Madeleine* (1976, 16 mm, 13 min) et *Tandis que j'agonise* (1979, 16 mm, 50 min).

Sohn, Irène

Elle est coauteure avec Jean-François Galotte d'un film tourné «entre copains» avec des moyens réduits. Chronique aigre-douce d'une jeunesse qui veut malgré tout survivre, *Point final à la ligne* (19?, 60 min) a été reçu comme une tentative d'expression sympathique à défaut d'être convaincante.

Sotha

De cette comédienne pour ainsi dire inconnue, on a parlé de «talent faramineux» pour son travail de mise en scène dans *Au long de rivière Fango* (1975, 115 min). Tourné en Corse, dans des décors naturels et en son direct, cette espèce de «western écologique» est un hymne à la vie et à l'amour. Autre réalisation connue de Sotha: *Le Graphique de Boscop* (1976).

Szlovak, Charlotte

Auteure de *La Drague* (1974-75, 16 mm, 25 min) qui nous fait partager le point de vue d'une jeune fille draguée en marchant dans Paris le soir, de *Slow City, Moving Fast* (19?, 16 mm, 60 min) qui est le portrait d'une ville, Los Angeles, et celui d'une femme, Angela, et *Je ne veux pas te quitter, chéri* (19?).

Taouss-Mattow, Sarah
(1948/   )
Elle est l'auteure de *La Journée continue* (1981, 16 mm, coul, 90 min).

Thamar, Tilda
D'origine germano-argentine, Tilda Thamar avait tenu la vedette pour *L'Ange rouge* et maints films d'aventures. Après s'être essayée à la réalisation avec deux courts métrages, *La Course la plus longue* et *Insolito,* elle signe *L'Appel* (197?) qui raconte l'histoire de trois êtres irrésistiblement appelés à s'engager dans un voyage vers l'infini.

Treilhou, Marie-Claude
(20 novembre 1948/   )
À 33 ans, c'est un premier long métrage pour Marie-Claude Treilhou, *Simone Barbès ou la vertu* (1979, 77 min). Souligné comme une preuve que le jeune cinéma français n'est pas mort et qu'il est parfois en bonne santé, *Simone Barbès ou la vertu,* dans une unité de temps, mais dans trois lieux bien distincts, inverse les signes connus de chacune des trois actions que ces lieux engendrent. Au cinéma porno, les spectateurs deviennent objets du regard; au bar homosexuel, les rôles s'échangent et dans la voiture du troisième volet le dragueur se fait draguer.

Tresgot, Annie
Diplômée de l'IDHEC, elle est devenue chef monteuse, puis réalisatrice. Dans ses documentaires et, par la suite, dans ses fictions, elle conserve une même approche directe du cinéma. Elle a d'ailleurs coréalisé avec Michel Brault, *Les Enfants du néant* (1967, 45 min), film que Gilles Marsolais considère comme l'une des meilleures réussites du direct. Ses autres films: *Folle passion* (1966, CM, Festival de Locarno); *Visages de l'immigration* (1969, 70 min); *Les Passagers* (1971, N/B, 83 min, festivals de Cannes, de Berlin, de San Francisco, de Chicago, de New York); *Le Chêne et le Roseau* (1975, 28 min); *La Maternelle* (1976, 13 min); *Un homme parfait à 60%: Billy Wilder* (1980) et plusieurs autres courts métrages scientifiques pour le ministère des Affaires étrangères.

Vale, Laurence
Expérimentaliste dont on connaît un seul titre: *Néroïcal* (1977-78, coré: Barbara Glowscewska, 16 mm, sil, 45 min).

Van de Putte, Christiane

Deux femmes font de leur vie un jeu de poker en devenant partenaires interchangeables dans *Poker-menteuses et revolver-matin* (1978, 16 mm, 91 min), seul film que nous connaissons de Christiane Van de Putte.

Veron, Léone

Elle signe *Le Garde fou* (1973, 16 mm, 15½ min) et *Tragédie pour rire* (1975, 16 mm, 11 min).

Walter, Anne

(1934/   )

Après des débuts comme scripte, elle écrit et réalise une coproduction franco-belge, *Le Témoin*.

Weinberg, Rachel

Sa carrière de réalisatrice, après quelques temps à l'IDHEC où la «parlotte magistrale et la mythomanie» lui sont insupportables, commence avec un long métrage, *Pic et pic et colegram* (1971, 82 min, Grand prix au Festival international du jeune cinéma à Toulon en 1972) qui sera remarqué par la critique. Le film évoque les souvenirs d'une fillette juive de 11 ans plongée, pendant la résistance, dans un univers hostile, étrange, contraignant. *Pic et pic et colegram* raconte la guerre ressentie par une enfant qui voit des soldats allemands à peine pubères plus désireux de faire l'amour que la guerre, qui subit les effets de cette guerre sans jamais vraiment la voir: la guerre omniprésente, mais comme toile de fond. Deux années plus tard, avec un budget si petit que l'on disait qu'il devait détenir le record pour un film de long métrage, Weinberg signe *L'Ampélopède* (1974) basé sur une légende de la Sologne. Le film est un échec et son auteure gardera un silence forcé jusqu'en 1981. *La Flambeuse,* troisième long métrage, pousse jusqu'au vertige le refus des pièges de la féminité d'une femme en quarantaine d'âge et d'affection. En jouant au poker, elle joue sa vie. Un rôle superbe pour une Léa Massari non moins superbe!

Weinberger, Anielle

Chargée de cours à Vincennes, Anielle Weinberger se mérite, en 1971, le prix du court métrage du Festival d'Hyères avec *Jemina, fille des montagnes.* Cette réussite lui donne le coup d'envoi et ... l'avance sur recettes bien sûr, pour filmer son premier long métrage de fiction, *L'Honorable Société.*

Zadeh, Sandra

Elle est coauteure avec Serge Poljinsky de *Juste droit* (1979) qui prend nettement partie pour la cause des femmes en dépassant toutefois le ton didactique tout en se servant de la fiction.

Zévort, Martine

Expérimentaliste, coauteure de *Miradwie* (1976, coré: Barbara Glowscemska, 16 mm, sil, 20 min); *Noeuga* (1976, coré: B. Glowscemska, 16 mm, sil, 10 min) et *La Route en mer* (1977, coré: Frédérique Gros, 16 mm, sil, 6 min).

Zorz, Annie

Cinéaste et ethnologue, Annie Zorz a signé *Histoire d'une guimbarde* (1970, 16 mm, N/B, 10 min, fabrication d'une guimbarde par le forgeron d'un village turkmène); *Un village turkmène* (1975, 16 mm, coul, 26 min, vie d'un village du nord de l'Afghanistan où le monde des femmes enfermées dans leur intérieur s'oppose à celui des hommes tourné vers l'extérieur); *La Fiancée* (1976, 16 mm, coul, 26 min, préparation et réflexions sur les noces d'une jeune fille arabe de 15 ans); *Ikats d'Afghanistan* (1976, 16 mm, coul, 21 min, retrace les techniques de l'ikat aujourd'hui presque oubliées); *Feutres décorés d'Afghanistan* (1977, 16 mm, coul, 15 min, des femmes travaillent la laine qui servira à la confection de tapis de feutre); *Le Départ de la maison d'été* (1978, 16 mm, coul, 15 min, des Arabes semi-nomades du nord de l'Afghanistan montent et démontent leur tente circulaire: la yourte); *L'Enterrement d'un jeune homme pauvre* (1978, 16 mm, coul, 8½ min, funérailles dans une famille arabe) et *Du côté des Rejatas* (1979, 16 mm, coul, 60 min, problème de la survie pour des personnes laotiennes venues s'installer dans le Limousin).

***

GRÈCE

Liappa, Frieda

(1948/   )
Critique à la revue *Synchronos Kinimatographos,* elle travaille comme réalisatrice à la télévision. Après trois courts métrages, elle signe un premier long métrage en 1981, *Les chemins de l'amour se perdent dans la nuit* (t. o: *I Dromi Tis Agapis Ine Nichterini,* 35 mm, coul, 93 min), dont un fait divers constitue le

point de départ: le suicide de deux soeurs âgées d'une quarantaine d'années.

Papalios, Maria

Probablement la première Grecque à franchir le bastion masculin du cinéma. Pendant deux ans, elle capte la révolte d'une communauté d'aveugles qui, en 1976, prenait publiquement la parole. La réplique policière est sans indulgence et les forces de l'ordre ne se gênent pas pour rouer de coups les manifestants aveugles. Prenant partie pour cette minorité opprimée et se rangeant de leur côté pendant cette *Lutte des aveugles*, Maria Papalios sera traduite devant les tribunaux.

***

HONG-KONG

Go Bo Se

Un film débordant d'aventures dans lequel l'héroïne est maître en arts martiaux, voilà un peu *The Cannibal* tourné par l'une des rares auteures de Hong-Kong que nous connaissons.

Hui, Ann

(Chine du Nord, 23 mai 1947/   )
Elle vit à Hong-Kong depuis sa tendre enfance et s'initie au métier de cinéaste à Londres. D'abord assistante du réalisateur King Hu, elle tourne ensuite plusieurs documentaires pour la télévision, puis son premier long métrage de fiction, *Le Secret* (1979, t. o: *Feng-Jie*), film réaliste et violent a-t-on dit, suivi de *The Spooky Bunch* (1980, t. o: *Zhuang Dao Zheng*) et de *The Story of Woo Viet* (1981, 35 mm, coul, 90 min). Film qui commence dans une sobriété toute documentaire, *The Story of Woo Viet* bascule rapidement dans une fiction mélodramatique et sanguinaire dans laquelle la cinéaste ne ménage pas les femmes de stéréotypes navrants, non plus que les hommes du reste. Après 1981: son quatrième film, sur l'après-guerre au Vietnam, *The Boat People* (1982, t. o: *Tou-Ben Nu-Hai,* coul, 106 min, tourné en Chine populaire).

Shuen, Shu

Diplômée de l'Université de Californie, Shu Shuen produit et réalise son premier long métrage en 1968. *L'Arche* (95 min) traduit le drame intérieur d'une jeune veuve déchirée entre son sens de l'honneur, les contraintes sociales et un secret amour dans la Chine féodale du XVIIᵉ siècle. Nous savons aussi de cette auteure que son film *À bientôt la Chine*, qui retrace l'histoire d'un «enfant de Mao» fuyant le totalitarisme de son pays et se réfugiant à Hong-Kong, a été interdit par la censure à Hong-Kong et à Formose. Marion Blank Lin commente ainsi le film: «(...) Shu Szeng (on rencontre les deux orthographes du nom de cette réalisatrice) a été la première à dénoncer un phénomène politique chinois que tout le monde feignait d'ignorer à l'époque: l'immigration illégale vers Hong-Kong des Chinois du continent. (...) Il fallait un certain courage pour en parler, il y a dix ans.»

***

HONGRIE

Bruck, Edith
(Voir Italie)

Luttor, Mara
(Budapest, 1923/   )
Auteure de *Relèvement* (1973, premier long métrage).

Sos, Maria
(Budapest, 1948/   )
Nouvelle cinéaste dont le premier long métrage, *The Unhappy Hat* (1980, t. o: *Boldogtalan Kalap,* 88 min) s'intéresse à la vie de trois divorcées, chacune mère d'un enfant, et à leur quête respective d'autonomie. Démarche qu'on a estimé fragile, mais pénétrante et prometteuse.

Zsures, Éva
Elle réalise en 1967 un long métrage de fiction, *Les Barbares* (N/B, 60 min, d'après un roman de Zsegmond Morecz), portrait d'une femme à la recherche de son mari pasteur qui a disparu. Elle découvre qu'on l'a assassiné.

***

INDE

Karanth, Prema
Auteure de *Phanyamma* (LM).

Sen, Aparna

Une des actrices les plus brillantes du cinéma bengali, notamment dans *Teen Kanya* de Satyajit Ray, elle réalise son premier long métrage en 1981, *36 Chowringhee Lane.*

Shavdasani, Nina

Son premier film, *Chatrabang,* est interdit dans son pays pour avoir osé dénoncer le système des castes.

***

IRAN

Fardjam, Farideh

Née en Iran, Farideh Fardjam vit aux Pays-Bas depuis 1971. Elle est l'auteure de deux moyens métrages sur l'immigration turque aux Pays-Bas, *Avec un nouveau nom: Immigrés...* et *Blessing Hands* (1976, 30 min), sur la condition des ouvrières turques dans son pays d'adoption.

Farokhzad, Forrogh

(/1966)
Elle est l'unique femme de son pays a avoir acquis une réputation internationale pour la qualité de ses poèmes et celle d'un moyen métrage documentaire, *La maison est noire* (Grand prix du Festival de Pesaro en 1964, 20 min). Avec intelligence et compassion, le film s'intéresse à la vie des membres d'une colonie de lépreux.

Khazai, Malak

(août 1949/   )
Née dans un village de Khorassan, Malak Khazai, directrice artistique et scénographe, a travaillé au théâtre et au cinéma avant de réaliser, en Iran, sept courts métrages et neuf longs métrages en 16 mm, films inspirés de légendes et de contes persans dont *Le Prince et la Biche.* Malak Khazai vit actuellement en Europe.

Nabili, Marva

Auteure de *La Terre scellée* (1977, 90 min), une chronique subtile de la révolte «passive» d'une jeune fille contre le rôle dans lequel la maintient la société traditionnelle en Iran, vue comme au travers d'une fenêtre, avec détachement. Ce film a été comparé au *Gertrud* de Carl Dreyer.

Shafaie, Farideh

Bien qu'elle ne soit l'auteure que d'un court métrage sur l'exploitation des enfants dans les manufactures de briques en Iran, *Bread Out of Clay* (t. o: *Nanni Az Gel*, 16 mm, N/B, 32 min), elle est l'unique réalisatrice à figurer au catalogue *Post-Revolution Iranian Cinema* parmi une cinquantaine de réalisateurs.

Shaharzad

Actrice dans *Gheissar* de Kimiaï, on ne lui connaît qu'un court métrage en 35 mm.

***

ISRAËL

Bat-Adam, Michal

Actrice connue pour ses interprétations dans les films de Moshe Mizrahi, Bat-Adam signe un premier film en 1979, *Moments de la vie d'une femme*, étude sur une relation amoureuse entre deux femmes. Écrit, joué et monté par Michal Bat-Adam, *Moments de la vie d'une femme* est également le premier long métrage réalisé par une Israélienne. Il fut présenté à Cannes en 1979 dans la catégorie «Un certain regard» et sera suivi de *Ma mère* (1980, 35 mm, coul, 85 min), drame d'une famille dont la mère souffre d'une maladie mentale, vu à travers les yeux d'une fillette de 10 ans.

Politi, Edna

(Saïda, Liban, 1948/   )
Écrit et réalisé en 1980, *Comme la mer et ses vagues* (93 min), est une coproduction d'Israël et de l'Allemagne de l'Ouest. Ce récit sur l'amitié entre deux femmes, l'une juive, l'autre musulmane, que leurs divergences politiques séparent, n'arrive pas à prendre son envol tout absorbé par sa volonté didactique d'éclairer le conflit israélo-arabe. Ses accents d'amateurisme donnent plus de relief encore à l'utilisation habile de cinq langues — français, hébreu, arabe, anglais, espagnol — qui glissent de l'une à l'autre avec une étonnante fluidité. Autres films de Politi: *Pour les Palestiniens, une Israélienne témoigne* (1974, N/B, 90 min) et *Anou Banou ou les filles de l'utopie*.

***

ITALIE

Blasi, Anna

Elle coréalise avec Fausta Gabrielli *Marghera come Marienbad.*

Bruck, Edith

Il se passe huit ans entre la conception de son projet et la réalisation de *Improviso,* présenté à Venise en 1979. Film sombre et d'une violence intériorisée, *Improviso* (35 mm, 100 min), par le biais de la fiction, parle de solitude, de morale désuète, de sexualité-marchandise. Edith Bruck, romancière d'origine hongroise, a choisi l'Italie comme terre d'adoption depuis 1954.

Cavani, Liliana

(Carpi, 12 janvier 1937/   )
Diplômée du Centre expérimental de cinématographie de Rome, elle devient très vite une réalisatrice à succès pour la télévision. Elle signe *L'Histoire du IIIe Reich* (1962-63); *Les Femmes dans la Résistance* (1963, prix Este); *L'Âge de Staline* (1964); *Philippe Pétain — Procès à Vichy* (1965, Lion d'or à Venise); *La Casa in Italia* (1965, prix Este); *François d'Assise* (1966, Palme d'or à Valladolid, Prix Unda à Monte-Carlo, Prix Noci d'Oro). Après ces réussites, elle passe au grand écran et signe *Galilée* (1968, Prix Cinéforum Italiani, Prix Cine-Club di Sicilia); *Les Cannibales* (1969, 88 min); *L'Ospite* (1971, 101 min, essai sur la maladie mentale et ce qu'elle révèle de la société); *Milarepa* (1973) et son grand film controversé qui lui octroie une réputation internationale, *Portier de nuit* (1974, 115 min). Une lecture à un premier degré a imputé à *Portier de nuit* des intentions allant d'une ambiguïté recherchée à des mobiles fascistes, ce qu'il n'est évidemment pas. Cavani fouille dans les zones noires de la conscience humaine et cherche à dépasser la seule explication politique du fascisme. On a dit que son ambivalence se faisait complaisance dans *Au-delà du bien et du mal* (1977, 127 min). Si refuser le dogmatisme c'est faire preuve de complaisance, alors, oui, Cavani s'y délecte dans cet essai, tout en nuances, sur le sens de la liberté. En faisant fi de toutes doctrines, Cavani ne véhicule pas moins des croyances politiques très précises qu'on a, délibérément ou non, ignorées. Ses plus récents films: *Lulu* (197?, d'après la pièce de Wedekind) et *La Peau* (1981, t. o: *La Pelle,* coul, 131 min, d'après un roman de Malaparte, sélection officielle à Cannes en 1981) et ses films scolaires: *Il Contro Notturne*

(1961) et *L'Evento* (1962). Après 1981: *Derrière la porte* (1982, coul, 110 min, t. o: *Oltre la porta*).

Franchina, Sandra
Auteure de *Morire Gratis* (1969).

Gabrielli, Fausta
Elle coréalise avec Anna Blasi *Marghera come Marienbad.*

Gagliardo, Giovanna
Journaliste, scénariste, collaboratrice de Miklos Jancso, *Maternale* (1977-78) est son premier film. De l'aveu même de Gagliardo, *Maternale* «est une rupture, un grand effort sur moi-même pour me démontrer que je suis capable de créer toute seule». Elle dit aussi: «Bien sûr je suis en plein dans la contradiction: de par le style, je viens de Jancso, de par les idées, je viens du mouvement des femmes.» S'expliquant sur *Maternale,* elle dit encore: «Je voudrais essayer de repêcher un souvenir ancien, oublié: ce corps [de la mère] a été notre premier amour. Dans ce corps, en ce qui nous concerne, nous autres femmes, il y a une parcelle de notre identité.» Après 1981: *Via Degli Specchi* (1982, 35 mm, coul, 90 min, t. f.: *Rue des miroirs,* présenté au Festival de Berlin en 1983).

Leone, Lu
Auteure de *Melinda strega per ferza, Io Sono Mia* (coré: Sofia Scandurra, d'après *Femme en guerre* de Dacia Maraini) et *Histoire d'une femme et d'un soldat* (1981, 16 mm, 17 min).

Maraini, Dacia
Poète, romancière et dramaturge. Après avoir mis en scène ses propres pièces, elle songea tout naturellement au cinéma. Son premier, *L'Amour conjugal* (1971), est une adaptation de l'oeuvre d'Alberto Moravia.

Mariani, Fiorella
On lui connaît un moyen métrage composé à partir de documents d'actualités. *Homo Sapiens* (1976, 51 min), par un montage en juxtaposition de bandes filmées à des époques et des lieux divers, constate les attitudes et les conditionnements des gens face aux grands problèmes de l'existence: violence, guerre, famine, etc.

Miscuglio, Annabella
Expérimentaliste, elle coréalise avec Rony Daopoulos et l'aide

du Centro Sperimentale Cinematografico di Roma *L'Adjectif femme* (1972, N/B, 60 min, t. o: *L'Aggettivo Donna*), qui illustre une certaine réalité des femmes italiennes.

Onorato, Virginia

En 1974, c'est pour Virginia Onorato un premier film, genre suspense politique, à petit budget et réalisé d'après un scénario qu'elle a écrit, *Sarah's Last Man* (194 min, t. o: *L'Ultimo uomo di Sara*).

Paoli, Vanna

Auteure de *Una razione mensile di atrocità*.

Scandurra, Sofia

Elle est l'auteure de *Io Sono Mia* (197?, coré: Lu Leone) mettant en scène Stefania Sandrelli, Maria Schneider et Michele Placido.

Tattoli, Elda

Après une entrée remarquée dans le monde du cinéma avec Marco Bellocchio à titre d'interprète et de coauteure de *La Cina e vicina* (1967, t. f.: *La Chine est proche*), elle écrit, réalise et monte *Pianeta Venere* (1972, *La Planète Venus*) qui suit la prise de conscience d'une communiste de longue date qui constate que le parti n'a pas cessé de violer les doctrines socialistes sur le droit des femmes.

***

JAPON

Hidari, Sachiko

Le mot japonais pour femme signifie «à l'intérieur de la maison». Point d'équivoque possible! Il n'y a donc pas motif à surprise de savoir que Sachiko Hidari est la première auteure d'un film de fiction de long métrage dans son pays. Conçu, produit, réalisé et interprété par Hidari, *The Far Road* (1977, 115 min, t. o: *Toi Ippon no Michi*) est une entreprise fort courageuse et se distingue de la production courante en ce qu'il a été tourné en dehors des grands studios et traite d'un sujet peu prisé des cinéastes japonais: les relations de travail et ses conséquences au sein de la vie familiale. Il faut peut-être rappeler que Sachiko Hidari a été interprète pour des réalisateurs connus, tels Masumura et Gosho.

Ichioka, Yasuko

Auteure de *Les Trobriand — Îles de femmes,* tourné en Indonésie et produit par Nippon Audio Visual Production à Tokyo.

Kurisaki, Midori

Elle amorce sa carrière en tant qu'actrice et collabore avec des metteurs en scène maintenant célèbres dans le monde entier. Pour réaliser *Double suicide à Sonezaki* (1981, 35 mm, 88 min, d'après une pièce classique du XVIIIᵉ siècle), Midori Kurisaki fait appel au directeur-photo Kazuo Miyagawa, connu pour son travail avec Mizoguchi, Kurosawa et Ichikawa. Interprété par des marionnettes manipulées par des hommes vêtus de noir (les Kurogo), *Double suicide à Sonezaki* «(...) a su d'une part utiliser cinématographiquement les Kurogo et d'autre part, la volonté d'utiliser des décors naturels fait éclater la notion de théâtre filmé.»

Miyagi, Mariko

Quelques années avant sa compatriote Hidari, Mariko Miyagi signait un docu-drame sur des enfants handicapés physiquement et mentalement. *Ballad of the Silk Tree* (1974, 90 min) a reçu une médaille d'argent au VIᵉ Festival international de la Croix-Rouge en 1975. Cette chanteuse de music-hall a réalisé l'exploit d'un second long métrage sur le même thème, *Mariko-Mother* (1977, 95 min). Elle a cumulé les fonctions de réalisatrice, de productrice, de scénariste et de compositrice de la musique pour ce *Mariko-Mother* qu'elle définit elle-même comme un cinéma-poème, ni fiction ni documentaire.

***

LIBAN

Chahal, Randa

Il aura fallu deux années de travail à la Libanaise Randa Chahal pour retracer les causes immédiates et lointaines qui sont à l'origine de la guerre civile au Liban et que le massacre de Kfar Chouba a déclenché en avril 1975. *Pas à pas* (1976-78, 16 mm, 80 min) analyse ces causes et tente de dégager l'évolution possible des événements.

Saab, Jocelyne

(Beyrouth, 30 avril 1948/   )
Journaliste à la radio et à la télévision libanaises en 1972, puis

journaliste-réalisatrice à la troisième chaîne de télévision française, elle y réalise plusieurs reportages: *Portrait de Khadafi* (60 min); *La Guerre d'Octobre* (5 fois 15 min); *Le Golan* (15 min); *Le Kurdistan* (20 min); *Les Palestiniens continuent* (13 min). Connue pour la rigueur de ses analyses, Jocelyne Saab a par ailleurs produit et réalisé elle-même les films suivants avec des équipes réduites de deux ou trois personnes. La plupart sont diffusés par les télévisions européenne et canadienne: *Le Front du refus* (1974, palestinien, 10 min); *Les Femmes palestiniennes* (1974, 10 min); *Le Liban dans la tourmente* (1975, 75 min, Prix des Critiques arabes en 1978); *Portrait d'un mercenaire français* (1975, 10 min); *Les Enfants de la guerre* (1976, 12 min, primé au Festival d'Oberhausen en 1978); *Beyrouth jamais plus* (1976, 35 min, sélectionné par les festivals de Lille 77 et de Carthage 78); *Sud-Liban: Histoire d'un village assiégé* (1976, 13 min); *Pour quelques vies* (1976, 18 min); *Le Sahara n'est pas à vendre* (1977, 90 min); *Égypte, la cité des morts* (1977, 35 min, mention au Festival de Lille); *Lettre de Beyrouth* (1978, 50 min, Tanit de bronze au Festival de Carthage 1978); *Iran: l'utopie en marche* (1980, 56 min) et elle est assistante de Volker Schlöndorff pour *Le Faussaire*. Son dernier film, *Beyrouth ma ville* est une réflexion sur la guerre et la mort à partir d'images filmées pendant la période du siège de la ville.

Srour, Heiny

Elle qualifie de «féodal-progressiste», la production cinématographique arabe militante ou politiquement avancée, mais qui donne une image féodale de la femme. Femme, Arabe et féministe, voilà une combinaison de facteurs qui a souvent isolé Heiny Srour des milieux du cinéma dits progressistes. «(...) mon problème est celui de toutes les femmes soumises aux nécessités des urgences historiques. À cela s'ajoute que plus que partout ailleurs les hommes, dans les milieux du cinéma, sont les maîtres. Et donc c'est eux qui décident des standards politiques marxistes ou simplement anti-impérialistes. Les empêcheuses d'être féodal-progressiste en rond sont très vite neutralisées, et réduites à l'isolement et à l'inefficacité politiques.» Malgré une conjoncture quasi inaltérable, elle signe en 1974 un film militant qui a été reconnu, par un cinéaste marocain, comme le film le plus «dur» du cinéma arabe. *L'heure de la libération a sonné*, réalisé au prix de marches interminables sous les bombardements, témoigne de la lutte du peuple d'Oman dans la péninsule arabique. Dans les zones libérées du Dhofar, les femmes commencent à sortir de la noirceur d'une servitude millénaire; elles apprennent à lire, à écrire, à parler, à manier les armes. En 1979, Heiny Srour obtient le prix du scénario de long métrage décerné par l'Agence de coopération culturelle et technique: *Leïla et les loups* se veut une réflexion sur la participation des femmes à la lutte anti-impérialiste dans l'Orient arabe.

***

MOZAMBIQUE

Forjaz, Moïra
D'abord photographe, elle a réalisé deux courts métrages documentaires, *Mineiro Moçambicano* et *Un dia na vida de una aldeia*, avant d'être assistante de Jose Fonseca e Costa sur *Musica Moçambic*.

***

MEXIQUE

Cortes, Busi
Membre du collectif Ciné-femme et auteure d'un court métrage de fiction, *Hôtel Goerne*.

Fernandez, Rosa Martha
Auteure d'un film sur le viol et d'un autre sur l'avortement. Elle vit actuellement au Nicaragua.

Fernandez Violante, Marcela
(Mexico, 1941/   )
Réalisatrice de télévision et de cinéma, elle a mis en scène quatre longs métrages: *De todos modos Juan te llamas* (1976); *Cananea* (1978, primé au festival de Karlovy Vary); *Mystère* (t. o: *Misterio*). Après 1981: *En el país de los pies ligeros* (1982, 35 mm).

Guerra, Dora
Auteure de *Être femme, cinéaste...*

Mira, Béatrice
Membre du collectif Ciné-femme.

Navarro, Bertha
Elle a réalisé trois films dont un sur le Nicaragua, avant la révolution sandiniste.

Ribe, Gloria
(Saltillo, 1954/   )
À la fin de ses études à l'école du CCC (Centro de Capitación Cinematográfica), elle réalise *Monce* (1979, 16 mm, coul, 45 min), l'histoire d'une adolescente qui n'a que son imagination pour se défendre contre l'hostilité du milieu scolaire dans lequel elle vit au Mexique. Ribe est installée en France depuis quelque 3 années.

Saenz, Maripi
Auteure d'un court métrage sur l'éducation religieuse des filles.

Sistach-Perret, Marisse
Auteure de quatre films documentaires et de fiction dont: *Zelda, Habitación 19, Adiós, adiós, ídolomio* et *Y si platicamos de Agosto* (16 mm, coul, 32 min).

Tamez, Marie Eugenia
Elle coréalise, en 1980, *Ce n'est pas par plaisir* (16 mm, N/B, 50 min) avec Maria Carmen Delara.

***

NORVÈGE

Breien, Anja
(Oslo, 1940/   )
Après avoir fait l'IDHEC, Anja Breien fourbit ses armes en réalisant plusieurs courts métrages dont: *Jostedalsrypa* (1967, 36 min, relate une légende médiévale); *17 mai, film sur des rites* (1969, 12 min, pose un regard satirique sur la célébration de la fête nationale norvégienne; primé à Oberhausen); *Visages* (1971, 8 min, étudie l'oeuvre du grand peintre national, Edvard Munch). En 1971, c'est presque une consécration avec un premier long métrage, *Un viol* (96 min), présenté à la Quinzaine des réalisateurs à Cannes. *Un viol*, qui parle un langage discret et sincère, séduit la critique. Breien continue à produire des courts métrages et travaille pour la télévision jusqu'en 1975, alors qu'elle signe son deuxième long métrage, *Wives*, qui est

en quelque sorte la contrepartie de *Husbands* que John Cassavetes filmait en 1970 et l'antithèse des héroïnes de Bergman et de leur solitude angoissée. Une réponse féministe certes, mais réaliste et qui n'est donc en rien triomphaliste. *Wives* est primé à Locarno en 1975. Breien compte deux autres longs métrages à son actif: *Den Alvarsamma Leken* (1977, 106 min, primé à Chicago) et *L'Héritage* (1979, 95 min, présenté à Cannes en 1979, démontre que «la névrose familiale est une névrose sociale»). Autres courts métrages: *Murer Rundt Feugslet* (1972, 12 min, accusation du système pénal norvégien); *Herbergister* (1973, 20 min, réalisé pour la télévision, tente de cerner l'univers des alcooliques à Oslo); *Mine Søsken, Goddag* (1974, 12 min, l'art graphique de Arne Bendik Sjur) et *Gamle* (1975, 34 min, réalisé pour la télévision, sur la situation et les difficultés des personnes âgées).

Lökkeberg, Vibeke
(Bergen, 2 janvier 1945/   )
Aucune actrice ne voulut tenir ce rôle ingrat d'une femme au corps alourdi par l'âge et les maternités et qui, à l'approche de la soixantaine, réalise s'être faite cruellement piéger dans sa vie de mère-épouse-servante au foyer. Marie Takvam, poète connue, a prêté son courage et sa sensibilité à ce personnage désespérant et désespéré de *La Révélation* (1976, coul, 81 min). Après 1981: *La Trahison* (198?, 35 mm, 108 min).

Mace, Nicole
Bien qu'on ait déploré le caractère trop appuyé de son propos, *The Guardians* (197?, 104 min) demeure un essai intéressant sur les rapports à l'autorité, la place de l'artiste dans la société — surtout s'il s'agit d'une femme — les droits des femmes, la lutte pour le droit à s'exprimer. *The Guardians* est inspiré de deux livres écrits par Amalie Scram, artiste peintre, à la fin du siècle dernier.

***

PAKISTAN

Ara, Shamin
Nous ne connaissons aucun de ses films.

Sangeeta

Elle est l'auteure de trois longs métrages: *A Handful of Rice, I Shall Stroy Silent* et *Mutthibhar Chawal*.

***

PAYS-BAS

Apon, Annette

(1949/   )

De 1968 à 1972, elle étudie à la Dutch Film Academy et devient cofondatrice du magazine cinématographique *Skrien*. Elle réalise deux courts métrages, *Eigen haar is goud waard* (1973) et *Arthur en Eva* (1974), puis participe à la création d'un collectif de films, *Amsterdams Stadsjournall*. Ses autres films: *Overloop Is Sloop* (1974); *Werkloosheid* (1975); *Van brood alleen kan een mens niet leven* (1975); *De mensen, de industrie en de ruimte* (1976); *Een schijntje vrijheid* (1976); *10 000 Megawatt* (1977); *Het Bosplan* (1978); *Politiewerk* (1979); *Fietsen* (1979) et *Kakafonische notities* (1980). Après 1981: *Golven* (1982, 16 mm, coul. t. a.: *The Waves*, 92 min) et *Giovanni* (1983, coul, 90 min).

Gorris, Marleen

(1950/   )

À 31 ans, Marleen Gorris écrit et réalise son premier long métrage, *The Silence Surrounding Christine M.* (1981, t. o: *De Stilte Rond Christine M.*, 35 mm, coul, 92 min). Jamais humour n'a été si féministe, jamais féminisme n'a été si drôle au cinéma! Sans concertation aucune, trois femmes étrangères l'une à l'autre tuent le propriétaire d'une boutique de vêtements. La psychiatre chargée de soumettre un rapport au tribunal en vient à douter et, finalement, à rejeter l'étiquette de folie dont les trois criminelles ont été taxées. Elle réalise que chaque femme pourrait revendiquer pareil accès de révolte. La dernière séquence, au tribunal, est une pièce de régal où l'absurdité le dispute à l'humour noir.

Kok, Marja

Coauteure avec Erik van Zuylen d'un film qui accumule les prix et qui, sur un ton quasi documentaire, dénonce les systèmes médical et hospitalier, *En observation* (1979, t. o: *Opname*, 99 min).

Molenaar, Hillie

(1945/   )

Réalisatrice depuis 1974, elle a surtout signé des documentaires pour la télévision tournés aux Pays-Bas, en Espagne, en Hongrie, en France, en Belgique, à Cuba et en Afrique. En 1976, elle réalise *Avorter, on ne le fait pas comme ça* (45 min) qui cherche, à travers l'expérience de quatre femmes de milieux sociaux différents, à comprendre ce geste si grave dans sa signification et ses conséquences. Selon l'Organisation mondiale de la santé, chaque année 30 millions de femmes subissent un avortement. Autre film connu de Molenaar: *Travailler à Cuba*, sur les femmes cubaines travaillant en usine et, plus particulièrement, dans les fabriques de cigares. Après 1981: *Daughters of the Nile* (1982, coré: Joop Van Wijk, 16 mm, coul, 73 min, documentaire sur les femmes voilées habitant le bord du Nil).

Rademakers, Lili

Elle assiste Federico Fellini pour *La Dolce Vita* en 1960. *Menuet* (1981, 35 mm, coul, 86 min), sa première réalisation autonome, dénote un goût de l'outrance qui n'est pas sans rappeler Fellini. Parallèlement à un récit linéaire, elle développe avec un certain brio tout un monde fantasmatique.

Scholten, Yvonne

(1943/   )

Diplômée en sciences politiques, Yvonne Scholten vit à Rome depuis 1962 où, après avoir signé un court métrage sur la formation des adultes, elle réalise son premier long métrage. *Donna — Des femmes en révolte* (1980, 16 mm, 65 min) analyse avec minutie l'organisation du mouvement des femmes en Italie depuis le travail de Sybilla Aleramo, à la fin du XIXe siècle, jusqu'à nos jours où le féminisme se présente comme un choix politique.

Strooker, Shireen

Comédienne, metteure en scène et professeure d'art dramatique, Shireen Strooker a collaboré à des productions étrangères, telles que *Scared to Death* (Angleterre) et *La Fête pour Nico* (France). En 1981, elle coréalise avec Frans Weisz *A Hot Summer Night* (35 mm, 95 min).

***

PHILIPPINES

Concio, Lupita
Auteure de quatre longs métrages.

Diaz Abaya, Marilue
Auteure de quatre longs métrages, dont *Brutal* et *Moral*.

Guillen, Lauris
On ne connaît pas les noms de ses films.

***

POLOGNE

Holland, Agnieszka
Lors de la présentation de son deuxième long métrage au Festival de Berlin, édition 1981, on s'est plu à dire que Holland se joignait désormais aux trois autres grands cinéastes polonais contemporains: Andrzej Wajda, Krzysztof Zanussi et Krzysztof Kieslowski. *Fièvre* (1981, 122 min), composé d'après le roman de Andrzej Strug, *The Story of a Bomb*, s'est d'ailleurs mérité le prix d'interprétation féminine. Il est question dans *Fièvre* de militants socialistes polonais en lutte, au début du siècle, contre l'oppression tsariste. L'auteure dépeint avec minutie plusieurs types d'anarchistes pour qui cette histoire de bombe deviendra funeste. On a dit de *Fièvre* qu'il pourrait tout aussi bien gagner la faveur populaire sur la scène commerciale qu'au répertoire du cinéma d'art. De son auteure, on a encore dit que cette jeune Polonaise était probablement l'une des meilleurs conteurs d'histoire du cinéma européen. *Les Acteurs provinciaux* (1980, prix de la Semaine internationale de la critique à Cannes) est le premier long métrage d'Agnieszka Holland, également scénariste de *Sans anesthésie* de Wajda. En voyage à Paris le 13 décembre 1981, lors de l'instauration de «l'état de guerre» en Pologne, elle décide de témoigner hors de son pays des événements qui le bouleversent en réalisant *La Lettre*, film de 20 minutes avec Leslie Caron sur l'histoire d'un enfant polonais recueilli dans une famille française.

Sokolowska, Anna
Auteure de *Beata* (1965), ou l'histoire d'une adolescente qui décide de fuir l'hypocrisie de ses parents, professeurs et amis.

***

PORTUGAL

Nordlund, Solveig
(Stockholm, 1943/   )
Monteuse et réalisatrice de plusieurs films au Portugal, elle dirige notamment *Dina et Django* (1980, 35 mm, 80 min).

Rutler, Monique
Utilisant successivement une démarche documentaire et des segments de fiction pour servir les fins de son propos, Monique Rutler met en relief la condamnation à la vieillesse que la société réserve aux personnes dont seul le coeur a parfois encore 20 ans. *Only Their Clothes Are Old* (1980, 83 min) a été réalisé par l'une des rares cinéastes portugaises que nous connaissons.

***

QUÉBEC

Allaire, Francine
(Montréal, 14 juillet 1955/   )
Après un court métrage, *Une bien belle ville* (1975, coré: Jeanine Gagné, Sylvie Groulx et Michel Lamothe, 20 min), elle coréalise avec Sylvie Groulx un long métrage qui dénonce la polarisation des rôles sexuels tenus par les hommes et les femmes dans notre société. *Le Grand Remue-ménage* (1978) a été conçu «comme un outil de déconditionnement, un outil d'intervention et d'animation».

Baillargeon, Paule
(Rouyn-Noranda, 19 juillet 1945/   )
Comédienne tant au théâtre qu'au cinéma, elle est aussi membre fondatrice du Grand Cirque ordinaire. Représentante très typée de cette génération charnière qui a aujourd'hui dans la trentaine et dont le problème est «d'avoir refusé le pouvoir mais d'avoir été incapable de s'organiser sans ce pouvoir», Paule Baillargeon s'essaie à la réalisation avec un court métrage, *Anastasie, Oh ma chérie* (1977, 34 min). Aux prises avec d'énormes difficultés financières, elle se débat ensuite pendant deux ans et demi pour terminer un long métrage sur « la dernière journée des anciens rapports entre les hommes et les femmes», *La Cuisine rouge* (1979, coré: Frédérique Collin,

16 mm, 90 min). Oeuvre d'investigation dans l'imaginaire féminin, *La Cuisine rouge* devient l'objet de débats houleux et souvent de jugements cruels.

Ballantyne, Tanya

(Montréal, 4 mai 1944/   )

Entrée à l'ONF en 1965, Tanya Ballantyne inaugure le nouveau programme d'intérêt communautaire appelé Challenge for Change/Société nouvelle. *The Things I Cannot Change* (1966, 55 min) «restitue avec une force de persuasion peu commune le portrait d'un homme et de sa famille, habitant rue Notre-Dame à Montréal, aux prises avec les pires difficultés et réduit à vivoter malgré sa volonté de rester socialement en surface, de vivre décemment», estime Gilles Marsolais, auteur de *L'Aventure du cinéma direct*. Autre réalisation de Ballantyne: *The Merry-Go-Round* (1966, 23 min).

Barbeau, Manon

Elle réalise pour l'ONF un film qui cherche à comprendre la réalité des déficients mentaux légers et moyens, *Nous sommes plusieur boucoup de monde* (1981, 16 mm, coul, 60 min).

Beaudry-Cowling, Diane

(Montréal, 1946/   )

Productrice et réalisatrice, elle travaille d'abord à Radio-Canada, puis à l'ONF. Elle signe: *The Electric Ben* (1973, CM); *The Margaree People* (1974, 27 min, la vie quotidienne à Marga-ree au Cap Breton); *Ballad to Cornwallis* (1975, 8 min, une brève histoire d'Halifax); *Just-A-Minute I* (1976, 7 min); *Just-A-Minute II* (1976, 6 min); *Maud Lewis: A World Without Shadows* (1976, 10 min); *An Unremarkable Birth* (1980).

Benoit, Denyse

(Sainte-Dorothée, 1949/   )

Comédienne, scénariste et réalisatrice, elle tourne d'abord trois courts métrages: *Coup d'oeil blanc* (1974, 4 min); *Un instant près d'elle* (1974, 10 min) et *La Crue* (1976, 29 min). Son premier long métrage, *La Belle Apparence* (1978, 92 min), s'intéresse au sort d'une femme qui, par le biais de la marginalité, exprime sa révolte et tente de s'affranchir de la présence maternelle coercitive.

Besen, Ellen

(Chicago, 23 juillet 1953/   )

Animatrice, elle est cofondatrice de Caribou Cartoons

(R.R.E.D. Studio Ltd) à Toronto. Depuis 1977, elle réalise des films d'animation à l'ONF: *To Spring* (1973, 40 s); *Metric-Métrique* (1976, 10 min); *Sea Dream* (1979, 5 min); *Feels So Good* (1980, 3 min); *The Clever Wife* (1980, 10 min).

Bissonnette, Sophie

Elle réalise avec Martin Duckworth et Joyce Rock *Une histoire de femmes* (1980, 16 mm, 75 min), qui relate le rôle des femmes pendant la grève de Sudbury en Ontario, l'une des grèves les plus importantes à survenir en Amérique dans le secteur minier. *Une histoire de femmes* s'est vu attribuer le Prix de la Critique québécoise 1980. Elle a aussi réalisé: *Luttes d'ici, luttes d'ailleurs* (1981, 16 mm, 31 min).

Blackburn, Marthe

Très active à plusieurs titres dans le monde du cinéma, notamment comme scénariste, Marthe Blackburn a touché à la réalisation une fois avec un collectif de réalisation composé de Susan Gibbard, Jeanne Morazin, Francine Saia et Clorinda Warny. *À qui appartient ce gage?* (1973, 57 min) a été tourné dans le cadre de la série «En tant que femmes» de l'ONF.

Borenstein, Joyce

(Montréal, 19 mars 1950/   )
Cinéaste d'animation, elle réalise *Opus I* (1972, 4 min); *The Unexpected Answer: Homage to René Magritte* (1973, 6 min); *Revisited* (1974, 8 min); *Traveller's Palm* (1977, 2 min); *Onions and Garlic* (1977, 5 min); *The Five-Minute Five-Billion-Year Movie* (1980, 6 min).

Brossard, Nicole

Poète et romancière, Nicole Brossard participe à la réalisation de *Some American Feminists* (1977, 56 min, coré: Luce Guilbeault et Margaret Wescott) avec une équipe constituée uniquement de femmes. *Some American Feminists* donne la parole à quelques théoriciennes et militantes féministes américaines, dont Kate Millett et Betty Friedan, et tente de dégager des perspectives d'avenir.

Cadrin-Rossignol, Iolande

(Montréal, 28 juillet 1942/   )
Animatrice, scénariste, productrice, recherchiste et compositrice, Iolande Cadrin-Rossignol mène de nombreuses autres activités parallèlement à sa carrière de réalisatrice. Son oeuvre

comprend: *La question que je me pose* (1973, 28 min); *La Parade* (1973, coré: Pierre Larocque, 40 min); *L'Amour quotidien* (1975, coré: Fernand Dansereau); *L'Espace intérieur* (1976, dans la série «Un pays, un goût, une manière» coré: F. Dansereau, 28 min); *L'Église traditionnelle* (1976, de la même série, coré: Gaston Cousineau, 28 min); *L'Art populaire* (1976, de la même série, 28 min); *Les Jouets* (1976, de la même série, 28 min); *La Leçon du passé* (1976, de la même série, coré: F. Dansereau); *Thetford au milieu de notre vie* (1978, coré: F. Dansereau, 84 min); et, dans la série «La tradition de l'orgue au Québec»: *Le Luxe du son* (1978, 30 min); *L'Ordinateur des bois* (1978, 30 min); *Vivre avec la musique* (1978, 30 min); *Organ — A Tradition In Quebec* (1979, 90 min). D'autres films: *La Clé de faire* (1980) et *S'appartenir, prendre les grands moyens* (1981). Après 1981: *Musique outre-mesure* (1982, 16 mm, coul, 26 min) et *Rencontre avec une femme remarquable: Laure Gaudreault* (1983, coul, 89 min 6 s).

Carré, Louise

(Montréal, 1er février 1936/   )
Un budget dérisoire de 290 000 $, cinq semaines de tournage, le Grand prix de la presse internationale au Festival des films du monde de Montréal 1980, cela constitue un amalgame peu fréquent pour une femme qui tourne, à l'âge de 44 ans, son premier long métrage. *Ça peut pas être l'hiver, on n'a même pas eu d'été* (1980) est applaudi par la critique. Assurée que les femmes sont mieux sans homme-éteignoir ou sans homme-«kill joy», Louise Carré met en scène une belle femme de 57 ans qui cherche un sens à donner à sa vie après la mort de son compagnon. Un espoir de voir enfin à l'écran des femmes qui interprètent des rôles qui ont l'âge de leurs viscères. Un espoir d'un talent qui pourra s'épanouir. Louise Carré admet elle-même être parvenue à la réalisation par la bande. Administratrice pendant de nombreuses années à l'ONF, elle avait aussi touché à la scénarisation et à la production. En 1977, elle avait fondé La maison des Quatre, compagnie de production qu'elle partage avec Denyse Benoit et André Théberge avant de devenir cinéaste.

Collin, Frédérique

Comédienne, elle participe à titre de coréalisatrice à ce document qui se veut un constat du tournant historique dans la vie des femmes et leur refus, quelquefois inconscient, de leurs rôles «d'actrice, de mère, de prostituée ou de folle», *La Cuisine rouge* (1979, coré: Paule Baillargeon, 90 min).

Cournoyer, Michèle

Animatrice, auteure de *La Toccata* (1976), *Shaghettata* (1976) et *Old Orchard Beach, PQ.* (1981, 35 mm, coul, 9 min).

Crouillère, Monique

D'origine française, elle s'établit au Québec en 1971 avec l'impensable «prétention» de tenir une caméra. Sa persévérance lui donne raison et elle devient une des deux ou trois camerawomen d'ici. Elle essaie la réalisation au Québec en 1976 avec *Shakti*, document sur les femmes rurales en Inde, et récidive en 1980 avec *Manger avec sa tête* (56 min) qui dénonce l'industrie agro-alimentaire et les gouvernements qui ne se soucient pas des répercussions de la technologie alimentaire sur la santé. Une seule réalisation connue en France: *La Grande Jaja* (1971).

Dandurand, Anne

Préoccupée par la violence faite aux enfants et aux femmes, Dandurand signe un moyen métrage, *Ruel-malenfant* (1980, 25 min, sélection du Festival international du Nouveau Cinéma 1980), qui, sur un ton à la fois onirique et désespéré, dénonce cette violence. L'année suivante, elle est scénariste et réalisatrice de *Le Rêve assassin* (1981, 16 mm, coul, 9 min 50 s).

Danis, Aimée

(Maniwaki, 1929/   )

Scripte, monteuse, elle devient réalisatrice en 1968. Elle signe environ 150 bandes publicitaires pour la maison Onyx Films et quelque 300 pour diverses autres compagnies. En 1973, elle devient présidente de la société Les productions du Verseau, société qu'elle fonde avec Guy Fournier. En plus d'un grand nombre de séries destinées à la télévision, Aimée Danis réalise un des films de la série «En tant que femmes» de l'ONF, *Souris, tu m'inquiètes* (1973, 57 min) qui témoigne, sur un mode de fiction, du malaise «incompréhensible» d'une femme possédant tout pour être heureuse. Aimée Danis a encore signé, en 1976, le film officiel du Comité olympique de Montréal.

Dansereau, Mireille

(Montréal, 19 décembre 1943/   )

Recherchiste, monteuse, scénariste, professeure de cinéma, Mireille Dansereau réalise son premier film à l'ONF, *Moi, un jour* (1967, 10 min). Bénéficiaire d'une bourse, elle se perfectionne au London School of Film Technique où elle recueille le premier prix du National Student Film Festival pour son film *Compromise* (1968, 28 min). Après un film de moyen métrage, *Forum* (1969, 58 min), Dansereau rentre au pays et tourne le premier long métrage québécois réalisé par une femme dans l'industrie privée, *La Vie rêvée* (1972, 80 min). Elle restera fidèle dans ses films postérieurs aux préoccupations déjà exprimées dans *La Vie rêvée:* l'amitié entre femmes, la famille, les rapports femmes/hommes. Autres réalisations de Mireille Dansereau: *Coccinelle* (1970, 3 min); *J'me marie, j'me marie pas* (1973, 81 min); *Rappelle-toi* (1975, coré: Vartkes Cholakian); *Famille et variations* (1977, 75 min); *L'Arrache-coeur* (1979, 92 min, présenté en compétition officielle au Festival des films du monde de Montréal 1979); *Les Baltes à la recherche d'un pays* (1980, 30 min); *Les Nordiques ou un peuple sans artifice* (1980, 60 min). Après 1981: *Le Frère André* (1982, 16 mm, coul et N/B, 58 min).

Daudelin, Mitsu

(Montréal, 17 février 1940/   )
Cinéaste d'animation, on lui doit *Maricoquette qui n'a ni chaud ni frette* (1976, coré: Estelle Lebel et Rachel St-Pierre, 13 min); *La Chicane* (1978, réalisation collective, 10 min); *En avant pour la grève générale* (1978, réalisation collective, 7 min); *Cogne-dur* (1979, coré: E. Lebel et R. St-Pierre, 10 min); *The Lesser Evil?* (1980, réalisation collective).

Desbiens, Francine

(Montréal, 21 juillet 1938/   )
Cinéaste d'animation entrée à l'ONF en 1965, elle y est réalisatrice et productrice depuis 1969. Francine Desbiens a signé: *Le Corbeau et le Renard* (1969, coré: Pierre Hébert, Yves Leduc, Michèle Pauzé, 3 min); *Les Bibites de chromagnon* (1971, 8 min); *Du coq à l'âne* (1973, coré: Suzanne Gervais et P. Hébert, 11 min); *Dernier envol* (1977, 9 min).

Deschamps, Laurette

Coréalisatrice avec Denise Lanouette et Michèle Renaud-Molnar de *Un enfant loin d'ici* (1980, 58 min, document sur l'adoption d'enfants du Tiers-Monde par des familles québécoises) et *Ces étrangers, nos amis* (1980, 28 min, document sur le parrainage de réfugiés du Sud-Est asiatique).

Dousseau, Anik

(Bordeaux, France, 10 avril 1944/   )
Reporter, recherchiste et réalisatrice établie au Québec depuis
1966, Anik Dousseau commence sa carrière au cinéma en 1969
par une série de reportages, «Plein feu l'aventure» (26 films),
produite par la société Via le monde. Ses nombreuses réalisations, destinées à la télévision, font ressortir les intérêts
diversifiés de l'auteure: *Ben Shemen, village de l'espoir* (1971,
26 min); *Suivez-nous chez les Yanawamis* (1971, 26 min); *Yvan,
l'homme tranquille de Chiguana* (1971, 26 min); *La Gravure 1*
(1973, 25 min); *La Gravure II* (1973, 25 min); *Le Mime* (1973,
25 min); *Le Théâtre I* (1973, 25 min); *Le Théâtre II* (1973,
25 min); *Nicole Pagé* (1974, 26 min); *Saigon: Nicole Charlebois*
(1974, 26 min); *Jeunesse Canada Monde* (1975, 26 min); *Objectif:
Pôle Nord* (1975, 27 min); *Amérique du Sud: les Indiens de la forêt*
(1977, 80 min); *Le Chili et après* (1978, 26 min); *La Pâque grecque*
(1978, 26 min); *Le Quartier chinois* (1978, 26 min) et en 1979-
80: *Québec en petit* (25 min); *Indes* (26 min); *Grand-Maman*
(26 min); *Frères et soeurs de toutes les couleurs* (26 min); *Haïti*
(26 min); *Afrique du Nord* (26 min); *Les Juifs marocains* (26 min);
Bulgarie (26 min); *Italie* (26 min); *Mexique* (26 min). Anik
Dousseau est aussi l'auteure de plusieurs dramatiques produites
pour le compte du ministère de l'Éducation.

Doyle, Helen

Helen Doyle réalise deux films en collaboration où se mêlent
fiction et documentaire pour exprimer les réalités du viol,
Chaperons rouges (1979, coré: Hélène Bourgault, 44 min) et
pour mettre à nu les liens existant entre femmes et folie, *C'est
pas le pays des merveilles* (1981, coré: Nicole Giguère, 57 min).
Helen Doyle participe également de manière active aux
recherches de l'équipe Vidéo-Femmes.

Duchêne, Nicole

(Villeurbane, France, 28 août 1945/   )
Recherchiste, reporter et réalisatrice, elle fait le tour du monde
avec son compagnon Daniel Bertolino avant de mettre cap sur
le Québec. Elle anime la série télévisée «Jeunesse sans frontière» pour Radio-Canada en 1967. Après plusieurs années
de collaboration avec la société Via le monde, elle fonde les
films sur place. Ses principales réalisations: *Canadiens du bout
du monde* (1971, 26 min, série «Plein feu l'aventure»); *La Peinture II* (1973, 25 min, série «Des goûts, des formes et des
couleurs»); *Être ou ne pas être étrangers: Kabylie* (1975, 26 min,

série «Défi»); *Gagner sa vie* (1975, 26 min, série «Défi»); *Je veux guérir* (1975, 26 min, série «Défi»); *Vivre pour être heureux* (1975, 26 min, série «Défi»); *La Guinée-Bissau d'aujourd'hui* (1976, 56 min, série «Laissez-passer»); *Pour l'indépendance de la Guinée-Bissau* (1976, 57 min, série «Laissez-passer»); *Algérie: une expérience* (1977, 80 min, série «Des idées, des pays, des hommes»); *Guinée-Bissau: un chef de file* (1977, 80 min, série «Des idées, des pays, des hommes»); et dans la série «Cinq milliards d'hommes», Nicole Duchêne coréalise avec Claude Lortie plusieurs films de 26 minutes entre 1978 et 1979: *Le complot, ou comment les transnationales possèdent le monde, Admission temporaire, À tout prix, Au travail, Les Dépossédés, L'Échange inégal, Information limitée, Le Nouvel Ordre, L'Organisation, Qui aide qui?, Les Rouages, Toujours plus, Une affaire en or.*

Dugal, Louise

Elle coréalise avec Serge Giguère et Sylvie van Brabant *Depuis que le monde est monde* (1981, 64 min), qui pose la question: Où en sont les femmes aujourd'hui face à leurs accouchements? Veulent-elles encore se faire accoucher ou veulent-elles plutôt accoucher tout en étant accompagnées et supportées?

Dumesnil, Thérèse

(5 octobre 1932/   )
Documentariste, on lui connaît deux films produits par l'ONF: *Cousins germains* (1973, 16 mm, 55 min 29 s) donne la parole à des Néo-Canadiens d'origine allemande et *Demain l'hiver* (1974, 16 mm, 26 min, 53 s) est un film d'information sur le ski de randonnée tel qu'on le pratique ici.

Elnecave, Viviane

(Caire, Égypte, 20 mai 1945/   )
Très jeune, elle arrive au pays et y poursuit ses études. Devenue permanente au studio d'animation de l'équipe française de l'ONF, elle est l'auteure de: *Notre jeunesse en auto sport* (1968, 2 min); *L'Oeil* (1972, 8 min); *Rien qu'une petite chanson d'amour* (1974, 10 min); *Luna, luna, luna, luna* (1981, 12 min, 33 s, gravure sur celluloïd).

Fournier, Édith

(Montréal, 12 mai 1943/   )
Docteur en psychologie, elle mène de front ses activités professorales à l'Université de Montréal et ses activités cinématographiques. Ses films, qu'elle coréalise avec Michel Moreau,

s'adressent tant aux enfants qu'aux adultes et développent des stratégies d'information scientifique à la portée de toutes/tous. Ses coréalisations: *Les Enfants de l'émotion* (1977, 18 min, série *Les exclus*); *La Cachette, La Construction, Les Poupées, La Sculpture de l'intelligence* (prix au Festival international du film scientifique de Tokyo en 1979), tous quatre coréalisés en 1978 dans la série «L'envers du jeu» et «Chronique d'Isabelle» (1980). Elle a en outre participé au scénario de *Une naissance apprivoisée* (1979, 72 min) qui relate la naissance de sa fille dans un climat familial et hospitalier plus humain.

Gervais, Suzanne

(Montréal, 26 mai 1938/   )
Cinéaste d'animation à l'emploi de l'ONF depuis 1969, elle compte à son crédit: *Cycle* (1971, 5 min); *Du coq à l'âne* (1973, coré: Francine Desbiens et Pierre Hébert, 11 min); *Climats* (1974, 10 min); *La Plage* (1979, 3 min); *Premiers jours* (1980, elle termine avec Lina Gagnon le film que Clorinda Warny avait commencé et que son décès avait brusquement interrompu).

Gibbard, Susan

Dans le cadre de la série En tant que femmes de l'ONF, elle coréalise avec Marthe Blackburn, Jeanne Morazin, Francine Saia et Clorinda Warny *À qui appartient ce gage?* (1973, 16 mm, 57 min).

Giguère, Nicole

Elle coréalise avec Helen Doyle un document sur les femmes et la santé mentale, *C'est pas le pays des merveilles* (1981, 16 mm, 57 min). Nicole Giguère est encore membre active du collectif de production et de réalisation de films et de vidéos, Vidéo-Femmes.

Girard, Hélène

(Montréal, 15 octobre 1945/   )
Monteuse, puis réalisatrice, Hélène Girard entre à l'ONF en 1970. Elle se joint au programme En tant que femmes dès ses débuts et, en 1973, participe à l'organisation d'un événement capital tant pour les femmes d'ici que pour le cinéma d'ici, le Festival «La femme et le film». Ses films: *Les filles c'est pas pareil* (1975, 57 min, images: Suzanne Gabouri), *La P'tite Violence* (1977, 71 min) et *Fuir* (1979, 73 min, «fiction documentée» sur le suicide, ses tenants et ses aboutissants).

Groulx, Sylvie

(Montréal, 25 juin 1953/   )
Dans le cadre de ses études à l'Université Concordia de Montréal, elle coréalise *Une bien belle ville* (1975, 20 min), film sur les problèmes de logements dans les quartiers populaires de la métropole. Quelques années plus tard, elle termine avec Francine Allaire *Le Grand Remue-ménage* (1978, 70 min) qui s'interroge sur l'organisation des rôles féminins et masculins. Il s'agit d'un film bien dérangeant et fort prometteur.

Guilbeault, Luce

(Montréal, 5 mars 1935/   )
Certainement une des figures dominantes du cinéma québécois, Luce Guilbeault fait sauter les écluses de sa colère lors du Festival «La femme et le film» de 1973. Comédienne de théâtre et de cinéma, elle ne veut plus être acculée à cette espèce de schizophrénie pour que sa conscience puisse supporter les rôles alimentaires de «cocottes, d'agaces, de sex pot» que les hommes lui proposent toujours et elle le dit publiquement un certain soir de juin 1973. Dans le milieu, on lui fera payer très cher ses écarts langagiers. Qu'à cela ne tienne! Luce Guilbeault a plus d'une corde à son arc. Si la caméra des autres la boude, elle va en prendre elle-même la direction: *Denyse Benoit, comédienne* (1975, 16 mm, 24 min 55 s); *Some American Feminists* (1977, coré: Nicole Brossard et Margaret Wescott, 56 min, témoignages de plusieurs théoriciennes du néo-féminisme américain, dont Betty Friedan et Kate Millett) et *D'abord ménagères* (1978, 90 min, film-constat sur la difficulté pour les femmes de se libérer du service domestique non rémunéré et méprisé) sont les trois films qu'elle a réalisés à ce jour.

Guy, Suzanne

Assistante à la réalisation pour le documentaire *Plusieurs tombent en amour,* elle devient coréalisatrice avec Guy Simoneau d'un documentaire non «sur» les handicapés, mais «avec» les handicapés. *On n'est pas des anges* (1981, 16 mm, 77 min) rappelle, avec beaucoup d'à propos, que l'amour n'est jamais différent, même pour les personnes au physique différent.

Klein, Bonnie

Voir Sherr Klein, Bonnie

Klein, Judith

(Oakland, Californie, 21 octobre 1948/   )
Cinéaste d'animation et productrice. Sa famille s'installe à Montréal, alors qu'elle est âgée d'un an. En 1967, elle devient permanente de l'ONF, section française d'animation. Puis elle y travaille encore comme pigiste, tandis qu'elle fonde sa propre société de production. Judith Klein est l'auteure de: *Catuor* (1970, 4 min); *Modulation* (1972, 4 min); *Sports divers* (1973, 10 min); Cinq films éclairs anticigarettes: *Les Chiens, Les Chevaux, Les Coqs, Les Moutons, Les Chattes* (1975, 5 min) et deux films éclairs antialcool: *Le Singe, Le Hibou* (1979, 2 min).

Lanctôt, Micheline

(Freghlisburg, 12 mai 1947/   )
Femme aux propos parfois équivoques, tantôt féministes tantôt antiféministes, Micheline Lanctôt est une «femme à tout faire», dont l'énergie est incontestable. Actrice qui connut le succès dès son premier film, sa vraie nature s'accommode cependant mal du vedettariat. Elle n'a pas l'ego requis pour cela, admet-elle simplement. C'est sans doute pourquoi elle poursuit parallèlement à sa carrière de comédienne un travail d'animatrice. Elle réalise d'ailleurs elle-même deux films d'animation: *A Token Gesture* (1975, 8 min) et *Trailer* (1976, CM). En 1980, elle ajoute «une corde à sa lyre» et réalise son premier long métrage de fiction, *L'Homme à tout faire* (99 min). Son succès d'estime va permettre à Micheline Lanctôt de tourner à nouveau. Micheline Lanctôt est aujourd'hui présidente de l'Association des réalisateurs de films du Québec. Après 1981: *Sonatine* (1984, 35 mm, coul, 91 min, budget 1 million de dollars, Lion d'argent au Festival de Venise 1984).

Lanouette, Denise

Co-auteure avec Laurette Deschamps et Michèle Renaud-Molnar de *Un enfant, loin d'ici* (1980, 58 min) et de *Ces étrangers, nos amis* (1980, 28 min).

Leaf, Caroline

(Seattle, USA, 12 août 1946/   )
Étudiante à Harvard, elle s'initie à l'animation dans le cadre d'un cours libre donné par Derek Lamb. Elle y réalise *Sand or Peter and the Wolf* (1969, 10 min). Boursière, elle peut donc réaliser un second film, *Orfeo* (1972, 11 min, qui s'est vu attribuer le Cine Golden Eagle Award 1972, technique: dessins à l'encre sur verre). Avec *How Beaver Stole* (1972, 12 min), Caro-

line Leaf renoue avec son premier matériau: le sable. Invitée dès après ce film à se joindre à l'équipe anglaise d'animation à l'ONF de Montréal, elle y crée *Le Mariage du hibou* (1974, 8 min, premier prix de la catégorie Films pour enfants au Festival international du film d'animation, Ottawa 1976) qui consacre son immense talent. En 1976, elle abandonne la nature et entre de plein pied dans l'univers de la ville en adaptant une oeuvre de Mordecai Richler, *The Street* (12 min, Grand prix du jury au Festival international du film d'animation, Ottawa 1976), suivi de *The Metamorphosis of Mr. Samsa* (1977, 10 min, d'après Kafka, Grand prix et Dragon d'or du Festival de Cracovie) pour lequel elle n'utilise qu'une table, une caméra et encore un peu de sable. Ayant acquis une renommée internationale, Caroline Leaf a encore signé un film éclair pour Media Probes (1978, 1 min), *Interview* (1979, coré: Veronika Soul, 13 min, présenté au Festival des films du monde de Montréal en 1979) et *Kate et Anna McGarrigle* (1981, 28 min). Après 1981: *Equal Opportunity* (1982, coul, 12 min).

Lebel, Estelle

(Kamouraska, 3 octobre 1945/   )
Concepteure-graphiste, recherchiste et professeure de sérigraphie, elle s'intéresse à l'animation en 1975. Une recherche sur la tradition orale menée conjointement avec Mitsu Daudelin et Rachel St-Pierre se terminera par un premier film: *Maricoquette qui n'a ni chaud ni frette* (1976, 13 min). Le collectif signera, en 1979, leur véritable premier film professionnel tourné à l'ONF, *Cogne-dur* (10 min).

Léger, Francine

(Montréal, 10 septembre 1944/   )
Photographe, recherchiste, productrice, elle réalise son premier film d'animation en 1974, *Je suis moi* (réalisation collective, 7 min). Suivront *Montréal, ville à penser* (1977, en coréalisation, 30 min), *L'Écran géant* (1979, 25 min); *Réveille* (1979, 5 min) et *Petit nuage Radio-Québec* (1979, 10 s). Une des membres fondateurs de la maison Les Films Québec Love, elle en assume la présidence depuis 1978.

Létourneau, Diane

(Sherbrooke, 3 décembre 1942/   )
Infirmière spécialisée en nursing psychiatrique comptant neuf ans de clinique et d'enseignement, Diane Létourneau s'amarre au quai du cinéma à titre de recherchiste d'abord. Elle assiste

Georges Dufaux pour trois longs métrages, puis prend le large seule, en 1977, et signe *Les Oiseaux blancs de l'Île d'Orléans* (30 min). Le vent dans les voiles, rien ne peut arrêter Diane Létourneau qui voit son projet sur la vie obscure des petites soeurs de Sainte-Famille refusé deux fois par l'ONF. Mais la société Prisma prend le risque et produit *Les Servantes du Bon Dieu* (1978, 90 min), film inusité qui pose un regard interrogateur, mais toujours respectueux, sur ces femmes qui ont consacré leur vie à servir les prêtres, dans un univers feutré et clos à tous les bouleversements socio-politiques. *Le plus beau jour de ma vie* (1981, 82 min), deuxième long métrage de la cinéaste, est composé de trois volets de 27 minutes qui veulent refléter trois saisons dans la vie de couple. Subrepticement, l'auteure dénonce l'industrie maritale qui s'enrichit de deux milliards de dollars par année tout en interpelant l'attention du public sur une vérité incontestable: plus on se marie plus on divorce, plus on divorce plus on se remarie. Autres films de Diane Létourneau: *Les Statues de monsieur Basile* (1978, 28 min) et *La Passion de danser* (1981). Depuis quelques temps, elle est devenue l'une des rares réalisatrices permanentes de l'ONF.

Levitin, Jacqueline
(Seattle,   )
Jacqueline Levitin a immigré au Canada en 1974. Professeure de cinéma à l'Université Concordia, elle a réalisé quelques vidéos et courts métrages dont *Seattle Strike 1919* (1969); *Factory Sounds* (1973); *The Tenants Acts* (1973) et *Up from the Bargain Basement* (1979). Après 1981: *Pas fou comme on le pense* (1983, 16 mm, coul, 73 min).

Macaulay, Eunice
(Lancashire, Angleterre, 5 juillet 1923/   )
Elle arrive au Canada en 1963. Après avoir assumé un poste de supervision de l'animation dans l'industrie privée, elle est engagée en 1973 pour remplir les mêmes fonctions à l'ONF. Elle collabore depuis à tous les films produits par l'équipe anglaise d'animation et a de plus coréalisé avec John Weldon *Special Delivery* (1978, 7 min) et *Log Driver's Waltz* (1979, 3 min).

Mallet, Marilú
(Santiago, Chili, 2 décembre 1945/   )
Réfugiée à Montréal après le fatidique coup d'État de 1973 contre le gouvernement d'Allende, elle poursuit une carrière

de cinéaste amorcée au Chili et à Cuba aussi. Appointée par le programme Société nouvelle de l'ONF pour réaliser un premier long métrage sur les immigrants portugais établis à Montréal, elle avouait que jamais salaire de réalisateur n'avait été plus bas à l'ONF. Le syndicat se chargea cependant de corriger la situation. *Les Borgès* (1978, 60 min) cherche, à travers le portrait d'une famille d'émigrés à expliquer aux Québécois les difficultés d'intégration des quelque 30 000 Portugais vivant à Montréal. Autres films de Marilú Mallet: *Amuhelai-mi* (1971, 10 min, *Tu ne partiras pas*); *A.E.I.* (1972, 10 min); *Donde voy a encontrar otra violeta* (1973, 40 min); *Lentement* (1975); *L'Évangile à Solentiname, ou le Portrait d'Ernesto Cardenal poète du Nicaragua* (1979, 27 min) et *Les Lettres* (1980). Après 1981: *Journal inachevé* (1982, 16 mm, coul, 50 min, sélection officielle au 5ᵉ Festival international de films de femmes à Sceaux).

Morazin, Jeanne

Elle coréalise avec Marthe Blackburn, Susan Gibbard, Francine Saia et Clorinda Warny *À qui appartient ce gage?* (1973, 16 mm, 57 min), film produit dans le cadre du programme En tant que femmes de l'ONF.

Nantel, Louise

Elle coréalise avec André A. Bélanger *On est rendus devant le monde* (1981, 83 min), produit par l'ONF et qui rend compte de la créativité du jeune théâtre québécois.

Overing, Claudia

(Montréal, 20 juin 1945/   )
Une des rares femmes, peut-être la seule, à s'être imposée dans la réalisation de films scientifiques. Claudia Overing a débuté bien modestement à titre de technicienne de laboratoire pour l'équipe de cinéma scientifique de l'ONF, emploi pour lequel elle est sans conteste un peu trop qualifiée. N'empêche qu'elle se spécialise, au fil des ans, en micro et macrophotographie, puis réalise, quatre ans après ses débuts à l'ONF, un film qui fera date dans notre histoire du film scientifique: *Fistule broncho-oesophagienne congénitale chez un adulte* (1970, 10 min). Principalement intéressée par l'aspect humain des grandes questions scientifiques, elle suit pendant trois ans et demi une jeune fille à qui l'on a inséré une prothèse au genou pour traiter un cancer. *Le Genou mécanique* (1971, 22 min) marque un virage dans la carrière de Claudia Overing, puisqu'à cette date l'ONF dissout son unité scientifique. Claudia

Overing continue néanmoins à tourner dans son champ d'intérêts. Autres réalisations: série de huit films en boucle pour les musées nationaux (1969-70); *Notre monde invisible* (1973, 18 min, film qui se mérite plusieurs prix) et *The Other World* (1976, 19 min).

Patenaude, Danyèle
(Saint-Hyacinthe, 30 juillet 1952/   )
Elle ne peut concevoir sa passion du cinéma qu'en étroite relation avec son intérêt pour les jeunes. Danyèle Patenaude, diplômée en orthopédagogie, a allié depuis plusieurs années ses efforts à Roger Cantin. Ensemble, il/elle ont expérimenté la fiction, le burlesque, la pixilation (technique d'animation), la comédie satirique, le film pour enfants: *Le Terroriste* (1972, 7 min); *L'Autobus* (1973, 15 min, étrange «fabliau» dans lequel trois femmes vampires dévorent le corps d'un voyageur solitaire au cours d'un trajet en autobus); *Une aventure* (1973, 7 min); *La Nuit* (1976, 7 min); *Le Pique-nique* (1977, 24 min); *Interludes* (1978, série de cinq films); *Le Trafic* (1978, 5 min); *Interludes* (1978, série de trois films); *Les Manèges* (1978, 5 min); *Les Enfants d'abord* (1980, réalisation collective, 30 min) et *Pixilation* (1980, 15 min, présenté au Festival international du film de Yorkton, Saskatchewan et au Festival des films du monde en 1980). Outre ces coréalisations, Danyèle Patenaude s'intéresse à tous les aspects du cinéma. Elle est tantôt recherchiste, tantôt scripte, scénariste ou monteuse. Après 1981: *Pêcheur d'eau douce* (1982, 16 mm, coul, 13 min 20 s).

Perlman, Janet
(Montréal, 19 septembre 1954/   )
Animatrice à l'emploi de l'ONF, elle réalise *The Bulge* (Poets on Film, 1976, 2 min); *From the Hazel Bough* (Poets on Film, 1976, 2 min); *Lady Fishbourne's Complete Guide to Better Table Manners* (1976, 6 min); *Why Me?* (1978, coré: Derek Lamb, 9 min); huit films éclairs sur la nutrition et la bonne forme physique (1979, 8 min) et *The Tender Tale of Cinderella Penguin* (1981, 35 mm, coul, 10 min).

Pinel, Dominique
(Grenoble, France, 1er mars 1944/   )
Recherchiste, monteuse, assistante à la réalisation, elle a travaillé avec Arthur Lamothe, Maurice Bulbulian, Gilles Groulx, Georges Dufaux, Marilú Mallet, Carlos Bustamante (Mexicain), Luis Font Tio (Cubain) et d'autres. Elle est aussi

l'auteure de trois courts métrages: *Bridge-Le Pont* (1975, 6 min); *Connaissez-vous Penjamo?* (1976, 25 min) et *École buissonnière — 4 ans* (1979, 27 min).

Pool, Léa

(Genève, Suisse/)
Suisse, d'origine polonaise, Léa Pool travaille au Québec depuis quelques temps. *Strass Café* (1980, N/B, 63 min, budget 6 000 $), qui ne cache pas sa filiation avec le style de Marguerite Duras, parle de désirs et de désespoir, de solitude, de voix qui habitent les êtres, de masques, de vide, d'exil, de femmes et d'hommes qui se cherchent sans jamais se rencontrer. Un autre film de Léa Pool: *Laurent Lamerre, portier* (1978, coré: ?). Après 1981: *La Femme de l'hôtel* (1984, 16 mm et 35 mm, coul, 87 min, Prix de la presse internationale au 8e Festival des films du monde 1984, Prix de l'excellence du cinéma canadien au Festival des festivals de Toronto 1984.). Projet de l'auteure: *Anne Trister* qui sera, après *Strass Café* et *La Femme de l'hôtel*, le troisième volet de la trilogie.

Rached, Tahani

(Caire, Égypte, 16 mai 1947/)
Établie au Québec depuis 1966, elle réalise quelques vidéos, enseigne ses techniques et l'utilise comme outil d'animation. Devenue cinéaste, elle continue de s'intéresser de manière spécifique aux problèmes du Moyen-Orient, aux difficultés d'intégration des immigrés à la société québécoise, aux répercussions des mesures anti-inflationnistes sur la classe ouvrière. Parallèlement à ses activités de recherchiste, Tahani Rached a signé les documents suivants: *Leur crise on la paye pas* (1976, 30 min), *Les Frères ennemis* (1979, CM), *Autour du pain* (1980, CM), *Carte d'identité* (1980, CM), *Les Chrétiens du Moyen-Orient* (1980, CM), *De rude race* (1980, CM), *De sable et de neige* (1980, CM) et *Je suis croyant* (1980, CM). Son premier long métrage, *Les Voleurs de jobs* (1980, 68 min), tourné selon les usages du cinéma direct, cherche à pénétrer au coeur du mal d'immigrer chez des chauffeurs de taxi d'origine haïtienne, une ouvrière d'origine grecque à l'emploi d'une manufacture de textile ou encore des travailleurs venus d'Europe de l'Est. Voleurs de jobs, ces immigrés? Ou réservoir de main-d'oeuvre à bon marché? Voilà à quoi répond Tahani Rached. Après 1981: *La Phonie furieuse* (1982) et *Beyrouth! À défaut d'être mort* (1983, coul, 57 min 6 s).

Renaud, France

(Montréal, 30 mars 1950/   )
Cette réalisatrice s'intéresse au théâtre, à la photo, aux arts visuels et à la vidéo. Elle a signé un court et un moyen métrage: *Piquez sur la ligne brisée* (1976, 13 min, sur la vie des ouvrières d'une manufacture de textile) et *Les jeux sont faits* (1978, 27 min, sur une journée dans la vie de quelques enfants).

Renaud-Molnar, Michèle

Elle coréalise avec Laurette Deschamps et Denise Lanouette deux documentaires: *Une enfant, loin d'ici* (1980, 58 min) et *Ces étrangers, nos amis* (1980, 28 min).

Robert, Nicole

(Montréal, 7 juin 1946/   )
Cinéaste d'animation et productrice, Nicole Robert a été l'une des membres fondateurs et présidente du studio Les Films Québec Love entre 1973 et 1977. Possédant depuis 1977 son propre studio, Animabec, elle a acquis une expérience fort diversifiée: films d'auteure, films pour enfants, films éducatifs, identifications de chaînes de télévision, présentation d'émissions télévisées, etc.

Rock, Joyce

Un budget de 120 000 $ avec la participation des trois auteures-eur, quatre mois et demi de tournage et voilà *Une histoire de femmes* (1980, coré: Sophie Bissonnette et Martin Duckworth, 75 min) sur pellicule. Une caméra suit et s'intègre au mouvement d'un groupe de femmes qui va se donner des moyens d'agir. Tout se passe sur fond de grève des maris métallos, une des grèves les plus importantes à survenir dans le secteur minier en Amérique. En novembre 1979, soit six mois après la fin du conflit, l'équipe de tournage retourne à Sudbury, Ontario. Elle possède au total 35 heures de pellicule. En juillet 1980, les femmes de Sudbury acceptent à l'unanimité la sortie du film. *Une histoire de femmes,* ou «quand les femmes dérangent mari, famille et compagnie», a mérité à ses auteurs le Prix de la critique québécoise 1980. L'Institut québécois du cinéma s'étant désisté au dernier moment pour l'attribution de la subvention annuelle de 3 000 $ accompagnant le prix, celui-ci faillit n'être que symbolique. Or, le Prix de la critique fut cette année-là accompagné d'une somme de 6 000 $, grâce à une collecte publique et à une subvention *in extremis* du bureau du ministre des Affaires culturelles.

Saia, Francine

Elle est co-auteure avec Marthe Blackburn, Susan Gibbard, Jeanne Morazin et Clorinda Warny du documentaire *À qui appartient ce gage?* (1973, 16 mm, 57 min) produit dans le cadre du programme En tant que femmes de l'ONF.

Sauriol, Brigitte

(12 mai 1945/   )
Elle est l'unique femme de sa promotion à l'École nationale de théâtre. Spécialité: mise en scène. Mais le hasard décidera d'une orientation autre que le théâtre pour Brigitte Sauriol. D'abord scripte et assistante à la réalisation, elle signe un premier film produit avec la participation de l'équipe technique et des comédiens, *Le Loup blanc* (1973, 27 min), essai sur les relations entre amour et haine. Brigitte Sauriol possède une vision très personnelle des rapports femmes/hommes. Son premier long métrage est d'ailleurs indicatif de ses préoccupations fondamentales. *L'Absence* (1975, 93 min) scrute les réactions d'une jeune femme dont le père absent de sa vie depuis nombre d'années réapparaît brusquement. En 1981, *Une ville que j'aime.* Après 1981: *Bleue Brume* (1982, 35 mm, coul, 27 min) et *Rien qu'un jeu* (1983, 35 mm, coul, 100 min, présenté à La quinzaine des réalisateurs au Festival de Cannes 1983). Ce film traite d'un sujet tabou: l'inceste.

Shapiro, Nesya

(Montréal, 2 mai 1951/   )
Camerawoman pour des films publicitaires et plusieurs documentaires, dont *Some American Feminists* et *Why Men Rape,* elle réalise *Bethane* (1971, caméra, 5 min); *Consumption* (1971, caméra, 10 min); *Pastimes* (1971, caméra, 4 min); *Montréal Matin* (1973, caméra, 7 min); *Passages* (1978, caméra, 30 min) et *Differences* (1980).

Sherr Klein, Bonnie

(Philadelphie, USA, 1941/   )
Après des études spécialisées en cinéma et télévision et après avoir touché au montage, à la production et à la réalisation, Bonnie Sherr Klein, fortement opposée à la guerre au Vietnam, quitte les États-Unis. Elle se joint au programme onéfien Challenge for Change/Société nouvelle jusqu'en 1970. Elle retourne alors à New York pour fonder le centre de télévision communautaire Portable Channel. Bonnie Sherr Klein a réintégré depuis les studios de l'ONF. Ses réalisations: *Organizing*

for Power (1968, The Alinsky Approach, série de cinq films); *The Little Burgundy* (1968, 30 min, réalisation de la version anglaise de *La P'tite Bourgogne* de Maurice Bulbulian); *People and Power* (1968, 17 min); *Deciding to Organize* (1968, 34 min); *Building An Organization* (1968, 37 min); *Through Conflict to Negotiation* (1968, 46 min); *A Continuing Responsability* (1968, 43 min); *VTR St-Jacques* (1969, 30 min); *Citizen's Medecine* (1970, 30 min); *A Working Chance* (1976, 22 min); *Harmonie* (1977, 19 min); *Patricia's Moving Picture* (1978, 26 min); *The Right Candidate for Rosedale* (1979, 33 min). Bonnie Sherr Klein vient de terminer son premier long métrage. Produit par la cinéaste Dorothy Todd Hénaut, *Not A Love Story: A Film About Pornography* (1981, 70 min) réfléchit sur les causes et les conséquences de la pornographie. Des féministes canadiennes et américaines notoires, Kate Millett, Susan Griffin, Margaret Atwood et d'autres, expriment leur point de vue de même que des gens du milieu: strip-teaseuses, photographes, éditeur, etc. Son sujet explosif, qui attaque une industrie plus que lucrative (5 milliards de dollars par année), alimentera de nombreux débats sur la dégradation des femmes prises au piège de la pornographie. Mais il y aura un tollé quand le Bureau de la censure ontarienne interdira toute projection publique de *Not A Love Story*, alors même que «des films de types «soft core» sont disponibles partout en Ontario».

Siegel, Lois
(Milwaukee, USA, 24 avril 1946/   )
Photographe, professeure, écrivaine et animatrice, elle fait du Québec son pays d'adoption en 1971. C'est également à cette date qu'elle commence à réaliser: *Spectrum in White* (1971, 11 min); *Paralysis* (1972, coré: Ray Jurgens, 8 min); *Dreams* (1973, coré: Jean-Pol Passet, 9 min); *The Performance* (1973, 11 min); *Painting with Light* (1974, 4 min); *Boredom* (1976, 7 min); *Brandy Alexander* (1976, coré: Marco Vais, 3 min); *Faces* (1976, 5 min); *Solitude* (1978, 10 min); *Recipe to Cook a Clown* (1978, 25 min); *Dialogue of an Ancient Frog* (1978, 6 min); *Stunt Family* (1978, 3 min); *Arena* (1979, 8 min); *A Twentieth Century Chocolate Cake* (1980) et *Extreme Close-Up* (1980, 20 min).

Smith, Lynn
(New York, USA, 9 novembre 1942/   )
Designer, écrivaine, monteuse et cinéaste d'animation établie au Québec depuis 1975 où, dès lors, elle travaille pour l'ONF. On lui doit: *Office Party* (1966, 6 min); *The Shout It Out Alphabet*

Film (1969, 11 min); *Genesys* (1970, coré, 15 min); *The Wedding Movie* (1970, 3 min); cinq films publicitaires de 2 à 3 minutes chacun pour l'émission télévisée «Rogers' Neighbourhood» (1971); *Noàh, The Armadillo and the Breadbox, Question-Answer Lady* (trois films éclairs prométriques, 3 min); *Matina Horner* (1973, coré, 3 min); *Teacher, Lester Bit Me!* (1974, 9 min); *If a Lady Wearing a Purple Hat...; Happy Birthday; In the Center Ring* (1974, trois films éclairs anti-cigarettes, 3 min); *Before She Paints* (1975, film éclair proart, 30 s) *This Is Your Museum Speaking* (1979, 13 min, prix du meilleur film éducatif au Festival international du cinéma et de la télévision d'animation d'Ottawa, il a soutenu la promotion de plusieurs galeries). Après 1981: *Sound Collector* (1982, 16 mm, 20 min).

Soul, Veronika

(Baltimore, USA, 23 octobre 1944/   )
Elle s'établit à Montréal en 1970, et après ses études à l'Université McGill, elle réalise des films d'animation dans le secteur privé, mais aussi à l'ONF à titre de pigiste. Ses réalisations: *How the Hell Are You?* (1972, 12 min); *Tales from the Vienna Woods: A Freudian Romp* (1973, 11 min); *Tax: the Outcome of Income* (1975, 9 min); *A Said Poem* (1977, 2 min); *New Jersey Nights* (1979, 13 min); *Interview* (1979, coré: Caroline Leaf, 14 min); *Countdown Vignette* (1980, 1 min).

St-Pierre, Rachel

(Nicolet, 3 août 1943/   )
Cinéaste d'animation, auteure de *Maricoquete qui n'a ni chaud ni frette* (1976, coré: Mitsu Daudelin et Estelle Lebel, 13 min); *La Chicane* (1978, réalisation collective, 10 min); *En avant pour le grève générale* (1978, 7 min) et *Cogne-dur* (1979, coré: Mitsu Daudelin et Estelle Lebel, 10 min).

Thomas, Gayle

(Montréal, 28 janvier 1944/   )
Cinéaste d'animation à l'emploi de l'ONF, elle est l'auteure de: *It's Snow* (1975, 5 min); *Klaxon* (1976, 2 min); *The Magic Flute* (1977, 8 min) et *A Sufi Tale* (1980, 9 min, présenté au Festival des films du monde 1980).

Todd Hénaut, Dorothy

(Octobre 1935/   )
Après une carrière multiforme, Dorothy Todd Hénaut entre à l'ONF à titre de permanente en 1976. Auparavant, elle y

avait déjà travaillé pour le programme Challenge for Change/
Société nouvelle. Ses films: *The New Alchemists/Alchimie nouvelle*
(1974, 28 min); *Sun, Wind and Wood* (1978, 25 min); *Horse
Drawn Magic* (1979, 28 min); *A Tale of Two Settlements* (1980);
Série sur la santé et la nutrition (1980). Dorothy Todd Hénaut
est également productrice de plusieurs films dont celui de sa
collègue Bonnie Sherr Klein, *Not a Love Story: a Film about
Pornography* (1981, 70 min).

Van Brabant, Sylvie

(Saint-Paul, Alberta, 28 février 1951 /   )
Assistante au montage, recherchiste et auteure de deux vidéos,
Sylvie Van Brabant signe, en 1977, un document sur le vécu
d'une petite communauté francophone d'Alberta, *C'est l'nom
d'la game* (16 mm, 56 min) puis, en 1981, *Depuis que le monde
est monde* (coré: Louise Dugal et Serge Giguère, 64 min). Si la
première copie finale de ce dernier film sort seulement en
1981, le projet avait pourtant pris forme en 1977, alors que
Sylvie Van Brabant et Serge Giguère attendent leur premier
enfant. Pendant toutes ces années se succéderont des difficultés de financement qui aboutiront à une réflexion très riche
sur une volonté collective «de vivre autrement la grossesse et
la naissance, changer les pratiques hospitalières, voire remettre
l'accouchement à domicile à l'ordre du jour». Après 1981: *Le
Doux Partage* (1983, coré: ?).

Vigeant, Michelle

Elle coréalise avec Jean Beaudry, François Bouvier et Marcel
Simard *Une classe sans école* (1980, 58 min), qui donne la parole
à un groupe d'adolescents d'un quartier populaire de Montréal.

Warny, Clorinda

(Belgique, 1939/Montréal, 5 mars 1978)
Dans son pays natal, Clorinda Warny occupe successivement
des emplois d'intervalliste, d'animatrice de films et d'illustra-
trice d'un livre pour enfants. Elle entre à l'ONF peu après
son arrivée à Montréal, collabore à plusieurs films éducatifs
avant de réaliser elle-même à partir de 1971. Ses films: *L'Oeuf*
(1971, 5 min); *Petit bonheur* (1972, 8 min); *À qui appartient ce
gage?* (1973, coré: Marthe Blackburn, Susan Gibbard, Jeanne
Morazin et Francine Saia, 57 min); *Premiers jours* (1980, 6 min,
film d'animation que ses collègues Suzanne Gervais et Lina

Gagnon ont terminé après sa mort, présenté en compétition au 31ᵉ Festival de Berlin en 1981).

Wescott, Margaret

Elle coréalise avec Nicole Brossard et Luce Guilbeault, *Some American Feminists* (1977, 16 mm, 60 min) et avec Janice Brown *The Lady from Gray Country* (1977). L'année suivante ce sera *Ève Lambart* (1978, 52 min). Elle termine maintenant par le studio D de l'ONF, *Nuns* (198?, caméra: Susan Trow, son: Ingrid Cusiel). Après 1981: *Louise Drouin, vétérinaire* (1982).

Wojas, Claire

Auteure de *Alice* (1977, 30 min) et de *Les Aspirations de monsieur Barbeau* (1979, 15 min, présenté à la Semaine du cinéma québécois).

***

SÉNÉGAL

Faye, Safi

(Dakar /   )

Ethnologue de formation, Safi Faye devient la première cinéaste sénégalaise. *Lettre paysanne,* son deuxième film, se mérite le prix Sadoul 1975. Safi Faye est retournée au village de ses ancêtres avec une caméra synchrone et a demandé à ses habitants de jouer, pendant deux saisons de pluies, des fragments de leur vie. *Lettre paysanne* fait état des conditions néo-colonialistes de la culture de l'arachide et de la misère dont cette monoculture est responsable. Autres réalisations de Safi Faye: *La Passante* (1972, CM) et *Fad'jal* (1979, t. f.: *Premier arbre*, 75 min; présenté à Cannes dans la section «Un certain regard» en 1979, témoignage d'un village dont l'histoire, pour n'être pas écrite, n'en est pas moins le fondement du droit maintenu vivant par la tradition orale). Safi Faye vit maintenant en France.

***

SRI LANKA

Peries, Sumitra

(24 mars 1935/   )

D'abord monteuse et travaillant avec son compagnon, le réalisateur Lester James Peries, elle passe à la réalisation en 1978 avec *The Girls.* Autres films: *The River Edge* (1980) et *Friends* (1981).

***

SUÈDE

Ahrne, Marianne

(Lund, 1940/   )
Journaliste, metteure en scène de théâtre, actrice, elle est guidée par Bergman dans ses premiers pas au cinéma. Après plusieurs courts métrages, *The Ballad of Thérèse* (1970; *Palace of Illusions* (1970); *Make Me Laugh* (1971); *Divorce in Italy* (1971); *The Abortion Problem In France* (1971); *The Last Vampire Knight* (1972); *Big City Vampires* (1972); *Camargue, the Lost Country* (1972); *Five Days in Falköping* (1973); *Dragons, Dreams and a Real Live Girl* (1974); Ahrne réalise un premier long métrage documentaire en 1974 *Promenade au pays de la vieillesse* (76 min, avec Simone de Beauvoir), suivi de *L'Étrange amour de Mania Becker* (1976) et *Roots of Grief* (1978).

Börje, Stefania

Documentariste, Stefania Börje coréalise avec Carl-Henric Sventedt des films à teneur sociale. Ils traitent de justice, de prisons, de drogue, du mouvement syndical.

Dahlberg, Ingrid

Documentariste «très lucide» employée à la télévision, elle n'ignore pas que: «Un des problèmes pour une jeune femme qui fait du reportage, c'est que les gens ne vous prennent pas au sérieux. On vous traite de façon humiliante quand vous faites des interviews d'hommes au pouvoir. Mais ça peut être un avantage parce que les hommes plus âgés oublient de surveiller leurs phrases.»

Ewert, Lena

Il appert que Lena Ewert ne tourne plus. Les documentaires qu'elle signa entre 1966 et 1970, au nombre desquels il faut compter *Camarades, l'ennemi est bien organisé* (sur une grève dans les mines suédoises) et *Les Années du record* (sur la planification régionale, il a été interdit pendant un certain temps), soulevèrent beaucoup d'intérêt.

Lindblom, Gunnel

Interprète de Bergman pour *Les Fraises sauvages*, *La Source* et

410

Le Silence notamment, metteure en scène au théâtre (Tchekhov, Brecht, Strinberg), elle réalise en 1977 un premier long métrage de fiction, *Paradis d'été,* avec la bénédiction de son mentor Bergman qui produit son oeuvre. *Paradis d'été* traduit le malaise suédois, l'égoïsme et l'individualisme élevés à un mode de vie, le paradis dont on n'arrive plus à dissimuler les soubresauts. La critique a salué en Gunnel Lindblom une nouvelle auteure. Quelques années plus tard, Lindblom termine *Sally and Freedom* (1981, 102 min), également produit par Ingmar Bergman. Le film s'ouvre sur l'avortement que subit une jeune femme et se clôt sur son deuxième avortement. Entre ces deux points, le chemin incertain, douloureux parfois, drôle aussi de l'apprentissage de la liberté. *Sally and Freedom* fut le seul film réalisé par une femme et présenté en compétition officielle au Festival des films du monde de Montréal, édition 1981. Ewa Froling s'est vue attribuer le prix d'interprétation féminine.

Mannheimer, Carin

Journaliste, elle est maintenant une des réalisatrices de fiction importantes de son pays. Elle crée des feuilletons et des dramatiques pour la télévision, dont *Amies de classe* qui est la rencontre de cinq anciennes camarades d'étude après 20 ans de séparation. Il faut ajouter qu'un de ses feuilletons a fait concurrence au très célèbre *Scènes de la vie conjugale,* jugé par plusieurs plus juste de ton et plus réaliste aussi.

Romare, Ingela

Elle a réalisé avec Lennart Malmer des documentaires sur le Vietnam et l'Afrique plusieurs fois primés. Après 1981: *Le Courage de vivre* (1979-1983, t. o: *Mut zu leben,* 16 mm, 84 min, présenté au Festival de Berlin en 1983).

Svensson, Birgitta

Birgitta Svensson s'intéresse à la jeunesse et ses deux longs métrages, qui se situent à la croisée du documentaire et de la fiction, tracent un tableau des jeunes d'aujourd'hui. *Mackan* décrit ces jeunes des années 60 qui ne sont guère différents de ceux des années 70, voire de ceux des années 20. Pour *Interrail,* Svensson a réuni la plus jeune équipe technique jamais vue en Suède et, avec des comédiens non professionnels, elle a tourné cette histoire qui raconte un cheminement vers la maturité en Suède, au Danemark, en Allemagne, en Hollande et en Espagne.

Ullman, Liv
La célèbre interprète de Bergman coréalise avec Annette Cohen, Mai Zetterling et Nancy Dowd une anthologie sur l'amour également écrite et produite par des femmes, *Love* (1982). Le segment réalisé par Liv Ullman s'intitule *Parting*.

Vinterheden, Margareta
Elle signe en 1978 un long métrage de fiction, *Il faut bien vivre* (100 min), qui traite d'une relation de couple mise en danger par une crise économique et d'une prise de conscience de l'homme et de la femme vis-à-vis leur conditionnement respectif.

Wechselman, Maj
(Danemark /   )
Documentariste établie en Suède depuis quelques années, elle est l'une des cinéastes les plus connues dans son pays d'adoption. Politiquement engagés, les films de Maj Wechselman provoquent souvent des controverses. *Viggen 37* (1973, 73 min), ou comment naît un avion militaire, est un de ceux-là qui est une charge à la fois sarcastique et ferme contre la société patriarcale et les hommes qui la mènent. On a essayé d'empêcher la télédiffusion de *Viggen 37*, mais ce fut sans succès. Un Suédois sur huit a vu le film. D'autres titres: *Le Changement* tente de cerner au plus près le bouleversement d'une maternité dans la vie d'une femme et *Un petit pays en Scandinavie*, le Danemark vu par une femme de 40 ans.

***

SUISSE

Escher, Yvonne
Comédienne, elle est sans doute la première femme de son pays à réaliser un long métrage de fiction, *Florence ou la fin d'un amour* (1973), qui évoque la dichotomie entre la vie privée et la vie professionnelle. *Florence* ainsi que les trois moyens métrages de l'auteure, *Gustav 72, Billard* (1972), *Un vieux comme dans un conte* (1973), ont tous été produits par la télévision.

Gabus, Clarisse
Réalisatrice à la télévision de Lugano, elle a mis quatre ans

d'efforts pour finalement intéresser la productrice Michèle Dimitri à son scénario. *Melancoly Baby* (1979), le premier film pour le cinéma de Clarisse Gabus raconte l'éveil de la conscience d'une femme évoluant dans un milieu bourgeois. La critique a réservé un accueil plutôt mitigé à *Melancoly Baby*.

Graf, Marlies

(1943/   )
En Suisse alémanique, deux ans avant L'Année internationale des handicapés, Marlies Graf signe un documentaire aussi dérangeant que percutant sur la sexualité des handicapés. L'intelligence cinématographique de la cinéaste pose sans fausse pudeur et sans inutile pitié le problème de *L'Amour handicapé* (1979, 16 mm, 120 min) qui refuse les voies de la sublimation et ne demande qu'à s'exprimer envers et contre une société qui n'accepte l'amour que s'il est jeune et esthétique. *L'Amour handicapé* a reçu le Grand prix du Festival de Lyon en 1979.

Gujer, Elisabeth

Stilleben veut dire nature morte en allemand. C'est le titre d'une histoire tournée en 16 mm et en noir et blanc, et qui raconte modestement un amour du troisième âge qui aboutit à la résignation. *Stilleben* (1978, 70 min) a remporté le Grand prix du Festival de Mannheim en 1978 et celui du Festival d'Hyères en 1979. Elisabeth Gujer a aussi travaillé avec Ulli Meyer sur *Der Tag des Affen*.

Hesse-Rabinovitch, Isa

Documentariste, elle est l'auteure de *Spiegelei/Monumento Moritat* (1969); *Viele Grüsse aus...* (1970); *Der rote Blau* (1971); *Uber einen Teppich* (1972); *Notes sur Annemie Fontana* (1973, 25 min); *Julie from Ohio* (1978); *Il simbolo del nostro tiempo* (1978); *Les 23 heures* (1980); *Les 24 heures* (1980) et *Île des sirènes* (1981, 16 mm, 98 min, festivals de Locarno 1981, de Venedig 1981, d'Hyères 1981).

Kovacs, June

(Chicago, USA, 1932/   )
Elle travaille en Suisse avec son compagnon Alexandre Seiler. Après une prometteuse carrière de pianiste menée de 1949 à 1960, elle apprend les métiers de monteuse et ingénieure du son. Elle coréalise avec Seiler *Neiges* (1961, CM); *Wereinmal lügt oder Viktor und die Erziehung* et avec Seiler et Rob Gnant *À*

Fleur d'eau (1962, Palme d'or du court métrage à Cannes en 1963) et *Siamo Italiani* (1963-64, 16 mm gonflé en 35, document sur la terne vie quotidienne des quelque 500 000 Italiens qui travaillent en Suisse). Il s'agit du premier long métrage de l'équipe Kovacs, Seiler et Gnant.

Lanaz, Lucienne
Auteure de plusieurs films dont un documentaire coréalisé avec Anne Cuneo, Eric Liebi et Urs Bolliger, *Ciné journal au féminin* (16 mm, 75 min), une étude sur l'image de la femme dans le cinéjournal suisse.

Moraz, Patricia
(Khartoum, République du Soudan, 1941/   )
Puisqu'elle possède la double nationalité suisse et française, elle travaille dans les deux pays. Chargée de cours à Vincennes et à la Sorbonne, elle enseigne également en Suisse et en Algérie. Scénariste aussi, elle s'est préparée à son métier de cinéaste par des années d'assistanat et de critique. Elle est l'auteure de deux longs métrages de fiction. *Les Indiens sont encore loin* (1977, Franco-suisse, 96 min, présenté à La quinzaine des réalisateurs à Cannes 1977) retrace les derniers jours d'une adolescente en mal de vivre dans cette Suisse satisfaite et mécaniste qui décide, en dernier ressort, d'en finir avec ce monde absurde. La vision pessimiste de la société contemporaine révélée par Moraz dans son premier film prend un accent d'espoir dans *Le Chemin perdu* (1980, Suisse, 107 min). Son récit plutôt austère, du passage de l'enfance pas féerique pour un sou au monde des adultes, laisse poindre une confiance en l'avenir, puisque la petite fille au centre du récit opte, au bout du chemin, pour la vie.

Pinkus, Gertrud
Elle réalise en 1980 *La plus grande valeur de la femme est son silence* (16 mm, N/B, 80 min), dans lequel elle retrace la vie d'une Italienne méridionale qui suit son mari émigré vers le Nord. Avec le progrès, elle trouve froideur, indifférence et misère.

Roy, Tula
Elle est l'auteure de *Lady Shiva* (1975), *Lierer Ledig Als Unverheiratet* (1978), *Jeunesse + sexualité* (1979) et *J'aimerais être conseiller fédéral* (1981, 94 min).

Sturm, Nina

Elle a collaboré avec son compagnon Hans aux films suivants: *Métro, zur Wohungsfrage* et *Ein Streik ist kein Sonntagschule.*

Veuve, Jacqueline

Documentariste, Jacqueline Veuve a fait l'apprentissage de son métier avec Jean Rouch, puis avec Richard Leacock. Auteure de courts et moyens métrages scolaires qui ne sont pas toujours au goût de l'histoire officielle, elle réalise, au début des années 70, aux États-Unis, des documents qui témoignent des «femmes en mouvement». En 1978, elle signe son premier long métrage. *La Mort du grand-père* se présente comme une chronique à la première personne qui, entre les lignes, porte une critique sociale vigoureuse. Quelques-uns des autres films de Veuve: *Lettres de Stalingrad* (Prix du meilleur documentaire au Festival international film et jeunesse, présenté à Cannes en 1972); *La Grève en 1918; Genève le 9 novembre 1918; L'École et la Vie; Susan* (1973, 15 min); *Swiss Graffiti* et *Angèle Stadler ou la vie est un cadeau* (1980). Après 1981: *Parti sans laisser d'adresse* (1982, coul, 90 min, t. a.: *Left Without Leaving an Address*).

***

TAIWAN

Zhang Aisia

Elle prend place à titre de références seulement, car aucun de ses films n'est ici connu.

***

TCHÉCOSLOVAQUIE

Krumbachová, Ester

Scénariste la plus importante du cinéma tchèque, Krumbachová a participé à la coscénarisation de presque tous les films de sa compatriote Věra Chytilová. Douée d'une grande sensibilité, Krumbachová passe à la réalisation en 1970. De ses films, on connaît: *The Murder of Mr. Devil* (1970) et *Valerie and a Week of Wonders* (1971).

Mozisova, Bozena

Animatrice formée à l'école de Goltwaldov, elle a créé le

personnage de Dorothée. Avec son inséparable perroquet, Dorothée vit maintes aventures au nombre desquelles *Dorothée et le dragon* et *Dorothée et l'autruche*.

Plivova-Šimková, Věra

Spécialiste de films pour enfants, payée par l'État, on compte dans sa filmographie: *Katya et le crocodile* (1966, N/B, 87 min, sélectionné au Festival international du film de Montréal en 1966); *Messieurs les gosses* (1968, 85 min); *Mice, Foxes and Gallowshill* (1970); *Renardeaux et souriceaux* (1971, N/B, 80 min) et *Le Jeu de Blanche Neige* (1972, coul, 80 min). Věra Plivova-Šimková est habituellement la scénariste, la réalisatrice et la monteuse de ses films. Elle compte maintenant 20 ans de métier.

***

TUNISIE

Baccar, Selma

(Tunis, décembre 1945/   )
Elle réalise *Fatma 75* qui retrace les figures de femmes qui ont compté dans l'histoire tunisienne. Elle est aussi directrice de production du film que réalisera Néjia Ben Mabrouk, *La Trace*.

Ferchiou, Sophie

Cinéaste-ethnologue, Sophie Ferchiou s'intéresse, dans *Zarda*, à la polarisation des activités féminines et masculines pendant une fête de trois jours dans une communauté nomade au sud de la Tunisie. *Mariage Sabeya* (1969, 60 min) montre la célébration des noces et du printemps dans un village tunisien.

Mabrouk, Néjia Ben

(Nabul, 1er juillet 1949/   )
Auteure d'un moyen métrage, *Pour vous servir*, elle entreprend maintenant la réalisation d'un premier long métrage autobiographique, *La Trace*.

***

TURQUIE

Olgac, Bïlge

(Vize, 1940/   )
Auteure de plusieurs nouvelles, dont l'une est mise en scène

en 1962 par Memduh Un dont elle est l'assistante à la réalisation pendant deux ans. Entre 1965 et 1975, elle réalise plusieurs longs métrages: *Je vous tuerai tous les trois, La Terre sans loi, Le Concubinage, Je ne vivrai pas sans mon père, Pitié, Entre deux amoures, Orphelin, Le Jour obscur,* et un court métrage, *Lynch,* primé au Festival d'Adana. De 1975 à aujourd'hui, elle est passée au cinéma publicitaire, puis a créé sa propre maison de production.

Soray, Turkan

Actrice, elle réalise *Le Retour* et *Le Juge de Bodrum.* Un autre film: *Tu écraseras le serpent* (t. o: *Yilani Oldurseler*) sur le thème du mariage forcé et de la vengeance des amants déçus dans un village du sud de la Turquie.

***

URSS

Babitch, Iskra

(1934/   )

Elle réalise *Le Berger* (CM), *Premier rendez-vous, La Crue des eaux, Chez nous à Mosfilm* (documentaire), *Les Gars* (1981, 35 mm, coul, 86 min).

Benderskaia, Mme

Animatrice, elle réalise deux adaptations intéressantes: *Le Loup et la Grue,* d'après Krylov et *Trois ours,* d'après un conte de Tolstoï.

Bodull, Natalia

Cinéaste d'animation, elle est l'auteure de *Mélodie* (1976).

Livzhnova, Tatiana

Elle est l'auteure de *Les Peupliers de la rue Pilushia.*

Pilikhina, Margareta

Camerawoman, Pilikhina réalise son premier long métrage pour la Mosfilm en 1975, *Anna Karenine* (images: M. Pilikhina, 85 min, d'après l'oeuvre de Tolstoï).

Popova

Elle coréalise avec Soloviova *Portrait d'Eugénie Cotton* (1973, 40 min), film produit par le gouvernement soviétique à l'occasion de l'Année internationale de la femme.

Soloviova

Elle est coréalisatrice avec Popova de *Portrait d'Eugénie Cotton* (1973, 40 min), féministe française qui a lutté aux côtés de Marguerite Vaillant-Couturier.

***

VENEZUELA

Carbonnel, Maria de Lourdes

(Caracas /   )
Elle est l'auteure de trois longs métrages: *Point faible* (1973), *L'Image* (1975) et *300 mille héros* (1976).

Hoogesteijn, Solveig

(Stockholm, Suède, 1946/   )
À l'âge de un an, elle émigre au Venezuela où, plus tard, elle étudie les lettres et la philosophie. Diplômée de l'École supérieure de cinéma et de télévision de Munich, elle réalise des émissions pour la télévision allemande, puis pour celle de son pays d'adoption. Ses films: *Puerto Colombio, El Mar del tiempo perdido* (tourné avant *Manoa* mais terminé en 1980 pour des raisons techniques et budgétaires, 16 mm gonflé en 35, 80 min, mention spéciale du jury à Biarritz en 1981), et *Manoa* (1979, présenté au 6ᵉ Festival de Cine Iberoamericano de Huelva, Espagne, en 1980, mention spéciale à Biarritz en 1980).

***

VIETNAM

Bach Biet

Auteure de *La Fête sainte* (1976), long métrage sur la situation des catholiques au Vietnam et PRAN QUOC POAN (1977, t. f.: *L'Aurore tumultueux*) long métrage sur un héros vietnamien.

Giang Tra

(Vietnam du Sud /   )
Considérée comme la plus grande comédienne du Vietnam, Giang Tra a milité depuis les années 50 et a travaillé sur beaucoup de films anticolonialistes. Elle a fait des mises en scène de théâtre et dirige l'École d'art dramatique pour former des comédiennes de cinéma. Elle s'apprête à réaliser des films, croit-on savoir.

Phanh Huyen
Auteure d'un documentaire de 20 min.

Phi Loan
Réalisatrice de films documentaires dont le dernier concernait la rééducation des drogués.

***

Index des cinéastes

Bibliographie

OUVRAGES SE RAPPORTANT AUX FEMMES CINÉASTES:

Bernheim, Nicole-Lise. *Marguerite Duras tourne un film*. Paris, Albatros, coll. Ça/cinéma, 147 p.

Des femmes de Musidora. *Paroles... elles tournent!* Paris, des femmes, 1976, 245 p.

Ford, Charles. *Femmes cinéastes ou le triomphe de la volonté*. Paris, Denoël/Gonthier, coll. Femme, 1972, 254 p.

Guy, Alice. *Autobiographie d'une pionnière du cinéma (1873-1968): Alice Guy*. Présenté par l'Association Musidora (Nicole-Lise Bernheim/Claire Clouzot). Paris, Denoël/Gonthier, coll. Femme, 1976, 236 p.

Infield, Glenn B. *Leni Riefensthal et le 3e Reich. Cinéma et idéologie 1930-1946*. Traduit de l'américain. Paris, Seuil, coll. Fiction & Cie, 336 p.

Kay, Karyn et Peary, Gerald. *Women and the Cinema, a Critical Anthology*. New York, E.P. Dutton, 1977, 464 p.

OUVRAGES SUR LE CINÉMA:

Audé, Françoise. *Ciné-modèles cinéma d'elles*. Lausanne, L'Âge d'Homme, coll. Cinéma vivant, 1981, 233 p.

Bonneville, Léo. *Le Cinéma québécois*. Montréal, éd. Paulines, 1979, 783 p.

Clouzot, Claire. *Le Cinéma français depuis la Nouvelle Vague*. Paris, Fernand Nathan-Alliance française, coll. Où en est la France?, 1972, 205 p.

Haskell, Molly. *La Femme à l'écran*. Paris, Seghers, 285 p.

Lacassin, Francis. *Pour une contre-histoire du cinéma*. Paris, Union générale d'édition, coll. 10/18, n° 731, 1972, 307 p.

Lafont, Bernadette. *La Fiancée du cinéma*. Paris, Olivier Orban, coll. Jeux de masques, 1978, 195 p.

Marsolais, Gilles. *L'Aventure du cinéma direct*. Paris, Seghers, 1974, 500 p.

Mitry, Jean. *Histoire du cinéma, art et industrie 1895-1914*. Paris, les Éd. universitaires, vol. 1, 1967, 470 p.

Rosen, Marjorie. *Vénus à la chaîne*. Paris, des femmes, 1976, 373 p.

Sadoul, Georges. *Dictionnaire des cinéastes*. Remis à jour par Émile Breton. Paris, Seuil, coll. Microcosme, 1977, 281 p.

Sadoul, Georges. *Dictionnaire des films*. Remis à jour par Émile Breton. Paris, Seuil, coll. Microcosme, 1976, 326 p.

Siclier, Jacques. *La Femme dans le cinéma français*. Paris, éd. du Cerf, 1957.

AUTRES OUVRAGES CONSULTÉS:

Brownmiller, Susan. *Le Viol*. Paris-Montréal, Stock/L'Étincelle, 1976, 569 p.

Bruckner, Pascal et Finfielkraut, Alain. *Le Nouveau Désordre amoureux*. Paris, Seuil, coll. Fiction & Cie, 1977, 315 p.

Causse, Michèle et Lapouge, Maryvonne. *Écrits, voix d'Italie*. Paris, des femmes, 1977, 460 p.

Chesler, Phyllis. *Les Femmes et la Folie*. Traduit de l'américain. Paris, Payot, coll. Traces, 1979, 262 p.

Collectif. *Les Têtes de Pioche, collection complète*. Montréal, les éd. du remue-ménage, 1980, 207 p.

Dardigna, Anne-Marie. *Les Châteaux d'Éros ou les Infortunes du sexe des femmes*. Maspero, Petite collection, n° 144, 1981, 334 p.

Fanon, Frantz. *Les Damnés de la terre*. Paris, Maspero, Petite collection, n° 20, 1976, 232 p.

Hans, Marie-Françoise et Lapouge, Gilles. *Les Femmes, la pornographie, l'érotisme*. Paris, Seuil, 1978, 400 p.

Horer, Suzanne et Soquet, Jeanne. *La Création étouffée*. Paris, Pierre Horay, coll. Femmes en mouvement, 1973, 237 p.

Leulliette, Pierre. *Le Viol des viols*. Paris, Robert Laffont, 1980, 347 p.

Mallet, Francine. *Georges Sand*. Paris, Grasset, 1976, 447 p.

Maugin Pellaumail, Marcelle. *Le Masochisme dit féminin*. Montréal, Stanké, 1979, 214 p.

Michelet, Jules. *La Sorcière*. Paris, Julliard, coll. Littérature, 1964, 352 p.

Millett, Kate. *La Politique du mâle*. Traduit de l'américain. Paris, Stock, 1971, 463 p.

Saurel, Renée. *L'Enterrée vivante*. Genève-Paris, Slatkine, 1981, 310 p.

Solanas, Valérie. *SCUM*. Traduit de l'américain. Paris, La nouvelle société SARL, coll. Olympia, 1971, 103 p.

Woolf, Virginia. *Une chambre à soi.* Paris, Denoël/Gonthier, coll. Femme, 157 p.

Yaguello, Marina. *Les Mots et les Femmes.* Paris, Payot, coll. Langages et sociétés, 1979, 202 p.

PRINCIPAUX ARTICLES DE REVUES ET JOURNAUX:

Benacerraf, Margot, dans *Cine cubano.* Cuba, n°s 89-90, 1974.

Beveridge, Jane Marsh, dans *Cinéma Canada.* N° 71 (janvier-février 1981).

Braucourt, Guy, dans *Cinéma 70.* Paris, n° 71 (décembre 1970).

«Le cinéma au féminisme» dans *CinémAction.* Dossier réuni par Monique Martineau. Paris, n° 9 (automne 1979).

«Des cinéastes québécoises» dans *Copie zéro.* Montréal, La cinémathèque québécoise, n° 6, 1980.

Écran. Paris, n° 28 (août-septembre 1974) et n° 49 (15 juillet 1976).

Elek, Judith, dans *Image et son.* Paris, n° 255 (décembre 1971).

Film Comment. Vol. 8, n° 3 (septembre-octobre 1972) et vol. 16, n° 1 (janvier-février 1980).

Lesage, Julie, dans *Women and Film.* Vol. 1, n°s 5-6.

Moullet, Luc, dans *Les Cahiers du cinéma.* Paris, n° 139 (janvier 1963).

Oukrate, Françoise, dans *Image et son.* Paris, n° 298 (septembre 1975).

Slide, Anthony, dans *Films in Review.* 3 mars 1974.

Solanas, Fernando et Getino, Octavio, dans *Tricontinental.* Paris, les Éd. françaises.

Varda, Agnès, dans *VisuElles.* Paris, n° 2 (septembre 1980).

Wajda, Andrzej, dans *VisuElles.* Paris, n° 1 (février 1980).

Women and Film: International Festival 1973. Revue du festival qui a été présenté dans 18 villes du Canada.

***

Table des matières

Lithographié au Canada
sur les presses de
l'Imprimerie Gagné Ltée
Louiseville - Montréal